量刑建议
前沿理论与实战技能

潘申明　刘浪　周耀凤　著

中国检察出版社

图书在版编目（CIP）数据

量刑建议前沿理论与实战技能／潘申明，刘浪，周耀凤著.
—北京：中国检察出版社，2016.9
ISBN 978 – 7 – 5102 – 1728 – 9

Ⅰ.①量… Ⅱ.①潘… ②刘… ③周… Ⅲ.①量刑 – 研究 –
中国 Ⅳ.①D924.134

中国版本图书馆 CIP 数据核字（2016）第 214933 号

量刑建议前沿理论与实战技能

潘申明　刘　浪　周耀凤　著

出版发行：中国检察出版社
社　　址：北京市石景山区香山南路 111 号 （100144）
网　　址：中国检察出版社 （www. zgjccbs. com）
编辑电话：(010)88960622
发行电话：(010)88954291　88953175　68686531
　　　　　(010)68650015　68650016
经　　销：新华书店
印　　刷：河北省三河市燕山印刷有限公司
开　　本：A5
印　　张：14
字　　数：373 千字
版　　次：2016 年 9 月第一版　　2016 年 9 月第一次印刷
书　　号：ISBN 978 – 7 – 5102 – 1728 – 9
定　　价：48.00 元

前　　言

　　量刑不平衡是世界性的普遍现象，解决这一难题被称为刑法学中的"哥德巴赫猜想"①，"量刑失衡是司法不公的表现形式，将会破坏量刑制度的名声，引起公众对量刑制度的不信任"②。在我国全面推进依法治国的今天，量刑失衡问题仍然存在。③ 针对解决量刑失衡问题的量刑规范化改革是 21 世纪刑事司法改革中的一个重头戏，它包括量刑实体法上的规范化，也包括量刑程序的规范化。量刑实体规范化，从目前来看主要是统一量刑标准、改革量刑方法，改变以往"估堆式"量刑，尝试"定性分析与定量分析相结合"的量刑方法，通过统一量刑依据，改进量刑方法，明确量刑步骤，规范法官量刑裁量权。程序规范化主要是将量刑纳入庭审程序，在庭审阶段将定罪程序与量刑程序相对分离，增加量刑程序的参与度、透明度。由于量刑的实体公正总是相对的，也不容易做到，而且，即使做到了结果公正，但程序不到位，于司法公信并无益处。相对于量刑实体规范化而言，强调量刑程序的正当性不仅必要，而且更为可行，扩大量刑程序

---

　　① 赵廷光：《克服量刑偏差为什么会成为世界难题》，载《检察日报》2004 年 10 月 20 日。

　　② Ashworth, A. (1998), Four techniques for reducing sentence disparity, in von Hirsch, A. and Ashworth, A., *Principled Sentencing: Readings on Theory and Policy*, Oxford: Hart Publishing, p. 236. 转引自杨志斌：《中英量刑问题比较研究》，知识产权出版社 2009 年版，第 2 页。

　　③ 我国量刑失衡主要表现为以下几种形式：（1）同一法院对相同案件处理不同；（2）不同法院对同一案件处理结果不同；（3）不同法官对同一案件处理结果不同；（4）不同法院或不同法官对相同案件处理不同；（5）不同案件得到相同的处理；（6）共同犯罪案件中的量刑失衡。参见杨志斌：《中英量刑问题比较研究》，知识产权出版社 2009 年版，第 5～9 页。

的参与度、透明度既体现了司法民主，又能够强化活动本身的科学性。检察机关作为刑事诉讼控辩审中的一方，通过量刑建议，参与到量刑规范化改革当中，对量刑规范化改革的推进起到了不可替代的积极作用。但是，在实践中，有些检察干警认为经验不足不敢提出量刑建议，个别法院则认为是检察机关在侵蚀审判权，强烈抵触，还有个别公诉人认为量刑建议提与不提并无二样，徒增工作量。虽然，2010 年 10 月 1 日开始，量刑规范化全面推行，2013 年 1 月 1 日开始施行的修改后刑事诉讼法以及修正后的《人民检察院刑事诉讼规则（试行）》都作了相应的修改。但是，在现实中量刑建议、量刑规范化改革仍然发展不平衡、效果不理想。对此，我们认为，检察机关量刑建议不仅是公诉权的重要组成部分，而且，对检察机关履行公诉职责和法律监督职责都有非常重要的意义，也是量刑规范化改革能否取得预期目的的关键环节之一。本书正是基于这样一个认识，从量刑建议的基础理论到前沿问题，从现行法律到实证研究，从量刑建议程序上的操作规范到量刑建议实体法上的实战技能，全方位、多层面地展开论述，既有理论深度，又有实例支撑，既是操作层面的，也是理论提升层面的，适合我们公诉人从整体上把握量刑建议，也可以帮助从事此方面研究的专家学者了解实务操作中的量刑建议，把握量刑建议在实践中存在的问题。

全书分为"前沿理论"与"实战技能"上下两篇，通过理论梳理、实证分析和实例剖析的方法，帮助读者在较短时间内提高认识，全面了解量刑建议的前沿理论，掌握量刑建议的实战技能，从而提高公诉人的理论素养和实战水平。希望本书能够对检察机关适应以审判为中心的诉讼制度改革有所推动。①

潘申明

2016 年 5 月 31 日

---

① 本书也是我们承担的最高人民检察院理论研究所 2014 年度自筹经费课题《量刑规范化研究》（GJ2014D31）的阶段性研究成果。

目　　录

下篇　实战技能

上篇 前沿理论

第一章　量刑建议的基础理论

第一节　量刑建议的概念阐释

定罪和量刑是刑事司法的两个重要方面，定罪考虑的是过去的行为，量刑还要考虑被告人未来回归社会，[①] 定罪是量刑的基础，量刑是对犯罪行为的最终评价，是刑事诉讼活动的最终体现，其重要性不亚于定罪。但是，在我国刑事司法传统中，并未对量刑给予足够的重视，在司法实践中同案不同罚、量刑失衡等量刑不规范的现象还存在。其主要原因有：一是刑法规定的法定刑幅度比较宽泛；二是量刑情节的适用缺乏统一的量化标准；三是缺乏一套科学规范的量刑方法。[②] 我们认为，除此以外，量刑没有经由检察机关量刑建议而纳入庭审程序，量刑程序规范化远未达到科学精致的程度，量刑裁判未对量刑建议、量刑答辩给予足够的重视和积极回应也是非常重要的原因，尤其是在现阶段显得更为重要。

一、量刑建议的概念

目前学界在论述量刑建议制度时，都将量刑建议权这一概念

---

① 定罪中考虑的是到底发生了什么，量刑中法官考虑的是应该怎么做，量刑中法官的信息来源几乎没有限制，有关量刑证据和量刑听证问题，可以参见［美］彼得·安德森：《量刑证据问题和量刑程序问题》，载胡云腾主编：《中美量刑改革国际研讨会文集》，中国法制出版社 2009 年版，第 36 页。

② 熊选国主编：《量刑规范化办案指南》，法律出版社 2011 年版，第 25 页。

作为基础理论的研究对象。量刑建议权是有关主体依法进行量刑建议的权利。因此，要明确量刑建议权的内涵必须要明确两方面的问题。首先，要明确享有该项权利的主体。其次，要对量刑建议作出科学的定义。顾名思义，量刑建议是针对被告人的量刑问题提出的建议和意见。从广义上说，权益可能受量刑影响者，均可对该问题发表自己的意见，这也符合诉讼法的辩论和正当程序原则。但事实上，量刑建议作为检察机关所独有的权利，即在狭义上使用"量刑建议"一词，已成为各界的共识。原因有三个：一是检察机关参与实现对被告人科刑的过程，作为一项制度，需要一个特定的名称来定义，使其具有完整的体系。二是量刑建议能够体现检察机关追究犯罪的主动性。量刑建议是检察机关实现刑事法律监督的重要途径，与定罪请求权处于同等重要的地位。专属性的概念有利于改变我国刑事诉讼中长期来"重定罪，轻量刑"的格局。三是其他主体在量刑方面享有的权利可以用"量刑意见"、"量刑异议"、"量刑答辩"等概念来概括，不同的概念代表不同的权利主体，既能对权利内容予以概括，又不会造成混淆。因此，量刑建议权是检察机关所专有的权利。

理论界对量刑建议概念的描述主要有两种代表性的意见。一是认为量刑建议是一种意见，即认为它是检察机关就被告人的量刑问题向法院提出的具体意见。例如"量刑建议是指公诉人在出庭支持公诉过程中，根据被告人的犯罪事实、犯罪性质、情节和社会危害程度等，代表人民检察院提出建议，要求人民法院对被告人处以某一特定的刑罚，对刑期、罚金数额、执行方法等方面提出的具体要求"。① 又如"量刑建议是检察机关就被告人应当判决的具体刑罚向审判机关提出的意见"。② 这种观点在理论界和司法实务界都占据主流地位。而另一种观点则认为量刑建议

---

① 孟熙敏：《量刑建议具体操作探析》，载《人民检察》2004 年第 4 期。
② 陈革、谢军：《浅议量刑建议探索中的几个问题》，载《人民检察》2003 年第 8 期。

是检察机关就被告人的具体量刑向法院提出建议的诉讼活动。例如"量刑建议是人民检察院在提起公诉时按照被告人所犯罪名、危害社会的程度、犯罪情节和悔罪表现，对其应当受到的刑罚处罚提出的刑罚意见"①，"量刑建议是检察机关在提起公诉或者出庭支持公诉时，就被告人应当适用的具体刑罚包括刑种、刑期、执行方式等向法院提出意见的诉讼活动"。② 第一种观点是在静态意义上描述量刑建议，侧重于其名词的属性；而第二种观点是从动态过程来定义量刑建议，侧重于其作为动词的属性。笔者认为，第二种定义更为可取。简单地将量刑建议视作一种意见，不能全面揭示量刑建议的运作过程，也不符合设立量刑建议制度的目的。诚然，量刑建议首先是检察机关司法意志的表现，其载体是一种规范性的法律文书。但其不应止步于此。量刑建议在检察机关内部的形成，在诉讼过程中的提出以及判决后的监督都是应有之义，可以说量刑建议是贯穿刑事诉讼过程始终的一项司法活动。从动态意义上进行定义更能揭示其本质。

综上，量刑建议是指人民检察院在刑事诉讼中，就被告人应当判处的刑罚提出明确、具体的意见，并予以支持的诉讼活动。

在对量刑建议进行理论探讨的过程中，也有人使用求刑这一概念来替代量刑建议，认为二者是等同的，且求刑权这一概念更为言简意赅。笔者认为，求刑权是一种基于国家统治权而产生的国家对犯罪行为的刑罚请求权，与民事诉讼请求权相对应。求刑权与控诉模式相生相随，目的在于通过诉审分权的模式，以法官与检察官彼此监督的方法，保障刑事司法权限行使的客观性和正确性。因此，求刑权可以说是检控实现的主要手段，包括了定罪请求权和量刑建议权。前者是质的请求权，后者是量的请求权。量刑建议这一概念不但揭示了制度所指向的对象，也体现了其非终裁性的特点，为理论界和实务界所广泛接受。综上，量刑建议

① 马秀娟：《量刑程序研究》，法律出版社 2012 年版，第 169 页。
② 赵萍：《量刑建议权初探》，载《法制论丛》2005 年第 5 期。

的称谓比求刑的说法更为准确科学。

二、量刑建议权的属性

所谓属性，是指事物本身所固有的性质，是一事物和他事物发生联系时表现出来的质。对量刑建议权基本属性的分析，有利于进一步把握量刑建议权运行规律及其与不同权力之间的界限。对于量刑建议权我们认为具有以下三项基本属性：

一是量刑建议权是一项犯罪追诉权。公诉权包括定罪请求权和量刑建议权这两项权力。定罪请求权是基础，量刑建议权是最终目的，定罪请求权解决的是某一危害行为是否符合刑法规定的犯罪构成问题，而量刑建议权是在解决犯罪构成问题之后，解决被告人刑事责任有无及其大小的问题。犯罪行为一旦发生，行为实施者就必须接受国家对其审判并处以刑罚。检察机关提出定罪量刑的请求，罪犯因国家刑罚权的判定而受到裁制，被侵害的法益由此而得到救济，检察机关在某一个具体案件上的量刑建议权因此才归于消灭。

二是量刑建议权是一项程序性权力。根据权力的一般分类特点，权力可分为实体性权力和程序性权力。量刑建议权是一种请求权，请求权意味着其请求的内容不能由自己决定而必须由受请求主体来进行实体判定，请求权只是为实体判定或处置设置前提。审判机关作为国家刑罚权的主体，不能自己直接追究罪犯刑事责任，必须严守司法中立及被动的立场，没有公诉人的量刑请求，就没有法官的量刑裁判。从这个意义上来说，检察机关的量刑建议权作为一项程序性权力，本身无最终处置的性质，其诉讼请求能否成功还有待于法官的裁决和评判，请求只有程序约束力而无实体约束力。

三是量刑建议权是一项专属检察机关的法定职权。检察机关的量刑建议权作为一种国家权力，具有法定性和职权性的特点，其权力行使要受到严格的约束。第一，量刑建议权不适用处分原则。当犯罪发生需予以追究时，检察机关必须依法行使权力。第二，量刑建议权的行使必须遵守一般公权力行使的限制性规范。如必须遵守合法性原则，即量刑建议权的实施必须具有事实和法律根据。又如必须遵守检察官客观义务，检察机关作为国家法律监督机关、法治的守护人，行使量刑建议权必须综合考量全案事实和情节，基于客观公正的立场合理而慎重地提出量刑建议。

三、量刑建议制度的理论基础与功能

（一）量刑建议的理论基础

正如美国学者庞德所指出，"法律的价值问题是法律科学不能回避的问题……在法律史的各个经典时期，无论在古代或近代社会里，对价值准则的论证、批判或符合逻辑的适用都曾是法学家的主要活动"。① 从法律文化的角度看，一项法律制度价值决定该制度的形成、特征、发展轨迹乃至兴衰趋势，因此研究和探索量刑建议权价值是研究量刑建议制度的前提和基础。量刑程序的自身价值主要体现在两个方面：其一是对公权力即法官的自由裁量权进行规制或约束；其二是对权利尤其是被告人和被害人的权利进行保障与救济。在量刑规范化改革全面推行以前，基层检察机关就积极探索量刑建议，而且取得了较好的效果，之所以能如此，这是因为量刑建议本身具有深厚的理论基础。

1. 司法民主、人权保障的政治理论。扩大诉讼民主，保障诉讼权利，使法庭量刑更加透明化，体现了对当事人诉讼主体的地位和人格尊严的尊重。而且，检察官既可以提出对被告人不利的量刑建议，也可以提出对被告人有利的量刑建议。通过量刑建议使被告人一方有的放矢，开展有针对性的量刑答辩，被害人也可以书面或直接参加庭审等方式发表对被告人量刑的意见，从而体现司法民主，保障人权。

---

① ［美］庞德：《通过法律的社会控制——法律的任务》，沈宗灵译，商务印书馆1984年版，第55页。

2. 程序工具理论。波斯纳的法律经济分析法学认为，诉讼法的目的是使诉讼所造成的社会成本最小化。通过量刑建议可以将量刑纳入庭审程序，实现量刑公正，有效减少"同案不同判"的现象，降低上诉率，从而提高诉讼效率，节约司法资源。

3. 程序正义理论。"正义具有一张普洛透斯式的脸，变幻无常，随时可呈不同形状，并具有极不相同的面貌"①，为此，有必要促进程序公开，让公平正义在法庭审理中以看得见的方式实现。量刑建议就是推进量刑规范化改革的有力推手，使刑事诉讼控辩审三方有关量刑的观点都公之于众，体现现代诉讼法中的正当程序理念。

4. 权力制衡理论。绝对的权力导致绝对的腐败，通过量刑建议，使得原先由法院一家在庭后单方解决的量刑问题，在庭上得到了控辩双方针锋相对的论辩，并在一定范围内公开，在裁判文书上载明控辩审三方观点。从而有效规范了法官对量刑的自由裁量，拓展了检察机关的监督领域，使检察机关对量刑裁判由纯粹的事后监督，拓展到事前影响和事后监督的有机统一。

（二）量刑建议的功能

有学者提出量刑建议的基本功能为：一是表述功能，即检察官通过量刑建议向法院和辩护方表述权利依据的主张和量刑内容的主张两项内容。二是提示功能，量刑建议对辩护方具有两方面的提示功能，包括量刑答辩时间的提示和量刑答辩内容的提示。对于法院或者法官，量刑建议也有两方面提示功能，包括依法量刑的提示和量刑范围的提示。三是保护功能，因为任何问题一经公开讨论，其公正解决的可能性就大，所以量刑建议具有保护被告人合法权利的功能。② 日本有学者认为，"检察官的求刑在量刑实践中发挥重要的作用。检察官在其职务权限上比起法官来有

---

① ［美］E. 博登海默：《法理学——法哲学及其方法》，华夏出版社1987年版，第238页。

② 陈岚：《量刑建议制度研究》，武汉大学出版社2009年版，第105～110页。

更多分析比较其他案件的机会，因而，检察官的求刑在某种程度上有助于带来量刑的划一性"。①

笔者认为，量刑建议的功能主要体现在以下几方面：

1. 扩大诉讼民主，促进程序公开。在重定罪、轻量刑的刑事诉讼思想的主导下，量刑几乎成为法院的专利，在判决以前量刑没有出现在任何一个诉讼环节。与量刑有利害关系的当事人对于量刑没有发言权，而检察机关也将定罪作为公诉的唯一目标，这不仅不利于法院全面掌握定罪情节，也使量刑形成了类似"暗箱操作"的模式。量刑建议的施行，不仅提高了检察机关对量刑的参与度，同时也促使其他主体以量刑建议为参照，积极主动地参与量刑程序，制约和引导法官的最终量刑，以程序正义保证实体正义。

2. 提高诉讼效率，节约司法资源。量刑建议的施行，使得影响被告人刑罚的各种情节不仅仅由法官进行考量和评判，更由控辩双方通过对量刑建议的提出和辩论进行说明，这必然会提高各方对最终量刑的认可度，减少抗诉和上诉率，加快案件的流转，节约司法资源。同时，量刑建议为法官的量刑提供了很好的参考，法官在兼听双方意见基础上，对案件已经烂熟于心，对被告人所应判处的刑罚已经有了答案，有利于缩短裁判周期，提高诉讼效率。而至于被告人，由于量刑建议使得量刑答辩成为可能并更具针对性，其有关量刑的意见经过当庭辩论，是否合理合法，其内心更为明了，不当预期降低。由于量刑建议和量刑裁判都强调说理，是故，有助于被告人和被害人双方对量刑裁判的认可。

3. 保障诉讼权利，实现量刑公正。"量刑是否公正，关键在于是否符合罪责刑相适应原则"，量刑时要注意把握三点"一是要与犯罪性质相适应，刑事案件中基本犯罪构成事实体现犯罪性

---

① ［日］西原春夫主编：《日本刑事法的形成与特色》，李海东等译，法律出版社、日本成文堂联合出版 1997 年版，第 151 页。

质的严重性，决定法定刑幅度和量刑的起点。二是要与犯罪的社会危害性相适应。三是刑罚要与犯罪人的人身危险性相适应，犯罪人的人身危险性不直接反映罪行的轻重，却可以反映犯罪人对社会潜在的威胁程度"。① 专门研究量刑改革的武汉大学赵廷光教授认为，在刑事司法中，量刑公正表现为三种基本形式：一是犯罪轻重与刑事责任大小未必成正比，同时还取决于犯罪分子是否具有表明其人身危险性的量刑情节；二是宣告刑的轻重与刑事责任大小应当成正比，体现罪责刑相适应；三是能够体现罪责刑相适应的，未必就呈现量刑均衡，缺乏量刑均衡的公正，在社会公众看来，也不是真正意义上的公正，因为与法律面前人人平等原则相违背。个案的罪责刑相适应未必表现为量刑均衡，当犯罪人具有的量刑情节都是表明行为社会危害性的情节时，无论是从宽处罚情节还是从重处罚情节，他所承担的刑事责任大小与其行为的社会危害程度是适应的，当犯罪人所具有的量刑情节都是表明其人身危险性的情节时，其所承担的刑事责任与其社会危害性是不适应的，当犯罪人既有表明其社会危害性的量刑情节，又有表明其人身危险性的量刑情节时，必须体现刑事责任与刑罚之间的对称。总之，量刑公正具有相对性。② 在现代刑事审判模式中，控辩双方为诉讼当事人，控方负有证明被告人有罪的一般举证责任和证明所控诉犯罪每一要件的特定责任，被告人和辩护人则有反驳控方的主张及证据并提出自己无罪或罪轻理由的权利。由于刑事诉讼结果与控辩双方都有切身利害关系，故控辩双方均会不遗余力，积极参与，庭审也便成为充分行使控辩权的场所。量刑建议的提出和答辩，这实质上调动了控辩双方共同探索量刑的合理界限，使他们在一定程度上参与量刑裁判意见的形成，这不仅从程序上有力地保障了各方对量刑的参与，而且也使被告人的辩护权、被害人的申诉权得以充分的行使。

---

① 南英主编：《量刑规范化实务手册》，法律出版社 2014 年版，第 5 页。
② 赵廷光：《中国量刑改革之路》，武汉大学出版社 2014 年版，第 25～28 页。

4. 规范法官自由裁量权，拓展法律监督领域。"如果法官是车子，检察官便是引擎，再好的车子，若无引擎带动，也只是中看不中用的废铁；检察官负责提起公诉，控制法官裁判入口的功能，就如同引擎启动车子的功能一样，无法想象其不存在。"①从国外学者研究成果看，"美国芝加哥和纽约的法官中有30%的人在对于同样的被告是否适用徒刑的问题上表现出不一致；法官对具体刑期问题上的不一致就更为严重，芝加哥为37%，纽约为46%。在（前）苏联同样存在着量刑不平衡的现象，刑罚的严厉程度在不同的地区呈现出巨大的差异，一些地区剥夺自由刑的比例比另一类地区高的多，而在期限方面的差别有时达到30%～40%。此外在英国、加拿大和澳大利亚等国，学者们也先后对量刑不平衡情况做了调查，表明在许多类似案件的量刑中存在着较为严重的偏差和失衡"。②我国刑法对绝大多数犯罪采用相对刑③为法定刑，这就赋予法官较大的自由裁量权。法定的量刑幅度过度宽泛以及对法官的量刑缺少监督，使得这种自由裁量权存在被滥用的可能。通过建立量刑建议制度，量刑程序在很大程度上实现了公开化和透明化。正如台湾学者蔡墩铭所言："……对于各个刑事案件均能具体表示量刑意见，则此项由检察官向法院所表示的量刑意见，纵在形式上未必拘束法院之量刑，但因其为代表国家行使追诉权之检察官所表示之意见，应受法院密切之注意，无形中对于法院量刑予以影响，促使法院在检察官

---

①　林钰雄：《检察官在诉讼法上之任务与义务》，载我国台湾地区《法令月刊》1998年第10期。

②　安永强：《量刑偏差的心理分析——量刑规范化的心理基础》，人民法院出版社2010年版，第1页。

③　我国刑法规定的个罪法定刑多数为幅度型，如《刑法》第264条规定，"盗窃公私财物，数额较大的，或者多次盗窃、入户盗窃、携带凶器盗窃、扒窃的，处三年以下有期徒刑、拘役或者管制，并处或者单处罚金；数额巨大或者有其他严重情节的，处三年以上十年以下有期徒刑，并处罚金；数额特别巨大或者有其他特别严重情节的，处十年以上有期徒刑或者无期徒刑，并处罚金或者没收财产"。

求刑之范围基本情形科以被告适当之刑罚。"① 检察机关将会通过个案潜移默化地影响法院的量刑政策，维护个案公正和司法正义。同时，检察机关也将法律监督的领域拓展到了量刑方面，法庭量刑意见的形成、量刑裁判的作出直至对错误量刑裁判的纠正等方面可以进行动态的监督，以确保量刑公正和量刑均衡。

第二节　量刑建议的适用范围、基本原则与内容

任何一项法律制度的构建都必须首先明确适应范围、基本原则和基本内容。量刑建议的适用范围与检察机关行使量刑建议权必须遵循的基本原则是整个量刑建议制度的操作性规范中首先必须面临的问题。

一、量刑建议的适用范围

对于量刑建议适用的案件范围无论在理论界还是实务界都存在一定的分歧。有人认为，量刑建议只能适用于事实清楚、被告人认罪的案件，尤以适用简易程序的案件为主；有人认为，对于社会影响大、关注度高的案件应当适用量刑建议，以期取得良好的庭审效果；也有人认为，量刑建议作为一种制度应该适用于所有提起公诉的案件。从制定规范的角度看，也存在两种可以选择的模式，即列举式和排除式。前者从正面列举应适用量刑建议的案件条件，凡符合条件的案件均应进行量刑建议；后者则概括性地提出量刑建议应适用于所有提起公诉的案件，同时以"但书"的形式排除其在某类案件中的适用。

一方面，如前所述，量刑建议权是专属于检察机关的一项司

① 蔡墩铭：《刑庭推事之量刑行为》，载我国台湾地区《公大法学论集》第14卷第1、2期。

法请求权。作为一项公权力，既是权力，又是职责，是检察机关完整行使公诉权必不可少的环节，理论上适用于所有的案件。另一方面，定罪和量刑作为刑事诉讼活动的两个方面，互为前提和结果。对刑事案件的侦查、审查起诉和审判都是围绕这两方面进行，二者密不可分。因此，凡符合事实清楚、证据确实充分这一起诉条件的案件，都应进行量刑建议。那么，在实践中对所有案件进行量刑建议是否具有可操作性呢？即使是在因为陪审团制度的存在而使定罪和量刑成为独立程序的美国，也只有 70% 的检察官在一半以上的重罪案件中提出建议，只有 44% 的人始终坚持（在其处理的 90% 以上的案件中）作出建议。① 在实践中确实存在因新类型案件缺少经验而无法提出量刑建议的情况，也存在因对案件定性存在重大分歧不宜提出建议的情况。因此对量刑建议适用所有提起公诉案件这一原则必须允许存在例外。笔者认为，这种例外并不是破坏量刑建议制度完整性的适用例外，而是量刑建议实现方式上的例外。对于已经达成共识的简易程序、被告人认罪案件或者性质明确的案件应提出具体、明确的量刑建议，而对于疑难、复杂或者控辩双方争议较大的案件可以提出概括性的量刑建议。前者要求提出明确的刑种和刑期，后者则是提出一定的量刑幅度。具体方式将在后文进行论述。

现行最高人民法院《关于常见犯罪的量刑指导意见》（以下简称《量刑指导意见》）（法发〔2013〕14 号）明确了 15 种罪名的量刑指导意见。一些地方高级法院都制定了相应的实施细则，而且设定适用范围，如《浙江省高级人民法院〈关于常见犯罪的量刑指导意见〉实施细则》（以下简称浙江省《实施细则》）规定："本实施细则仅适用于本实施细则中规定的十五种常见犯罪；""本实施细则仅适用于依法判处有期徒刑、拘役的案件，综合全案犯罪事实和量刑情节，依法应当判处管制、单处

---

① 〔美〕约翰·杰科比：《美国检察官研究》，美国马萨诸塞州希思公司 1980 年版，第 124 页。

附加刑，判处缓刑、免予刑事处罚的，或者判处无期徒刑以上刑罚的，应当依法判决。""在共同犯罪中，如果部分被告人应当被判处无期徒刑以上刑罚的，或者部分犯罪不在十五种常见犯罪之内的，可以不适用本实施细则。""被告人犯数罪的，如部分犯罪不在十五种常见犯罪之内的，可以不适用本实施细则。"

依据该规定可知，人民法院对于《量刑指导意见》的适用采取了比较保守的态度，只有所有罪名都在 15 种常见罪名时才可以适用，否则可以不适用。对此，我们认为《量刑指导意见》明确了 15 种常见犯罪的量刑指导意见，但是，不代表 15 种犯罪之外的其他犯罪就不可以适用量刑建议，《量刑指导意见》主要是规范人民法院量刑裁判行为，检察机关量刑建议应该把它作为重要参考，但是不必完全束缚于此。所以，我们的观点是检察机关量刑建议不仅可以突破 15 种常见犯罪，甚至可以全面展开。

二、量刑建议的基本原则

量刑建议的基本原则是检察机关在进行量刑建议时所必须遵循的基本准则，既包括实体性的基本原则，也包括程序性的基本原则。作为公诉权行使的一个方面，它必须与刑事诉讼的基本原则相契合，同时又体现出量刑建议活动的特殊性。主要包括：

1. 客观全面原则。我国法律规定检察机关为法律监督机关。它不仅承担着代表国家追诉犯罪的职能，同时也担负着通过履行法律监督职权保护人权，维护公平正义的职责。量刑应当以事实为根据，以法律为准绳，根据犯罪的事实，犯罪的性质、情节和对于社会的危害程度，决定判处的刑罚。只有建立在客观全面基础上的量刑建议才能实现正义的目的。而现实中重刑思想在我国刑事司法实践中仍然存在，从而导致不利于被告人的量刑情节被更多地关注，而有利于被告人的量刑情节有时被忽视或被认为属于辩方举证范围而放任不管。因此，贯彻这一原则在量刑建议实践中具有重大意义。检察机关必须全面收集和审查与量刑相关的证据。提出量刑建议应以犯罪事实为基础，综合考虑犯罪行为的社会危害性和被告人的人身危险性。既要考虑法定情节，也要考虑酌定情节；既要考虑罪重情节，也要考虑罪轻情节；既要考虑罪中情节，也要考虑罪前、罪后情节。只有这样才可能充分体现罪责刑相适应的刑法基本原则。

2. 宽严相济原则。宽严相济政策是我国基本刑事政策，量刑规范化改革要充分体现宽严相济刑事政策，最高人民法院颁布的《量刑指导意见》始终贯彻和体现了宽严相济刑事政策，明确将宽严相济刑事政策作为量刑指导原则，对不同类型的犯罪规定了轻重不同的量刑起点幅度，明确了一些常见从宽和从重处罚量刑情节的调节幅度，每一个环节都给法官留有足够的自由裁量空间。宽严相济刑事政策不仅要在量刑裁判结果上有所体现，而且，在整个量刑过程中也要充分体现。就量刑建议而言，一是在确定量刑建议起点和基准刑的环节，要根据不同犯罪构成事实的社会危害性大小，确定轻重不同的量刑起点和增加不同的刑罚量；二是在运用量刑情节调节比例的环节，要综合考虑具体犯罪的情况和量刑情节的具体情形，合理确定量刑情节的调节比例；三是在确定拟建议的刑罚时，如果认为按照量化减轻处罚后得出的量刑建议明显与被告人罪责刑不相适应的，可以依法不予减轻处罚。总之，在整个量刑建议过程中，每个环节都要体现宽严相济刑事政策，做到该宽则宽，当严则严，宽严相济，罚当其罪，确保量刑建议和量刑裁判的法律效果、社会效果、政治效果的统一。

3. 均衡适当原则。虽然，正如黑格尔承认"刑罚的分量就不可能使之与任何概念的规定相适应，从这方面看，一切裁决终难免是一种任性"。[①] 但是，无论是刑事诉讼参与人还是普通社会公众，量刑公正首先而且主要是表现为量刑的均衡适当，就个案而言，量刑是否符合罪责刑相适应原则是判断量刑是否公正的

---

① ［德］黑格尔：《法哲学原理》，范杨、张企泰译，商务印书馆1982年版，第223~224页。

依据，而不同个案横向之间的比较，相类似的案件量刑是否均衡，是判断不同个案是否公正的重要方面。既要保持同一地区同一时期、案情相似的案件，所判处的刑罚应当基本均衡，同时也要客观全面把握不同时期、不同地区的经济社会发展和治安形势的变化，做到公正量刑，确保刑法任务的实现。① 就像法律必须具有稳定性，不能朝令夕改一样，量刑建议也必须具有连贯性，注重个案之间的均衡。虽然个案千差万别，有各自的特点，但触犯同一罪名的案件又具有一定的共性，在量刑上也具有可比性。我国虽然不是判例法国家，不适用遵循先例原则，但在一定程度上参考先前的判决并非不可取。基于相同经济基础和社会观念的同一地域范围内，尤其应实现量刑的均衡连贯。否则，不但不能体现法律面前人人平等，也违反了罪刑相适应、罚当其罪的原则。"量刑均衡与刑罚个别化并不矛盾，统一于量刑公正之中。量刑均衡体现的是不同犯罪人之间刑罚适用的同质性，但刑罚运用不能以量刑均衡抹杀对特定犯罪人量刑的个别化。"② 量刑既要考虑被告人所犯罪行的轻重，又要考虑被告人应负刑事责任的大小，做到罪责刑相适应，实现惩罚和预防犯罪的目的。

4. 具体明确原则。检察机关请求依照某一具体的刑法条款对被告人进行惩处从广义上来讲也是实现量刑建议的一种方式，但其显然不是本书所探讨的量刑建议。目前所探讨和构建的量刑建议以其具体明确为一显著特征，同时它也成为量刑建议所要遵循的一项重要原则。即量刑建议内容必须唯一且确定，包含具体的刑种和刑期。既不是模棱两可的选择性意见，也不是画蛇添足的重复法条，做表面文章。从某种意义上讲，只有将所建议之刑罚压缩到一个点上，才更能对法官的最终裁量产生积极的影响，并为事后监督提供明确的参照。

---

①　南英主编：《量刑规范化实务手册》，法律出版社 2014 年版，第 7~8 页。

②　南英主编：《量刑规范化实务手册》，法律出版社 2014 年版，第 8 页。

三、量刑建议的基本内容

要了解量刑建议的基本内容，可以从量刑的基本内容开始。所谓量刑是指人民法院在定罪的基础上，权衡刑事责任的轻重、依法决定对犯罪分子是否判处刑罚或适用某种非刑罚处理方法，判处何种刑种和刑度以及是否现实执行某种刑罚的审判活动。[①]量刑过程就是罪刑关系的具体化和对犯罪人判处刑罚的量化，是从法定刑、处断刑具体演变为宣告刑的过程，是对法定刑和处断刑的修正，具体包括三方面内容：一是决定对犯罪人是否判处刑罚；二是决定对犯罪人判处怎样的刑罚；三是决定对犯罪人所处的刑罚是立即执行还是缓期执行。[②]

由此，公诉人提出量刑建议的内容也可以分为三部分：

第一部分，据以提出量刑建议的事实依据，包括定何罪、定罪情节和量刑情节，以及对这些情节存在与否以及对量刑影响力大小的论证分析。

第二部分，据以提出量刑建议的法律依据，对相关现行法律规定或者刑事政策进行解读和运用。

第三部分，对被告人的量刑建议，具体包括是否需要处以刑罚、处以怎样的刑罚以及是否缓期执行。我国的刑罚体系分为主刑和附加刑，对一个被告人的量刑在很多时候都要并处或者单处附加刑。对于附加刑，因为相对来说对被告人的影响以及空间都没有主刑大，所以，公诉人在提出量刑建议的时候可以概括提出建议适用的附加刑，当然，也可以提出明确具体的附加刑适用建议。

量刑建议是检察官提出的供辩方量刑答辩和法院量刑裁判参考之用的，所以，检察官的量刑建议既要抛观点立论，更要阐明

---

① 参见马克昌主编：《刑罚通论》，武汉大学出版社1999年版，第249～251页。

② 孙春雨：《中美定罪量刑机制比较研究》，中国人民公安大学出版社2007年版，第307页。

观点，用证据和法律支撑自己提出的量刑建议，加强量刑建议的说理性，提高量刑建议的说服力，是我们每一个优秀公诉人必须具备的能力。

第三节　量刑建议的域外经验

量刑建议具有启动量刑程序、制约量刑裁判、明确证明责任、预设监督标尺的效力，对于提高量刑的公开性、公正性和公信力，保障当事人诉讼权利，强化对量刑裁判的制约监督，提高公诉质量和水平，都具有重要意义。[①] 英美法系和大陆法系都有量刑建议活动，且因各国的法律制度和法律传统不同而各具特色。然而，域外的量刑建议制度并非自始便有或一蹴而就，与我国司法体制形成一样，量刑建议的产生和发展也有其独特的规律和过程。大多发生在 20 世纪六七十年代，伴随着量刑规范化活动而诞生。任何法律制度的概括都离不开对立法实践的考察，吸收两大法系量刑实践的精华，对于建立适合我国国情的中国特色量刑建议制度具有一定的理论参考价值和实践借鉴意义。

一、英美法系的量刑建议制度

在英美法系国家，早期的判例法和成文法没有对量刑建议制度进行规定，随着科刑前的调查制度和辩诉交易制度的产生，量刑建议制度应运而生。由于没有统一的刑事诉讼法典，相关规定散见于一些制定法和具体判例中。英美法系国家量刑制度特点鲜明，具有一个完整而独立的量刑程序。从历史发展来看，将刑事审判程序划分为定罪和量刑两个程序与英美国家"刑罚个别化"理论的发展和演进具有密切关系，且直接导致法官对被量刑者个

---

① 朱孝清：《论量刑建议》，载《中国法学》2010 年第 3 期。

人信息的需求。① 一般而言，陪审团定罪后，法庭择日举行专门的量刑听证会，届时控辩双方可就量刑问题充分发表意见，检察机关作为控方自然拥有量刑建议权。② 但检察官在量刑听证的程序中，其角色定位以及如何行使量刑建议权，在英国和美国这两个英美法系的代表性国家中存在较大差异。

（一）英国

英国是普通法发源地，实行对抗制诉讼模式。早期的英国没有检察制度，实行起诉自由主义，指控犯罪完全由被害人承担，而量刑则是法官的专有职权，在陪审团作出有罪判决后，适用何种刑罚完全是属于法官的权力。1985 年英国建立王室检察院，在英格兰和威尔士实行由王室检察院提起公诉的制度，王室检察官在庭上参与量刑程序，可以陈述诸如被告人的前科，影响被告人人格的各项事实材料，被害人遭受的损害后果，关于量刑的法律规定和高等法院的判例指导等，但不能提出具体的量刑建议。③ 英国设立了科刑前的调查制度，在科刑前，缓刑官需要对被告人的人身危险性进行评析并提交，同时也可以向法院提交量刑建议，但只可以针对已定罪的犯罪人。

1. 英国量刑规范化相关规定

在 20 世纪 70 年代以前，在刑事司法实践与学术研究中，定罪与量刑作为刑事诉讼的两个阶段长期以来被严格区分，其中定罪阶段适用刑事诉讼通常的程序与证据规范，比如对抗程序、严格的相关性、可采性规则与证明制度等，而量刑阶段则由于没有陪审团的参与，其程序与证据规范相对宽松，所以当时英国法院

---

① 参见北京东城区法院、北京大学法学院：《"量刑程序改革"专题研讨会会议资料》2009 年 7 月，第 146 页，转引自李玉萍：《程序正义视野中的量刑活动研究》，中国法制出版社 2010 年版，第 65 页。

② 张雪姐：《国外量刑建议制度比较》，载《法制日报》2001 年 8 月 5 日。

③ 陈岚：《西方国家的量刑建议制度及比较》，载《法学评论》2008 年第 1 期。

裁判中有关量刑的程序法并不发达，甚至未涉及量刑证明标准。① 这样一来，由于有罪答辩以后无须进入定罪阶段，所有关于罪与责问题的调查都涌向了量刑阶段，而起诉书与答辩书内容并不能为合理的量刑提供充分的事实基础。有一些案件虽然经历了定罪阶段，还是会因为量刑所需要信息与定罪事实不具有相关性而产生问题。在这种背景下，英国量刑规范化问题逐渐受到关注。

虽然近些年英国刑事司法领域的制定法②大量增加，但其量刑证明标准的确立与发展依然由众多判例承载。20 世纪 70 年代之后，英国法院裁判中开始出现量刑标准的内容，通过判例逐步建立了量刑证明标准的规范体系，可称之为"严格的倾斜标准模式"。③ 比如，2003 年《刑事司法法》确立了 4 种加重量刑情节，2008 年《反恐怖主义法》确立了恐怖主义犯罪相关的加重量刑情节。

1998 年以后，《量刑指南》在英国缓慢发展起来，改变了其长期以来未设置《量刑指南》、量刑仅受上诉法院审查约束、法官拥有很大的量刑自由裁量权的状况。目前所有普通犯罪都确立了《量刑指南》。《量刑指南》设计了量刑所应当考虑的影响情节来帮助法官为犯罪行为适当量刑，尤其是多数《量刑指南》

---

① Martin Wasik, Rules of Evidence in the Sentencing Process, in Martin Wasik ed., The Sentencing Process, Dartmouth Publishing Company Limited, 1997, p. 337.

② 近 30 年英国主要的刑事相关制定法有：1984 年《警察与刑事证据法》、1994 年《刑事审判与公共秩序法》、1995 年《刑事上诉法》、1996 年《刑事程序与侦查法》、1998 年《犯罪与无秩序法》、2000 年《恐怖主义法》、2003 年《刑事司法法》、2004 年《家庭暴力、犯罪与被害人法》、2005 年《严重有组织犯罪与警察法》、2006 年《暴力犯罪减少法》、2007 年《严重犯罪法》、2008 年《刑事司法与移民法》、2009 年《警察与犯罪法》、2010 年《犯罪和安全法》、2011 年《恐怖主义预防与侦查措施法》、2012 年《法律援助量刑与惩罚罪犯法》、2013 年《犯罪与法庭法》，等等。

③ 彭海青：《英国量刑证明标准模式及理论解析》，载《环球法律评论》2014 年第 5 期。

都确立了具体的加重情节。为解决上述成文法与《量刑指南》中量刑情节的证明标准问题，在 Davies 案中上诉法院确立了检察官需将加重量刑情节（尤其是决定起刑点）证明到排除合理怀疑标准的规则。法律规定，量刑委员会制定的量刑指南具有法律效力，各级法院的法官们除认为与法律的公正性相违背之外，必须遵守《量刑指导意见》。①

值得一提的是，为鼓励罪犯悔改、节约司法成本，英国刑法要求任何刑事判决都必须考虑罪犯是否"有罪答辩"。英国量刑指导委员会针对"有罪答辩"的现行量刑指南是在 2004 年规定基础上的修改完善，2007 年生效至今。英国量刑委员会明确规定了"有罪答辩"减刑适用的幅度，通过确立三个"有罪答辩"的基本裁量标尺：在"第一合理机会""有罪答辩"，减少基本刑罚的 1/3；在审判时间确定后做出"有罪答辩"，减少基本刑罚的 1/4；在法庭开庭之后做出"有罪答辩"，减少基本刑罚的 1/10。接近监禁刑界限的案件，还可以据此对被告人适用非监禁刑。② 可见，在英国刑事审判中，"有罪答辩"减刑的幅度最大不得超过基本刑罚的 1/3，"有罪答辩"时间越晚，减刑幅度越小。③ 类似于一种"量刑折扣"，认罪越早，折扣越大。④

2. 英国量刑规范化程序简介

量刑程序通常在定罪之后休庭，间隔一段时间后再进行。每次休庭不超过 4 个星期，休庭的理由、次数和长度均无明确限制，但应有正当理由。时间长短根据案情复杂程度、资料齐全程

---

① 郝川：《中国量刑指导制度研究 以量刑指导意见为切入点》，人民出版社 2013 年版，第 21 页。

② 刘静坤：《被告人认罪认罚可探索适用速裁程序》，载《人民法院报》2015 年 1 月 21 日。

③ 聂慧萍：《英国"有罪答辩"的量刑指南》，载《人民法院报》2014 年 11 月 28 日。

④ 杨阳：《构建检察机关量刑建议制度研究》，苏州大学 2010 年硕士学位论文，中国知网优秀硕士学位论文全文数据库。

度而各异。这段时间的主要目的有：给予犯罪者寻求法律帮助的机会，等待获得犯罪者情况的报告，等待对答辩无罪的同案犯的审理结果。① 量刑程序主要由以下几个诉讼阶段构成：

（1）确认犯罪事实。英国的量刑程序中，量刑所根据的案件事实不完全等同于定罪程序中所认定的案件事实。确认犯罪事实是量刑听审的第一个步骤，在被告人答辩有罪的案件中，一般由检察官总结犯罪事实以便于被告人、公众和法官了解案情。被告人不认罪的案件中，犯罪事实已在定罪程序中查明，因此无须检察官作总结陈述，除非量刑阶段的法官与定罪阶段法官不同。在这一阶段一般不会出现关于犯罪事实的争议。如果被告人作认罪答辩后对犯罪事实提出异议的，有三种解决方案，分别为从陪审团处获得答案、牛顿听审②、法官听取检察官和辩护律师后作出决定。被告人答辩无罪而被陪审团认定有罪后就犯罪事实提出异议的，一般由法官根据证据确认有关的犯罪事实，并在此基础上量刑。

（2）控方提供犯罪者品行和前科相关证据。检察官陈述犯罪事实之后或者陪审团确定被告人有罪后，被告人不提出异议的，一般由控方负责提出罪犯的品行和前科的证据，其格式一般参照警方按照固定的格式准备的复印件。被告人提出异议的，证据应当由警官提供。

（3）法官考虑所有与被告人有关的报告。检察官对犯罪事实和相关证据进行总结后，法官可以开始考虑所有与被告人有关的报告，主要包括量刑前报告、生理和心理检查报告和其他报告。量刑前报告最为关键，其制作责任主体因对象而异，16 岁

---

① See Blackstone's criminal practice（1997），Blackstone Press Limited，1997，p. 1418. 转引自何挺：《量刑程序初探——以独立量刑程序为中心》，中国政法大学 2005 年硕士学位论文，中国知网优秀硕士学位论文全文数据库。

② 牛顿听审：法官听取双方的证据并对争议事实作出结论，适用于实质上的争议。证明责任在控方，控方应超出合理怀疑地向法官证明他们所主张的犯罪事实是正确的。

以上的成年人由缓刑官负责，13 岁以下的儿童由当地有授权的社会工作者负责，13 ~ 16 岁的由缓刑机构和社会机构共同承担制作报告的责任。量刑前报告主要由前言、介绍、犯罪分析、犯罪者相关信息、再犯可能性分析和结论构成。前言主要包括犯罪者基本信息、罪行和法院庭审情况，介绍部分是报告信息来源总结，犯罪分析包括犯罪动机、犯罪结果评价、被害人受到影响等内容，结论部分一般是量刑建议。量刑前报告对法官最终量刑影响重大，复印件必须给予被告及其辩护律师。一些案件规定必须使用量刑前报告，其作用在量刑程序中正不断扩大，使用率不断增长。在判处某些与强制医疗有关的刑罚时，通常需要由医学工作者提供关于犯罪者正遭受精神疾病折磨的报告，也就是生理和心理检查报告，其复印件也必须给被告人及其辩护律师。此外，还包括其他一些报告，比如作出社区服务令之前要获得一份认为犯罪者适合社区服务的报告，未成年人犯罪者通常需要一份来自未成年犯罪者学校的报告。

（4）辩方提出从轻量刑理由。通常由辩方律师发言，可以传唤证人以说明被告人品行良好或其实施犯罪的特殊情形。只要法庭认为案件已经得到证明，可以在被告人缺席的情况下进行量刑，判处监禁刑或剥夺资格刑的除外。

（5）法官宣布量刑结果。辩方陈述从轻量刑理由后，法官一般会迅速宣布量刑结果，或者在短暂休庭考虑后宣布。成文法中只规定了法官在特定情形下需要给出量刑理由，一般情况下法官没有义务解释其量刑。比如 1994 年的《刑事审判与公共秩序法》中就有规定"量刑法庭在需要给出量刑理由时没有这样做并不能直接导致量刑无效"。上诉法院鼓励法官给出量刑理由，尤其是过于严厉的量刑决定。

（6）量刑的变更程序。一般在法官宣布刑罚之后量刑程序即告终结，特殊情况下有时需要变更。刑事法院决定的量刑或命令可以在决定作出之日起 28 日内被变更或撤销。变更决定的主体必须是原来决定量刑的法官，可以变更刑罚时间的长短，也可以用完全不同种类的刑罚取代原来的刑罚，或者增加额外命令，甚至在合适情境下法官可以实质性地提高对上诉人的量刑。变更时犯罪人或其辩护律师应当在场。任何刑罚变更都应当在公开的法庭上进行。

此外，对于量刑也有其相应的救济程序。如果法官量刑决定在适用法律方面有错误，或者判决超出了权限，无论是被判刑人还是检察官对治安法院的量刑部分不服，都可以向高等法院王座庭上诉。实践中，被判刑人上诉的理由通常是刑罚太重而非量刑基础有误，通常由刑事法院审理。对治安法院量刑不服的案件的上诉要在判决宣告的 21 日内提出，而后由治安法院制作一份文件说明案件事实、法律问题等，由包括 2 名高等法院法官和 1 名上诉法院首席法官共 3 名法官一起审理，最终可以推翻、维持或者改变原判，也可以附上上诉法院意见后发回。对刑事法院量刑不服的案件，须在原判决作出后 28 日内提出，且要得到原审法院或上诉法院许可，请求遭拒绝的，可以在 14 日内再次提出上诉申请，审理案件可以由 2 ~ 3 名法官进行，至少包括 1 名上诉法院大法官。对量刑不服的最后审级是上议院，无论是被判刑人还是起诉方都有权对高等法院或上诉法院的判决向上议院提起上诉。

3. 英国量刑规范化相关机构

（1）量刑指导机构。近些年来，为了保证量刑的公正透明和一致性，英国相继设立了量刑咨询委员会和量刑指导委员会。量刑咨询委员会是根据英国《1998 年犯罪与扰乱秩序法》第 81 条于 1999 年设立，由 15 名成员组成，包括法官、学者与刑事审判方面的实践者，还有社区的代表。英国刑事上诉法院在该咨询委员会提出的量刑咨询意见基础上制定量刑指南。这些量刑指南包括有关处理赃物犯罪、危险驾驶致死罪、儿童色情犯罪等量刑的规定。《1998 年犯罪与扰乱秩序法》规定量刑咨询委员会只能就上诉案件范围内的"某一类罪"对刑事上诉法院提出量刑指南的意见，意味着总则性规定不在咨询委员会指南建议之内，其也无法对所有罪名任意指南建议。① 于是，2002 年 7 月，英国政府发表白皮书《所有人的正义》，② 决定通过立法设立量刑指导委员会。随后，《英国 2003 年刑事审判法》第 167 条中正式规定设立量刑指导委员会，并相应规定了制定量刑指南的程序。量刑指导委员会是一个"负责对所有刑事犯罪制定量刑标准的机构"。量刑指导委员会成立后，量刑咨询委员会仍保留，但不再给刑事上诉法院提供量刑指南建议，而是给新的量刑指导委员会提出咨询意见。量刑委员会隶属司法部，是一个独立的、非机关化的公共体。③ 根据英国法律，量刑指导委员会提出的指导意见对各级法院法官们的自由裁量权具有一定约束力，法官们"必须遵守"。目前，量刑委员会共有 14 名成员，其中，委员会主席由上诉法院莱文森大法官担任，其他 13 名成员中包括 7 名法官和 6 名非法官，来自非法院系统的成员都有刑事警察、刑事起诉、刑事辩护等方面的经验。④

　　根据立法的规定，量刑指导委员会的宗旨是促进量刑方法的清楚、公平和一致性，提出关于量刑活动的分析和研究意见，提升公众对量刑和刑事司法体系的信心。其主要职责包括：制定新的量刑指南并修正之前已经发布的量刑指南；发布关于量刑指南的司法资源评估报告；监督量刑指南的运行情况及其效果；准备关于新量刑指南的资源评估报告；提高人们对量刑以及量刑实践的认知；向司法大臣提交量刑年度报告，并发布该报告。此外，量刑委员会还负责研究量刑对被害人的影响以及执行不同刑罚的

---

　　① 郝川：《中国量刑指导制度研究 以量刑指导意见为切入点》，人民出版社 2013 年版，第 21 页。

　　② 张朝霞、冯英菊：《从〈所有人的正义〉看英国的刑事司法改革》，载 http：//service. law - star. com/cacnew/201007/385060616. htm，访问日期：2015 年 4 月 3 日。

　　③ 李玉萍：《英国量刑委员会和量刑指南》，载《人民法院报》2012 年 8 月 17 日。

　　④ 参见中国法制网，访问地址：http：//www. legaldaily. com. cn/zmbm/content/ 2010 - 04/15/content_ 2112204. htm？ node = 7579，访问时间：2015 年 5 月 21 日。

成本及其预防再犯的效果。

量刑指导委员会成立后发布的第一个量刑指南是《袭击罪的量刑指南》，自 2011 年 6 月 3 日开始生效。目前已经或即将生效的量刑指南总数超过 30 个。这些量刑指南中，既有关于量刑基本原则的指南，如《量刑基本原则：犯罪严重性》，也有关于特定类型犯罪或特定主体犯罪的量刑指南，如《关于家庭暴力犯罪的量刑指南》和《关于未成年人犯罪的量刑指南》，还有关于具体罪名的量刑指南，如《入室盗窃罪的量刑指南》等。① 一般而言，量刑指南发布后，会有 3 个月的过渡期，以保障各级法官能够了解、熟悉、掌握指南中的有关规定。为了监督指南的实施，量刑委员会于 2010 年 10 月 1 日成立了刑事法院量刑检查委员会，负责收集、分析、研究英格兰和威尔士刑事法院法官的量刑情况。

为了保障量刑指南的质量和效果，根据立法规定，量刑指导委员会制定或修订的每一份量刑指南都要经历以下程序：确定选题、调研、起草指南、征求意见和论证、发布指南、监督实施。其中，在确定选题、调研和论证阶段，立法部门、司法机关乃至普通民众可以广泛参与，发表意见和建议。为了保障指南的合理性，法律还规定，在量刑指南草案形成后，量刑委员会必须征求内务大臣及其指定的人、下议院司法选举委员会以及量刑委员会认为适当的人的意见，并在其官方网站上予以公布，以广泛听取各界的意见。

（2）检察机关的角色。从某种意义上来说，英国的检察官

---

① 其他生效的量刑指南还有：《谋杀罪的量刑指南》、《违反禁止令的量刑指南》、《违反〈反社会行为法〉的量刑指南》、《驾驶致人死亡罪的量刑指南》、《共同实施杀人、危害人体健康和安全罪的量刑指南》、《毒品犯罪的量刑指南》、《违反保释令的量刑指南》、《治安法院量刑指南》、《因受刺激而实施杀人罪的指南》、《关于认罪的量刑减让》、《抢劫罪的量刑指南》、《欺诈罪的量刑指南》、《性犯罪的量刑指南》、《在建筑物（非住所）内盗窃及入室盗窃罪的量刑指南》、《危险动物（狗）犯罪的量刑指南》等。

是法官发现真实的有关量刑的资料的助手，检察官在量刑阶段应采取中立的立场，并不寻求法院给予重的刑罚；如果被告人没有律师作为代表，检察官则应当告知法院控方所知道的任何减轻情节；检察官应处在一个协助法庭的位置上，提供一些有关犯罪或犯罪者的法律规定以及由上诉法院作出的与量刑有关的相关指南；[1] 检察官也有一定义务提请法官注意关于量刑权利的任何限制，以防止判处不符合法律规定的刑罚。[2] 检察官不能对量刑提出具体建议，其对最终通过的刑罚的影响微乎其微。如果被告人作出认罪答辩，案件不再提交审判，直接由法官进行量刑，基于量刑指南等文件，对于被告人认罪的案件，可以减轻处罚（根据案件情况，减轻幅度由 1/10 至 1/3 不等）。[3]

（二）美国

美国是英美法系的代表性国家，其法律制度大多来源于英国普通法，同时对于普通法也进行了较大范围的改造，创造出一些普通法传统所没有的制度和原则。[4]

1. 美国量刑规范化相关规定

在 1945 年美国起草的《联邦刑事诉讼规则》正式规定了科刑前的调查制度，该条同时规定了量刑建议制度。20 世纪 60 年代以前，辩诉交易在美国被得到广泛的使用。20 世纪 70 年代，美国联邦最高法院真正认同了辩诉交易，同时在判例法中赋予其合法地位，辩诉交易中的量刑建议随之取得合法地位。

---

[1] The Code of Conduct of the Bar, annexe H, para. 11. 8 (a) (b) (c). 转引自何挺：《量刑程序初探——以独立量刑程序为中心》，中国政法大学 2005 年硕士学位论文，中国知网优秀硕士学位论文全文数据库。

[2] 宋英辉、孙长永、刘新魁等：《外国刑事诉讼法》，法律出版社 2006 年版，第 135 页。

[3] 刘静坤：《被告人认罪认罚可探索适用速裁程序》，载《人民法院报》2015 年 1 月 21 日。

[4] ［美］伯纳德·施瓦茨：《美国法律史》，王军等译，中国政法大学出版社 1989 年版，第 15 页。

19 世纪 70 年代至 20 世纪 60 年代末，美国量刑制度实行不定期刑，法官及假释委员会拥有极大自由裁量权，刑罚裁量差异悬殊。① 为了限制法官的自由裁量权，防止量刑偏差，美国曾经进行一系列量刑方法改革运动，加利福尼亚州 1977 年制定了《统一确定量刑法》，明尼苏达州、华盛顿州等提出《判刑指导准则》并建立量刑委员会等专门机构指导量刑工作。美国律师协会 1980 年也提出了《量刑修正标准》。美国联邦政府在 1984 年制定的"犯罪防控综合法案"中，推行"强制量刑"，给法官量刑创设了很多必须遵守的规则，同时设立联邦量刑指南委员会以提高审判公正性。② 量刑指南委员会主要由法官、检察官、律师、被害人代表、学者、社会团体、立法者等组成，是司法部门中的独立机构，主要目标是为联邦刑事司法学制定量刑政策和策略，为犯罪人配置合理的刑罚，确保司法最终目的。1987 年 11 月 1 日生效的《联邦量刑指南》将犯罪行为和罪过心态等尽可能量化，给法官量刑提供了重要参考。但由于美国检察官对量刑的巨大影响，使一些美国学者抱怨为限制法官在量刑上过大的自由裁量权以加强量刑的确定性实现公平量刑而实施的强制性量刑（mandatory sentences）和量刑指南（sentencing guidelines）等措施的效果被削弱了。③ 20 世纪 80 年代开始，美国刑事司法界掀起所谓"精确量刑"（truth in sentencing）的运动，旨在缩小法院量刑时间与被告人实际服刑时间的差距。1994 年联邦政府向改变量刑法的州提供资金。截至 2001 年，超过 2/3 的州接受了

---

① 李韧夫、陆凌：《〈联邦量刑指南〉之于美国确定刑改革》，载《中南民族大学学报》第 34 卷第 2 期。

② 孙春雨：《中美定罪量刑机制比较研究》，中国人民公安大学出版社 2007 年版，第 355 页。

③ See Christopher E. Smith, Courts And Trials, ABC－CLIO, INC, 2002, pp. 74－75. 转引自何挺：《量刑程序初探——以独立量刑程序为中心》，中国政法大学 2005 年硕士学位论文，中国知网优秀硕士学位论文全文数据库。

精确量刑法。①

在美国设立强制量刑条款的管辖区，检察官的指控决定与量刑没有区别，检察官通过辩诉交易愿意终止将判处强制刑罚的指控是一个巨大让步，避开了强制刑罚的最初目的。而在另一些允许法官对科处刑罚有广泛裁量权的管辖区，检察官可以提出具体刑罚建议或不做任何建议，检察官的刑罚建议对法官没有约束力，量刑权专属于法官，选择范围可以从缓刑到监禁刑。②

1987 年，美国国会通过了美国量刑委员会在广泛征求意见、反复审议以及考虑重要的公共评论的基础上制定的《美国量刑指南》。《美国量刑指南》每年都有新的版本，使它能够不断调整，逐步完善，及时反映和解决新出现的问题，真正成为刑事审判的指南。③根据 1984 年量刑改革法的规定，该指南是指导联邦法院刑事审判的基本依据，具有普遍效力。刑事审判必须在指南规定的幅度内作出判决。在特殊案件中允许偏移指南，但必须详细说明理由。该指南在刑法的框架内，对"罪"作进一步的具体描述，对"刑"作进一步的精确划分，对许多复杂和具体的量刑计算方法都作了规定，以便于法官实际操作和提高量刑活动的公正性和准确性，可以说是刑法的实施细则。该指南把所有犯罪划分为 43 级，每个罪规定一个基本级，然后依据各种情节予以加减级数。即法官必须首先考虑每个特定罪行基本的犯罪级别，然后再根据犯罪人有无加重、减轻情节上调或下调犯罪级

---

① Scheb, John M. and John M. Scheb Ⅱ. (2011). Criminal Law and Procedure (7th edition). Belmont, CA: Wadsworth, Cengage Learning. p. 628. 转引自张鸿巍:《美国检察制度研究（第二版）》，人民出版社 2009 年版，第 216 页。

② 参见 [美] 义伦·豪切斯泰勒·斯黛丽·南希·弗兰克:《美国刑事法院诉讼程序》，陈卫东、徐美君译，中国人民大学出版社 2002 年版，第 427 页。转引自朴春雨:《中美定罪量刑机制比较研究》，中国人民公安大学出版社 2007 年版，第 349 页。

③ 访问地址：http://news. 9ask. cn/fagui/xingfa/201006/721653. html，访问时间：2015 年 5 月 12 日。

别，最终决定一个犯罪级别。

2. 美国量刑规范化程序简介

和英国一样，美国的定罪程序与量刑程序也分离，定罪之后方可进入量刑活动。定罪与量刑之间的时间间隔视案件复杂程度而不同。然而，相比于英国无论刑事法院还是治安法院都由法官量刑的状况，美国不同州之间存在不同做法，有些由法官负责量刑，有些则由陪审团负责，或者根据案件性质不同决定。美国存在量刑听证会（Sentencing Hearing）制度，在法院公开进行，法官根据双方律师的陈述、被害人陈述、缓刑官报告和罪犯陈述等作出判决。一般说来，量刑通常在宣告有罪后一个月内进行。量刑程序一般由以下几个阶段构成：

（1）法官宣布开始。非重罪案件一般在有罪判决下达的当天进行，重罪案件则会选择在判决下达几周后举行。

（2）法官阅读缓刑记录和量刑前报告。如果量刑听证会安排在定罪判决下达之日举行，则公诉人一般在量刑举行之前提交量刑备忘录，以供法官量刑时考虑。

（3）公诉人发表建议。美国很多州都允许受害人出具一份受害影响声明，公诉人会提请法官注意受害者意愿和书面声明。

（4）辩护律师发表意见。律师希望法官能够当面听取与被告人相关的一些个人信息，比如被告家庭成员、雇主或社会福利等，被告人有权直接向法官进行陈述。有些地区则由法官决定是否向辩方律师了解情况。

（5）缓刑官汇报情况。缓刑官应将其掌握的所有与被告人有关的情况，特别是被告人之前的唤醒记录，以书面形式的量刑前报告或者直接口述的方式阐述，可以对量刑提出建议。

（6）法官宣布量刑结果，"在检察官和辩方在对自认为合适的刑罚量刑发表意见之后，法官作出量刑的最后决定"①。此外，

---

① 宋冰主编：《读本：美国与德国的司法制度及司法程序》，中国政法大学出版社1999年版，第352页。

法院可通过"圣多贝罗诉纽约州"① 等个案对其施加影响。

（7）量刑的救济程序，根据《美国联邦刑事诉讼规则和证据规则》② 中的相关规定，如果上诉法院发现一审量刑不当应当发回重审，此外，情况变化发生被告人减刑情形的，法院量刑决定作出一周内发现存在计算、技术上错误的，也可以纠正量刑。

3. 美国量刑规范化相关机构

（1）量刑指导机构。从 20 世纪 80 年代开始，为了促进量刑的精确性和一致性，美国联邦法院和一些州法院纷纷成立了量刑委员会，进行量刑改革。③ 美国量刑委员会是联邦司法系统中一个独立的机构，9 名成员中，7 名是经参议院选举，另两名是非选举的当然成员，全部由总统任命。是一个负责制定、修正《美国量刑指南》并监督全美量刑活动的、专门的、常设性的机构。

以马萨诸塞州为例，量刑委员会是因应社会日益高涨的量刑改革需求、依据州议会 1994 年通过的《精确量刑法》而成立。该委员会是州司法部门中的一个独立机构。量刑委员会由 15 名委员组成，其中 9 名享有投票权，6 名没有投票权，委员会主席由州长在享有投票权的人中任命担任。其中，在享有投票权的 9 人中，有 3 名法官（来自地区法院、波士顿市法院或高级法院，其中必须至少有 1 名地区法院或波士顿市法院的法官和 1 名高级

---

① 在"圣多贝罗诉纽约州"案中，在与检察官协商后，圣多贝罗将原先无罪答辩更正为两项重罪答辩，并请求取其中较轻项定罪，检察官予以认可并同意对量刑建议闭口不谈。几个月后进行的量刑听证中，接手该案的检察官建议法官判处最高刑期，法官如其所愿。圣多贝罗对此不服，辗转上诉至联邦最高法院。首席大法官伯格亲自撰写法院判决，主张检察官对司法的认知与适当态度与其在辩诉交易所作出的承诺密切相关，判决案件发回州法院重审，并要求考虑变速交易的具体条款内容。

② 卞建林：《美国联邦刑事诉讼规则和证据规则》，中国政法大学出版社 1996 年版，第 75 页。

③ 参见最高人民法院网站：www. court. gov. cn，访问日期：2015 年 3 月 4 日。

法院法官）、2 名地区检察官助理、1 名检察长助理、2 名马萨诸塞州刑事辩护律师协会的律师、1 名公共辩护人。在另外 6 名没有投票权的人员中，有矫正委员会委员、缓刑委员、公共安全部部长、州假释委员会主席、马萨诸塞州各郡协会主席或者他们任命的人以及被害人的代表。委员会成员多元化的目的在于确保刑事司法视野和量刑哲学的多元化。量刑委员会的使命是出台统一的量刑政策，系统地开发量刑指南，促进量刑的一致性和稳定性，实现量刑公正。

依据《精确量刑法》的规定，委员会的主要职责有：监控量刑实践，评估量刑指南的使用，发布每年度量刑实践调查报告，对特定量刑问题进行研究；培训司法人员、支持量刑实践，培训对象包括法官、公诉人、辩护律师、缓刑官员等；作为信息中心，收集、整理、发布量刑实践的相关信息，协助法庭及相关部门和人员发展、保持、协调好量刑实践；就与定罪、量刑和矫正有关的事项向立法部门提出立法建议；开展量刑试点，委员会在高级法院和三个地区法院开展试点活动，考察量刑指南对量刑活动的影响，对依据量刑指南判处罪犯替代刑的情形进行评估。

（2）检察官的角色。全美地区检察官协会认为，参与量刑过程可以为检察官提供延续对公平正义的追求，确保被害人表达其对量刑之所思所感，同时确保刑前报告[1]真实可靠。[2] 美国的量刑建议发生在被告人有罪答辩之后的程序和经审判确定有罪之

---

① 刑前报告（pre‑sentence report）：美国所有的司法区都要求对成人的量刑必须公开，尽管在一定条件下未成年人量刑可能是秘密进行。轻罪案件通常在定罪后作出量刑。重罪特别是可能要判处较重刑罚时，量刑会被推迟，以便法院做刑前调查。刑前报告主要是用来协助法官对重罪案件、违反缓刑或者面临可能监禁刑罪犯妥善量刑的文件。

② National District Attorneys Associatio. (2009). National Prosecution Standards (3rd edition). 转引自张鸿巍：《美国检察制度研究（第二版）》，人民出版社 2009 年版，第 216 页。

后的程序，有权提出量刑建议的主体相对较多，包括缓刑官和陪审团，检察官是提出量刑建议的常见主体，其提出量刑建议的频率最高、诉讼程序的适用范围最广。

《合众国检察官手册》第 9 - 27. 730 条约定，联邦检察官应在两种情形下提出量刑建议：一是辩诉交易条款有明确规定时；二是公众利益要求政府（检察官）就适当刑期表述意见时。[①] 其中，量刑建议包括明示量刑建议和默示量刑建议两种，前者包括具体刑种、缓刑适用条件、罚金额度、刑期以及合并刑罚等，后者指心照不宣的建议，如同意或不反对被告人请求等。《美国律师协会刑事司法准则》之《检察职能》第 3 - 6. 1 条就检察官在量刑阶段的职权提出：检察官不应以量刑轻重彰显其工作效率，一旦其参与量刑之中应努力确保公正判决以避免量刑差异过大；若判决并无陪审团参与其中，检察官应获得机会向法庭阐述其观点并作出相应量刑建议；若判决由陪审团决定，检察官应向其展示有关证据资料，但应避免出示可能会引起陪审团判决有罪与否偏见之证据资料。第 3 - 6. 2 条建议：检察官应当协助法庭置判决立足于完整、准确的刑前报告之上，检察官应当就刑期向法院公开其掌握之任何信息。若检察官注意到刑前报告有所疏漏或不尽准确，其应采取措施来向法庭及辩护律师呈现完整且正确之资料。[②]《全美检察准则》（第三版）第 7 - 2. 1 条亦建议，检察官在撰写及提交刑前报告中应发挥积极作用，包括：在撰写刑前报告时，应就被告人背景资料作为缓刑部门之信息来源，在刑前报告提交法庭之前审查该报告；在注意刑前报告有关内容与检察官知悉内容有冲突时就该内容告知有关方面。在判决诉讼之时或之前，向辩护律师及法庭公开其所有已知的无特权减轻信息（un-

---

① 张鸿巍：《美国检察制度研究（第二版）》，人民出版社 2009 年版，第 217 页。

② American Bar Association Standards for Criminal Justice—Procedure（7th edition）. Belmont, CA：Wadsworth, Cengage Learning. p. 616. 转引自张鸿巍：《美国检察制度研究（第二版）》，人民出版社 2009 年版，第 219 页。

privileged mitigating），除非法庭保护令（protective order）明确检察官无须这样做。

由此可见，检察官提出量刑建议权受限于具体案情和法院接受方式的意向与形式。具体到辩诉交易，检察官须在达成协议之时即告知法院其在量刑上的立场。除此之外的场合下，检察官的量刑立场可在"刑前侦查"（pre - sentence investigation）通过缓刑官口头或书面传达或者在量刑听证前以"量刑备忘录"（sentencing memorandum）形式向法院提交，或在听证时向法院口头陈述。

二、大陆法系的量刑建议制度

量刑建议制度不仅存在于英美国家，在大陆法系国家及地区也同样存在，甚至大陆法系的量刑建议传统比英美国家更为久远。大陆法系国家的检察机关一般都有权提出量刑建议，明显不同于英美法系国家的是，刑事审判的普通程序中并没有单独的量刑程序，而是将定罪和量刑两种活动融合贯穿于庭审的始终。在大陆法系国家，法庭审理量刑问题之前并没有一个关于定罪的决议，而是在同一个程序中一并解决罪与罚的问题。综观大陆法系国家的刑事诉讼法典，一般都规定法庭在评议之后作出判决，判决的内容通常同时包括定罪和量刑，但并没有单独的量刑程序，对如何确定量刑通常也没有具体规定。[①]

大陆法系国家及地区有自己的量刑建议制度，而且主要是通过检察官在诉讼活动中提出量刑建议及这一建议对法官的效力等一系列规定或习惯做法体现出来。有的国家将其规定在法典中，如《俄罗斯联邦刑事诉讼法典》第 248 条规定"检察长在法庭上支持国家诉讼，向法庭提出自己关于对受审人适用刑事法律和

[①] 存在例外情形，比如葡萄牙刑事审判程序包含定罪和量刑两个阶段。参见王以真主编：《外国刑事诉讼法学》，北京大学出版社 2004 年版，第 332 页。转引自李玉萍：《程序正义视野中的量刑活动研究》，中国法制出版社 2010 年版，第 84 页。

刑罚的意见"，《韩国检察厅法》第 4 条规定，检察官职权之一就是"向法院请示法律的合理适用"。在司法实践中，韩国的检察机关认为公诉人是可以明确地提出量刑建议的。① 有的国家虽然没有在法典中明确规定，但从长期的司法实践中可以看出，检察官经常行使量刑建议权。一项关于德国处刑的统计结论显示，检察官建议适用的刑罚与法官最终判处的刑罚大都较为接近，而法官更倾向于在检察官建议之下处刑。韩国量刑裁判通常是检察官量刑建议的 1/3 到 1/2。典型的大陆法系国家的量刑建议活动各有不同特色。

（一）法国

1958 年法国结束了对拿破仑《刑事诉讼法典》的修订工作，颁布新的《刑事诉讼法典》，新《刑事诉讼法典》设置了许多新的诉讼程序，法国检察官的量刑建议至此展开。

法国没有独立的量刑程序，无论是重罪法庭还是轻罪法庭，都由法庭调查和法庭辩论构成。法庭调查阶段，被告人是否有罪的证据和罪重罪轻的证据往往混合提出，不予区分；法庭辩论阶段控辩双方也往往一并发表定罪意见和量刑意见。特殊的是，经过一定期限之后免除被告人刑罚的情况下才能将定罪与量刑评议分离。② 近年来法国也正在试图对其庭审程序进行改革，比如1993 年 1 月提出了把定罪与量刑严格分开，有些证据只能作为量刑证据，而另一些证据只能作为定罪证据。不能将证据重复使

---

① 例如，在韩国汉城（现在的首尔，下同）地方高等法院审理前总统全斗焕、卢泰愚的过程中，汉城地方检察机关直接向法庭提出判处死刑的要求。当汉城地方高等法院一审只判处这两人无期徒刑时，汉城地方检察机关随即向最高法院提出抗诉。韩国最高法院根据这一抗诉对两人判处了死刑。最后，还是通过时任总统金泳三的特赦令免除了两人的刑事责任。

② 在法国被称为"顿挫"制度，支持者认为，在确定刑罚时，犯罪人的性格应起主导性作用，但法官对被告人是否作出有罪决定并不受犯罪人的性格影响，因此应将诉讼分为两个阶段，第一阶段定罪，第二阶段递送有关犯罪人的性格的案卷给法官。接近于英美法系的独立量刑程序。参见〔法〕卡斯东·斯特法尼等：《法国刑事诉讼法精义》，罗结珍译，中国政法大学出版社 1999 年版，第 775～776 页。

用，也不能将证据在不合适的地方使用。定罪权赋予陪审员，量刑权赋予法官。① 但因为压力太大，在 1993 年 8 月便被迫取消了上述规定。②

法国的检察院设在法院之中，并不依附于法院系统。检察官并不需要听从法官命令，当然，法官也无须听从总检察长、检察长和共和国检察官的命令。在司法活动中，检察院与法院的关系更多体现为检察官和法官各司其职的分工、协作以及制约。法官在司法活动中始终为中立、被动介入的角色，检察官依照法律规定积极行使职权是启动特定司法程序的主要途径，法官的独立裁决可以对检察官的积极行使职权形成制约，以实现追诉犯罪和保障人权的平衡。③

法国检察官的主要职责是确保法律的正确执行和维护社会秩序，从最初代表皇帝的利益参加诉讼到后来作为社会公共利益保卫者以国家名义参与诉讼，从而保护国家利益，确保公共秩序和社会利益不受侵害，确保国家法律得以正确实施。检察院在刑事诉讼的职责主要有启动追诉程序、适用刑事替代和决定不起诉、提起公诉并出庭、建议具体刑罚、提出上诉、执行刑罚、指挥和监督司法警察、预防犯罪等。④ 检察官出庭支持公诉时，参与法庭辩论，结束后发表口头公诉状，对案件事实和指控进行总结，提出量刑请求。检察官的职责就是根据案件具体情况和行为人的个体情况请求法庭适用法律。法国检察官不得任意处分诉权，也不得与被告人进行交易。但在法庭上检察官可以发表关于被告人的定罪问题以及量刑轻重的各种意见。此外检察官可以要求对被告人免予起诉而不对被告人作出有罪判决，在被告人被认定有罪之后，还可以要求法庭宣告被告人免除一切刑罚，或者推迟宣告

---

① 卢永红：《国外刑事诉讼法通论》，中国人民公安大学出版社 2004 年版，第 120 页。

② 赵志梅：《量刑程序规范化改革研究》，知识产权出版社 2011 年版，第 80 页。

③ 金邦贵：《法国司法制度》，法律出版社 2008 年版，第 292 页。

④ 金邦贵：《法国司法制度》，法律出版社 2008 年版，第 275～282 页。

刑罚。在一审法院作出量刑判决后，检察官如果认为法院的量刑过轻，检察官甚至有权要求上诉法院宣告比一审法院宣告的刑罚更重的刑罚。可见，"法国刑诉法中检察官提出量刑建议的最高且唯一的标准就是社会或公共利益，除此之外未作任何限制"①，检察官可以根据案件的情况，只要符合公共利益，则可以提出任何形式、任何内容的量刑建议，可以包含"对犯罪事实的陈述，并且提出定罪和量刑的意见"②。

（二）德国

作为典型的大陆法系国家，德国的定罪量刑与法国一样并没有分离。按照德国法律，有关犯罪行为以及对法律结果决定的作出有重大影响的证据被要求在同一个审判程序中提出。1871年德国统一之后，对英国、法国刑事诉讼制度的借鉴问题展开多方讨论，于1877年出台了《刑事诉讼法典》，实行参审制和陪审制并行的双轨制，同时将起诉与否的决定权完全赋予检察官。德国现行《刑事诉讼法》在1877年《刑事诉讼法典》基础上进行多次修改，废除参审制与陪审制并行的双轨制，确立单一的参审制，并赋予检察官以起诉与否的自由裁量权。根据《德国刑事诉讼法》第267条规定，法院的刑事判决书必须载明量刑理由，包括载明检察官对于被告人的前科、人格和量刑的陈述以及辩护方的量刑观点。德国法庭必须将定罪和量刑写成书面判决；由审判长在公开的法庭上宣读。宣布量刑后，审判长进行口头解释。当法官结束口头解释之后，审判才结束，判决中的量刑成为终局。在公开的法庭上宣布判决后5个星期之内，法庭必须将定罪和量刑的理由作一书面解释。书面解释必须涵盖判决的所有方

---

① 陈岚：《量刑建议制度研究》，武汉大学出版社2009年版，第74页。
② ［法］卡斯东·斯特法尼等：《法国刑事诉讼法精义》，罗结珍译，中国政法大学出版社1998年版，第135页。

面，包括对证据的总体评价。①

程序上，在适用普通程序审理案件时，首先由主持诉讼的法官对被告人的个人情况进行询问，然后由检察官宣读刑事起诉书，并告知被告人有选择对此进行答辩或保持沉默的权利。如果被告人选择进行答辩，则对其被指控事项进行讯问，结束之后由法院主导对证据的听审，之后由被告人及其辩护律师作最后陈述，法庭退席进行评议。② 评议时一般先对案件的定性问题进行表决，定性确定之后再对量刑问题进行评议。

德国的检察机关依据法院组织法而设立，检察官的量刑建议权按照案件适用程序的不同分为两种情形，分别为普通刑事诉讼中提出量刑建议和处罚令程序中提出量刑建议。在普通刑事诉讼中，检察官通常在法庭最后辩论阶段发表量刑建议，其任务包括总结证据，并对法院的裁决提出具体建议。③ 司法实践中，检察官通常根据案件情况提出适用的某一档次的法定刑（幅度为主），而后列举从重、减轻等情节，提出一个具体的量刑建议。④ 检察官提出量刑建议后，辩方提出量刑意见，双方必须说明理由，然后进行辩论。法院的判决书要写明对量刑的理由，包括写明检察官对被告人的前科、人格和量刑的陈述以及辩护方的量刑观点。⑤ 在处罚令程序中，根据《德国刑事诉讼法》第407条的规定，检察官可以提出的量刑建议范围仅限于"罚金、保留处罚的警告、禁止驾驶、追缴、没收、不超过两年的吊销驾驶执照、一年以下的缓刑"等轻微刑事案件，法官不必会见或询问

① ［德］托马斯·魏根特：《德国刑事诉讼程序》，岳礼玲、温小洁译，中国政法大学出版社2004年版，第134页。

② 宋冰：《英国与德国的司法制度及司法程序》，中国政法大学出版社1998年版，第367页。

③ ［德］托马斯·魏根特：《德国刑事诉讼程序》，岳礼玲、温小洁译，中国政法大学出版社2004年版，第38页。

④ ［美］弗洛伊德·菲尼、［德］约阿希姆·赫尔曼、岳礼玲：《一个案例的两种制度：美德刑事司法比较》，中国法制出版社2006年版，第289~291页。

⑤ 陈岚：《量刑建议制度研究》，武汉大学出版社2009年版，第74页。

被告人，直接在阅卷基础上判断被告人是否有罪以及如何适用刑罚即可。如果法官认为定罪不妥可以拒绝签发刑事处罚令并对案件进行审判；如果法官在刑罚适用问题上与检察官提出的量刑建议不同，两者可沟通达成协议，只有在法官和检察官均同意时才能适用刑事处罚令。① 如果被告人不同意，则审判应当公开。有些学者认为，刑事处罚令只是一种暂时的判决，实际上是检察官决定刑事处罚令的内容。②

德国的立法认为法官有权自由作出判决，判处比检察官建议的刑罚或轻或重，实践中，检察官的量刑建议经常被视为量刑上限，法官倾向于不超过其建议刑期来判刑。③ 有调查显示，"审判法官倾向于把刑罚判得低于检察官建议，检察官一般要求判处较重刑罚，以使最后的法官判处正合其心意"。④

（三）荷兰

作为大陆法系国家，荷兰刑事司法制度受法国影响较大，实行审检合一，检察机关没有独立的机构体系而是附设在法院内部。在量刑规范化活动中比较有特色、不同于其他大陆法系国家的是荷兰的检察官和《检察官量刑指导纲要》。

荷兰检察官具有准司法官的属性，被称为"站着的法官"，以追求客观真实和实现公正为价值圭臬，而不仅仅局限于追诉犯罪。根据荷兰刑事诉讼法，检察官具有指导犯罪侦查、起诉犯

---

① ［德］克劳斯·罗科信：《刑事诉讼法》，吴丽琪译，法律出版社 2003 年版，第 605 页。

② 潘怀香：《检察机关量刑建议权研究》，安徽大学 2007 年硕士学位论文，中国知网优秀硕士学位论文全文数据库。

③ ［美］弗洛伊德·菲尼、［德］约阿希姆·赫尔曼、岳礼玲：《一个案例的两种制度：美德刑事司法比较》，中国法制出版社 2006 年版，第 289 页。

④ ［美］约翰·朗拜因：《比较刑事诉讼：德国》，美国明尼苏达西方出版公司 1997 年版，第 68 页。转引自李玉萍：《程序正义视野中的量刑活动研究》，中国法制出版社 2010 年版，第 41 页。

罪、量刑建议、执行法院判决等职权。① 虽然从文本分析荷兰检察官的职权与大陆法系其他国家似乎没有明显差别，但实践中其职权极为广泛，在刑事司法体制中地位突出，被喻为"刑事诉讼法上的蜘蛛"，起诉和审判阶段都享有广泛的自由裁量权。②

检察官审判阶段的自由裁量权首先体现在可以选择指控罪名、挑选诉讼地上面。除此之外，量刑建议备受重视。实践中，判决通常是法官和检察官的共同作品。检察官有责任向法官推荐量刑，法官通常都会认真考虑量刑建议，其对量刑建议的参考程度有些依照其对检察官个人的敬重程度而异。

此外，量刑政策的变化受检察官影响较大，很多变化的推动力来源于检察官而非法官。甚至有学者认为，荷兰的检察机关已成为创设并执行刑事政策的唯一途径。③ 因为没有检察机关支持，任何关于量刑政策的立法或指令都不可能贯彻。司法部也认同检察官的重要地位，一般通过向检察官发布量刑建议标准的指导方针来达到改变量刑的目的。荷兰制定有《检察官量刑指导纲要》，并把量刑指导纲要公布在每个人都可以看见的网上和期刊报纸上，实际上跟法律差不多，当然，法官不受其约束。如果法官不同意检察官的提议，完全可以作出不同的判决。法官有权在最终判决时判处比检察官的量刑建议轻缓的刑罚；但是，法官

---

① See Dato Streenhuis: Criminal prosecution in the Netherlands, pp. 51 – 52, The Role of the Prosecutor, edited by J. E. Hall Williams etc. published in association with the London School of Economics and Political Science. 转引自赵丹：《荷兰检察官的自由裁量权》，载《国家检察官学院学报》第 15 卷第 3 期。

② 赵丹：《荷兰检察官的自由裁量权》，载《国家检察官学院学报》第 15 卷第 3 期。

③ See P. van Duyne, Simple Decision Making' in D. C. Pennington and S. Lloyd – Bostock, eds, The Psychology of Sentencing（Oxford, 1987），p. 145. 转引自赵丹：《荷兰检察官的自由裁量权》，载《国家检察官学院学报》第 15 卷第 3 期。

所判处的刑罚，常常与检察官的量刑建议很接近。①

检察官在庭审之前不仅要全案移送案卷材料及证据材料，而且通常会与庭审法官私下沟通看法，因此，荷兰法官庭审耗时非常短，一般需要审理数天或几周的案件，荷兰法院仅需数十分钟或几个小时就宣告结束。有学者认为，荷兰的快速审判在一定意义上表明，法院审判不过是将检察官的意见基本吸收，贴上"法官判决"标签的过程。②

（四）日本

在日本，检察官出庭公诉中有论告和求刑。论告是指检察官在法庭证据调查终结后就本案事实及适用法律问题总结性地陈述控方的意见，分事实论告和法律论告两类，前者就犯罪与否的事实，阐明公诉人的立场与意见，后者提出公诉部门关于如何适用法律制裁或处理被告人的看法或观点。求刑指建议量刑，是论告的结论。

在刑事诉讼审判实践中，检察官向法庭裁判官提出量刑建议，既是权力，也是义务。求刑是检察官对案件评价的最集中的表示。作为检察官的结论性意见，求刑既要符合罪责刑相适应的原则精神，又要综合考虑为如何更好地体现刑事政策；既要追究被告人的罪责，又要考虑到为被告人今后的改善或更生创造有利条件。检察官求刑的范围，包括主刑和附加刑，求刑一般要求有具体的刑名、刑期、金额、没收物、价格等的明示。另外，如果检察官认为缓刑对被告人更为有利，也应当在求刑中明确提出。

是否采纳检察官的论告（定罪意见）及求刑意见，由法庭裁判官决定。一般情况下，日本法庭裁判官作出判决时，都会尊

---

① ［荷兰］布拉德：《荷兰刑事司法制度中检察官的职权》，载中国人民大学刑事法律科学研究中心：《明德刑法学名家讲演录（第一卷）》，北京大学出版社2009年版，第398页。

② Francis Pakes, Comparative Criminal Justice, Cullompton; Portland, 2004, p.176. 转引自赵丹：《荷兰检察官的自由裁量权》，载《国家检察官学院学报》第15卷第3期。

重和充分考虑检察官的论告意见和求刑意见。例如，1997 年 3 月 2 日，东京地方法院对"沙林"事件的主犯之一林郁夫进行公开审理，在东京地方检察厅对林郁夫提出了无期徒刑的量刑要求。林郁夫虽然与东京地铁"沙林"毒气事件等 16 起杀人案件有直接关系，但根据检察厅的这一量刑要求，林郁夫将不会被判处死刑。东京地方检察厅认为，林郁夫在被警方逮捕后，能够深刻反省并和盘托出自己的罪行，因此决定作为"自首"对待，并认为林郁夫对"破获组织犯罪和防止将来的犯罪方面作出了贡献"，所以在量刑方面给予减刑。对于犯有恶性杀人事件的罪犯提出判处无期徒刑在日本还属首次，引起了人们特别的关注。

日本法官在量刑时通常会考虑以下几个要素：第一，犯罪实施时存在的事实，如犯罪的动机方法等。第二，即为了判断犯人的社会危险性以及改恶从善的可能性而加以考虑的事实，具体包括犯人的年龄、性格、经历和环境、犯罪后犯人的态度等情况。第三，检察官或被告人提出的量刑资料，包括被告人的口供笔录中包含的经历、资产、家属的状况、生活状态、交友关系、前科经历的记录、前科调查书、关于逮捕记录的指纹照会回答书、损害赔偿协议书、请愿书、申诉状等。①

（五）韩国

韩国的大法院（最高法院）除了具有最高审判权外，还有管理韩国司法系统的行政权力，大法院内设多个附属机构具体执行大法院议会决议并负责具体行政事务管理，包括行政部、司法研修院、法院公务员教育院、法院图书馆和量刑委员会。

量刑委员会是根据 2007 年《法院组织法》修正案成立的，通过对量刑阶段中法官要考虑的要素加以体系化，对犯罪特性、

---

① ［日］曾根威彦：《量刑基准》，载［日］西原春夫主编：《日本刑事法的形成与特色》，法律出版社/成文堂 1997 年版，第 142~145 页。转引自何挺：《量刑程序初探——以独立量刑程序为中心》，中国政法大学 2005 年硕士学位论文，中国知网优秀硕士学位论文全文数据库。

犯罪的态度、犯罪的危害程度等要素进行类型分类，向法官提供最终的量刑标准，促使类似情况案件有类似判决，从而确保国民对判决的信任和可预测性。但量刑指南并非强制性，仅具指导性。

量刑委员会由 13 名成员组成，包括委员长和 1 名常任委员。委员长由首席大法官从具备 15 年以上司法经验的法官、公共检察官、律师中选任，委员从法官、检察官、律师等法律职业者中选任。入选的律师和检察官需要法务部及韩国律师协会的推荐信。每名委员任期 2 年，可以连任。秘书处负责量刑委员会的日常行政事务。

2009 年 7 月开始，第一届量刑委员会出台了杀人、行贿、性犯罪、抢劫、贪污、伪证及诬告陷害犯罪的量刑指南，第二届量刑委员会出台了诱拐、欺诈、盗窃、私造文书、妨碍公务，以及涉及食品安全和毒品有关犯罪的量刑指南。第二届量刑委员会结束后，量刑指南已经可以适用于所有被起诉案件的 43%。第三届量刑委员会对交通违法、纵火伤人、勒索、违反选举法、逃税、侵犯知识产权、财务和经济犯罪进行研究，量刑指南涵盖所有被起诉案件的 78%。[①]

（六）我国台湾地区

台湾地区的检察体系比较接近日本检察体系，实行审检合署。各法院设置检察署，分为"最高法院检察署"、高等法院检察署以及地方法院检察署，设置检察长和检察官（"最高法院检察署"负责人称为"检察总长"），负责对刑事案件的侦查与起诉。台湾的各级检察署均附属法院设置，但检察体系仍独立于法院体系运作，不受法院的指挥管辖。

台湾地区的检察官社会地位相当尊崇、经济待遇也较为优

---

① 张德友：《韩国大法院的附属机构》，载《人民法院报》2014 年 4 月 18 日。

渥，准入门槛高，① 曾被称为历史上权力最大的检察官。② 公诉
权作为检察官的固有职权之一，在台湾也不例外，台湾检察官依
法享有提起公诉权、不起诉与缓起诉权、出庭支持公诉权和公诉
变更权。其中出庭支持公诉环节，在言词辩论程序中，检察官首
先就事实和法律发表辩论意见，之后就科刑范围表达意见，有一
定的具体求刑权。③

　　量刑建议的推行与台湾地区"辩诉交易"制度的发展有一
定关系。1990 年台湾地区在修改"刑事诉讼法"中的简易程序
时，增加了"被告得向检察官、法官表示愿受科刑之范围"、
"检察官得径向法院为具体之求刑"、"法院依检察官、被告之请
求所为之科刑判决不得上诉"的规定，带有一定的"诉辩交易"
色彩。2004 年修正的台湾地区"刑事诉讼法"中进一步增加了
"协商程序"，其第 455 条规定"除所犯为死刑、无期徒刑、最
轻本刑三年以上有期徒刑之罪或高等法院管辖第一审案件者外，
案件经检察官提起公诉或声请简易判决处刑，于第一审言词辩论
终结前或简易判决处刑前，检察官得于征询被害人之意见后，径
行或依被告或其代理人、辩护人之请求，经法院同意，就下列事
项于审判外进行协商，经当事人双方合意且被告认罪者，由检察
官声请法院改依协商程序而为判决：一、被告愿受科刑之范围或
愿意接受缓刑之宣告；二、被告向被害人道歉；三、被告支付相
当数额之赔偿金；四、被告向公库或指定之公益团体、地方自治

　　① 万毅：《台湾地区检察制度》，中国检察出版社 2011 年版，第 1 页。
　　② 陈志铭：《检察官改革与检改团体——检察官改革协会》，载《正义之
剑——检改会十周年纪念专辑》（上册），检察官改革协会编印 2008 年版。转引自万
毅：《台湾地区检察制度》，中国检察出版社 2011 年版，第 75 页。
　　③ 以陈水扁案件为例，台湾"特侦组"侦结该案的起诉书中对陈水扁要求处
以"最严厉之刑"（依台湾目前"刑法"规定，最严厉之刑是指死刑），引起巨大争
议，有代表因检察官未在起诉书中具体求刑扬言要控告台湾"特侦组"。

团体支付一定之金额……"①

台湾检察官的量刑建议权有明确的法律依据。根据台湾的"刑事诉讼法"②第289条规定，"调查证据完毕后，应命依下列次序就事实及法律分别辩论之：一、检察官。二、被告。三、辩护人。已辩论者，得再为辩论，审判长亦得命再行辩论。依前二项辩论后，审判长应予当事人就科刑范围表示意见之机会"，第3条规定"本法称当事人者，谓检察官、自诉人及被告"，由此可见，庭审过程中，法官应当听取检察官的量刑建议。

实践中，台湾地区刑事诉讼通常要求检察官在起诉书后提出求刑意见，作为检察官对案件评价的最集中表示，求刑范围包括主刑、附加刑，要求有具体的刑名、刑期、罚金金额，法院判决一般会尊重和充分考虑检察官的求刑。比如陈水扁的女婿赵某某因涉嫌犯罪被检察机关起诉求刑8年，最终法院判决赵某某徒刑7年。③ 如果法官判决与检察官求刑差距较大，则法官必须在判决书中阐明理由。

三、两大法系量刑建议制度的启示

虽然大部分国家的检察机关都有量刑建议权，但因为法律文化、制度传统、诉讼结构、理论基础等方面各不相同，其运行中的权限、范围和具体做法一定程度上都存在差异。量刑建议制度在域外的立法和司法实践表明，不论是英美法系国家还是大陆法系国家，普遍明确地赋予检察机关享有量刑建议权，并由检察官在提起诉讼的过程中行使。英美法系国家的量刑制度的特点在于

---

① 2009年1月21日陈水扁的儿子陈某某、儿媳黄某某当庭表示认罪，曝出其母吴某某另有6亿元新台币和珠宝放在他处，并愿意配合检察机关的调查活动，请求给予协商判决，其依据就是台湾地区"刑事诉讼法"的"协商程序"。

② 台湾"刑事诉讼法"，修正日期：2015年1月14日，载法源法律网 http.//www.lawbank.com.tw/，访问日期：2015年1月30日。

③ 于立刚：《由扁家弊案管窥台湾检察机关侦查权》，载《金卡工程·经济与法》2010年第5期。

其存在于一个完整而独立的量刑程序之中，与量刑建议有关的活动只能发生于量刑阶段；大陆法系国家的量刑建议制度，主要是通过检察官在诉讼活动中提出量刑建议及该建议对法官的效力等一系列规定或习惯体现出来。上述的量刑规范化的域外经验至少可以给我们以下几点启示：

第一，量刑规范化开展较完善的国家一般都有比较专业的量刑指导机构，制定有较为规范的量刑指南。如美国的 21 个州都成立了量刑委员会，成员包括法官、检察官、律师、受害人、缓刑官、教授学者等。英国的专业量刑指导机构则有量刑指南委员会和量刑咨询专家小组。量刑指导机构对于组织、规范及制定、修改量刑指南起到了关键作用。而规范化的量刑指南则在上述提及的美国、荷兰等国家的量刑制度中均有体现。随着量刑建议和量刑规范化改革的进一步推进，对量刑的要求越来越高，借鉴域外经验设立专门的量刑指导机构从而制定量刑指南对改变我国量刑现状有积极意义。

第二，量刑建议的模式有精确到点的确定性，也有概括性。虽然一些国家的法律法规文件对量刑建议的模式没做限定，但实际执行中，精确到点的量刑建议模式较为普遍地存在，比如英国、美国、我国台湾地区等。而选择概括性量刑建议大多是因为检察官在发表公诉意见时对辩方掌握的量刑事实、情节及量刑辩护意见还不清楚或不完全清楚，要提出绝对确定的量刑意见有一定困难。对于量刑的事实、情节都很清楚，犯罪情节特别严重、必须处以重刑乃至极刑的案件，或者情节轻微、可以处以非监禁刑的案件，都可能提出绝对确定的量刑建议。以美国为例，虽然辩诉交易备受争议，但目前尚未停止，且联邦和各州 90% 的案件①是以辩诉交易结案，辩诉交易大多采用确定性量刑建议，由此可见确定性量刑建议模式运用之广泛。

第三，一般都非常重视提出量刑建议的程序与时机。在大陆

---

① 廖明：《辩诉交易：美国经验与中国借鉴》，载《法治论坛》2009 年第 4 期。

法系国家，庭审并无定罪程序与量刑程序的划分，而只有法庭调查与法庭辩论的阶段划分，量刑建议一般在法庭调查终结、公诉人发表总结性意见之时提出。英美法系国家由于庭审明确划分为定罪程序与量刑程序，两个程序之间有一定的间隔，量刑活动只有在被告人被确定有罪或自己认罪之后才能进行，因而量刑建议必须在量刑程序中才能提出。

第四，辩诉交易制度能够推动量刑建议活动，辩诉交易案件中量刑建议采纳率最高。辩诉交易推进的必要前提是检察院经与辩方协商后提出的定罪量刑意见得到法院支持和认可，否则，检察人员也许会无法兑现辩诉交易的诺言，给被告人一种言而无信的风险感觉，难以进一步推广和践行辩诉交易程序，会直接导致检察院、法院的工作量大大增加。所以，法院通常会在这类案件中与检察院达成默契，对辩诉交易案件的量刑建议予以认可。从某种程度来说，辩诉交易制度与量刑建议制度存在一种联系，一个制度的完善都能为另一个制度的完善和推广提供有利条件。

通过上述分析，我们可以发现：其一，量刑建议制度与各国国情密切相关。每个国家的历史文化、法律传统不一，使得量刑建议制度的内容及如何操作也不相同。相同法系之间，量刑建议制度的内容以及施行情况也存在很大不同。因此，我国也应当立足国情，不能照搬照抄，也不能盲目排外，而应设计有中国特色的量刑建议制度。其二，量刑建议制度应与其他诉讼制度相互配合发挥作用。例如在英国、美国、法国等，量刑建议制度的实施都有相关制度相互依存。辩诉交易、刑前报告制度、处罚令制度等能够促使量刑建议制度得到最大化的功效发挥。其三，量刑建议制度的有效运行需要依赖相关的程序保障，不仅需要检察官主动行使量刑建议权，同时还需要法官、辩护人、诉讼当事人等都重视这一制度，共同推进。各相关主体主动积极参与量刑能够增强对裁判机关权力的制约，提高包括被害人在内的民众对刑事判决的满意度和认可度，最终减少社会矛盾，促进社会和谐稳定。其四，量刑建议制度的有效落实需要监督制约机制。量刑建议制度容易扩张检察机关的影响力，建设相应的制约机制，可以有效保障其达到价值目标。

解决量刑失衡是全球各地所面临的共同难题。量刑是一个综合治理系统，涉及人的生命和自由，理应是一门最精确的活动，中国目前的量刑活动从本质上来讲还存在粗放化特点，完善量刑系统的构建，需要不同方法的采用，比较的方法、历史的方法、社会实证的方法等；需要采取客观的态度，避免本国量刑的偏激虚无主义，注重量刑背后因素的挖掘。① 量刑改革的目标是更好地实现公平与正义，促进司法公正，提升司法公信力，凡是有利于实现公平与正义的理论与立法都应积极借鉴，包括德日刑法中的责任理论，新一轮的司法改革应当合理借鉴大陆法系刑法理论，建立更加有利于实现公平正义的量刑基准。② 同时适当借鉴英美法系中的量刑听证等量刑程序，从程序上对量刑建议制度予以保障，进而推动量刑规范化改革。

---

① 皮勇、刘胜超：《海峡两岸量刑规定比较研究》，载《武汉大学学报》第67卷第4期。

② 张苏：《德日刑法中的责任理论对我国量刑的启示》，载《河北法学》第32卷第9期。

第二章　量刑建议制度的现行规定与运行机制[①]

第一节　我国量刑建议制度的规范解读

一、制度嬗变

虽然我国历来重刑轻民，但是国家层面真正开始关注量刑、探索量刑建议制度，却是直到 20 世纪末。量刑建议在我国从自行探索到现在"两高"相关规范性文件中明确规定，再到《刑事诉讼法》中作出规定，前后走过了十几年，才真正上升到制度层面。对于这十几年，可以清晰地区分为以下五个阶段：

（一）量刑建议与量刑规范化的自行探索阶段

在这个阶段，最高人民法院和最高人民检察院都尚未表态，主要是有学者开始关注量刑建议的研究，然后，个别基层检察院和基层法院在某种契合下，开始尝试量刑建议和将量刑纳入庭审程序。如北京东城区人民检察院早在 1999 年就开始试行"公诉人当庭发表量刑意见"，并于 2000 年初将公诉人当庭发表量刑意见确定为公诉改革的课题之一。之后，浙江、江苏等地人民检察院也进行了相关改革。在这一阶段，量刑规范化多数是停留在程序的规范化，对于量刑建议的称谓也不统一，有的称之为量刑建

---

① 有关量刑建议的运行机制笔者比较早开展研究，具体可以参见潘申明、周静：《量刑建议的运行机制》，载《华东政法大学学报》2009 年第 5 期，本书中有关量刑建议运行机制的论述很多是基于以前成果而作的进一步深入研究，但随着认识的推进，对一些观点作了进一步完善。

议，有的又称之为求刑。而且，在经过一段时间的探索以后，由于缺乏经验，个别地方也出现了一些负面的问题，但也有一些地方坚持下来，比如浙江省宁波市北仑区人民检察院自 2003 年 5 月开始尝试量刑建议之后，一直坚持下来，直到 2009 年最高人民检察院公诉厅到该院举行量刑建议庭审观摩暨公诉改革研讨会。正是由于中间没有中断，所以，该院在量刑建议方面一直有着比较直接感性的认识，并经过总结提炼，认识不断升华，并在制度上得到深化，为全国量刑建议制度的推进提供了有益的经验。另外，法院系统自进入 21 世纪以来，将包括量刑程序在内的量刑规范化改革作为人民法院刑事司法改革的一个重要组成部分，人民法院"二五改革纲要"、"三五改革纲要"中相继提出要"健全和完善相对独立的量刑程序"、"把量刑纳入法庭审理程序"，制定《人民法院量刑程序指导意见》。一些地方法院比较早地开始了自行探索，如 2003 年 9 月，上海徐汇区人民法院首试"量刑答辩"，将对抗制引入量刑活动。江苏省姜堰市人民法院 2003 年就尝试制定了《量刑规范化指导意见》，山东省淄博市淄川区法院也在 2003 年底进行了试点工作，2004 年 1 月形成了《常用百种罪名量刑规范化实施细则》并开发出人民法院电脑辅助量刑系统。2004 年 5 月，江苏省高级人民法院出台了《量刑指导规则（试行）》，江苏省泰州市中级人民法院随后也出台了量刑指导意见。山东省淄博市中级法院于 2004 年制定了数学量刑规则，并推出"数学量刑电脑辅助系统"。

（二）量刑建议与量刑规范化试点

最高人民法院从 2005 年开始对量刑规范化进行实质性调研论证，中国应用法学研究所在 2006 年就参照国外（主要是英美法系国家）的做法，起草了"量刑程序指南"。[①] 之后经过多方论证，形成《人民法院量刑指导意见（试行）》及《人民法院量

① 胡云腾主编：《中美量刑改革国际研讨会文集》，中国法制出版社 2009 年版，第 9 页。

刑程序指导意见（试行）》。2008 年 7 月最高人民法院在深圳召开全国部分法院量刑规范化试点工作座谈会，对量刑规范化试点工作进行动员和部署，同年 8 月，最高人民法院下发《关于开展量刑规范化试点工作的通知》，确定福建省厦门市、广东省深圳市两个中级法院以及北京市海淀区、上海市浦东新区、江苏省姜堰市、江西省南昌市青山湖区、山东省淄博市淄川区、云南省个旧市、陕西省西安市碑林区九家基层法院作为试点单位，对《人民法院量刑指导意见（试行）》和《人民法院量刑程序指导意见（试行）》两个文件进行试点，当年底增加指定江苏省泰州市、山东省淄博市两个中级人民法院和湖北省武汉市江汉区人民法院为试点单位。2008 年底 "规范裁量权，将量刑纳入法庭审理程序" 被确定为中央重大司法改革项目，由最高人民法院牵头，与全国人大常委会法工委、最高人民检察院、公安部、国家安全部、司法部五部委共同完成。2009 年 3 月，《人民法院第三个五年规划纲要（2009 - 2013）》进一步明确提出 "规范自由裁量权，将量刑纳入法庭审理程序，研究制定《人民法院量刑程序指导意见》"。2009 年 6 月 1 日，在前期试点基础上，经报中央批准，最高人民法院决定在全国 120 多家法院开展量刑规范化试点工作。2009 年 5 月，最高人民法院在福建省厦门市召开全国法院刑事审判工作座谈会，对全国法院的试点工作进行了全面部署。之后，各高级法院根据会议精神和通知要求，迅速制定试点工作方案，并在辖区内确定至少一个中级法院和三个基层法院作为试点法院。

而在检察系统，2001 年检察日报和中国检察理论研究所举行了量刑建议制度研讨会。检察机关内部也就 "检察机关是否拥有量刑建议权"、"在当前情况下如何开展量刑建议工作"、"如何行使好量刑建议权" 等问题进行了理论研讨。2005 年 7 月，最高人民检察院出台了《人民检察院量刑建议试点工作实施意见》，将量刑建议权作为刑事诉讼程序改革的一项重要内容，在全国各地检察机关试点推行。2005 年 8 月 24 日，最高人民检察院第十届检察委员会第二十八次会议讨论通过最高人民检察院《关于进一步深化检察改革的三年实施意见》，将"实行量刑建议改革试点"明确列入其中，量刑建议权由此成为全国检察机关一项重要的检察改革举措。2008年底，中央政法委将"规范裁量权，将量刑纳入法庭审理程序"确定为中央重大司法改革项目，由最高人民法院牵头，与全国人大常委会法工委、最高人民检察院、公安部、国家安全部、司法部五部委共同完成。2009年6月1日，最高人民法院正式决定在全国法院开展量刑规范化试点工作，并下发了《人民法院量刑指导意见（试行）》和《人民法院量刑程序指导意见（试行）》。随后，最高人民检察院公诉厅于2010年2月下发了《人民检察院开展量刑建议工作的指导意见（试行）》，对实施量刑建议作了进一步的规定。①

（三）量刑建议迈上全国规范化之路

《人民检察院开展量刑建议工作的指导意见（试行）》共23个条文，其主要内容包括：（1）强化有关量刑的调查取证工作，在以往的司法实践中，侦查机关对抓获经过、前科、累犯、品格证据、社会调查报告不是很重视，指导意见明确要求侦查机关、检察机关在侦查和审查起诉阶段应当注意收集和审查有关量刑的事实和证据。（2）引入量刑建议制度，明确检察机关可以对被告人如何适用刑罚提出建议，当事人和辩护人、诉讼代理人也可以发表量刑意见；实现了量刑建议与量刑意见的概念区分。（3）强化律师的辩护工作。针对当前我国公民法律素养较低、难以有效维护自身合法权利的现状，加大了对被告人指定辩护的力度，扩大了指定辩护的范围；规定被告人不认罪或对量刑建议有争议的案件，因经济困难或其他原因未委托辩护人的，可以通过法律援助机构指派律师为其提供辩护。（4）倡导建立相对独立的量刑程序，在法庭调查、法庭辩论等阶段，将量刑活

① 黄智平、左天伟：《中国量刑建议制度研究现状及意义》，载《经济研究导刊》2011年第7期。

动纳入法庭审理程序，并针对不同案件的特点，设计了将量刑活动纳入法庭审理程序的方式和方法。（5）强化了裁判说理制度，要求在裁判文书中反映量刑活动，说明量刑理由。这一制度是最高人民检察院出台的第一个完整意义上的有关量刑建议的规范性文件，它按照不同案件的性质和特点规定了量刑建议制度的基本框架，对量刑建议的提出方式、范围、变更等都作了规定。至此，检察机关量刑建议开始走上有章可循的规范化道路。

（四）量刑规范化在全国铺开

2010 年 9 月 13 日，最高人民法院《人民法院量刑指导意见（试行）》（法发〔2010〕36 号）印发。[①] 同日，最高人民法院、最高人民检察院、公安部、国家安全部、司法部联合签发《关于规范量刑程序若干问题的意见（试行）》（法发〔2010〕35 号），两个文件于 2010 年 10 月 1 日开始施行，同年 11 月 6 日，最高人民法院、最高人民检察院、公安部、国家安全部、司法部《关于加强协调配合积极推进量刑规范化改革的通知》（法发〔2010〕47 号）下发，标志着量刑规范化改革进入了一个新的时期。

从这一时期开始，全国量刑实体规范化进入了全面铺开的阶段，而且，就量刑程序而言，"两高三部"的联合发文，已经非常明确地表明了推进量刑程序规范化的决心和态度。联合发文对量刑程序规范化的基本问题都进行了明确的规定，与法院原先自行试点时颁布的《人民法院量刑程序指导意见（试行）》不同的是，联合发文在量刑建议的模式上允许确定性的量刑建议的存在，原先是明确规定检察机关量刑建议应当是一个幅度，而联合发文是规定检察机关对有期徒刑量刑建议一般应当是一个幅度，

---

① 最高人民法院于 2013 年 12 月 23 日发布了最高人民法院《关于常见犯罪的量刑指导意见》，对该试行文件在名称、部分内容和文字上进行了修正，部分常见罪名和量刑情节的裁判幅度有所调整，但框架和基本内容没有改变，标志着量刑规范化由试行阶段进入正式全面施行阶段。

但是确有必要的，也可以是一个确定的刑期。这其中主要是最高人民检察院在全国范围内召开试点论证会以后，坚持了可以允许确定刑期的量刑建议的观点，就量刑建议的发展和量刑规范化改革来说，这不可不谓是非常关键的一点。

（五）明确量刑建议模式可以是一个幅度也可以是明确具体的刑期

2012 年 3 月 14 日《中华人民共和国刑事诉讼法》修改以后，最高人民检察院对刑事诉讼规则进行了修正，增加了量刑建议的相关内容，而且，对量刑建议的模式由原先"两高三部"联合签发文件中的"一般应当有一个幅度，必要时可以提确定的刑期"，修正为"可以是一个幅度，也可以是一个确定的刑期"。标志最高人民检察院对于量刑建议模式的官方态度实现了转变。从"一般应当……必要时……"的模式到"可以是……也可以是……"的转变，表明了最高人民检察院对确定刑期的量刑建议模式的态度进一步认可、转变，也更加增进了量刑建议的科学性和实效性，更有利于量刑程序的规范化，有利于促进规范法官量刑裁量权，实现量刑公正。至于为什么这么说，相关内容将在本章第二节作深入阐述。

二、现行规范

目前，我国与量刑建议有关的规范性文件有以下几个：

（一）2010 年 2 月 13 日，最高人民检察院公诉厅出台的《关于开展量刑建议工作的指导意见（试行）》

这是最高人民检察院第一个正式的有关量刑建议的具体操作性规范，解决了当时全国检察机关量刑建议自行探索、没有统一操作性规范的困境。

其文本主要内容如下：

第一，明确了量刑建议的概念和定位，即量刑建议是指人民检察院对提起公诉的被告人，依法就其适用的刑罚种类、幅度及执行方式等向人民法院提出的建议，是检察机关公诉权的一项重要内容（第1条）。第二，确立了量刑建议应当遵循"依法建议"、"客观公正"、"宽严相济"、"注重效果"的原则（第2条）。第三，在范围上，只要是人民检察院向法院提出的公诉案件，都可以提出量刑建议（第3条）。第四，明确量刑建议必须是在所有犯罪事实清楚，证据确实充分，各种量刑情节均已查清的情况下才进行（第4条）。第五，强调量刑建议不得兼跨两种以上主刑，建议判处有期徒刑的，一般应当提出一个相对明确的量刑幅度，根据案件具体情况，如确有必要，也可以提出确定刑期的建议。对不宜提出具体量刑建议的特殊案件，可以提出依法从重、从轻、减轻处罚等概括性建议（第5条）。第六，确立一人犯数罪和数人共同犯罪时的量刑建议操作办法，指控被告人犯有数罪的，应当对指控的各罪分别提出量刑建议，可以不再提出总的建议。对于共同犯罪案件，人民检察院应当根据各被告人在共同犯罪中的地位、作用以及应当承担的刑事责任分别提出量刑建议（第6、7条）。第七，明确了刑事公诉案件量刑建议的形成机制，具体包括量刑评估和量刑建议审批机制（第8、9、10条）。第八，明确了量刑建议书的制作和使用方法。量刑建议书一般应载明检察机关建议人民法院对被告人处以刑罚的种类、刑罚幅度、可以适用的刑罚执行方式以及提出量刑建议的依据和理由等。对于人民检察院派员出席法庭的案件，一般应将量刑建议书与起诉书一并送达人民法院；对庭审中调整量刑建议的，可以在庭审后将修正后的量刑建议书向人民法院提交（第11、18条）。第九，明确了检察机关在量刑庭审程序中的角色发挥，庭审时，如果被告人认罪案件，可以主要围绕量刑的事实、情节、法律适用进行辩论。法庭调查时，定罪证据和量刑证据可以分开出示的，应当先出示定罪证据，后出示量刑证据。对于有数起犯罪事实的案件，其中涉及每起犯罪中量刑情节的证据，应当在对该起犯罪事实举证时出示；涉及全案综合量刑情节的证据，应当在举证阶段的最后出示。公诉人应当在法庭辩论阶段提出量刑建议。根据法庭的安排，可以先对定性问题发表意见，后对量刑问题发表意见，也可以对定性与量刑问题一并发表意见。检察机关未提出明确的量刑建议而辩护方提出量刑意见的，公诉人应当提出答辩意见（第12、13、14条）。第十，明确了量刑建议的变更机制，在庭审过程中，公诉人发现拟定的量刑建议不当需要调整的，可以根据授权作出调整；需要报检察长决定调整的，应当依法建议法庭休庭后报检察长决定。出现新的事实、证据导致拟定的量刑建议不当需要调整的，可以依法建议法庭延期审理（第17条）。第十一，明确了量刑裁判的审查与监督机制，人民检察院收到人民法院的判决、裁定后，应当对判决、裁定是否采纳检察机关的量刑建议以及量刑理由、依据进行审查，认为判决、裁定量刑确有错误、符合抗诉条件的，经检察委员会讨论决定，依法向人民法院提出抗诉。但是人民检察院不能单纯以量刑建议未被采纳作为提出抗诉的理由（第19条）。第十二，明确量刑建议不仅适用一审，同样适用二审，人民检察院办理刑事二审再审案件，可以参照提出量刑建议，而且，对于二审或者再审案件，认为应当改变原审裁判量刑的，可以另行制作量刑建议书提交法庭审理（第20条）。

从上文可以看出，通过该《指导意见》，最高人民检察院从宏观的量刑建议应当遵循的原则，到微观的量刑建议的类型、提出形式、时间，对不同类型案件如何有区分地开展量刑庭审活动，以及如何对量刑裁判进行审查监督等，这一文件的出台，使得检察机关内部对量刑建议有了一个相对统一明确的认识与态度，对量刑建议和量刑规范化改革的发展推动功不可没。

（二）2010年9月13日"两高三部"联合签发，同年10月1日施行的《关于规范量刑程序若干问题的意见（试行）》

这是我国第一个中央司法机关联合签发的有关量刑程序规范化方面的规范性文件，也是比较系统、科学的量刑规范化文件。该文件的发布施行，标志着中国量刑规范化改革进入了一个崭新的阶段，因为从《意见》内容就可以看出，量刑规范化改革不仅在各主要相关机关之间达成了共识，而且，意见内容基本涵盖了量刑规范化改革的各个领域。

整个《意见》共18条，主要内容为：

第一，明确了人民法院审理刑事案件确立相对独立的量刑程序，对庭审活动中定罪和量刑如何相对分离，进行比较明确的操作性规定（第1条）。第二，明确侦查机关和检察机关收集和移送量刑证据的义务；侦查机关、人民检察院应当依照法定程序，收集能够证实犯罪嫌疑人、被告人犯罪情节轻重以及其他与量刑有关的各种证据（第2条）。第三，明确量刑建议一般应当有幅度（第3条）。第四，明确量刑建议应当提交量刑建议书，以及量刑建议书的送达对象和送达时间；人民检察院提出量刑建议，一般应当制作量刑建议书，与起诉书一并移送人民法院；根据案件的具体情况，人民检察院也可以在公诉意见书中提出量刑建议。对于人民检察院不派员出席法庭的简易程序案件，应当制作量刑建议书，与起诉书一并移送人民法院。量刑建议书中一般应当载明人民检察院建议对被告人处以刑罚的种类、刑罚幅度、刑罚执行方式及其理由和依据。人民检察院以量刑建议书方式提出量刑建议的，人民法院在送达起诉书副本时，将量刑建议书一并送达被告人（第3条）。第五，明确了相对独立的量刑庭审程序，而且，被告人是否认罪或者辩护人是否作无罪辩护进行了区分对待（第7、8、9、10、11、12、14、15条）。第六，明确了裁判文书的量刑说理制度，必须将控辩双方量刑建议和量刑意见在裁判文书上载明，并就法院量刑裁判说明理由，量刑理由主要包括：已经查明的量刑事实及其对量刑的作用，是否采纳公诉人、当事人和辩护人、诉讼代理人发表的量刑建议、意见的理由，人民法院量刑的理由和法律依据（第16条）。

（三）2012年3月14日修改的《刑事诉讼法》

《刑事诉讼法》修改前很多人带有期望，希望在该法中明确规定量刑规范化的相关内容，从后来实际情况来看，修改后的《刑事诉讼法》没有明确规定量刑建议的具体操作性规范，但是明确了定罪和量刑相对分离的庭审程序，对于事实和证据都做了定罪和量刑的区分。根据修改后《刑事诉讼法》第53条第2款规定"证据确实、充分，应当符合以下条件：（一）定罪量刑的事实都有证据证明；（二）据以定案的证据均经法定程序查证属实；（三）综合全案证据，对所认定事实已排除合理怀疑"。第193条之规定"法庭审理过程中，对与定罪、量刑有关的事实、证据都应当进行调查、辩论"。"经审判长许可，公诉人、当事人和辩护人、诉讼代理人可以对证据和案件情况发表意见并且可以互相辩论。"

（四）根据修改后《刑事诉讼法》修正的《人民检察院刑事诉讼规则（试行）》

《人民检察院刑事诉讼规则（试行）》（以下简称《刑诉规则》）是全国各级检察机关办理刑事案件，开展刑事诉讼法律监督活动应当遵循的常用制度。修改后的《刑诉规则》根据《刑事诉讼法》有关规定将量刑纳入庭审程序，实行定罪量刑相对分离的基本庭审模式，结合最高人民检察院公诉厅出台的《关于开展量刑建议工作的指导意见（试行）》和"两高三部"《关于规范量刑程序若干问题的意见（试行）》，确立了比较完善的量刑建议制度：

第一，规定了量刑建议的审批机制，修正后的《刑诉规则》第376条第1、2款规定"办案人员对案件进行审查后，应当制作案件审查报告，提出起诉或者不起诉以及是否需要提起附带民事诉讼的意见，经公诉部门负责人审核，报请检察长或者检察委员会决定。办案人员认为应当向人民法院提出量刑建议的，可以在审查报告或者量刑建议书中提出量刑的意见，一并报请决定"。

第二，明确量刑建议的类型可以是幅度的也可以是具体确定的，《刑诉规则》第399条规定"人民检察院对提起公诉的案件，可以向人民法院提出量刑建议。除有减轻处罚或者免除处罚情节外，量刑建议应当在法定量刑幅度内提出。建议判处有期徒刑、管制、拘役的，可以具有一定的幅度，也可以提出具体确定的建议"。

第三，明确了量刑建议书的送达时间和制作内容，《刑诉规则》第 400 条规定"对提起公诉的案件提出量刑建议的，可以制作量刑建议书，与起诉书一并移送人民法院。量刑建议书的主要内容应当包括被告人所犯罪行的法定刑、量刑情节、人民检察院建议人民法院对被告人处以刑罚的种类、刑罚幅度、可以适用的刑罚执行方式以及提出量刑建议的依据和理由等"。

第四，明确了定罪量刑相对分离的庭审程序，以及公诉人的庭审操作规则，《刑诉规则》第 434 条规定"公诉人在法庭上应当依法进行下列活动：（一）宣读起诉书，代表国家指控犯罪，提请人民法院对被告人依法审判；（二）讯问被告人；（三）询问证人、被害人、鉴定人；（四）申请法庭出示物证，宣读书证，未到庭证人的证言笔录，鉴定人的鉴定意见，勘验、检查、辨认、侦查实验等笔录和其他作为证据的文书，播放作为证据的视听资料、电子数据等；（五）对证据采信、法律适用和案件情况发表意见，提出量刑建议及理由，针对被告人、辩护人的辩护意见进行答辩，全面阐述公诉意见；（六）维护诉讼参与人的合法权利；（七）对法庭审理案件有无违反法律规定的诉讼程序的情况记明笔录；（八）依法从事其他诉讼活动"。第 435 条规定"在法庭审理中，公诉人应当客观、全面、公正地向法庭出示与定罪、量刑有关的证明被告人有罪、罪重或者罪轻的证据。定罪证据与量刑证据需要分开的，应当分别出示"。第 436 条规定"公诉人讯问被告人，询问证人、被害人、鉴定人，出示物证，宣读书证、未出庭证人的证言笔录等应当围绕下列事实进行：（一）被告人的身份；（二）指控的犯罪事实是否存在，是否为被告人所实施；（三）实施犯罪行为的时间、地点、方法、手段、结果，被告人犯罪后的表现等；（四）犯罪集团或者其他共同犯罪案件中参与犯罪人员的各自地位和应负的责任；（五）被告人有无刑事责任能力，有无故意或者过失，行为的动机、目的；（六）有无依法不应当追究刑事责任的情况，有无法定的从重或者从轻、减轻以及免除处罚的情节；（七）犯罪对象、作案工具的主要特征，与犯罪有关的财物的来源、数量以及去向；（八）被告人全部或者部分否认起诉书指控的犯罪事实的，否认的根据和理由能否成立；（九）与定罪、量刑有关的其他事实"。第 454 条规定"人民检察院向人民法院提出量刑建议的，公诉人应当在发表公诉意见时提出"。

（五）最高人民法院《关于适用〈中华人民共和国刑事诉讼法〉的解释》

2012 年 3 月 14 日，全国人大对《中华人民共和国刑事诉讼法》进行修正后，最高人民法院于 2012 年 11 月 5 日召开第 1559 次审判委员会会议通过了《关于适用〈中华人民共和国刑事诉讼法〉的解释》（法释〔2012〕21 号）（以下简称《解释》）。该《解释》将"两高三部"《关于规范量刑程序若干问题的意见（试行）》的部分内容予以体现。

其与量刑规范化有关的内容主要有：

第一，明确了定罪量刑的区分，《解释》第 64 条规定"应当运用证据证明的案件事实包括：（一）被告人、被害人的身份；（二）被指控的犯罪是否存在；（三）被指控的犯罪是否为被告人所实施；（四）被告人有无刑事责任能力，有无罪过，实施犯罪的动机、目的；（五）实施犯罪的时间、地点、手段、后果以及案件起因等；（六）被告人在共同犯罪中的地位、作用；（七）被告人有无从重、从轻、减轻、免除处罚情节；（八）有关附带民事诉讼、涉案财物处理的事实；（九）有关管辖、回避、延期审理等的程序事实；（十）与定罪量刑有关的其他事实。认定被告人有罪和对被告人从重处罚，应当适用证据确实、充分的证明标准"。

第二，规定法院对于调查核实发现的对定罪量刑有重大影响的新的证据材料，应当告知控辩双方查阅、摘抄、复制。《解释》第 66 条第 2 款规定"人民法院调查核实证据时，发现对定罪量刑有重大影响的新的证据材料的，应当告知检察人员、辩护人、自诉人及其法定代理人。必要时，也可以直接提取，并及时通知检察人员、辩护人、自诉人及其法定代理人查阅、摘抄、复制"。

第三，明确了民事赔偿和悔罪表现是量刑时应该考虑的情节，《解释》第157条规定"审理刑事附带民事诉讼案件，人民法院应当结合被告人赔偿被害人物质损失的情况认定其悔罪表现，并在量刑时予以考虑"。

第四，规定起诉书应当写明所有可能影响被告人定罪量刑的情节，《解释》第180条规定"对提起公诉的案件，人民法院应当在收到起诉书（一式八份，每增加一名被告人，增加起诉书五份）和案卷、证据后，指定审判人员审查以下内容：（一）是否属于本院管辖；（二）起诉书是否写明被告人的身份，是否受过或者正在接受刑事处罚，被采取强制措施的种类、羁押地点，犯罪的时间、地点、手段、后果以及其他可能影响定罪量刑的情节；（三）是否移送证明指控犯罪事实的证据材料，包括采取技术侦查措施的批准决定和所收集的证据材料；（四）是否查封、扣押、冻结被告人的违法所得或者其他涉案财物，并附证明相关财物依法应当追缴的证据材料；（五）是否列明被害人的姓名、住址、联系方式；是否附有证人、鉴定人名单；是否申请法庭通知证人、鉴定人、有专门知识的人出庭，并列明有关人员的姓名、性别、年龄、职业、住址、联系方式；是否附有需要保护的证人、鉴定人、被害人名单；（六）当事人已委托辩护人、诉讼代理人，或者已接受法律援助的，是否列明辩护人、诉讼代理人的姓名、住址、联系方式；（七）是否提起附带民事诉讼；提起附带民事诉讼的，是否列明附带民事诉讼当事人的姓名、住址、联系方式，是否附有相关证据材料；（八）侦查、审查起诉程序的各种法律手续和诉讼文书是否齐全；（九）有无刑事诉讼法第十五条第二项至第六项规定的不追究刑事责任的情形"。

第五，规定了庭审应当查明的量刑情节包括法定和酌定的两大类，《解释》第225条规定"法庭审理过程中，对与量刑有关的事实、证据，应当进行调查。人民法院除应当审查被告人是否具有法定量刑情节外，还应当根据案件情况审查以下影响量刑的情节：（一）案件起因；（二）被害人有无过错及过错程度，是否对矛盾激化负有责任及责任大小；（三）被告人的近亲属是否协助抓获被告人；（四）被告人平时表现，有无悔罪态度；（五）退赃、退赔及赔偿情况；（六）被告人是否取得被害人或者其近亲属谅解；（七）影响量刑的其他情节"。

第六，规定了检察机关对被告人可能有的量刑情节的补充侦查义务，《解释》第 226 条规定"审判期间，合议庭发现被告人可能有自首、坦白、立功等法定量刑情节，而人民检察院移送的案卷中没有相关证据材料的，应当通知人民检察院移送。审判期间，被告人提出新的立功线索的，人民法院可以建议人民检察院补充侦查"。

第七，根据被告人是否认罪，在庭审程序上作了差异化的区分，《解释》第 227 条规定"对被告人认罪的案件，在确认被告人了解起诉书指控的犯罪事实和罪名，自愿认罪且知悉认罪的法律后果后，法庭调查可以主要围绕量刑和其他有争议的问题进行。对被告人不认罪或者辩护人作无罪辩护的案件，法庭调查应当在查明定罪事实的基础上，查明有关量刑事实"。第 228 条规定"合议庭认为案件事实已经调查清楚的，应当由审判长宣布法庭调查结束，开始就定罪、量刑的事实、证据和适用法律等问题进行法庭辩论"。

第八，坚持量刑建议一般应当具有一定的幅度，《解释》第 230 条规定"人民检察院可以提出量刑建议并说明理由，量刑建议一般应当具有一定的幅度。当事人及其辩护人、诉讼代理人可以对量刑提出意见并说明理由"。第 231 条规定"对被告人认罪的案件，法庭辩论时，可以引导控辩双方主要围绕量刑和其他有争议的问题进行。对被告人不认罪或者辩护人作无罪辩护的案件，法庭辩论时，可以引导控辩双方先辩论定罪问题，后辩论量刑问题"。第 234 条规定"辩论过程中，合议庭发现与定罪、量刑有关的新的事实，有必要调查的，审判长可以宣布暂停辩论，恢复法庭调查，在对新的事实调查后，继续法庭辩论"。第295条规定"适用简易程序审理案件，可以对庭审作如下简化：（一）公诉人可以摘要宣读起诉书；（二）公诉人、辩护人、审判人员对被告人的讯问、发问可以简化或者省略；（三）对控辩双方无异议的证据，可以仅就证据的名称及所证明的事项作出说明；对控辩双方有异议，或者法庭认为有必要调查核实的证据，应当出示，并进行质证；（四）控辩双方对与定罪量刑有关的事实、证据没有异议的，法庭审理可以直接围绕罪名确定和量刑问题进行。适用简易程序审理案件，判决宣告前应当听取被告人的最后陈述"。第483条规定"控辩双方提出对未成年被告人判处管制、宣告缓刑等量刑建议的，应当向法庭提供有关未成年被告人能够获得监护、帮教以及对所居住社区无重大不良影响的书面材料"。第484条规定"对未成年被告人情况的调查报告，以及辩护人提交的有关未成年被告人情况的书面材料，法庭应当审查并听取控辩双方意见。上述报告和材料可以作为法庭教育和量刑的参考"。

第九，有关量刑裁判说理，很遗憾只是明确了要裁判说理，但远没有如《关于规范量刑程序若干问题的意见（试行）》来的具体明确，《解释》第246条规定："裁判文书应当写明裁判依据，阐释裁判理由，反映控辩双方的意见并说明采纳或者不予采纳的理由"。

三、文本制度的总体解读

从"两高三部"的联合发文来看，我们可以将目前官方认可或者说推崇的量刑建议制度，概括为以下几个方面：第一，在是否提量刑建议问题上，检察机关一般应当提出量刑建议；第二，在量刑建议的提出形式上，量刑建议的提出必须单独制作量刑建议书；第三，在量刑建议的提出时间上，量刑建议书在提起公诉时提交人民法院；第四，在量刑建议的提出模式上，检察机关提出量刑建议一般应当建议幅度刑，确有必要的可以提出具体、确定的量刑建议；第五，在定罪量刑的庭审模式上，在法庭审理阶段，控辩双方应该围绕先定罪后量刑的原则展开；第六，在量刑裁判要求上，人民法院的裁判文书应当进行量刑说理，量刑说理的内容包括：查明的量刑事实以及各事实对量刑的影响；载明检察机关的量刑建议，以及被害人及其诉讼代理人、被告人及其辩护人的量刑意见，并对是否采纳予以回应，并说明理由；人民法院查明的量刑裁判的理由。

《人民检察院刑事诉讼规则（试行）》和《人民检察院开展量刑建议工作的指导意见（试行）》（以下简称《指导意见》）关于如何开展量刑建议的直接依据，其中《指导意见》对量刑建议的提出方式、范围、变更、监督等都作了规定。

根据现行规定，明确了检察机关可以提出量刑建议，而且，将量刑建议作为检察机关向法院提出的有关被告人量刑的建议的专属名词，被害人及其诉讼代理人、被告人及其辩护人所提的有关量刑的意见，直接称为量刑意见，而不称为量刑建议。如此，通过对量刑建议和量刑意见的区分，很好地进行了概念的界定，给理论探讨和实务操作带来极大的方便。而且，从某种意义上凸显了检察机关量刑建议的重要性。同时，规定明确了量刑建议提出的时间、方式与类型。

从制度文本上看，应当说量刑建议制度在我国已经基本确立，但是我们可以清楚地发现不同文本由于制定主体不同和时间上差异，在某些方面存在冲突性内容。比如关于量刑建议就是应该为一个幅度，还是可以明确具体，检察机关的文本从"一般应当是一个幅度，必要时可以是确定的刑期"，逐步转化为现在的"量刑建议可以是一个幅度，也可以是一个确定的刑期"。而法院的文本则经历了从原来"应当是一个幅度"到现在的"一般应当是一个幅度"。这里面体现了对量刑建议的不同认识，抑或是基于不同的利益角度做出的不同的选择，量刑建议模式的不同，在实践中带来的必然是功效上的差异和生命力的强弱。

　　笔者结合多年量刑建议的实践经验，并通过对实践过程中引发问题的思考分析，认为量刑建议是一项很有意义的制度，量刑规范化改革是很有价值的司法改革，但是，要把这项制度落到实处，必须建立和健全量刑建议的运行机制。有关量刑建议的运行机制，笔者认为可以归纳为五个，分别为量刑建议的形成机制、提出机制、变更机制、保障机制、监督机制。具体内容将在下一章作详尽论述。

第二节　量刑建议的模式选择

　　选择确定性量刑建议还是概括性量刑建议是一个系关量刑规范化改革能否向"深水区"迈进的重要节点。① 量刑建议从个别地方检察机关自行探索到现在已经十多年了，但是，有关量刑建议究竟是应该提确定性的量刑建议还是必须有一定幅度，必须是概括性的量刑建议？这一问题，在理论上存有争议，在不同的规范性文件上有不同的表述，最高人民法院和最高人民检察院在不同的立场上持有不同的观点，检察机关内部不同的人员之间也有不同的认识。总体来说有三种观点或做法：一是直接建议在法定刑幅度内量刑，这种建议是对法条的重复，并无实质意义；二是概括性量刑建议，即在法定刑幅度内，提出相对具体的量刑建议，并根据不同刑种及刑期提出不同的量刑建议幅度；三是确定性量刑建议，即建议某一特定的刑种和特定的刑期。目前的争论主要集中在采取后二者中的哪一种。为了加深理解，我们在本节中专门对这一问题进行展开论述。

---

　　① 围绕该主题，笔者曾专门撰文发表，本书在以往研究基础上作了调整深化，参见潘申明：《论量刑建议的模式选择》，载《华东政法大学学报》2013年第6期。

一、何为确定性量刑建议或概括性量刑建议模式①

（一）确定性量刑建议模式

所谓的确定性量刑建议，是指人民检察院提出量刑建议应当明确具体，人民检察院量刑建议为有期徒刑、拘役、管制的，应当提出具体的刑期。而确定性量刑建议模式则是指，人民检察院提出量刑建议原则上都应当明确具体，除非案件重大、疑难、复杂或控辩双方争议较大，不适宜提出明确具体的量刑建议的，可以建议一个相对明确的量刑幅度。

考虑到附加刑的特殊性，如果建议单处或者并处附加刑的，可以不提出具体金额或期限。对于法定刑为 3 年以下有期徒刑或者拘役，并且具备适用缓刑条件的，人民检察院可以建议适用缓刑。

（二）概括性量刑建议模式

所谓的概括性量刑建议，是指人民检察院提出的量刑建议不具体到一个确定的刑期，而只是一个相对明确的量刑幅度。概括性量刑建议模式，是指人民检察院提出的量刑建议原则上应该是一个相对明确刑期，除非确有必要，人民检察院量刑建议不得提出具体明确的刑期。

应该说明的有三点：第一，本书所指的确定性量刑建议模式与概括性量刑建议模式是指应以确定性量刑建议为常态，还是以概括性量刑建议为常态，两种模式都不否认在某些情形下，允许另一种类型的量刑建议存在，区别的只是哪种为常态，哪种为例外。第二，确定性量刑建议和概括性量刑建议主要是针对主刑而

---

① 由于我国现行量刑规范化改革只限于有期徒刑以下案件，在实践中，刑事案件也以被告人被判处有期徒刑以下刑罚为常态，所以，为探讨方便，本书不涉及无期徒刑和死刑案件。本书所指的概括性量刑建议和确定性量刑建议都是针对可能判处有期徒刑的被告人而言的。

言，对主刑提确定性量刑建议的同时也可以对附加刑提出具体的点、一定幅度或者只提出附加刑的种类。第三，量刑建议可以对刑罚执行方式提出明确建议，而此并不涉及是概括性量刑建议模式还是确定性量刑建议模式。

二、主张概括性量刑建议的主要理由及批判

（一）主张概括性量刑建议模式的主要理由

1. 量刑裁判是法官的专属权，如果检察官可以提出明确具体的量刑建议，那么，公诉人就成为"站着的法官"和"法官之前的法官"。确定性量刑建议将扩张检察机关的权力，侵蚀审判权。

2. 主张检察机关只能提出概括性量刑建议的学者认为"量刑活动是法官的量刑选择活动而不是推理判断活动，量刑权是一种裁量权，而不是判断权"。[①] 量刑裁判的价值多元化、量刑事实的开放性、刑法规定的概括性以及量刑的步骤过程决定了量刑只能是法官自由裁量权，量刑过程只能是法官不断选择的过程。[②] 既然量刑活动是一种裁量权，则量刑建议只能是一个相对明确的幅度刑。

3. 也有学者认为，法官量刑已经有几十年的经验，而我国公诉人从来没有量刑建议的经验。如果要求公诉人量刑建议必须是具体明确，要求太高。量刑裁判对量刑建议的不采纳将导致检察机关公信力的下降。

（二）对概括性量刑建议的合理内核分析

笔者支持确定性量刑建议，并非是指概括性量刑建议一无是

[①] 肖波：《量刑建议权与刑罚裁量权关系之澄清——一个刑事诉权角度的检视》，载《法律适用》2011 年第 1 期。

[②] 肖波：《量刑建议权与刑罚裁量权关系之澄清——一个刑事诉权角度的检视》，载《法律适用》2011 年第 1 期。

处，正是因为笔者也意识到概括性量刑建议具有某些确定性量刑建议所不能达到的效果，所以，在特定情形下，允许概括性量刑建议的存在。概括性量刑建议的合理内核主要体现在以下几个方面：

1. 适应定罪、量刑事实、情节的复杂性。罪刑法定虽然已经成为现代法治国家的刑法基本原则，但是由于成文法天然的不周延性、滞后性、不合目的性，法律条文表述的"形象大于思维"等缺陷。现实生活中发生的犯罪事实千奇百态，从罪责刑相适应的角度出发，只有充分体现刑罚个别化才能罚当其罪。而且，由于法治国家"以事实为根据，以法律为准绳"是一基本原则，而法律上的事实就是有证据证明的事实。客观而论，法律事实与客观事实之间总归存有距离。很多证据在诉讼过程中，法院裁判前都可能发生变化，由于证据的可变性、不确定性的存在，法院据以定罪量刑的事实就可能会在不同的诉讼阶段存在不同的变化，回旋余地较小。

概括性量刑建议由于存在一定的量刑幅度，为在幅度内变化的定罪、量刑事实提供了相当的空间。而确定性量刑建议一旦提出后，定罪事实或量刑情节发生变化，量刑建议就必须相应地变化。

2. 对法官量刑裁判权影响相对较小。概括性量刑建议给法官留下了较大的空间，法官对公诉人量刑建议的采纳率就会相对提高，量刑建议在司法实践中受到的来自法院方面的阻力就会减少。

3. 量刑建议采纳率提高。法官在量刑建议幅度内作出量刑裁判的可能性要大于根据公诉人确定性量刑建议直接作出完全一致判决的可能性，从而使检、法两家在社会公众面前能表现出一致性。

4. 给公诉人留下回旋空间。公诉人提出量刑建议以后，证据仍可能发生变化，而且，辩护人会提出量刑答辩。与确定性量刑建议相比较，概括性量刑建议给公诉人很大的空间，相比较而言，控辩双方量刑辩论的对抗性相对减弱，公诉人压力降低。

5. 被告人庭审认罪态度可能会相对好转。如果检察机关量刑建议为一个相对明确的量刑幅度，并告知被告人当庭认罪态度是合议庭量刑时要考虑的重要因素，不少被告人可能会减少对抗性，当庭认罪态度会相对好转，以期获得法庭好感，谋求一个相对较轻的量刑。

三、确定性量刑建议更优的理由

（一）对概括性量刑建议的质疑

1. 量刑建议并没有侵犯量刑裁判权。量刑建议具有柔性的影响力，无论确定性还是概括性量刑建议都不会侵犯法院审判权，不会有损司法权威。这里有两个问题：其一是确定性量刑建议是否侵蚀法院审判权，其二是确定性量刑建议是否有损司法权威。对于第一个问题就如若干年前争论的"量刑建议是否侵蚀审判权"一样，是一个伪命题。因为确定性的量刑建议也好，概括性的量刑建议也罢，其本质没有变，都是检察机关向审判机关提出的一项建议，"是一项程序性的建议权"①。审判机关对于这项建议可以采纳，也可以不采纳，只要量刑裁判有事实根据和法律依据，量刑建议本身并没有刚性的约束力。"量刑建议是法院形成量刑裁决的依据和参考，但不是启动法院量刑程序的依据，也不是法院进行量刑裁判的唯一的信息来源。"② 对于第二个问题，确定性量刑建议不仅不会有损于司法权威，而且有助于司法权威、司法公信力的确立和提升。因为司法权威并不是简单地指法院的权威，而是指整个司法机关的权威，而且确定性量刑建议并没有侵犯法院的权威，只要有证据支持，有法律依据，人民法院完全可以不采纳确定性量刑建议，这恰恰是增强了法院的

---

① 林喜芬：《论量刑建议的运行原理与实践疑难破解：基于公诉精密化的本土考察》，载《法律科学》2011 年第 1 期。

② 陈瑞华：《论量刑建议》，载《政法论坛》2011 年第 2 期。

权威。因为真正的权威并非只是基于神秘和不容侵犯。在一个民主、法治社会，司法机关不应该害怕监督，而应欢迎监督，司法人员和司法行为只有经受得住监督与考验，才能树立最终的、真正意义上的司法权威。量刑建议应该是幅度还是绝对的一个点，这是一个技术层面的可以探讨的理论问题。但是，我们在探讨这个问题的时候，一定要克服本位主义思想。如果身为法官，只是害怕检察机关对量刑介入过多，害怕公诉人成为"法官之前的法官"或者"站着的法官"，从而主张公诉人只能建议幅度刑，那么，这将是司法改革的悲哀。不要过分站在自身利益角度考虑，强化对司法改革的顶层设计是中央领导对本轮司法改革的殷切期待。

2. 量刑裁判的价值多元化、量刑事实的开放性、刑法规定的概括性以及量刑的步骤过程都不是主张量刑建议必须是一个幅度的充分理由。① 首先，刑罚有报应、威慑、剥夺和复归的功能，法官在量刑裁判时应该进行综合考虑，并进行量刑裁判。但是，难道公诉人就是一群高举屠刀的刽子手，一群只会考虑报应、威慑、剥夺功能的"恶人"吗？事实上，检察机关的客观义务已经成为理论界和实务界的共识。法官能贯彻的刑事政策、考量的多元价值间的平衡，作为"法律的守夜人"，检察官本着客观、公正的立场，通常也是可以考虑到的。

其次，量刑事实的确与犯罪事实不一样，具有开放性，只要裁判之前，随时都有可能出现被告人立功、自首等量刑情节，甚至这些量刑情节，可能在公诉人提起公诉之后才出现的。但是，这也不是否认公诉人量刑建议可以是确定性的理由。因为，就大多数案件来说，提起公诉前后，量刑情节并不会发生变化；而且，就刑事案件而言，一个公诉人比一个承办法官对案件掌握的事实证据要多；鉴于量刑事实的开放性，我们要考虑的是如何让

---

① 肖波：《量刑建议权与刑罚裁量权关系之澄清——一个刑事诉权角度的检视》，载《法律适用》2011 年第 1 期。

公诉人在第一时间获取信息，以便及时修正量刑建议；而不是一棍子打死，认为量刑建议只能是幅度刑；笔者认为即便相对明确的幅度刑期的量刑建议，是因为公诉人考虑到在量刑建议提出以后，量刑裁判之前可能会出现新的量刑情节。事实上，很多案件的量刑建议都是在庭审发表公诉意见时才提出来的。

再次，刑法规定的概括性并不是说刑罚就具有可选择性，更不能由此推断，量刑建议只能是一个幅度。刑罚规定的概括性是基于成文法本身的特点和司法实践中案件事实的多样性，就某一个犯罪行为来说，如果考虑量刑均衡，那么被告人的量刑应该是比较确定的，有选择，但不会有很大的选择性，否则就只会增加一种恣意任为的随意性。

最后，量刑的步骤的确复杂，但并不是说量刑建议就只能就个罪提出量刑建议。在数罪并罚的案件中，公诉人完全可以而且完全应该就如何数罪并罚提出自己的量刑建议。当然在最高人民检察院公诉厅 2010 年出台的《人民检察院量刑建议工作指导意见》上，只是要求对多个犯罪中的每个罪提出量刑建议，可以不对犯有数罪的被告人提出总体上如何数罪并罚的量刑建议。

3. 检察官量刑建议经验不足不是提出概括性量刑建议的理由。在检察机关内部看来，鉴于量刑建议在很多检察机关都是一个新生事物，承办检察官并没有丰富的量刑建议的经验，相比较而言，法院量刑裁判了几十年，经验丰富，检察官在量刑方面内心没底，所以，有人主张应该求幅度刑。似乎只有求幅度刑，就可以给检察官一个很好的磨炼的机会，慢慢适应。但是，任何事物，只要方向是对的，我们就该坚持，即使在这个过程中，可能会遭遇挫折。

而且，从法院角度看，基层刑事审判庭的法官从事刑事审判的工作也并不太长。有的刚参加工作就到刑事审判庭，能坚持五六年不轮岗的已经非常罕见。作为一个机关来讲，人民法院量刑裁判与检察机关公诉工作是相辅相成。但是，作为公诉人和刑事审判法官个体而言，两者从事刑事司法工作，很难说谁的经验丰富。客观地讲，我国的检察机关是以刑事检察为主的，公诉部门又是窗口部门，历来都是优秀检察人才的集聚地。而法院的刑事审判业务与民商事等业务比起来，只是很小的一部分，刑事审判部门并非是一个人才高地。法院的审判精英更多的是分散在民商事审判领域。从这个角度讲，刑事审判法官能做的事情，公诉人为何做不到？所以，量刑建议经验不足不应成为反对确定性量刑建议的理由。

事实上，由于我国检察机关一直以来都以刑事检察为传统，公诉又是检察机关的核心标志性职能。所以，相对而言，法院则以民商事审判为主业，加之基层司法部门轮岗的频繁性。我们完全有理由相信：公诉人与法官同为司法官，法官能做到的，公诉人也能做到。

（二）确定性量刑建议更优的理由

1. 可以使量刑程序设计更科学

（1）确定性量刑建议更符合刑事诉讼的基本构造。我国从1997年刑事诉讼法修改以后庭审模式开始向控辩式趋进，在控辩式刑事诉讼构造中，控、辩、审三方构成了等腰三角形，各司其职，控辩双方通过相互之间的激烈对抗，为审判方起到兼听则明的效果。

将量刑纳入庭审程序以后，控、辩、审三方分别承担的量刑建议、量刑答辩、量刑裁判职能看，确定性的量刑建议有助于其功能的实现。从量刑建议实现其功能的方式方法来看，是公诉人在人民法院将量刑纳入庭审程序以后，根据控、辩、审三造刑事诉讼架构，先就被告人应受的刑罚处罚树立一个"靶子"，作为被告人及其辩护人的攻击、量刑答辩的目标，通过控辩双方的量刑辩论，为法官量刑裁判提供参考。反之，如果量刑建议是概括性的幅度刑，则作为辩方的被告人及其辩护人会出现目标不明，不能"有的放矢"，无法进行明确的答辩，审判长本来可以通过庭审实现"兼听则明"的效果也大打折扣。

（2）确定性量刑建议更有助于法官量刑裁判。量刑建议的功能定位，应为增进司法民主以及促进法官在"审核证据—查明事实—寻找法律—作出判断"的司法过程中提高效率和科学性。

审判权是指法官经过法庭审理，对涉案证据审核之后查明事实真相，然后依据法律作出裁判的过程。所谓裁判就是裁量、判断的意思，裁量是为了判断，裁量本身其实也是一种判断，而并非只有非黑即白的二元模式的选择才是判断，多元模式的选择是裁量而非判断。裁量也并非就一定是法官的"一亩三分地"，容不下他人的建议与监督。中央司法体制改革领导小组之所以要推进"规范法官裁量权，将量刑纳入庭审程序"，就是希望增进其他主体对量刑的介入，限制、规范法官的量刑裁量权，增进司法民主，提高量刑裁判的科学性、正当性。

量刑建议是公诉人基于检察机关查明的犯罪事实和量刑情节，向裁判机关提出的对被告人的处罚建议。量刑建议虽然在终局性方面不同于量刑裁判。但是，公诉人和法官一样都是基于事实，寻找法律，适用法律，并作出判断的过程。法定刑通常是一个幅度刑，宣告刑则是确定的某一个点的刑期或刑种（如死刑、无期徒刑），法官的量刑裁判不仅是一个找法的过程，而且是从一个区间中寻找一个合适的点的试图判断过程，量刑建议无非是公诉人在法官这个找法并作出判断的过程中，给予一定的帮助，毫无疑问，最有效的帮助是提供一个明确的参考点，这个明确的参考点就是确定性的量刑建议。① 而如果法定刑的大幅度中再确定一个幅度，如果幅度过大接近于甚至等同于法定刑，那么

---

① 2009 年 5 月 20～22 日，最高人民检察院公诉厅组织全国 16 个省、自治区、直辖市的公诉处长在浙江省宁波市北仑区召开量刑建议庭审观摩暨公诉改革研讨会时，与会代表围绕检察机关量刑建议应该是幅度刑还是"确定的一个点"，展开热烈讨论，绝大多数代表认为量刑建议应该是一个"点"。理由是量刑建议的初衷应该是协助法官最终量刑，法定刑是一个幅度刑，宣告刑是一个点，检察机关就是通过量刑建议帮助法官从法定的幅度中寻找一个适合于案件、适合于被告人的点，这种帮助，通过一个参照点来达成是非常合适的。

量刑建议充其量只是帮助法官"找法",而没有在帮助其找到法律基础上,试图"用法",中央推行量刑规范化改革的目的是"规范法官裁量权",简单的"找法"显然无法起到实质性功效。

2. 更符合诉讼经济原则

(1)检察机关提出概括性量刑建议时,被告人及其辩护人的角色利益决定了其会以概括性量刑建议的最低点作为应受刑罚处罚的心理预期。

量刑建议、量刑答辩和量刑裁判分别是控、辩、审三方实施的行为,公诉人通过量刑建议树立一个靶子,辩方根据量刑建议展开量刑答辩,法官根据控、辩双方的意见和查明的犯罪事实、量刑事实进行最后的量刑裁判。在这个过程中,法官除了考虑罪责刑相适应以外,还必须要考虑的是被告人及其辩护人的心理预期和心理承受,如果检察机关建议一个幅度刑,那么,被告人及其辩护人通常会以幅度刑的最低点作为量刑裁判的心理预期的基点,在此基础上,提出更低的量刑意见,一旦法官高于公诉人提出的概括性量刑建议的最低点量刑,被告人在"上诉不加刑"的心理暗示下,通常会抱着"不妨一试"的心态,认为也许上诉可以改变量刑,因为即便是对立的公诉人也认为我有可能、可以被判处比宣告刑更低的量刑,从而引发无谓的上诉,浪费司法资源。事实上,法律作为社会科学,无法如同自然科学一样精确计算,一份判决量刑是否合适,只能是该判决书上载明的量刑是否合适,不能由此倒推出除此以外的其他量刑裁判一律不合适。比如一个因为故意伤害致人重伤被判处有期徒刑5年的被告人,是否就不能被判处5年2个月,或者4年10个月?我想没有人会如此武断地回答。所以,当法院在量刑建议的量刑幅度最低点以上量刑时,被告人认为因为在最低点量刑也是合适的,至少公诉人认为是合适的,所以,只要上诉,也许二审法官也会认为是合适的,加上"上诉不加刑"原则的心理激励,在概括性的量刑建议推行之后,被告人的上诉率很可能会呈上升趋势。

（2）司法实践中上级法院对下级法院上诉率的考评机制，导致本应客观公正的法官，会在法律允许的限度内尽量满足被告人的心理预期，以减少上诉率。

从法律上讲，法官对被告人判处的刑罚依据的是事实和法律。但是在现实中，法官断案，除了"以事实为根据，以法律为准绳"外，还要考虑很多案外的因素，其中上级院的考评就是一个非常重要的因素。上级院考评机制中，上诉率是一个重要的考评指标，其理由是案件判决后当事人上诉，或者是由于案件的确判决不当，或者是虽然案件在判决内容上并无不当，但是，由于法律释明工作等做得不够，导致当事人无谓上诉，浪费司法资源。所以，被告人在案件判决后是否上诉，是法官必须要认真考虑的因素。在公诉人提出概括性量刑建议后，被告人对自身应受刑罚处罚的最高心理预期必然是幅度型的最低点，如果量刑裁判高于量刑建议的最低点，则被告人就可能会提起上诉，因为反正上诉不加刑，说不定上诉以后，二审法官考虑到被告人的认罪态度等会就低判决。法官为了防止在此种心态支配下的无谓上诉，必然会就低判决，如此，不也失去了概括性量刑建议的本来意义了么？

3. 有助于增强司法权威、司法公信力

上文已经论述了量刑建议并不会损害法院的权威，下面，笔者将着重论述量刑建议同样不会损害检察机关的司法权威，量刑建议有利于检、法两家同作为司法机关的司法权威和司法公信力的确立。

（1）当"高求高判，低求低判"成为一种规律性现象时，确定性的量刑建议与最终的量刑裁判之间即便存有一定差距，只要在社会公众容忍度内，并不会损害检察机关的权威和公信力。

很多人，包括检察机关的人就是担心检察机关提出确定性的量刑建议，法官只要高于或低于该点进行量刑裁判，检察机关的权威就会受到影响，检察公信力就会受到质疑，检、法两家的不一致又将导致司法公信力受到影响。对此，我们认为给检察机关量刑建议准确定位是前提，既然是建议，就有可能采纳，也有可能不被采纳，如果建议一定要被采纳才有公信力，没有被采纳就没有公信力，那么，检察机关作为国家法律监督机关的职能也可以被去除了。只要是两个以上的主体对同一件事情去做判断，当然就有可能有两种以上的答案，我们要做的不是去抹杀、掩盖这种差异性，而是要通过将这种主体间的不同认识公之于众来达到一种相互制约、监督的实效。

（2）检察机关提出概括性量刑建议时，当法官突破检察机关量刑建议的幅度，而检察机关又不作任何表示时，检察权威才真正容易受到损害。

撇开案件事实与法律，如果公诉人对每个案件设定一个量刑幅度，法官就在预设的幅度内量刑，法官是否有做傀儡的感觉。所以，承办法官将有一种"冲出牢笼"，突破量刑建议的幅度刑期的本能冲动。再顾及被告人感受，考虑到上诉率的问题，往往会在量刑建议幅度刑期的最低点甚至突破最低点进行量刑。一旦发生此种情况，检察机关是否会觉得更驳面子，检察院形象和司法形象是否都更受影响？相反，如果检察机关量刑建议一个点，被告人的心理预期就是以这个点为基准，希望被判处更低的量刑，法院在审判时综合考虑被告人的量刑情节包括认罪态度，作最后的量刑裁判可能与量刑建议相同，也可能高于或低于量刑建议，但是通常来说一般不会相差太远，因为量刑建议的点的确定，肯定不会是求幅度刑时的最低刑，而应该是幅度刑中的中间值，比如量刑建议为有期徒刑 5 年到 7 年的，量刑建议求确定刑期的通常应该是有期徒刑 6 年，而不会是 5 年或 7 年。而且，对于检察机关求一个确定的刑期以后，对法官并不产生直接的约束力，所以，不会侵蚀审判权，相反，法官可以更容易摆脱检察机关量刑建议的影子，因为量刑建议只是一个点，我只要高于或低于这个点，就很容易证明法官的量刑裁判是依法独立作出，很容易证明法官独立人格的存在。所以，法官反而不会因为顾忌社会公众对自己是否成为傀儡的情结而故意拉高或降低刑期，在这种思维下，最终的量刑裁判可能更容易做到罪责刑相适应和刑罚的个别化原则。从检察机关角度看，法官高于或低于量刑建议进行量刑裁判，只要不是过分高于或低于，那么，在法律共同体还是社会公众看来，应该都是可以理解的。因为，无论在哪个主体内心对某项事物的判断，都有一个容忍度。正如我们前面所分析的，符合罪责刑相适应的量刑裁判应该是一个幅度，所以，在一定幅度内的量刑裁判和量刑建议，都应该被认为是适当的。当然，在司法实践中，就个案而言"低求高判"的少，"高求低判"的多。但是，通常情况下，综合来看，量刑建议的刑期越高，量刑裁判的刑期也越重，量刑建议的刑期越低，量刑裁判的刑期也就越低。"在德国，一项调查表明，在 570 个案件中，与检察官建议相比，法庭判刑较重的占 8%，判刑较轻的占 63%。法官在判刑上似乎总是倾向于把刑罚判得低于检察官建议的情况，这导致检察官宁肯要求判处较重的刑罚，这样法官的较轻判处也许正合其心意。"[1] "而在日本，法院按照检察官建议量刑的 70% ~90% 的程度予以量刑的案件，也占大多数。"[2] 这说明，量刑建议对量刑裁判虽然没有刚性的约束力，但是，仍然有很大影响力。

在司法实践中，与法官相比，公诉人更不愿意求确定性的量刑建议，因为他们害怕求低了，法官判高了，他们求高了，法官又判低了，总而言之，就是怕确定性的量刑建议得不到法院量刑裁判的支持，从而害怕检察机关的公信力受到影响。至于，检察机关的公信力是否会受到影响，在前面的论述中已经阐述。这里，我们只是想说量刑建议和量刑裁判在本质属性上是不同的，量刑建议只是一种程序性权利，这种程序性权利，只是启动了将量刑纳入庭审的程序；量刑裁判则是一种带有实体法上后果的司法权行使；量刑建议不是终局性的，而量刑裁判不考虑二审等因

---

① 龙宗智：《刑事庭审制度研究》，中国政法大学出版社 2001 年版，第 343 页。
② 林俊益：《程序正义与诉讼经济》，台北月旦出版社 2000 年版，第 185 页。

素，相对于法院以外的其他机关来说，是最后的具有终局意义的。公诉人担心量刑建议不被法院采纳会影响检察机关公信力，就是没有很好地区分量刑建议与量刑裁判的属性。

（3）共同犯罪时，更易实现量刑均衡。如果提起公诉的是一起共同犯罪案件，主犯、从犯分别量刑建议时，通过确定性的量刑建议，更能让被告人、社会公众、合议庭成员等感受到他们各自在共同犯罪所处的不同地位，对共同犯罪的不同作用。当同案犯已经判决时，如果没有特别的其他情节，采行确定性量刑建议更加有助于同案同判、同罪同罚，实现量刑均衡，维护公平正义。

4. 确定性量刑建议可以防止量刑建议流于形式

（1）概括性量刑建议的幅度除了不能超出法定刑幅度外，并没有一个科学的界定。法定刑通常是一个幅度刑，概括性量刑建议也是一个幅度刑，在一个法定的大幅度内，确定一个较小的幅度，但是这个幅度小到何种程度为恰当，学理上说不清楚，规范性文件中也很难明确规定。如果幅度过大，等于流于形式。相当于公诉人帮法官找到了应该适用的法条，而并没有达到依据本案的采信证据，适用法律，作出一个可供参考的判断的目的。而事实上，在当今社会，整个司法过程最难的并不在于找法，而在基于复杂的个案作出科学、合理的判断。笔者认为，中央推行量刑规范化改革，不仅仅是希望控辩双方帮助主审法官寻找量刑裁判所要依据的法律条款，更是希望通过将量刑纳入庭审程序，从而起到规范法官裁量权的最终效果。

（2）如果提倡概括性量刑建议，出于对量刑建议准确率的考虑，公诉人会倾向于提出一个毫无悬念的大幅度刑期作为量刑建议的内容。从量刑建议开展情况来看，有的地方规定对公诉人的量刑建议的准确率进行考核。有的学者针对这种情况提出疑问"量刑建议的采纳率一旦逐渐成为检察机关考核公诉检察官的主要标准，这是不是会给检察官的公诉工作带来极大的压力"?①如果公诉人过分考虑自己建议是否能与量刑裁判一致，害怕失面子，那么，在司法实践中，必然是主张在法定刑的大幅度内套小幅度，而且，就个案来说，这个小幅度可能也不那么小，这种概括性量刑建议方式，起到的实际效果，很可能只是一个帮助法官找法的过程，并没有协助作出判断。这种不作判断的找法式的量刑建议，一方面无法给法官一个明确的参考系，另一方面则使被告人及其辩护人丧失了量刑答辩的目标，从而使量刑建议流于形式。由此，量刑规范化改革的效果大打折扣。

（三）基层实践②证明确定性量刑建议通常更优

唯物主义认为实践出真知，实践是检验真理的唯一标准。对于量刑建议是否采取确定性量刑建议抑或是幅度刑的量刑建议也是如此，而事实上，从较早探索量刑建议的浙江省宁波市北仑区人民检察院实践情况来看，确定性量刑建议在司法实践中效果更优。该院初期也尝试概括性量刑建议，但是，后来一直推行确定性量刑建议。该院 2003 年 5 月到 2009 年 3 月共对 3309 件刑事公诉案件中 4945 名被告人提出了具体量刑建议，其中适用简易程序的有 1571 件 2216 人，适用普通程序的有 1596 件 2729 人。从实证情况看，当时量刑建议探索体现了六个方面的效果：

1. 量刑建议准确率高。量刑建议与量刑裁判差异小，两者一致的情况近 30%；差异 1 年以上的低于 10%；刑种改变率低，量刑裁判改变量刑建议刑种的仅占 4.9%（见图 1）。以上数据可以说明，检察官和法官作为法律职业者对量刑情节的分析和判断是基本一致的。

---

① 陈瑞华：《论量刑建议》，载《政法论坛》2011 年第 2 期。

② 本书选用的是浙江省宁波市北仑区人民检察院 2003～2009 年的量刑建议统计数据，该院 2003 年 5 月开始探索量刑建议，并逐步摸索形成了以绝对刑量刑建议为常态。所以，虽然该数据在全国量刑规范化改革全面铺开之前，但数据所能说明的问题是相通的。

图 1　北仑区院量刑建议准确率统计①

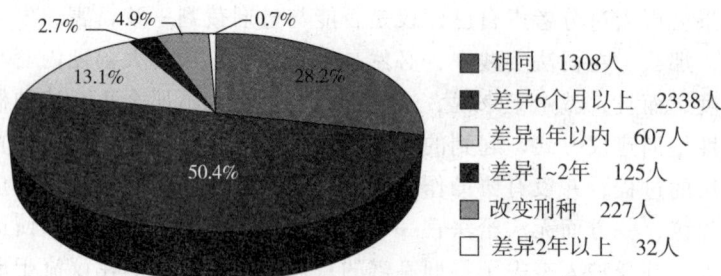

相同　1308人
差异6个月以上　2338人
差异1年以内　607人
差异1~2年　125人
改变刑种　227人
差异2年以上　32人

28.2%
50.4%
13.1%
2.7%
4.9%
0.7%

2. "高求低判"情形远远多于"低求高判"情形（见图2）。其主要原因是法院判决有偏轻于量刑建议的主观倾向，法官通常偏好通过检察机关的量刑建议提高被告人对处刑的心理预期值。然后再适当低于量刑建议进行裁判，从而抚慰被告人，减少上诉率。所以，在实践中法院的承办人往往会主动要求公诉人提出相对较高的量刑建议。另外，我们还发现一个现象：受遵从前例思想的影响，同类罪名和犯罪事实所判处的刑罚总体上呈现日渐从轻的趋势。特别是量刑建议全面推行后，刚开始审判人员会特意在量刑建议之下判决，而检察官为了追求与法院判决的一致，会在下一个同类案件中参照前次法院判决，提出量刑建议，而法官的判决又会低于量刑建议，如此日复一日，刑罚便日趋从轻。以盗窃罪为例，我们选取了从 2003 年 1 月至 2009 年 1 月发生的盗窃财物价值人民币 5000 元以下且无其他情节的案件进行分析，该类案件共有 839 件 1188 人。在推行量刑建议前，其量刑幅度为拘役 4 个月到有期徒刑 1 年，其后每年都有所下降，2008 年度的量刑幅度为拘役 3 个月到有期徒刑 10 个月。当然，随着量刑建议实践的深入开展，统一实体量刑准则的确立，客观科学评价标准的清晰，量刑建议和量刑裁判之间的差

① （1）统计时间从 2003 年 6 月 26 日~2009 年 3 月 25 日；（2）改变刑种不纳入差异 6 个月以内的统计；（3）相同指量刑建议与法院量刑完全相同；（4）量型建议总人数 4637 人。

异会相对减小。

图 2　北仑区院量刑建议与实际量刑轻重比较①

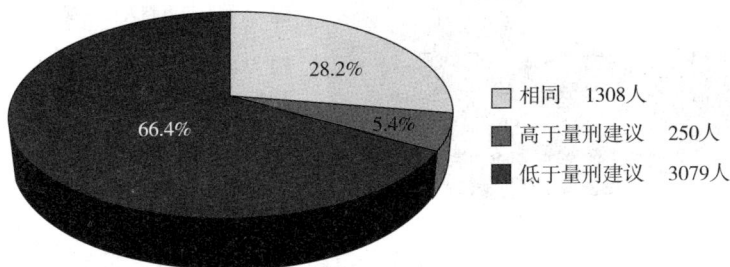

相同　1308人
高于量刑建议　250人
低于量刑建议　3079人

66.4%　5.4%　28.2%

3. 量刑裁判与量刑建议差异原因多样（见图3）。统计结果表明，宁波市北仑区检察院量刑建议与法院量刑裁判未能完全一致的案件也超半数，其主要原因有四个方面：一是公诉人与审判人员对犯罪行为社会危害性和被告人人身危险性评判存在主观认识上的差异。此类情况最多，约占总数的54.5%。二是法院量刑裁判本身缺乏一致性和规律性，存在同罪异罚的情况。此类情况约占总数的16.8%。三是公诉人缺少量刑建议经验和技巧，对量刑标准把握不准。此类情况约占总数的23.1%。四是公诉人与审判人员的个人情感或其他因素影响量刑建议与量刑裁判。这一情况约占总数的5.6%。其中一个重要因素就是基于公诉策略考虑，即公诉人有时为了震慑、分化被告人，便于庭审指控，提出适当高于实际可能被判处刑罚的量刑建议，从而导致与量刑裁判出现差异。

① 统计时间从2003年6月26日~2009年3月25日；量刑建议总人数4637人。

图3　北仑区院量刑建议与实际量刑差异原因分析①

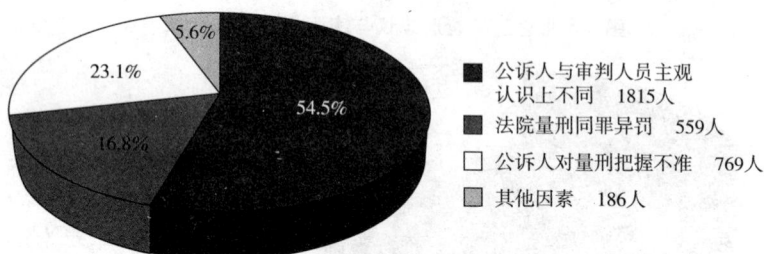

- ■ 公诉人与审判人员主观认识上不同　1815人
- ■ 法院量刑同罪异罚　559人
- □ 公诉人对量刑把握不准　769人
- ■ 其他因素　186人

4. 上诉率和翻供率呈明显下降趋势（见图4）。量刑建议实施后（2003年7月至2009年3月）和量刑建议实施前（2003年1～6月）相比，上诉率由实施前的16.4%下降为5.3%，翻供率也由实施前的21.1%下降为7.4%，这正是将量刑建议纳入庭审程序优越性的体现。量刑过程的透明化使被告人了解了量刑裁判形成的前因后果，增加被告人对量刑裁判的信任度，因而大大减少了盲目上诉情况的发生。

5. 量刑建议效果因庭审程序不同而异。适用简易程序审理的案件与适用普通程序审理的案件相比，前者量刑建议准确率略高于后者（见图5）。这是由于适用简易程序审理的案件事实清楚，量刑情节简单，因而量刑建议准确率较高。相对而言，普通程序案件犯罪事实复杂，量刑幅度大、档次多，量刑建议与量刑裁判产生差异的可能性大。

---

① 统计时间从2003年6月26日～2009年3月25日。

图4　量刑建议实施前后上诉、翻供情况比较①

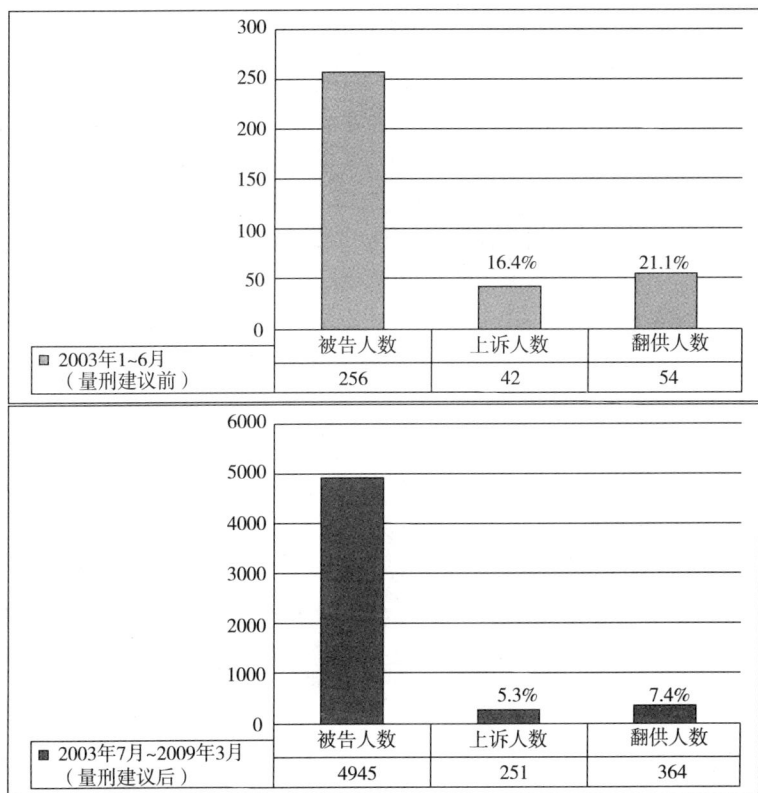

6. 建议适用缓刑的采纳率高。其原因在于适用缓刑有明确的条件，检、法两家对此容易达成一致。实践中，检察机关在量刑建议时一般不建议适用缓刑。因为一旦建议适用缓刑，作为公诉方就会面临被害人一方的强大压力。所以在实践中，建议缓刑往往和刑事和解交互进行。至于建议免予刑事处罚的情况在现实中更为罕见。另外值得注意的是，辩护方建议缓刑的情况相对较多，即使在明显不能适用缓刑的案件中，辩护方仍会经常性地建

①　翻供仅指当庭翻供。

议适用缓刑。

图5　不同程序分类比较①

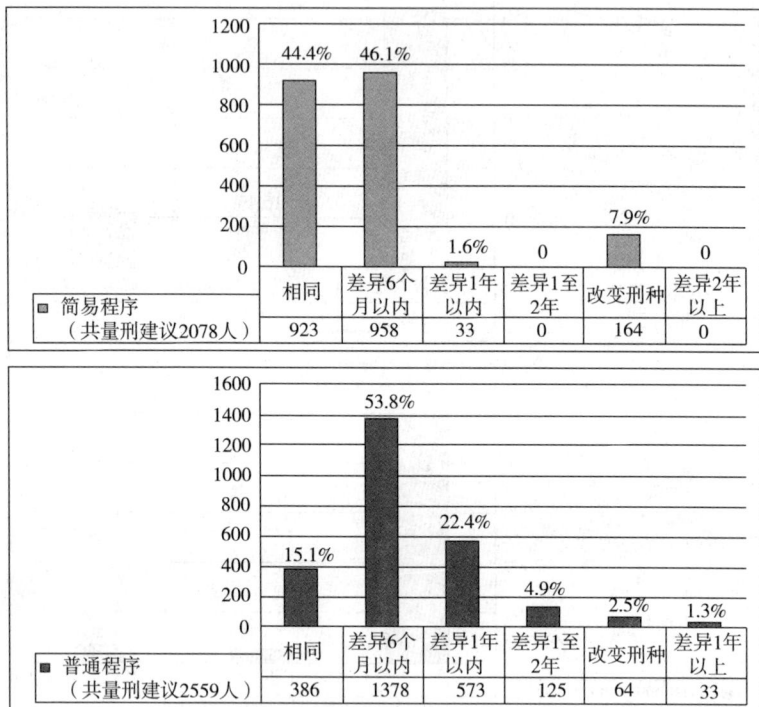

简易程序 （共量刑建议2078人）	相同	差异6个月以内	差异1年以内	差异1至2年	改变刑种	差异2年以上
	44.4% 923	46.1% 958	1.6% 33	0 0	7.9% 164	0 0

普通程序 （共量刑建议2559人）	相同	差异6个月以内	差异1年以内	差异1至2年	改变刑种	差异1年以上
	15.1% 386	53.8% 1378	22.4% 573	4.9% 125	2.5% 64	1.3% 33

　　对于量刑建议是应该求点还是求幅度，我们的观点是应当根据不同的刑种采取不同的量刑建议方式。

　　首先，对于管制、拘役以及有期徒刑、无期徒刑、死刑应当采用确定性量刑建议方式。理由是：（1）对被告人的最终量刑只能是一个"点"，而不可能是一个"度"。量刑建议也是一样，只有确定一个具体刑期，才是真正意义上的量刑建议，这也是量

----

　　①　（1）统计时间从 2003 年 6 月 26 日 ~ 2009 年 3 月 25 日；（2）百分比是指同类诉讼程序案件人数的百分比。

刑建议具体明确原则的要求。（2）确定性的量刑建议能够实现量刑建议的参考和监督作用。从宁波市北仑区检察院的量刑建议实践来看，开始将部分案件采用概括性量刑建议，将部分案件采用确定性量刑建议。对比两者的效果，结果发现，法官更乐于接受后者，因为其量刑的参照数明确，被告方也乐于接受后者，因为其有进行量刑答辩的明确目标，旁听群众也乐于接受后者，因为其可以得知检察机关对量刑的明确肯定的态度。（3）确定性量刑建议不会损害检察机关的权威性和法律的严肃性。概括性量刑建议的支持者多以确定性量刑建议与法院的实际判决之间必然存在的差异来否定其严肃性，认为这会损害检察机关的权威性。事实上，量刑建议只是为法官量刑提供一个参考，并不是违背独立审判原则，要求法官的量刑与量刑建议完全一致。以量刑的结果来评判量刑建议的正确与否，有违建立量刑建议制度的初衷，也是检察机关自缚手脚的做法，对量刑建议制度的推广和深化均无益处。（4）在实施量刑建议制度的典型国家和地区，如日本和我国台湾地区，均为确定性量刑建议，这种方式在实践中产生了积极的效果，并无不妥之处，国外的司法实践经验可供我们借鉴和吸收。而概括性的量刑建议是在刑法规定的法定刑幅度内再确定一个幅度，既有模糊概念之嫌，又给人感觉是多此一举，因为法官同样可以突破这一范围，不如直接确定一个明确的刑期来得坚决和肯定。而且如何确定概括性量刑建议中的量刑幅度的大小也是一个仁者见仁智者见智的问题，例如有期徒刑是以1年还是2年更为妥当？这样就将本身就有争议的问题又进一步复杂化。所以，概括性量刑建议并不可取，原则上应采取确定性的量刑建议。

其次，对于附加刑可以不提出具体的数额和时间。这是因为附加刑的确定除了依据基本的量刑情节外，还要考虑被告人的履行能力，可根据具体情况酌情减免。检察机关在这方面的实践经验又相对较少，由法院直接进行判决更为合适。

最后，对于重大疑难、控辩双方分歧较大的案件可以提出概括性量刑建议，以此作为例外。我国目前尚未建立庭前证据开示制度，因此对于此类案件控辩双方往往对定性存在不同看法，庭审应着重围绕定罪进行。概括性的量刑建议既能保证量刑建议制度的完整性，又能合理配置检察资源。

图6　建议适用缓刑采纳情况分析①

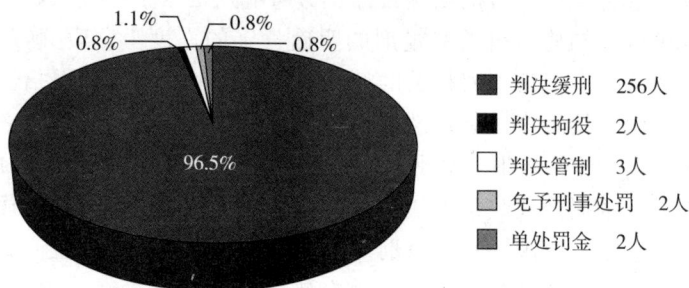

判决缓刑　256人

判决拘役　2人

判决管制　3人

免予刑事处罚　2人

单处罚金　2人

第三节　量刑建议的形成机制

从理论上讲，量刑建议的形成机制可以分为三个层面，第一层面，量刑建议的形成主体，哪些人参与到量刑建议的形成过程中来，具体由谁决定。第二个层面，提出怎样的量刑建议，主要是检察机关的量刑建议内容究竟是一个量刑幅度还是一个确定刑期的问题。第三个层面，如果量刑建议是应该求一个确定的刑期，那么如何确定所要提出的量刑建议的确定刑期。② 而第二个层面的问题在前一节已经专门探讨了，所以，本节主要集中围绕第一和第三个层面的问题展开论述。

"在立法相对完备和排除干扰的前提下，发生量刑偏差的原

---

① 统计时间从 2003 年 6 月 26 日~2009 年 3 月 25 日；建议缓刑 265 人。

② 潘申明：《论量刑建议运行机制的建构》，载《浙江检察》2011 年 11 月。

因，主要是量刑方法的问题。"① 量刑建议和判决一样在法定刑范围内或者以法定刑为基础，决定被告人刑罚的轻重，这是一个自由裁量的过程，主观因素较多而客观标准较少，因而量刑方法在很大程度上决定着刑罚裁量的结果。要做到量刑建议准确、适当，检察官就必须掌握科学的量刑方法。一般认为，量刑方法有三种，即综合量刑法、数学量刑法和电脑量刑法。实际上，在传统刑事司法中后两种量刑方法目前只是停留在理论上的探讨，实践中的量刑多数采用第一种量刑方法，也就是经验量刑法。而且，在我国也不适用普通法系的遵循先例原则，先前的判决对以后的类似案件并没有拘束力。但实际操作中，无论是检察官还是法官都会将同类判决作为一个重要的参考。因此，在司法实践中积累的经验对量刑而言具有重大的意义。

采用经验量刑法，就是首先审查案件事实，在法定刑范围内，确定量刑基准。量刑基准指在排除各种法定和酌定情节的情况下，确定个罪依其一般既遂状态在法定刑幅度内应判处的刑罚。然后考虑各种法定和酌定的从重处罚、从轻、减轻和免除处罚情节，并分析每一量刑情节对量刑的影响力，最后对量刑基准进行调整，确定最终的刑罚。这种量刑方法简便易行，在目前乃至以后相当长的时间内是一种基本的量刑方法。但要熟悉掌握这一量刑方法，需要丰富的司法实践经验，内部的讨论、交流以及专门的培训都是经验交流和累积的有效途径。同时，在实证基础上出台的量刑指南或量刑建议指南是对现有经验的总结，可以作为量刑建议的重要参考。②

---

① 马克昌主编：《刑罚通论》，武汉大学出版社 1999 年版，第 296 页。

② 关于采用哪种方法才能实现量刑公正，武汉大学赵廷光教授认为，传统估堆量刑很难"估对"，最高法的定性定量相结合，采用确定基准刑，再对量刑情节量化分析的方法，实际上类似于日本的罪型亚类，并不科学。主张量刑基准论是误导量刑改革的伪命题，量刑改革不应走量化分析之路，应该摒弃罪型亚类，走量刑精确制导之路。详细论述参见赵廷光：《中国量刑改革之路》，武汉大学出版社 2014 年版。

一、明确量刑裁判的法定刑、量刑起点和基准刑

形成量刑建议的第一步，是公诉人根据被告人涉嫌的犯罪事实，触犯的法律，开始"找法"，明确量刑裁判的法定刑、量刑起点和基准刑。

量刑建议与量刑裁判一样，都是以"事实为根据，以法律为准绳"，被告人触犯的刑律是其定罪的基础，也是量刑裁判和量刑建议的基础。检察机关和公诉人在办理刑事公诉案件时，首先必须做到的便是在事实上认定不存在偏差。

然后，依据该事实，根据罪刑法定原则，寻找应该适用的刑法条、款、项，明确量刑裁判的法定刑。再根据基本犯罪构成事实在相应的法定刑幅度内确定量刑起点。在明确量刑起点之后，再根据其他影响犯罪构成的犯罪数额、犯罪次数、犯罪后果等犯罪事实，在量刑起点的基础上增减刑罚量确定基准刑。这一环节主要体现罪责刑相适应原则，考虑的是罪行的严重性、社会危害后果的大小等。

对于量刑基准，有学者定义为："法官量刑时应当考虑的原则、要素和犯罪在典型形态下应当适用的一定的刑罚分量。"[1] 也有学者认为"量刑基准是定性基准，是权威案例样本的平均刑罚量，也是法制实践离散程度的反映"。[2] 对于制定原则性量

---

[1] 张明：《量刑基准的适用》，法律出版社 2008 年版，第 3 页。
[2] 白建军：《量刑基准研究》，载胡云腾主编：《中美量刑改革国际研讨会文集》，中国法制出版社 2009 年版，第 45 页。

刑基准，一般以刑罚目的理论为指导，兼采报应刑论①和目的刑论②，采用折中主义刑罚论③，以报应刑为优先目的，即首先应当以犯罪人的罪责为基础量刑，然后再按照一般预防和个别预防理论的要求，在罪责确定的刑罚幅度内调整刑期，而且，这种调整不应当超出罪责确定的刑罚幅度。④

　　量刑建议所必须考虑的与犯罪嫌疑人犯罪事实相关的量刑基准要素主要有：犯罪动机⑤和目的、主观罪过的强弱、犯意形成

---

　　①　刑罚的报应观念最早可以追溯到原始社会末期，近代报应刑论代表人物是德国的康德、黑格尔、宾丁，康德主张同害报复，即以眼还眼，以牙还牙，以血还血，认为等量报应刑论和罪刑均衡论是量刑公正的一般标准。黑格尔认为犯罪是对法的否定，刑罚是对犯罪的否定，这种否定之否定，能使法律秩序恢复原状，因此刑罚是对犯罪的报应，但是此报应并非单纯的同害报复，而是具有适当的侵害价值的相等性，罪行等价才是量刑公正的一般标准。宾丁认为刑罚是对犯罪的再否定，旨在维持法律秩序，刑罚应当与犯罪的分量建立一种关系，犯罪人因科刑所受痛苦的大小，应当与法律秩序因犯罪所受损害的大小成正比，主张比例报应才是量刑公正的一般标准。参见马克昌主编：《刑罚通论》，武汉大学出版社1999年版，第28～29页。
　　②　目的刑论主要代表是意大利龙勃罗梭、菲利和德国李斯特。龙勃罗梭认为犯罪是对社会的侵害，刑罚是社会防卫的手段，从社会自卫立论，才没有反对的余地。主张刑罚的目的是行为人将来不再犯罪，刑罚的轻重应当根据行为人的不同情况来确定。李斯特认为刑罚的目的是预防再犯和防卫社会，因此刑罚的轻重应当以犯罪人的反社会性格和心理状况为根据。日本牧野英一认为刑罚目的毕竟是犯人的改善，它是一种特殊的教育，然而却是使犯人得以适应社会生活的良好方法。参见马克昌主编：《刑罚通论》，武汉大学出版社1999年版，第30～31页。
　　③　折中主义刑罚论代表人物是意大利贝卡利亚、德国费尔巴哈和迈耶，贝卡利亚认为刑不但应该从强度上与犯罪相对称，也应从实施刑罚的方式上与犯罪相对称。刑罚的目的既不是要摧残一个感知者，也不是要消除业已犯下的罪行，刑罚的目的仅仅在于阻止罪犯再重新侵害公民，并规诫其他人不要重蹈覆辙（［意］贝卡利亚：《论犯罪与刑罚》，黄风译，中国大百科全书出版社1993年版，第42～58页）。费尔巴哈认为为了防止犯罪，应当使一般人预先知道因犯罪而受刑罚处罚的痛苦，大于因犯罪所获得的快乐，从而抑制其心理上产生犯罪的意念，这就是著名的心理强制说。参见马克昌主编：《刑罚通论》，武汉大学出版社1999年版，第33页。
　　④　张明：《量刑基准的适用》，法律出版社2008年版，第14～15页。
　　⑤　犯罪动机可分为"内在动因"和"外在刺激"，前者如贪婪、仇恨、义愤、同情，后者如刺激、引诱、强迫。

的状况、犯罪的时间和地点①、犯罪的手段和方法②、犯罪对象③、社会危害后果。④⑤

二、根据被告人所具备的量刑情节对其基准刑进行调节

除了定罪事实，量刑情节对被告人最终应受刑罚处罚影响很大。量刑情节除了主体身份因素外，一般在罪中或罪后出现的，体现其悔罪表现或人身危险性等的事实情况。与犯罪行为人相关的量刑基准要素主要有：行为人责任能力程度、行为人的品行、犯罪后的表现、犯罪行为人的身份、犯罪行为人的生活状况和受教育程度等因素。除此以外，量刑建议还必须考虑社会形势、民愤、刑事政策等相关事项。

将犯罪行为人的品格证据纳入量刑建议和量刑裁判考量范围体现的目的刑罚理论，强调"刑罚的现实价值在于使罪犯回归社会，不致重新犯罪"⑥，不同类型的犯罪人格主体再犯可能性大小不同，其改造的难易程度也不同。而且，通过考量行为人品格证据，针对不同类型品格的犯罪人适用不同的刑种和刑罚制度，可以体现刑法的谦抑性原则。大陆法系和英美法系都有品格证据在量刑中体现的相关立法。1975年《德国刑法》第46条规定"1. 犯罪人的责任是量刑的基础，且应考虑刑罚对犯罪人将

---

① 如国庆等重大节假日或者两会等重要时间点，地点如在荒郊野外还是城市中心广场、公共交通枢纽等，是入室还是入户，是生产经营场所还是公共交通道路。

② 如故意杀人是否用特别残忍手段在量刑上是有差别的。

③ 如抢劫救灾抢险物质还是普通财物，是有影响的外国驻华外交人员还是普通社会公众。

④ 既包括对犯罪客体造成的损害，也包括对社会形成的危险性。

⑤ 此部分有关事项的分类和列举，部分内容参照了韩光军在《量刑基准研究》相关内容，并进行了相应的修正，具体可以参见韩光军：《量刑基准研究》，法律出版社2010年版，第140~184页。

⑥ ［日］中山研一：《刑法的基本思想》，姜伟、毕英达译，国际文化出版公司1988年版，第69页。

来的社会生活所产生的影响。2. 法院于量刑时应权衡一切对犯罪人有利与不利的情况，尤应注意下列事项：犯罪人之犯罪动机与目的；由行为所表露之心情及行为时所见意念；违反职责的程度；行为方式与犯罪结果；犯罪人的履历，其人身和经济情况以及犯罪后的态度，尤其是补偿损害的努力。3. 属于法定犯罪构成事实的，可不考虑"。1974 年《日本刑法修正草案》第 48 条第 1 项规定："刑罚必须对应于犯人的责任加以量定。"第 2 项规定"在适用刑罚时，必须考虑犯人的年龄、性格、经历和环境、犯罪的动机和方法、结果及对社会的影响、犯罪后犯人的态度和其他情况，以及应该达到有利于遏制犯罪以及犯人能悔过自新的目的"。意大利刑法也规定，法官在对量刑进行自由裁量时应斟酌下列有关行为人之犯罪倾向：（1）犯罪之动机及行为人之性格；（2）刑事及裁判上之前科及行为人犯罪前之行为及社会状况；（3）行为人在犯罪时或犯罪后之态度；（4）行为人个人、家庭或社会关系。美国联邦量刑指南规定，法官在刑罚裁量时，一方面要考虑犯罪行为、犯罪危害结果、犯罪对象、所使用的犯罪工具、犯意等因素；另一方面还要考虑犯罪人的犯罪次数。犯罪人犯罪次数越多，所适用的刑罚越重。根据指南第五章有关条款，在适用缓刑时，不仅要考虑犯罪情节、犯罪人的犯罪史，而且要考虑犯罪人的品格。[1]

　　从客观公正角度出发，公诉人量刑建议必须坚持全面评价原则。公诉人在量刑建议前，必须查明全部量刑情节，并就各量刑情节对量刑裁判可能产生的影响进行评估。通过量刑情节对基准刑进行适度调节：（1）具有单个量刑情节的，根据量刑情节的调节比例直接对基准刑进行调节；（2）多种量刑情节并存时，可以采用同向相加、逆向相减的方法确定量刑情节对基准刑的调节比例；（3）多个量刑情节与免处罚情节并存时，应当综合考

---

　　[1]　翟中东：《刑罚个别化研究》，中国人民公安大学出版社 2001 年版，第 85 页。转引自马秀娟：《量刑程序研究》，法律出版社 2012 年版，第 120～121 页。

虑全案情况和法律规定，决定是否免除处罚；（4）被告人犯数罪，同时具有适用各个罪的立功、累犯等量刑情节的，先用各个量刑情节调节个罪的基准刑，确定个罪所应判处的刑罚建议，再依法实行数罪并罚，建议决定执行的刑罚；（5）同一行为涉及不同量刑情节时，不得重复使用。

三、区分情形，确定量刑建议

司法实践中案件情节纷繁复杂，一起案件经过前面的定罪量刑情节的增减刑量之后，结果可能已经超出了法定刑范围，所以，要区分情形，最终确定量刑建议：

1. 量刑情节对基准刑的调节结果在法定刑幅度内的，可以直接作为宣告刑的量刑建议；但被告人有应当减轻处罚情节的，应当在法定最低刑以下确定宣告刑的量刑建议。减轻处罚时，应在相应的法定最低刑的下一个法定刑幅度内处罚。

2. 量刑情节对基准刑的调节结果低于法定最低刑的，如果有减轻处罚情节，可以直接作为宣告刑量刑建议；如果只有从轻处罚情节，没有减轻处罚情节的，以法定最低刑为宣告刑的量刑建议。

3. 量刑情节对基准刑的调节结果高于法定最高刑的，不能加重处罚，可以法定最高刑作为宣告刑的量刑建议。

4. 量刑情节对基准刑的调节结果在 6 个月以下的，可依法建议判处拘役、管制或者单处附加刑。

5. 量刑情节对基准刑的调节结果在 20 年以上的，综合全案考虑依法确定是否建议适用无期徒刑以上刑罚。

四、根据审批权限，履行量刑建议审批程序

量刑建议的审批程序是其形成机制的重要组成部分，具体包括：量刑建议的形成主体，哪些人参与到量刑建议的形成过程中来，最后由谁决定等，从检察机关的办案机制来看，可能

涉及的主体为五类，分别为承办人、科室负责人、主任检察官、分管检察长、检察委员会。在量刑建议探索实践中，有的检察机关把定罪审批和量刑建议的审批分由不同的主体，量刑建议的审批较定罪审批更为严格。诚然量刑建议权与定罪请求权相比，所要求的工作内容更细密化，但性质却是相同的，都是一种司法判断权，有赖于检察官的独立裁断。而且，量刑建议权与定罪请求权相对应，成为公诉权中不可或缺的一部分。因此，与定罪一样，量刑建议也应遵循"谁承办，谁提出"的原则，由案件承办人在审查起诉过程中提出个人意见，供有权限决定的主体参考。这不仅因为承办人最为了解案情和量刑情节，同时也因为承办人作为实践操作者，具体经手案件，掌握量刑的第一手资料，对量刑具有丰富的经验。但因为我国实行检察一体化原则，量刑建议代表检察机关的整体意志，故量刑建议在提起公诉前必须经集体审批决定。结合现行的公诉体制，审批量刑建议意见要区分两种情况进行。按照传统的三级审批体制办理的案件，量刑建议应由案件承办人提出并充分说明理由。科室负责人在审查量刑建议时，认为正确的，予以同意，认为不正确或者理由错误的，可以更改，最后由检察长决定。按照主任检察官制度办理的案件，由主任检察官自行决定起诉罪名和量刑建议，科室负责人对于主诉审批的案件中的量刑建议，在备案审查期间，如果认为不适当的，可以建议主任检察官修正，主任检察官坚持自己观点的，科室负责人应写明不同意见后，提交分管检察长审批决定。但无论是主任检察官承办的案件还是非主任检察官承办的案件，如果该案件经检察委员会讨论，则由检察委员会决定量刑建议。

五、通过统计学实证分析，确立本区域近期常见犯罪量刑建议参照系

通过对本区域同类犯罪情形的量刑进行统计实证分析，明确常见犯罪量刑建议参照系，是形成量刑建议过程中一种非常必要且有意义的方法。我国地域辽阔，区域间经济社会发展不平衡很明显，所以，对于一些财产性犯罪，在全国统一框架下，同样数额所体现出来社会危害性并不相同。不同区域、不同时间人们对某一行为的社会危害性认识也不相同。总体而言，我们的刑事政策既有稳定性、统一性的一面，也有因时、因地进行适度调节的一面。

量刑的公平性不仅体现在个体罪责刑相适应上，更体现在同类情形同类处理上，如果说前面体现的是量刑的科学性，那么，后者体现的更多的是公平性。量刑均衡是衡量量刑是否公平公正的重要尺度，所以，通过统计实证分析的方法，将本区域同类犯罪情形的量刑进行统计分析，不仅是提高量刑建议准确性的需要，也是保障量刑均衡原则得以贯彻落实的需要，通过统计实证分析，可以帮我们公诉人形成明确的参照系。随着科技信息技术的发展，统一业务软件的推行，统计分析将越来越容易，一些地方也已经开发了统一量刑建议系统。就一个单位而言，如果对常见类罪的量刑情节、量刑建议和量刑裁判情况进行统计归类，经过一段时间之后是很容易发现相互之间的关联性的。不仅对量刑建议的准确率提高有好处，而且，强化量刑裁判的监督也是很好的。

第四节　量刑建议的提出机制

量刑建议的形成机制主要是在案件向法院提起公诉之前需要完成的，而量刑建议的提出机制主要是检察机关在形成量刑建议之后，如何向提起公诉的人民法院或其他主体提出，具体包括应该何时提出量刑建议、以何种形式提出量刑建议、向谁提出量刑建议三方面问题。

一、量刑建议的提出时间：庭前或庭上

量刑建议是将量刑纳入庭审程序的关键环节，通过检察机关量刑建议，被告人及其辩护人量刑答辩，将量刑纳入庭审程序，审判人员居中进行量刑裁判。所以，量刑建议只要在量刑裁判前，在法庭辩论阶段提出，可以引起量刑答辩、量刑辩论就应该没有问题。具体到是哪个诉讼阶段提出？量刑建议的时间不外乎是提起公诉、法庭调查和法庭辩论这三个时间阶段。台湾法务部所颁"检察官运用求刑应行注意事项"规定，"检察官侦查犯罪，对于应提起公诉案件，得审酌的'刑法'第五十七条所列事项，于起诉书……为适当求刑之表示"，（第一项）"起诉时……均已调查明确，亦（可为）具体求刑之表示"（第二项）。"起诉时，检察官之起诉书虽有求刑之记载，唯其求刑并非一成不变，仍可随法官审理程序之进行予以必要之变更（加重或减轻）。如起诉时并无求刑之表示，临庭检察官论告时，基于检察一体之原则，亦可就实行公诉之案件予以具体之求刑或抽象之求刑"。① 可见，我国台湾地区以在起诉时提出为原则，以在法庭辩论（论告）时间提出为补充。

我国大陆学者对量刑建议时间的看法很不一致。周国均教授认为，提出量刑建议的最佳时间是在法庭调查之后法庭辩论开始宣读公诉词之时；陈卫东教授提出，量刑建议可以在起诉中提出，即在指控被告人犯罪的同时，建议法院处以某种刑罚。这样便于辩护方在法庭审理过程中进行有效、全面的辩护。在法庭调查、法庭辩论结束后，如果检察官发现法庭查明的事实与起诉书指控的事实有出入，也可以在法庭辩论后提出新的量刑建议意见。宋英辉教授认为，量刑建议的时机应根据案件的情况区别对待。对于按照普通程序审理的案件，尤其是重大、复杂案件，应

---

① 林俊益：《程序正义与诉讼经济——刑事诉讼法专题研究》，台湾月旦出版社 2000 年版，第 193 页。

当在证据调查完毕以后，法庭辩论阶段提出量刑建议。对于适用简易程序审理的案件，因为案件事实清楚，同时考虑到保障辩护权的要求和诉讼效率，以在起诉或同意适用简易程序时提出量刑建议为宜。[①]

我们认为，审判方式不同，量刑建议的提出时间应当有所区别。在简易程序中，控辩双方对犯罪事实和指控罪名的认识一致，因而检察官根据审查起诉认定的事实作出量刑建议，与根据法庭调查认定的事实作出量刑建议，实质上是一样的，故在起诉时提出量刑建议是适当的。这既符合简易程序追求诉讼效率的要求，同时也有利于被告人、辩护人尽早准备量刑答辩。

与简易程序中的犯罪事实和罪名在起诉时就被控辩双方认可不同，适用普通程序审理的案件常因案情相对重大、复杂，其指控的犯罪事实和罪名往往需要经过示证、质证、辩论等庭审活动加以确认，而随着庭审活动的推进，案件事实有可能发生变化，罪名也有可能变更，如果在起诉时提出量刑建议，则量刑建议意见往往会因为案件事实发生变化而改变，不利于实现量刑建议的确定性和严肃性。因此，适用普通程序审理的刑事公诉案件，公诉人在法庭辩论中以言词直接进行量刑建议，灵活直接，效果更佳，并可与被告人、辩护人进行充分辩论。具体到个案，是哪个时间提出量刑建议比较合适，要具体情况具体分析。

二、量刑建议的提出形式：书面或口头

关于量刑建议提出的方式，目前实践中的做法既有在起诉书中载明的，或者制作专门的量刑建议书，还有在法庭辩论时以口头方式提出的。主张在起诉书中提出的人认为该种方式比较正式规范且能够保障指控的完整性。定罪和量刑作为刑事诉讼要解决的两个不可分割的问题，在启动刑事诉讼的时候，定罪与量刑程

---

① 李和仁：《量刑建议：摸索中的理论与实践——量刑建议制度研讨会综述》，载《人民检察》2001 年第 11 期。

序也就同时启动了。此外，从我国刑事诉讼对抗的原理来看，检察机关提出的指控应当给予辩方一定的准备时间。如果检察机关在庭审阶段提出量刑建议，则辩方会因为没有充分时间准备而无法与检察机关进行抗辩，被告人诉讼权利就得不到充分的保障，没有经过充分辩论的量刑建议，就不能保证其准确性和客观性。反对在起诉书中直接载明量刑建议的人则认为庭审情况的变化会对量刑产生影响，检察机关可能对量刑建议进行适当的变更，这就需要对起诉书予以自我否认，势必影响起诉书的严肃性和内容的稳定性。起诉书是检察机关在查明犯罪事实的基础上依法提起公诉、将被告人提交法庭审判的一种法律意见书，尽管检察机关认为案件犯罪事实清楚、证据确实充分，但毕竟尚未经过法庭的调查审理，法庭审理后认定的事实可能会有变化，在犯罪事实没有得到法庭确认之前，起诉书不宜涉及量刑问题。况且，在目前阶段，因为没有证据开示、辩诉协商等配套制度的支撑，检察官对量刑建议技巧尚未熟练掌握，要求他们在起诉的事实尚未得到法庭认定，对辩方的意见尚未了解之前就单方提出量刑建议意见，难以保证量刑建议的准确性和量刑建议理由的充分性。

　　笔者认为，适用简易程序审理的可能判处 3 年以下有期徒刑的轻微刑事案件，量刑建议应在起诉书中写明；而适用普通程序审理的案件，则可以通过制作书面量刑建议书，在提起公诉时与起诉书一并送达人民法院，也可以在庭审发表公诉意见时口头提出。之所以采用不同的方式，是为了兼顾诉讼效率与量刑建议目的的实现。①

　　第一，适用简易程序审理的轻罪案件，量刑建议应在起诉书中写明；简易程序的设置本身就是追求效率，而在简易程序案件中制作量刑建议书，并不符合效率原则。因为一份量刑建议书的基本内容必须包括被告人、案由、案号、量刑情节以及各量刑情

---

① 潘申明、周静：《量刑建议的运行机制》，载《华东政法大学学报》2009 年第 5 期。

节对最终量刑的影响、量刑建议、公诉人、公章、日期等，公诉人要制作一份完整的量刑建议书并非一件易事。相比较而言，如果在起诉书中"请求依法判处"的后面直接加上对被告人的建议量刑，是否就显得更方便快捷。有人提出起诉书是法定格式的法律文书，不能任意修正，笔者认为，既然这是一项司法改革，就是对以往制度的推陈出新，如果过分拘泥于形式，那么又谈何司法改革。而且，每一项司法改革要想取得圆满成功，必须要为各方主体寻找利益点，寻找原动力，量刑建议制度是一项很有意义的司法制度，但是它是否能在现实中广泛推行，必须由公诉人来具体操作。特别是现在主任检察官制度在基层检察院广为推行，必须为案件的具体承办人、主任检察官寻找积极推进量刑建议的原动力。在简易程序范围扩大以前（2013 年 1 月 1 日修改后的刑事诉讼法施行以前），3 年以下适用简易程序轻微刑事犯罪案件就占基层检察院案件总量的 40% 左右，刑事诉讼法修改以后，简易程序案件比例更大，如果只是在依法判处加上建议量刑的相关内容，工作量增加不是很大，积极性就高。相反，如果一定强求量刑建议书的制作，很可能会导致简易程序案件适用量刑建议的比率变小。所以，笔者认为适用简易程序审理的案件，应当允许公诉人在起诉书中直接提出量刑建议。当然，并不是所有的简易程序案件都适合在起诉书中明确载明量刑建议。2013年 1 月 1 日以后，所有事实清楚、证据确实、被告人没有异议的基层院审理的案件均可以适用简易程序，大大扩大了简易程序的适用范围，在此种背景下，我们认为一般应限制在宣告刑可能在3 年以下的轻罪案件适用简易程序时，才允许在起诉书中直接载明量刑建议。对于 3 年以上的重罪案件，即便是简易程序案件，也还是制作量刑建议书为妥。

第二，对于适用普通程序审理的公诉案件，是否一律制作量刑建议书？我们认为，适用普通程序审理的案件，则可以通过制作书面量刑建议书，在提起公诉时与起诉书一并送达人民法院，也可以在庭审发表公诉意见时口头提出。之所以采用不同的方式，是为了兼顾诉讼效率与量刑建议目的的实现。适用简易程序审理的轻罪案件，事实较为简单，法定刑幅度较小，无论是检察机关、审判机关还是被告人对于量刑的认识存在的差异也不大，在起诉书中直接提出量刑建议简便明了，不会增加额外的起诉成本，符合设置简易程序提高诉讼效率的初衷。而在案情较为复杂，量刑较重的普通程序案件中，以量刑建议书的方式提出量刑建议，既能表明检察机关对于量刑的慎重，为裁判提供有价值的参考，又能唤起被告人及其辩护人的重视，促使其对量刑进行积极的答辩。根据最高人民检察院公诉厅的文件，量刑建议要么通过制作量刑建议书，要么在公诉意见书中提出，但在司法实践中，公诉人发表公诉意见但并不都向法庭提交书面的公诉意见书。所以，笔者认为，是否可以对该规定修正，只要规定公诉人可以在发表公诉意见时提出量刑建议即可。这就是说，量刑建议的提出形式不限于书面，口头也可以，口头提出通常是在法庭辩论阶段发表公诉意见的时候。

三、量刑建议送达的对象：法院或被告人及其辩护人

量刑建议的主要目的在于对法官的量刑进行有效的监督，促进量刑程序的透明化和公开化。因此，量刑建议的主要送达对象是法院，这点已毋庸置疑。但除此之外，量刑建议还应送达哪些诉讼参与人或其他主体则是一个值得探究的问题。根据修正后的《人民检察院刑事诉讼规则（试行）》第 399 条规定"人民检察院对提起公诉的案件，可以向人民法院提出量刑建议。除有减轻处罚或者免除处罚情节外，量刑建议应当在法定量刑幅度内提出。建议判处有期徒刑、管制、拘役的，可以具有一定的幅度，也可以提出具体确定的建议"。第 400 条规定："对提起公诉的案件提出量刑建议的，可以制作量刑建议书，与起诉书一并移送人民法院。量刑建议书的主要内容应当包括被告人所犯罪行的法

定刑、量刑情节、人民检察院建议人民法院对被告人处以刑罚的种类、刑罚幅度、可以适用的刑罚执行方式以及提出量刑建议的依据和理由等。"由此可知，现行法律并没有明确规定需要送达被告人及其辩护律师。

对此，我们认为，量刑建议应当送达被告人及其辩护人。对于适用简易程序的轻罪案件，如果量刑建议可以直接写入起诉书中，在送达起诉书的同时必然也送达了量刑建议。现行法律规定并没有明确量刑建议书应当制作几份，是否需要原件，若需要原件，公诉人在一起多被告人的案件中制作量刑建议书也是一件烦琐的事情。笔者认为两种方案可选，一是可以要求检察机关制作一份原件，被告人及其辩护人可以副本的形式被告知，二是检察机关制作一份量刑建议书送达法院，被告人及其辩护人可以复印。后一种方案方便，但是不规范，笔者认为还是制作量刑建议书正本一份送达法院，副本若干送达被告人及其辩护人比较妥当，因为如果根据后一种方案，被告人如果没有聘请律师，没有提出复印申请，那么，他可能无法获得量刑建议书的复印件，不利于量刑答辩意见的形成。对于普通程序案件，起诉书与量刑建议分离，所以，要求将量刑建议单独向被告人及其辩护人送达。这不仅有利于保障被告人辩护权的充分行使，也有利于增强庭审的对抗性，从而保障最终裁判的公正合理。虽然因为工作机制的不同，检察机关和辩护人的工作目标有所差异，但无论是量刑建议权的行使还是辩护权的行使，其实质上都是要确保被告人依法受到公正的处理，从这个意义上讲二者并不冲突。向被告人和辩护人送达量刑建议并不会因为透露了检方的"底线"而使公诉处于被动，更不会因为对量刑进行辩论而削弱辩护的力度。相反，量刑建议为控、辩、审三方围绕量刑交换观点提供了一个平台。当然，客观地说，在某些案件中被告人收到检察机关的量刑建议书后的确会引发翻供，这主要是因为被告人预期和法律对某一行为的制裁相差太大，比如说入户盗窃 30 万元人民币，后为抗拒抓捕暴力威胁后逃离现场的被告人，因转化为入户抢劫，起刑点为 10 年有期徒刑，大大出乎被告人意料，在趋利避害的本能驱使下，翻供是绝大多数人最后的挣扎，被告人的翻供造成了司法资源的消耗增加，这也是公诉人更愿意在发表公诉意见时提出量刑建议的原因。

同时，在一定条件下，量刑建议也应当送达被害人。之所以限定在一定条件下，是因为检察机关所办理的大量案件，并不直接接触被害人。且在大多数案件中，尤其以简易程序为主的案件中，因案情不大，被害人损失程度较小，若要求所有案件均向被害人送达量刑建议，势必会大大增加检察机关的工作量，浪费诉讼资源。同时被害人出于自身利益考虑，不愿意参与到复杂的刑事诉讼过程中，对量刑建议的漠视会导致违背该制度设立的目的。但涉及被害人有较大利益损失的案件，尤以被害人有权提起附带民事诉讼的案件，有必要向其送达量刑建议。这类案件中，因被害人的重要法益被侵害，其较高程度地关注被告人的量刑，且被侵害的法益是否因被告人履行了民事赔偿义务而得到一定程度的弥补也是被害人所关心的问题。我国刑事诉讼法也赋予了被害人请求检察院提起抗诉的权利，可见被害人并未被排除在讨论量刑问题的主体之外。实践中，检察院和法院受理的刑事信访案件中，有很大一部分是被害人或其家属提出的加重被告人刑罚的要求。事先向被害人一方送达量刑建议不仅可以提高被害人的参与性，将矛盾化解在先，同时也有利于收集与量刑相关的证据，作出合理的量刑建议。

第五节　量刑建议的变更机制

俗话说"开弓没有回头箭"，那么检察机关提出量刑建议之后，还能不能进行变更呢？我们认为，量刑建议可以变更，但是，必须依照程序规范变更。

一、量刑建议提出后允许变更

很多人之所以反对量刑建议，就是认为在提起公诉时，很多证据还会发生变化，新的量刑事实会产生，如果提出量刑建议，再作变更，又显得不够严肃。对此，我们认为我国刑事诉讼法的基本法律原则之一是"以事实为根据，以法律为准绳"，如果检察机关提起公诉以后，证据和法律发生变化，影响定罪量刑的，检察机关当然可以像变更起诉一样变更量刑建议。这不仅是检察机关的权力，也是一种法律上的义务。我们需要探讨的不是能不能变更量刑建议，而是在何种情形下允许变更，以怎样的形式进行变更，变更最后截止时间是何时等问题。

二、量刑建议变更应该遵循审批权限

允许变更量刑建议，并不代表公诉人可以随意变更，根据"谁作出，谁变更"、"谁审批，谁变更"的原则，量刑建议的变更应当遵循量刑建议的审批权限，如果主任检察官审批决定的案件，主任检察官自己出庭公诉发现量刑事实发生变化，可以根据授权直接变更。但是，如果出庭公诉人并非审批决定人时，出庭公诉人应当建议休庭，在向有权决定的主体汇报庭上情况，由具有审批权限的主体决定。出庭公诉人认为没有必要休庭直接变更的，必须庭后及时汇报并书面备案。在司法实践中，有些公诉人对量刑建议的变更比较随意，对于审结报告上明确的量刑建议，在庭审时事实没有大的出入，仅仅是被告人认罪态度上让人感觉有点变化，就随意调整量刑建议，我们认为这是不妥当的。因为公诉人"口虽自由，笔却受限"，一个没有独立审批决定权限的公诉人，不能在法庭上随意改变具有审批权限的主任检察官或者其他领导审批决定的量刑建议，他的任务是通过庭审活动支持公诉实现惩治犯罪的目的。这一点，即便在司法体制改革以后，实行检察官办案责任制也是一样，只有有权限的检察官在公诉庭审时可以根据情形变化直接变更量刑建议。庭审中变更量刑建议可遵循以下原则：公诉人当庭发现案件事实、定性、量刑证据等发生变化并能够确定的，有变更权限的公诉人可以在发表量刑建议时予以变更，但庭审之后应在所属检察院备案；当庭不能确定是否需要变更的，或者虽要变更但不具有直接变更权限的，可建议审判长休庭或者延期审理，待调查核实相关证据或经过审批后，作出是否变更量刑建议的决定，重启审判。

三、量刑建议庭前变更形式应该与提出形式相一致

如果量刑事实在开庭前就已经发生，则庭前就应变更，变更形式应当与提出形式相一致。这一点应该很好理解，因为庭前提出量刑建议，一定是在提起公诉时就提交了书面的量刑建议书，或者在起诉书上载明了量刑建议。所以，如果检察机关在开庭前就发现量刑建议基于的证据事实或者法律发生变化，而且认为有必要在开庭前予以变更量刑建议的，那么，检察机关可以变更量刑建议，但是也必须采取书面的形式。

四、第一次庭审后是否允许变更量刑建议

量刑建议在第一次开庭之后、法院量刑裁判之前能否再行变更。笔者认为，虽然大多数案件是一次开庭，但是，庭审活动的结束时间应该是法院作出判决之时。所以，在法院最终量刑裁判之前，公诉人均可以修正、变更量刑建议，修正形式通常应为书面，除非再次开庭，公诉人在第二次开庭的法庭辩论阶段口头修正。

在很多地方，检察长列席审判委员会制度得到落实，那么，检察长在列席审委会时能否变更量刑建议。笔者认为，此时，应为量刑裁判活动的进行过程，法庭审理已经结束，所以，应该不允许检察长在此时修正量刑建议。这体现了对法庭对公诉人的尊重，因为根据检察一体化原则，公诉人的意见应

该代表检察长的意见，既然代表检察长的意见，根据"禁反言"原则，检察长不能没有事由就事后推翻之前的言行。当然，从有利于被告人的角度出发，如果检察机关由较重的量刑建议变更为较轻的量刑建议，可以在庭后修正，但是，如果是将原先量刑建议变得更重，应当不允许，因为如此等于剥夺了被告人的量刑答辩权。

【办案随想】在负责公诉工作时，也会有个别承办人随意变更量刑建议的情况发生，没有权限，也没有休庭汇报，也没有特别的事实或证据上的出入，只是承办人觉得被告人的当庭表现可圈可点。对于此种情形，我本人是非常反对的，因为如果允许出庭公诉人随意变更量刑建议而可以置原先的审批意见于不顾，也无须履行相应程序，那么公诉人的量刑建议随意性就太大，而且，容易引起权力寻租，导致司法腐败。前面已经论述过，量刑建议虽然不是一种刚性权力，但是对量刑裁判的影响力是客观存在的，尤其是确定性量刑建议，其对量刑裁判的影响力就更大。所以，我们不要陷入因为要监督量刑裁判，规范法官量刑自由裁量权，最后又陷入量刑建议权力滥用的泥潭。因为量刑建议权力同样会遭到来自社会公众尤其是法院方面的质疑之声。我们要通过量刑建议规范量刑裁判，首先必须规范量刑建议权的行使。

第六节　量刑建议的保障机制

任何一项机制如果没有一系列配套制度予以保障，很难达到制度设计的初衷。量刑建议要能实现必须借助于一系列保障机制，主要有三个：公诉说理、检察长列席审委会、检察机关对量刑裁判的抗诉。

一、公诉人强化量刑建议说理

公诉人强化说理是量刑建议得以最终实现的重要保障，公诉人说理的内容包括检察机关查明的量刑事实、各量刑事实对最终量刑的影响、法律依据，以及最终提出的量刑建议。公诉人说理主要是在开庭发表公诉意见时，但是量刑建议书也是重要的说理载体，包括载明量刑建议的适用简易程序的起诉书和量刑建议书。

量刑建议作为量刑程序规范化的一个环节，要充分发挥效用，必须建立量刑双向说理机制。公诉人在发表量刑建议时要进行说理，法庭要引导被告人就量刑问题特别是罪轻方面进行辩护，让被告人及其辩护人充分行使辩护权，保证量刑辩论的公平公正。而且，针对检察机关量刑建议和被告人及其辩护人的量刑答辩意见，审判机关在量刑裁判时必须进行回应。量刑裁判文书必须明确经过法庭调查后确认的量刑证据，根据量刑证据认定的量刑事实，以及根据量刑事实、情节，确定的量刑裁判，在法院裁判文书中，必须载明量刑建议并对量刑建议和量刑答辩意见进行回应，不予采纳的应当说明理由。

公诉人强化量刑建议说理要注意以下几个方面：

第一，强化说理不落俗套。公诉人说理是对量刑建议的依据以及各量刑情节对量刑结果的影响力大小的充分论证分析，是对量刑建议主张的扩展，但是绝不是简单地将简洁的文字演变成啰唆的语言。公诉人说理，不仅要充分展开，而且要形成严密的逻辑，甚至要营造一种有利指控的氛围，通过独具匠心的系统化阐述，尽量做到能够说服审判人员。

第二，不偏不倚，履行客观义务。公诉人的职责不仅在于对犯罪要进行追究，还应当是公正地追究，公诉人务必坚持惩治犯罪和保障人权并重，切实履行好检察官的客观义务。对于有利于被告人的罪轻情节要客观评估，给予充分体现。

第三，尊重律师，认真对待辩护意见。有控诉就应当有辩护。如果没有辩护律师，公诉人指控的公正价值就无法充分体现。正是公诉与辩护的共存，才实现了彼此的价值。公诉人与辩护律师在法庭上的地位均获得了提升，法官的中立和控辩平衡，推进程序公正的实现，进而推动对实体公正的保障。公诉人代表着国家利益，是正义的使者，要更加注重树立法律平等的意识，在法庭审理方面，破除公诉人高于或优于辩护律师的不合理观念。彼此尊重，以证据服人，让事实说话，以法律为准绳。要充分认识双方对抗是为实现正确适用法律的共同目标。

二、检察长列席审委会

检察长列席审委会制度，即检察机关依据我国宪法赋予的法律监督权力，由检察长代表其所在的检察院列席同级人民法院审判委员会会议的一项司法制度。检察长列席审委会制度要求检察机关通过列席审委会，对审委会议事程序和决策内容实行必要的监督，纠正违法，校正不当，有助于实现司法在实体法与程序法上的公正，并将使个别公正汇聚上升为一般公正。同时，通过列席审委会，检法两院就分歧意见进行必要的沟通与交流，及时发现问题，协调解决，在审委会作出决定前双方即达成一定程度上的共识，与原先等审委会作出决定后检察机关再以抗诉等方式行使法律监督权的方式相比，检察长列席审委会显然节省了纠错成本和时间成本，缩短了诉讼周期，提高了决策效率。即使在审判委员会活动中存在某些严重的问题，在检察长列席的过程中仍未能得到有效解决，但检察机关通过列席审委会深入、全面地了解具体情况，也有利于提高事后抗诉或其他监督方式启动的针对性和有效性。其现实意义非常重大，正因为此，落实并完善人民检察院检察长、受检察长委托的副检察长列席人民法院审判委员会会议的规定，是中办〔2008〕28 号文件规定的改革任务之一。最高人民法院、最高人民检察院在深入调研的基础上，制定了最高人民法院、最高人民检察院《关于人民检察院检察长列席人民法院审判委员会会议的实施意见》（以下简称《意见》），并于2010 年 4 月 1 日起施行。于是检察长列席审委会制度在"两高"层面第一次有了具体可操作性的规范。

　　检察长通过列席审委会制度来强化量刑建议的保障，要注意以下几点：

　　第一，根据我国宪法设置的组织机构关系，检察院与法院之间是分工负责、互相配合、互相制约的关系，而不仅仅是监督与被监督的关系，所以，检法之间的分权、制衡关系必须清醒认识。而且，检察机关作为法律监督机关，其法律监督行为通常并不具有终局性或实体处分的效力，检察长在列席审委会的过程中，仅有听取和发表意见的权利，而无权向审委会作出任何指示或命令，更不能直接变更或撤销人民法院及其审委会的决议，案件的最终处理权始终归属于法院。在十八届四中全会提出推进以审判为中心的诉讼制度改革以后，这种思想观念的确立就显得尤为必要。

　　第二，检察长列席审委会的职责有别于出庭支持公诉的公诉人，其列席的目的也并不是强化指控犯罪，而是在于进行全面的审判监督；就审委会讨论的个案而言，检察长列席的重点在于监督所讨论案件的事实是否准确客观地展现在审委会委员面前，帮助明确争议点，并促进检法两院在法律适用方面达成共识。

　　第三，检察长列席审委会仍然要秉持客观中立的立场，履行检察官的客观义务。在刑事诉讼中，检察机关不仅要指控犯罪，还必须保障被告人无罪、罪轻等事实与情节的查证。检察长列席审委会并依法对审判评议活动进行监督，履行的是法律监督职责，而不是直接的公诉职能，其最终目的是保证法律的正确实施，裁判的客观公正，因此，检察长列席审委会并无控辩平衡之关系，也不会导致辩护方遭受不公正待遇。

　　第四，检察长列席审委会要遵守审委会讨论规则，根据"两高"会签《意见》第7条规定："检察长或者受检察长委托的副检察长列席审判委员会讨论案件的会议，可以在人民法院承办人汇报完毕后、审判委员会委员表决前发表意见。""审判委员会会议讨论与检察工作有关的其他议题，检察长或者受检察长委托的副检察长的发言程序适用前款规定。""检察长或者受检察长委托的副检察长在审判委员会会议上发表的意见，应当记录在卷。"

当下司法改革的重要内容之一是推进以审判为中心的诉讼制度改革，实现庭审实质化。根据目前审委会改革的理论研究和实践导向，审委会的职能将由对个案讨论决定，转向总结审判经验，对审判工作中全局性、普遍性问题进行研究并作出咨询意见，从而间接指导个案审理。由此，检察长列席审委会的职责内容也将予以相应调整。检察长列席审委会制度是实现法律监督多元化发展的一个有效途径，在目前的司法环境下，该制度不仅具有存在的必要性，而且承载着维护司法公正、提高诉讼效率、降低诉讼成本的重要价值。从保障量刑建议的实现来说，检察长列席同级审判委员会时可以重申量刑建议的事实基础和法律依据，阐明量刑建议的理由，推动审判委员会对量刑建议的采纳。此外，检察长也可以通过列席审判委员会，推动类案量刑均衡的实现。

三、加强对量刑裁判的抗诉

在独立审判原则的前提下，量刑裁判与量刑建议不一致并不是提起抗诉的必然理由，但量刑建议可以为抗诉提供条件和依据。我国《刑事诉讼法》第 217 条规定："地方各级人民检察院认为本级人民法院第一审的判决、裁定确有错误的时候，应当向上一级人民法院提出抗诉。"

《刑法》第 61 条规定"对于犯罪分子决定刑罚的时候，应当根据犯罪的事实、犯罪的性质、情节和对于社会的危害程度，依照本法的有关规定判处"。所以，公诉人对量刑裁判的审查，重点把握三项内容：

1. 审查原判决、裁定确定的法定量刑情节是否正确，量刑裁判有无体现法定从重、从轻、减轻或者免除处罚的情节，体现的程度是否符合法律规定。

2. 审查原判决、裁定确定的酌定量刑情节是否正确，比如犯罪动机、犯罪的手段、犯罪当时的环境和条件、危害结果、危害对象、犯罪分子一贯的表现以及到案后的认罪态度等悔罪表现等。

3. 审查原判决、裁定确定的酌情减轻处罚情节是否正确。《刑法》第 63 条第 2 款规定："犯罪分子虽然不具有本法规定的减轻处罚情节，但是根据案件的特殊情况，经最高人民法院核准，也可以在法定刑以下判处刑罚。"据此，如果没有法定减轻处罚情节，人民法院必须依据法律履行严格的核准报批程序。

虽然根据《刑事诉讼法》第 225 条第 2 款规定，判决的错误包括了"量刑不当"，但是在量刑规范化改革以前的司法实践中检察机关的抗诉很少是针对量刑而提出的。这一方面是因为量刑是公认的法官自由裁量权的内容，没有刚性的标准予以衡量，造成了公说公有理婆说婆有理的尴尬局面。而上级法院出于维护审判机关权威的考虑，以维持原判居多。另一方面是法官对在判决书中基本不对量刑进行说理，使得检察机关无从了解量刑裁判作出的事实和法律依据，对量刑的审查也就无的放矢。而量刑建议制度恰恰为解决这一问题提供了有效的途径。与量刑建议相生相伴的是法院的量刑说理制度。判决书应当载明量刑建议，并对是否采信进行说明。若量刑裁判明显高于或者低于量刑建议的，法官应当说明理由。判决书未说明理由的，检察机关可以书面请求答复。法官拒不说明理由或者理由明显不当的，可以以此作为提出抗诉的依据。

检察机关对量刑裁判的抗诉，虽然是事后监督，但是，威慑力客观存在。关于量刑建议推行以后，检察机关对于量刑裁判的抗诉是否减少或者消失？很多检察机关的同志认为，量刑建议实施以后，量刑裁判的抗诉应该越来越少，事实上，却刚好相反。在量刑建议推行以前的司法实践中，如果人民法院在判决以后，检察机关认为量刑畸轻畸重需要抗诉的，法院也许意见比较大，因为公诉人并没有事先表露过对被告人量刑的具体意见。如果法院领导或者承办人讲："兄弟，你们指控的犯罪事实，我们已经全部采纳认定了，关于量刑，你又没有跟我说过你的意见，现在我们既然已经判决了，我看就算了，下不为例，下次如果你们有想法的可以事先跟我们说一下，我们会认真考虑的。"如此这般，也许很多案件都会被大事化小，小事化了，不了了之。但是，在量刑建议推行以后，检察机关不仅就犯罪事实提出了指控意见，而且，就最终量刑提出了明确的量刑建议，如果法院仅仅是采纳指控的犯罪事实，却明显高于或低于量刑建议，又不能充分说明理由、说服检察机关的，检察机关如果就量刑畸轻畸重提出抗诉意见，人民法院相关人员无法再以上述理由进行搪塞。所以，在推行量刑建议较好的地方，检察机关对量刑裁判的抗诉不是变少了，而是明显变多了。

【司法实例】卢某某、蔡某某盗窃、诈骗犯罪抗诉案

【基本案情】卢某某，男，1973 年 3 月 16 日生，汉族。蔡某某，男，1979 年 12 月 16 日生，汉族。

2008 年 3 月 22 日晚，卢某某与蔡某某结伙陈某某（另案处理）经共谋后，由皮某某自称林老板，在某市天上人间 KTV 将谢某骗至某大酒店 2042 房间，然后又通过谢某将被害人焦某某骗至该房间。其间，陈某某以接待一位大老板为由让焦某某留宿在该酒店。次日上午，蔡某某在该酒店楼下，卢某某冒充大老板来到 2042 房间，假意与皮某某谈生意，并配合陈某采用"白纸变钱"当场演示给焦某某观看，使其信以为真。随后，焦某某到银行取现款 44500 元，让陈某某"以一变十"。在房间内，卢某某又配合皮某某将焦某某的钱款装入手提包并用胶带封好后交给宁某某保管。而后，皮某某以包庇为由，要求焦某某闭眼发誓不泄露此事并趁机将被害人焦某某存放钱款的手提包调包窃走。之后，皮某某和卢某某又以购买变钱药水为由，骗得焦某某现金 7500 元。后 3 人对上述赃款共计 52000 元进行分赃。

【诉讼经过】某市人民法院 2008 年 8 月 9 日以（2008）某刑初字第 410 号判决书判决如下：卢某某犯诈骗罪，判处有期徒刑 3 年 6 个月，并处罚金 50000 元；蔡某某犯诈骗罪，判处有期

徒刑 3 年，并处罚金 50000 元。

2011 年 12 月，同案犯皮某某被抓，根据新取得的皮某某的供述，并结合原审材料，某市人民检察院认为本案犯罪可分为两个阶段，第一阶段获取 44500 元使用的关键手段是秘密窃取调包手段，而不是被害人陷于错误认识的自愿交付；第二阶段获取 7500 元则是被害人陷于错误认识的自愿交付，前一阶段应定性为盗窃，后一阶段应定性为诈骗，后该检察院以皮某某涉嫌盗窃罪、诈骗罪提起公诉，法院依法判决皮某某犯盗窃罪，判处有期徒刑 5 年 6 个月，并处罚金 45000 元；犯诈骗罪，判处有期徒刑 8 个月，并处罚金 5000 元，合并执行有期徒刑 6 年，并处罚金 50000 元。

该案判决后，某市人民检察院基于新出现的证据，原先认定犯罪事实发生重大变化，基于共同犯罪中各犯罪行为人之间的量刑均衡考虑，对卢某某、蔡某某诈骗案依法启动审判监督程序抗诉。

【处理结果】该抗诉案件后经法院再审改判：卢某某犯盗窃罪，判处有期徒刑 4 年，并处罚金 40000 元；犯诈骗罪，判处有期徒刑 6 个月，并处罚金 5000 元，决定执行有期徒刑 4 年，并处罚金 45000 元。蔡某某犯盗窃罪，判处有期徒刑 3 年 6 个月，并处罚金 40000 元；犯诈骗罪，判处有期徒刑 6 个月，并处罚金 5000 元，合并执行有期徒刑 3 年 8 个月，并处罚金 45000 元。

【简要评析】这起案件是典型的由于新证据出现，导致原审判决认定的事实根据发生变化，在证据裁判原则、"以事实为根据，以法律为准绳"和有错必纠的基本原则下，对原审判决进行审判监督程序的抗诉是必然的。应当说明的是，在这种情形下，检察机关更多的体现的不是对法院原审裁判行为的监督，而是基于新的证据作出的新的判断。因为就原审而言，在当时的证据条件下，无论是公诉方还是审判方均并无不当。

第七节 量刑建议的监督机制

有人指出，从检察系统探索量刑建议制度的实践来看，都是围绕加强检察机关内部管理展开的。量刑公正在很大程度上是检察机关推行量刑建议制度的理由，而不是直接原因，量刑建议制度的最初矛头是指向检察官的，其基本动机之一就是要寻找激励和考评检察官的机制。因为量刑建议的采纳与否、合理与否，对检察机关的威信和对检察人员的评价多少有一定的影响。这就必然使办案责任具体化、明确化，客观上加重了检察官的责任，促使检察官尽快提高自身的综合业务素质，激励检察官更加全面地、具体地研究案件事实以及定罪和量刑各个方面的问题，尽其所能地保证办案质量。正如法官在量刑时缺乏具体指导意见从而产生自由裁量空间一样，检察官在提出量刑建议时也有较大的自由裁量权。为了实现制约的目的，必须从制度的设计上保证该权力的行使始终被置于一定的监督之下。具体而言，量刑建议的监督机制包括内部监督和外部监督两类。内部监督包括形成量刑建议的审批机制、变更量刑建议的备案机制、量刑建议准确率的考评机制。外部监督机制包括判决书说理（反向监督）、上级院监督、社会监督。

一、内部监督之形成量刑建议的审批机制

由于量刑建议以检察院的名义提出，是代表国家追诉犯罪的诉讼活动，决定了量刑建议的形成必须经过严格的审批。量刑建议的内部监督首先体现在审批机制上，审批机制就是普通公诉案件的承办人、主任检察官、科室负责人、分管检察长、检察委员会之间的分工。作为与定罪请求相并列的量刑建议，其审批程序原则上与案件的审批程序一致。具体而言，存在三级审批制度与主诉审批制度的区别。对于推行主任检察官制度的检察院，量刑

建议可以由主任检察官自行审批。因为主任检察官对于案件的定罪具有审批决定权，由此可以推出其有权决定量刑建议的结论。只有对定罪和量刑同时赋予某一主体决定权，才符合刑事诉讼的逻辑结构，也符合以事实为依据的工作流程。但主任检察官自行签发的案件，应当在提起公诉 3 日前，将所办案件的起诉意见书、审查报告、起诉书等法律文书的复印件送交公诉部门负责人和检察长备案。检察长认为主任检察官量刑建议不适当的，可以直接决定变更。公诉部门负责人认为主任检察官量刑建议不当的，可以建议主任检察官变更，或报检察长处理。但对于一些特殊案件的量刑建议主任检察官无权决定，仍要报检察长审批决定：（1）国家工作人员职务犯罪案件；（2）特别重大、疑难复杂的案件；（3）建议适用缓刑或定罪免罚的案件；（4）追诉漏罪、漏犯或增减犯罪事实，影响量刑的案件；（5）其他检察长认为需要审批的案件。

二、内部监督之变更量刑建议的备案机制

在刑事诉讼中，影响量刑的情节在判决以前一直存在变数，可能出现新的量刑情节，也可能原来的量刑情节发生变化。这就决定了量刑建议不是一成不变的。为了保证量刑建议的准确性，做到罚当其罪，必须赋予检察机关变更量刑建议的权力。无论是学界还是实务界人士都认为贯彻量刑建议制度必须同时推行证据开示制度。因为在刑事诉讼中量刑建议不仅仅是控方的事情，控方进行量刑建议，辩方必然会作出回应，这就得给予辩方充足的时间了解案件的有关证据材料，并对检察机关的量刑建议决定作出有针对性的回应，甚至在检察机关作出量刑建议以前就积极反馈自己的意见，促使检察机关在听取各方意见的情况下作出更为合理的量刑建议。如此，辩方就容易与控方达成一致意见，从而真正起到降低被告人对抗心理、节省司法资源的效能。而且检察机关也可以通过证据开示了解辩方的证据材料，从而避免控方基于不全面的、错误的认识作出不当的量刑建议决定，影响量刑建

议效果和检察机关形象。因为我国目前尚未建立庭前证据开示制度，辩护人当庭提交有可能影响被告人量刑的证据这种情况时有发生，这就使对量刑建议的当庭变更权成为必要。如果不对变更权进行有效的监督，则在事实上为办案人员提供了通过变更量刑建议来规避先前所述的审批机制的机会，同时也会损害检察机关量刑建议的严肃性。因此，公诉人根据庭审情况对原有量刑建议进行变更，或者发现案件需要延期审理、变更起诉、追加起诉、撤回起诉等不应提出量刑建议的情形，应在庭后及时向科室负责人汇报备案。公诉人根据庭审情况对原有量刑建议进行变更，或者发现案件需要延期审理、变更起诉、追加起诉、撤回起诉等不应提出量刑建议的情形，应在庭后及时向科室负责人汇报备案。总体来说，量刑建议的变更遵循量刑建议的审批权限，同时，变更以后要及时做好书面备案，以防量刑审批机制因为随意变更而流于形式。

三、内部监督之量刑建议准确率的考评机制

量刑建议的好坏涉及社会公众对检察机关的形象评价，涉及检察公信力的问题，所以，必须将量刑建议的准确率纳入考评，考评的对象为检察官正式向法院以口头或者书面提出的量刑建议的程序适用规范性和内容准确性。考评的程序是，案件的承办人在对法院判决审查时，应当对量刑建议的正确与否作出说明，科室负责人核对后签署意见，将其作为评估量刑建议正确率的依据。除对个案的量刑建议正确性进行考核外，还需要对全部进行量刑建议案件的正确率进行考评，即考核量刑建议正确的案件占全部案件的比例。将考评结果作为衡量检察官工作实效以及评定等级、职务升迁的一个重要参数，才能真正落实量刑建议的效果，实现良好的监督作用。从国外量刑建议的情况看，德国的量刑建议通常与量刑裁判比较接近，而韩国量刑裁判通常是检察官量刑建议的 1/3 到 1/2。所以，量刑建议的准确性并不能简单地理解为量刑建议与量刑裁判的一致性，至少应有一定的容错率。

　　论及量刑建议准确率的考评机制涉及如何确定检察官量刑建议的合理性、法庭量刑裁判的公正性和检察机关的容错标准等三个相互关联的因素。由于量刑建议的合理性与量刑裁判的公正性均不能量化，因而是难以精准测评的。如果绝对以判决量刑为标准来衡量量刑建议的正确性，这是不科学的。因为这事先假定了法院判决是正确的，所以，认为当量刑建议与判决一致时，就是正确的，当量刑建议与判决不同时，就是错误的。实际上，有时情况恰恰相反——量刑建议是正确的，判决是错误的，那些对畸轻畸重的量刑裁判提出抗诉获得二审改判的便是典型的实例。由此看来，考核量刑建议的正确性还在于确定一个合理的容错标准，即量刑建议的刑罚与判决的刑罚误差在多少范围内就是正确的，量刑建议正确的案件占同期全部案件的多少比例就是达标的。

　　笔者认为，应当根据量刑建议的不同刑种和刑期确定不同的容错标准。对于个案的考核，建议具体为：量刑建议的刑种与判决的刑种不一致的，为不准确（拘役和有期徒刑除外）；[①] 量刑建议的刑种为死刑、无期徒刑的，判决的刑种与其相同者，为准确；量刑建议的刑期在 3 年以下的，判决的刑期差异在 6 个月以内者，为准确；量刑建议的刑期为 3 年至 10 年的，判决的刑期差异在 1 年以内者，为准确；量刑建议的刑期为 10 年以上的，判决的刑期差异在 2 年以内者，为准确。考核的对象为检察官正式向法院以口头或者书面提出的量刑建议。考核的程序是，案件的承办人在对法院判决审查时，应当对量刑建议的准确与否作出说明，科室负责人核对后签署意见，将其作为评估量刑建议准确率的依据。除对个案的量刑建议准确性进行考核外，还需要对进行量刑建议的全部案件的准确率进行考核，即考核量刑建议准确

---

　　① 　拘役和有期徒刑作为剥夺被告人人身自由的刑罚，二者在刑期上的差别乃是最明显的区别。因为二者在边界上存在重叠，一天的刑期差别就会导致刑种的变化。以此作为判断量刑建议正确与否的标准，过于苛刻。

的案件占全部案件的比例。将考评结果作为衡量检察官工作实效以及评定等级、职务升迁的一个重要参数，才能真正落实量刑建议的效果，实现良好的监督作用。

根据最高人民检察院公诉厅《关于开展量刑建议工作的指导意见（试行）》的规定，量刑建议有期徒刑的一般应当建议一个幅度刑期，而且，根据刑期的长短，规定了一个幅度刑期的长短："法定刑的幅度小于 3 年（含 3 年）的，建议幅度一般不超过 1 年；法定刑的幅度大于 3 年小于 5 年（含 5 年）的，建议幅度一般不超过 2 年；法定刑的幅度大于 5 年的，建议幅度一般不超过 3 年。""建议判处管制的，幅度一般不超过 3 个月"，"建议判处拘役的，幅度一般不超过 1 个月。"这个幅度刑期也不妨作为我们考察某一个量刑建议是否准确的参考依据，如果量刑建议与量刑裁判相差值达到该文件规定的幅度的，则为不准确，否则，即为适当。只是笔者认为该规定所涉及的幅度有时有点过大，如法定刑的幅度大于 5 年的，建议幅度一般不超过 3 年，如有期徒刑 10 年以上的，相差 3 年反倒不可能，有的地方又过小，拘役一般不超过 1 个月，要求过严。

四、外部监督之判决书说理（反向监督）

正如对指控的犯罪事实和罪名需要作出裁判一样，法院对检察机关的量刑建议也应当表明作为裁判者的态度和作出裁判的理由。从理论上说，法院作为裁判机关对诉讼双方的诉讼请求均要作出裁断，以满足诉讼参与各方的诉讼意愿。特别是检察机关提出的量刑建议乃是代表国家的意志，法院更有义务作出回答。我们说量刑建议体现了检察机关对审判机关的监督，可以规范法官裁量权。同时，审判机关通过判决书对量刑建议进行载明，并作出回应，反过来监督公诉人的量刑建议是否适当，笔者称之为反向监督。

根据 2010 年 9 月"两高三部"联合签发的《关于规范量刑程序若干问题的意见（试行）》第 16 条之规定，人民法院的刑事裁判文书应当说明量刑理由，量刑理由包括：已经查明的量刑事实以及对量刑的作用；是否采纳公诉人、当事人和辩护人、诉讼代理人发表的量刑建议、意见的理由；人民法院量刑的理由和法律依据。法院应当在判决书中对量刑建议作出回应，包括：第一，判决书应当列明检察机关量刑建议的刑种、刑期和理由，以向社会公开检察机关的量刑意见。第二，对案中的各种量刑情节作出认定，尤其要对控辩双方有争议的量刑情节作出裁断，明确表明采用哪方意见并说明理由。第三，如同对检察机关指控的犯罪事实和罪名明确表示是否认定一样，判决书应当对检察机关的量刑建议明确表示是否采纳。第四，如果判决的刑罚与量刑建议相去甚远的，应当说明理由。

法院在判决书中说明理由既是对其自身自由裁量权的限制，同时也是对检察机关量刑建议的反向监督。通过判决书的载明和说理，公开量刑建议并由法官进行评述，能够促使公诉人不断提高量刑建议的水平。

这里我们应当说明的一个问题是，虽然我们要关注量刑建议的准确性，但是，作为检察机关不能过分关注法院裁判，否则，对于公诉人来说，很容易走入一个"以法院为准绳"的误区。量刑建议与量刑裁判之间有差别才说明有存在的必要，才说明量刑裁判可能因为量刑建议而受到影响，才可能使法官的量刑裁判的裁量权获得规范。当然，笔者这里所说的是两者可能不一致，而并不是说只有不一致才能起到监督的效果。

笔者认为，人民法院的量刑裁判文书中载明量刑建议，并进行量刑说理是量刑建议制度充分发挥效用、量刑程序规范化改革取得良好效应的必要前提。因为判决书是对社会公开的，是永久归档的，一旦量刑建议写进判决书，就等于把量刑建议和量刑裁判作为两种意见摆在社会公众面前。相对于社会公众而言，检察机关是专门的司法机关，检察机关的意见不仅建立在扎实的专业基础上，而且，建立在充分了解案件事实和证据材料的基础上。检察机关的量刑建议是社会公众检验和判断量刑裁判是否公正的重要参考。正是基于此，人民法院才会在量刑裁判的时候慎重考虑量刑建议，法官的量刑裁量权才会得到较好的规范。反之，如果量刑建议仅仅停留在法庭前或法庭上，不能写进判决书，由于参加开庭的人员总是极少数，量刑建议的影响面不大。而且，由于没有白纸黑字写下来，只能是口耳相传，口耳相传容易发生误差，传着传着就变了味，真实性也产生了怀疑。所以，笔者一直坚持：只有将量刑裁判文书明确量刑建议，检察机关才能通过量刑建议对人民法院的刑事裁判产生影响力；而且，只要量刑裁判将量刑建议载明，量刑建议就能对量刑裁判产生足够的影响力。

五、外部监督之上级院监督

我国宪法明确检察机关上下级之间是领导与被领导的关系，2007 年，最高人民检察院还专门下发了《关于加强上级人民检察院对下级人民检察院工作领导的意见》，强调充分发挥检察机关的体制优势，不断增强法律监督的整体合力。贯彻执行上级检察院的决定部署、坚持和完善请示报告制度、坚持和完善报请备案审批制度、加强检察工作一体化机制建设、完善考评机制和责任追究机制等方面内容。根据上下级检察机关之间领导与被领导关系和检察一体化原则，上级检察院可以而且应当对下级检察院各方面的工作进行指导和监督，量刑建议也不例外。虽然这也是检察系统内部的监督，但其超出了单个检察院的范围，更具有客观性、全面性。例如通过案件的汇报请示，上级院能够指导某些重大案件的量刑；通过案件的上诉和抗诉，能够了解下级院已经作出的量刑建议，并根据需要在二审或者再审时进行变更。同时，可以通过抽查等方式，对量刑建议质量进行审查。目前，这项工作在检察机关自侦的职务犯罪案件中体现得比较明显。但对于其他普通刑事案件的关注度还是不够。

六、外部监督之社会监督

社会监督是指本单位、本系统之外的其他主体对量刑建议的监督，包括诉讼参与人的监督、人民监督员的监督、社会舆论的监督。诉讼参与人的监督主要是通过其对诉讼活动的参与，包括对量刑活动的参与，向法庭或者公诉人等表达自己的意思，传达本人对被告人量刑的意见来实现监督量刑建议和量刑裁判的效果。人民监督员是检察机关聘请的，代表社会公众对检察机关实施监督的人员，人民监督员如果认为某一起或某一类案件具有重要社会影响等，有必要关注的，可以通过合适的程序，了解量刑建议的形成、审批和提出过程，以便对相关人员和单位实行监督。另外，量刑建议提出以后，无论是否与量刑裁判一致，最终都会向世人公布。社会舆论在了解量刑建议后，如果认为不妥当的，就有可能会发出另一种声音，给检察机关和公诉人施加压力。当然，如果舆论认为量刑建议适当，并作正面宣传的，也有利于检察形象的树立。社会公众对检察机关的监督机制就是一面"双刃剑"，当发现被监督者存在问题时，对被监督者就是一种鞭策，形象肯定受损。当发现被监督者不存在问题时，对被监督者就是一种保护，形象反而变得更为高大。检察机关通过向有关诉讼参与人送达量刑建议，在相关文书中记载量刑建议，当庭发表量刑建议等方式将量刑建议向社会公布，将其置于大众的监督之下。被告人、被害人虽然是与案件有直接利害关系的人，但从广义上讲，他们也属于社会监督的主体。其对量刑建议的监督更多的集中在个案上。这就要求量刑建议有充分的事实和法律支持，经得起在上诉、申诉时的反复论证。而普通大众的监督更关注对一个时期内一类案件的量刑建议。如果检察机关的量刑建议在同类案件中没有稳定性、连贯性，其司法公正必然受到质疑，从而损害检察机关的法律权威。通过对量刑建议的社会监督，检察机关同时也能较好地掌握公众对各类犯罪的评价。任何法律都不是脱离社会关系而存在的，只有扎根于现实的社会才具有生命力。检察机关的司法过程更需要适时关注案件的社会评价，从而做出合法合理的量刑建议。

【办案随想】检察机关是国家法律监督机关，上下级之间是领导与被领导的关系，在工作中，上级检察机关要很好地把握这一点提升整体的法律监督合力。针对国家工作人员职务犯罪判刑轻缓化，而基层检察机关此类抗诉并不多的问题，建立职务犯罪案件一审裁判同步备案审查机制，从移送起诉意见书、审结报告、起诉书、判决书第一时间备案抓起，使上级检察机关能够及时掌握下级检察机关在职务犯罪案件方面的处理进程，既可以监督下级检察机关工作"不放水"，也可以给下级检察机关撑腰"不后退"，对强化此类案件的法律监督来说，不失为一种好办法。有的地方为了加强对基层法院量刑裁判的监督，采用本地区各基层检察院之间交叉审查一审裁判文书的方法，极大地激励了各院的积极性，增进了彼此危机感，大幅度提升了抗诉案件数量。

第三章 量刑建议制度的实证分析与制度展望

第一节 自行探索阶段实证研究
——以浙江省宁波市北仑区检察院为例①

为贯彻落实"强化法律监督，维护公平正义"的检察工作主题，进一步拓展监督领域，创新监督机制，宁波市北仑区人民检察院从 2003 年 6 月开始推行量刑建议制度。2009 年 3 月，北仑区检、法两家联合签发了《量刑程序规范化实施规则（试行）》，促使量刑建议创新工作由检察机关的单方行为转变为控、辩、审三方参与的诉讼活动，建立了贯穿庭审、相对独立的规范化量刑程序。实践证明，量刑建议制度以及量刑程序改革有效规范了法官的自由裁量权，提升了检察机关审判监督实效，充分保障了当事人的诉讼权利，取得了良好的法律和社会效果。

---

① 本节很多内容参考了当时本人担任宁波市北仑区检察院公诉科长期间，主持负责对 2003 年以来量刑建议情况进行实证研究后形成的专题内部调研报告的基础上作了深度修改。当时，主要是最高人民检察院公诉厅要组织全国 16 个省市公诉处长以及浙江公诉条线部分同志在宁波北仑区检察院召开全国部分省市量刑建议庭审观摩暨公诉改革研讨会，所以，北仑区院集中力量，对 6 年来的公诉案件进行了系统梳理，实证研究，工程量很大，成果也很明显。对当时一起参与实证，现在都已经成长为独当一面的部门负责人的周静、李贞、宋一虎、虞振威同志表示感谢。

一、以创新监督机制为动力，不懈探索

（一）精心准备、积极谋划，理论研究与实践探索同步进行

2003 年初，浙江省宁波市北仑区人民检察院开始探索量刑建议制度（当时称为求刑权）。首先确定由公诉部门承担求刑权的实践工作，从被告人认罪案件开始进行量刑建议试点，然后将适用范围逐步扩大到几乎所有案件。同时，院调研组进行相关理论探索和具体制度设计。由时任北仑区院副检察长的胡焕宏同志负责，宁波市北仑区检察院承接并顺利完成了省社科联、省法学会重点课题——《检察机关求刑权制度设计》。在成立创新工作领导小组的同时，宁波市北仑区检察院也积极争取到了上级检察院的支持。2003 年 5 月，北仑区院被浙江省检察院确定为全省两个量刑建议试点单位之一。

（二）建章立制、有序推进，初步建立量刑建议实施规则

为使量刑建议制度有章可循，宁波市北仑区检察院于 2003 年 6 月制定了《宁波市北仑区人民检察院求刑试行规则》（以下简称《求刑试行规则》），对量刑建议的决策程序、适用方式、具体内容、法律文书及法律监督方式进行了明确的规定。之后，为保障《求刑试行规则》的有效实施，宁波市北仑区检察院在主任检察官办案责任制、绩效考核规定等与量刑建议相关的制度中，重申了有关保障量刑建议实施的相关原则和规则；建立了关于量刑建议实施情况的定期研讨制度，在报表中增加对量刑建议活动的定期统计，以逐步提高量刑建议准确率。

（三）加强沟通、广泛宣传，积极争取法院支持及律师参与

为争取法院的支持，双方领导和对口部门多次沟通与协商，

就如何开展该项工作进行了全面探讨，达成了共识。为配合《求刑试行规则》的适用，区法院随即制定了《宁波市北仑区人民法院量刑细则》，重点对刑法规定的各种量刑情节及个罪的量刑尺度作出了明确规定。在加强与法院沟通的同时，宁波市北仑区检察院还积极组织律师进行座谈，宣传解释量刑建议制度，广泛征求和听取律师的意见、建议。实践证明，在宁波市北仑区检察院推行量刑建议制度后，律师在审查起诉阶段比较重视与承办检察官交换量刑意见，在庭审中也能积极进行量刑答辩，其对量刑程序的参与意识得到了很大程度的提高。

（四）持之以恒、勇于探索，创新理论指导实践

宁波市北仑区检察院在推行量刑建议过程中，也曾遭遇各种阻力，但最终检察院方面力排众议，将此项创新实践坚持下来。宁波市北仑区检察院量刑建议制度创新之所以具有持久生命力的原因在于：（1）积极采用从个案量刑建议活动中累计的真实数据来证实量刑建议活动的正当性和合理性，为制度创建及程序设计积累经验；（2）在获取翔实数据的基础上，理论上不断推陈出新。在求刑权相关理论研究课题圆满结项后，宁波市北仑区检察院紧紧把握全国相关理论的研究方向，将研究视野扩展到量刑建议配套制度及将量刑纳入庭审程序等问题，并用理论研究成果指导实践，不断扩展量刑建议创新工作的深度与广度。先后组织人员对量刑建议的 13 个子课题进行专题调研，催生了一批高质量的专题调研报告，多项成果获得省市奖励，多篇文章在知名期刊上公开发表。

（五）抓住机会、逐步深化，推行量刑建议规范化和量刑程序独立化

2008 年 8 月，最高人民检察院《检察工作简报》转发了宁波市北仑区检察院探索实践量刑建议制度的经验材料。在此基础上，宁波市北仑区检察院决定加大创新力度，将原有的量刑建议制度予以全面规范，积极推进量刑程序的独立化、规范化。为

此，宁波市北仑区检察院成立了量刑程序规范化创新工作领导小组，由李钟检察长牵头，主要依托刑检部门，吸收控申、监所、技术后勤等其他相关科室力量，建立起调研、实践、信息宣传、技术支持等小组，全面开展相关工作：一方面对院内的量刑建议实践和理论进行再一次梳理分析，力求内部规范一致，理论有所突破；另一方面则强化与法院的联系和沟通，及时召开联席会议，进行共同研究和探讨，并于 2009 年 3 月联合签发了《量刑程序规范化实施规则（试行）》（以下简称《规则》），为建立规范化和独立化的量刑程序提供了制度保障。

二、以确保量刑公正为目标，完善规则

（一）量刑建议明确具体，检察官充分释理

北仑区检察院的量刑建议模式一般是提出确定的刑种和刑期，如"建议判处有期徒刑 3 年"、"建议判处拘役 5 个月"等。量刑建议既要提出主刑，又要提出是否判处相应的附加刑；既要提出明确的刑罚，又要根据具体案情提出是否建议或者同意适用缓刑。案件承办人不仅要在审结报告中提出量刑建议的刑种和刑期，而且要进行充分的说理和论证。

量刑建议的审批分三种情况进行：一是主任检察官办理的案件，由主任检察官自行决定；二是非主任检察官办理的案件，由案件承办人提出意见，科室负责人审查，检察长决定；三是经检察委员会讨论的案件，量刑建议由检委会决定。这里需要说明的是，在量刑建议制度实践之初，北仑区院也曾试行过一段时间的幅度型量刑建议。但经过理论探索和实践检验，北仑区院认为量刑建议必须明确、具体，才能充分发挥该制度的作用。作为例外，对于重大、疑难、复杂或控辩双方争议较大的案件，可以提出概括性的量刑建议，即建议一个量刑幅度。

（二）量刑建议方法因简易程序和普通程序而有所区别

在量刑建议方法上，宁波市北仑区检察院根据案件所适用的

审判程序差异而采取不同的方法：对于可能判处 3 年以下有期徒刑、拘役或者管制的适用简易程序审理的轻罪刑事案件，量刑建议直接写进起诉书，并将量刑建议所依据的全部证据和起诉书一并移送法院，法院在向被告人送达起诉书时告知其有量刑答辩权；对于适用普通程序审理的案件，可以制作书面量刑建议书，在提起公诉时与起诉书一并送达法院，也可以在庭审发表公诉意见时口头提出。检察院在移送量刑建议书时，应将量刑建议所依据的全部证据列入证据目录，并将主要证据复印件一并移送法院。为保障检察机关能够全面了解案件情况并根据证据变化决定是否变更量刑建议，《规则》规定"人民法院收到被告人、辩护人及其他诉讼参与人提交的可能影响量刑的证据材料后，应将相关证据或该证据的复印件移送人民检察院"。

（三）量刑庭审程序相对独立

为改变传统刑事庭审诉讼"重定罪，轻量刑"的倾向，北仑区检、法两家立足现有庭审程序，兼顾效率原则，有针对性地在庭审各个阶段将定罪和量刑程序相对分离。刚开始，仅仅是检察机关提出量刑建议，在法庭辩论中就定罪和量刑分别发表意见。后来，在法庭调查阶段也实现了定罪与量刑程序的相对分离。宁波市北仑区检察院在多年的庭审实践活动中不断尝试、摸索，在未明显增加讼累的情况下，最终确立了相对独立的量刑庭审模式。

《规则》规定"公诉人在法庭上讯（询）问，辩护人在法庭上发问，应当就定罪、量刑相关的事实分别进行。控辩双方应当将与量刑相关的证据单独出示，并相互质证。同份证据既涉及定罪又涉及量刑的，控辩双方在出示时应就该证据对量刑的影响予以单独说明。法庭辩论时，控辩双方可就定罪和量刑分别进行辩论。公诉人发表公诉意见时，应就量刑单独发表意见，被告人及其辩护人可就量刑单独进行辩护"等，这些都是在总结宁波市北仑区检察院多年量刑建议实践经验基础上进行的规范。而《规则》特别提出"在庭审中，审判长应当积极引导控辩双方分别就定罪和量刑进行举证、质证和法庭辩论。对于被告人认罪案件，审判长应引导控辩双方着重围绕量刑进行举证、质证和法庭辩论"，这更是从审判方的角度明确规定了庭审中定罪和量刑分离的原则。

（四）被告人及其辩护人量刑辩护权得到切实保障

为了保障被告人量刑辩护权的充分行使，《规则》特别提出"人民法院在审理刑事案件时，应当保障控辩双方就量刑展开充分辩论，保证被告人及其辩护人量刑辩护权利的充分行使。对于被告人当庭拒不认罪或辩护人做无罪辩护的案件，审判长应明确告知被告人及其辩护人仍可以就量刑进行举证、质证和辩护。审判长在被告人最后陈述阶段应告知被告人可以就定罪和量刑分别作出陈述"。这些规定都是在定罪和量刑的庭审程序相对独立基础上对被告人权利的强化保护。

（五）判决书载明量刑建议，法官采纳与否应说理

根据《求刑试行规则》，无论是可能判处 3 年以下有期徒刑、拘役或者管制适用简易程序审理的轻罪案件，还是可能判处 3 年以上有期徒刑的适用普通程序审理的重罪案件，判决书均要载明检察机关的量刑建议，并对是否采纳量刑建议说明理由。由于这只是宁波市北仑区检察院单方面的规定，对北仑区法院并无法定的约束力。但从 2003 年 6 月起，北仑区法院便一直支持该项规则，不仅在判决书中明确写明检察机关量刑建议的内容，而且对是否采纳进行说理。在《规则》中，北仑区检、法两家进一步明确："人民法院判决时一般均应对人民检察院量刑建议的采纳情况进行说明，并在判决书中予以记载。"

（六）检察官审查量刑差异，跟进后续监督

公诉案件承办人在审查判决书时，要对判决书量刑是否适当作出说明。对于与量刑建议有较大差距的判决，则要在作出说明的同时，提出是否提请抗诉的意见和理由。一般情况下，量刑建议与判决相同或者差异在 6 个月以内的，为量刑建议准确；量刑建议与判决差异在 1 年以内的，为量刑建议基本准确；两者差异在 1 年以上的，为量刑建议不准确。如认为法院的量刑不准确，案件承办人在充分说理论证的基础上，经检委会讨论，可以就此提起抗诉。如邵某某受贿、玩忽职守一案，承办人在审查判决时发现，法院量刑畸轻，承办人在充分说理论证的基础上，经检委会讨论，对该案提起了抗诉。另外，宁波市北仑区检察院还将量刑建议和检察长列席审委会制度有机结合。《规则》中明确规定"检察长列席审判委员会时，可以就量刑发表意见"。特别是对于法院审委会讨论的职务犯罪案件，检察长坚持每案必到，在充分听取审委意见的同时，也对法院的量刑活动进行有效监督。此种制度设计可以使检察机关根据实际情况对量刑建议进行补充和变更，为量刑建议的有效实现提供后续保障。

三、以详尽准确数据为基准，小心求证

2003 年 6 月 26 日至 2009 年 3 月 25 日，宁波市北仑区检察院共审查起诉各类刑事案件 3280 件 4945 人，对其中的 3167 件 4637 人提出了量刑建议。适用简易程序的有 1571 件 2078 人，适用普通程序的有 1596 件 2559 人。近 6 年来的统计数据体现出以下六个特征：一是量刑建议准确率高；二是"高求低判"情形远远多于"低求高判"情形；三是量刑裁判与量刑建议差异原因多样；四是上诉率和翻供率呈明显下降趋势；五是量刑建议效果因庭审程序不同而异；六是适用缓刑的建议采纳率高。每一个特征具体内容的展开请参见本书第二章第二节相关内容，此处不再赘述。

四、以强化审判监督为主旨，凸显效果

从被告人认罪案件拓展到几乎所有案件，从对被告人的幅度量刑建议到对具体点的量刑建议，从法院开始的反感排斥到积极配合，从检察机关单方提出量刑建议到量刑程序独立化、规范

化，6 年来，宁波市北仑区检察院积极探索，努力实践，其过程虽然曲折，但所取得的法律效果、政治效果和社会效果十分明显。至少包括以下四个方面：

（一）拓展了法律监督领域，强化了检察监督职能

作为法律监督机关，检察机关对刑事诉讼活动进行法律监督，量刑监督是其中非常重要的组成部分。在传统的刑事诉讼活动中，法院的量刑环节一般不公开、不透明，偶尔量刑畸轻畸重，这不但对被告人不公平，而且还可能滋生司法腐败。检察机关虽然可以抗诉，但是具有事后性、被动性的特点，效果不佳。量刑建议制度实施后，检察官通过对法官量刑工作的同步监督，促使量刑程序公开化、透明化，拓展了法律监督的广度和深度，较好地解决了量刑监督不力的问题。制度实施以来，量刑建议提出比率逐年提高，到 2009 年 3 月，提出量刑建议的案件数达到了刑事案件总数的 96.8%，而且量刑建议的准确率达到了95.1%。这充分说明，量刑建议制度是检察机关开展量刑法律监督最有力的手段，也是"强化法律监督，维护公平正义"的检察工作主题的充分展现。

量刑建议比率、准确率统计表

时间 ＼ 内容	被告人数（人）	量刑建议人数（人）	提出建议比率	准确率
2003 年（7～12 月）	270	214	79.3%	81.2%
2004 年	711	641	90.2%	84.3%
2005 年	786	725	92.2%	90.2%
2006 年	802	762	95%	92.2%
2007 年	1039	1001	96.3%	95.2%
2008 年至 2009 年 3 月	1337	1294	96.8%	95.1%

注：差异在 6 个月以内的为准确，差异在 1 年以内的为基本准确。

（二）更新了司法理念，确保了司法公正

实践证明，量刑建议制度对培植和更新现代司法理念具有明显的促进作用：一是增强了法官依法接受监督的意识。量刑建议制度对法官来说是一种制约，法官从观念磨合到自觉接受，从不适应到适应经历了一个逐步转变的过程。从统计数据也可以看出，量刑建议准确率从最初的81.2%提高到现在的95.1%，检察官和法官在认识上逐步一致，法官对量刑建议的认同感上升，接受监督的意识进一步增强。而且，对法院来说，量刑建议制度的有效实施也能够较好地对法官起到监督、制约作用，这对促进量刑公正、防止司法腐败具有非常积极的意义。二是提高了律师主动参与诉讼的意识。律师可以在庭审过程中就被告人的量刑问题进行辩论，律师的作用得到了进一步发挥，其参与刑事诉讼的积极性也得到进一步提高。三是强化了被告人自觉维护其权益的意识。在庭审中被告人可以对量刑问题进行陈述和辩解，公正的量刑维护了其合法权益，保障了人权。量刑问题在法庭上的辩论，也使刑事庭审活动增强了对抗性、民主性和公开性，实现了程序正义，确保了司法公正。

（三）节约了司法资源，促进了司法和谐

被告人量刑辩护权得到充分保障，从而减少了其盲目上诉情形的发生，节约了司法资源。据统计，量刑建议制度实行后，宁波市北仑区人民法院的刑事案件上诉率由实施前的16.4%下降为5.3%，同时量刑建议制度使当庭翻供率大大下降。由于量刑意见被法院采纳较多，被告人因此也愿意与检察机关配合，以求得有利的量刑建议。据统计，制度实行前后，翻供率由实施前的21.1%下降为7.4%。量刑建议制度的实行，可以促使被告人从内心深处认识到犯罪的社会危害性，从而认罪伏法，接受判决，积极改造并回归社会，促进了司法和谐与社会安定。如被告人李某某伙同他人盗窃一案，该案同案犯未被抓获，被告人李某某被抓获后，仅作了一次有罪供述，后一直翻供。该案在审查起诉阶段，

承办人根据案情及被告人李某某在犯罪中的地位（从犯），建议判处被告人有期徒刑 8 年 6 个月，并向被告人说明了理由，后被告人在审查起诉阶段如实供述了自己的犯罪事实，最终法院也因为被告人当庭认罪态度较好，酌定从轻处罚，对被告人判处有期徒刑 8 年，被告人服判没有上诉。此外，从公诉策略上讲，被告人对检察机关量刑建议公信力的认同也会使其消除无谓对抗的心理，一定程度上有利于降低检察机关的办案难度，提高办案效率，节约司法资源。

（四）锻炼了检察队伍，提高了法律监督能力和水平

量刑建议本身就是公诉人对犯罪事实和量刑情节深入分析、判断的过程，必须以较强的业务能力为后盾，对公诉人来说也是一个考验。从宁波市北仑区检察院的实践看，公诉人也是经历了一个从不熟练到熟练的过程。从实证统计数据看，量刑建议与量刑裁判的差异在制度实行之初相对较大，后来逐渐缩小，这除了法官的认同感增加以外，公诉人对量刑判断能力的提高也是一个重要的方面。2008 年 5 月，宁波市北仑区检察院公诉部门有 2 名干警获得宁波市十佳公诉人荣誉称号；2009 年 3 月，宁波市北仑区检察院公诉科科长被评为第二批浙江省检察业务专家；2011 年，2 名同志获得市十佳公诉人称号；2012 年 1 名同志被评为省检察官律师控辩大赛最佳辩手；2013 年，2 名同志被评为市优秀检察人才，1 名同志被评为全国检察业务专家；2015 年 9 月，1 名同志被评为浙江省优秀公诉人；2016 年 7 月，1 名同志被评为全国检察机关首批优秀调研骨干人才；整个公诉团队近年来多次荣立集体二等功、三等功。由此可见，量刑建议制度在促进司法公正的同时，也进一步锻炼了检察队伍。

第二节　量刑规范化全面推行后实证研究
——以浙江省宁波市检察机关为例

2010 年 2 月 23 日，最高人民检察院公诉厅制定并印发了

《人民检察院开展量刑建议工作的指导意见（试行）》，同年9月13日，最高人民法院、最高人民检察院、公安部、国家安全部、司法部联合印发了《关于规范量刑程序若干问题的意见（试行）》，对检察机关提起量刑建议问题作了明确要求。这两个文件的出台标志着2010年10月1日起在全国全面推行量刑规范化改革。在此背景下，为进一步推动量刑规范化工作，2011年底，笔者所在的宁波市人民检察院曾对宁波市检察机关开展量刑建议的有关问题进行初步调研，① 对各基层院自2010年10月1日以来落实上述意见、开展量刑建议工作的情况予以回顾总结。调研时间恰值量刑规范化全面推行一年，对于了解这些规章制度出台对量刑建议制度所起到的影响和作用比较有代表性。现将当时量刑建议制度的施行情况和存在问题分析如下。

一、量刑建议制度施行的基本情况

（一）量刑建议开展时间集中在意见发布后

虽然目前量刑建议制度已经在宁波市所有检察机关中开展落实②，但在2011年调研时，尚有两个基层院（鄞州、慈溪）没有开展量刑建议活动，究其原因，与检察人员对检察机关的量刑建议功能、属性、效力等认识不准确有关。个别单位虽然研究制定了相关规范性文件，但实践中公诉人只是在庭上做一个大致的幅度建议供合议庭参考，没有真正发挥量刑建议的功能作用。推行过程中遇到如下三个难题：第一，量刑建议缺乏必要的制约保

---

① 2011年12月15日宁波市人民检察院法律政策研究室发布"量刑建议实施情况调研通知"，要求各基层院填写"两高三部《关于规范量刑程序若干问题的意见（试行）》实施情况统计表"。这一节内容和数据主要来源于当时的调研情况反馈。

② 2013年1月15日，宁波市人民检察院发布《关于推广检察工作优秀创新成果的决定》，将北仑区人民检察院以"绝对性量刑建议"为主的"量刑建议制度"确定为2013年度的优秀创新成果推广项目，作为各基层院的硬性任务在全市范围予以推广。截至2013年底，虽然有一些单位依然没有求点而是选择求幅度，但是已实现所有检察机关均开展量刑建议活动，有相关的起诉书或量刑建议书印证。

障机制，检察官投入大量工作却不必然被法官重视；第二，与量刑相关的事实、证据材料主要掌握在公安机关等部门，材料提供存在难度；第三，对于量刑建议与判决实际刑期的差距如何看待，观点不一。

截至 2011 年 11 月，宁波共有 9 个单位已顺利开展量刑建议制度，但具体的开展时间存在很大差别（参见下表）。首开先河的是北仑区院，于 2003 年施行量刑建议制度，较晚的是宁海县院，在 2011 年 11 月方才开展。有 3 个单位在 2010 年 9 月之后开展，5 个单位在 2011 年开展。综上，基层院开展量刑建议制度的时间集中在 2010 年 10 月之后，也就是"两高三部"的《意见》发布后。

量刑建议开展时间表

序号	地区	开展的具体时间	2010.10.01 前后做法有无变化
1	海曙	2010.10	之后采用书面方式
2	江北	2011.01	无
3	江东	2010.10	无
4	鄞州	调研时尚未开展	
5	镇海	2011.04	无
6	北仑	2003.06	无
7	奉化	2010.09	无
8	余姚	2011.09	无
9	慈溪	调研时尚未开展	
10	宁海	2011.11	无
11	象山	2011.04	无

（二）适用量刑建议案件占比较高

根据各基层院反馈，经过统计分析，排除数据不全和尚未开展的 3 个单位，其余 8 个单位中，量刑建议案件总数在起诉案件总数中所占比重高达 61.32%，有 5 个单位占比高于 75%，其中北仑区院以 97.98% 的占比居于首位。

占比相对较低的是江北、江东和象山，主要原因在于有一些单位的量刑建议以口头形式提出，因此开展量刑建议的案件都是普通程序的案件，当时的简易程序可以不出庭公诉，也没有在起诉书中书面载明量刑建议，所以数量相对较少。还有一些基层院占比不高则主要是因为将量刑建议适用于简易程序案件，在起诉书中予以载明，其他案件中没有适用。

各基层院开展量刑建议的案件数量和人数统计表①

序号	地区	起诉案件（件）	起诉人数（人）	提出量刑建议案件数量（件）	量刑建议人数（人）	量刑建议案件占起诉案件比（%）	量刑建议人数占起诉人数比（%）
1	海曙	678	1211	624	949	92.03	78.36
2	江北	610	970	20	35	3.27	3.60
3	江东	629	1070	120	245	19.08	22.90
4	鄞州	1676	2675	0	0	0	0
5	镇海	218	322	174	265	79.81	82.30
6	北仑	1040	1599	1019	1567	97.98	98.00
7	奉化	891	1344	802	1209	90.01	89.95
8	慈溪	2489	3725	0	0	0	0
9	宁海	108	142	85	115	78.70	80.99
10	象山	873	1286	251	309	28.75	24.03

（三）量刑建议形式口头与书面并存

不同单位大多采用多种量刑建议形式，有些由案件承办人偏好而定，比如北仑区院，书面和口头形式并存，其中书面形式又

---

① 余姚市人民检察院是在 2011 年 9 月才开展量刑建议活动，距离调研时间相对较接近，当时调研数据调取的起诉案件数量是全面的案件数量，时间上不匹配，为统计准备，未将其列入表格。

分为专门的量刑建议书和在起诉书中载明两种方式，奉化采用在起诉书中载明的方式和口头方式。而更多的一些地区或者采用量刑建议书形式（海曙、余姚、宁海），或者在起诉书中载明（镇海、象山），或者口头形式（江北、江东），不同的形式偏好主要与各个基层院量刑建议案件范围、种类、程序等存在的不同相关。

量刑建议形式统计表

量刑建议形式	书面	专门的量刑建议书	海曙、北仑、余姚、宁海
		在起诉书中载明	镇海、北仑、奉化、象山
	口头		江北、江东、北仑、奉化

结合量刑建议的具体开展时间分析可知，发起时间越早的通常在量刑建议形式上表现更加多样化，比如北仑和奉化，且书面形式占比相对较高。

北仑和奉化的量刑建议形式统计表

量刑建议形式		北仑		奉化	
		案件数量（件）	比例（%）	案件数量（件）	比例（%）
书面	专门的量刑建议书	340	33.37	0	0
	在起诉书中载明	558	54.76	521	64.96
口头		121	11.87	281	35.04

（四）量刑建议与裁判量刑存在一定差距

根据调研结果显示，量刑建议与裁判量刑的差距各单位差别较大，主要是各基层院量刑建议的案件数量、类型，量刑建议的方式是求幅度还是求点等不同。有些单位只有比较简单的案件使用量刑建议，比如象山县院、江北区院、江东区院，量刑建议主要适用于简易程序案件，适用的案件数量相对较少，而且主要采用幅度的方式，没有精确到点，所以量刑建议均得到法院采纳，法院最后的量刑裁判均在量刑建议范围内。有些单位如宁海县院、镇海区院采用求幅度为主的量刑方式，最终法院裁判具体量刑在量刑建议范围内的大多处于 50% ~ 75%，另外一部分裁判量刑低于建议量刑，少数案件的裁判量刑高于建议量刑。比如海曙区院，"裁判量刑同于建议量刑"的有 324 件，占所有提出量刑建议案件的 52%。

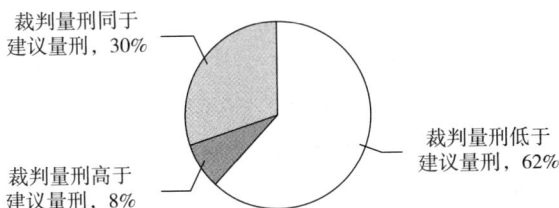

裁判量刑同于建议量刑，30%

裁判量刑低于建议量刑，62%

裁判量刑高于建议量刑，8%

北仑区院建议量刑与裁判量刑对比图

相对比较特殊的是北仑区院，在其提起的所有量刑建议中主要采用"求点"模式，其裁判量刑低于建议量刑的高达 62%，相同的可以达到 30% 已属非常不易。

（五）法院裁判对量刑建议处理态度各有不同

量刑建议与裁判建议存在一定偏差从某种角度而言甚至是合理的，如果偏差不是特别巨大。一味追求法院裁判与量刑建议完全等同是不科学的，但是，加强法院裁判对量刑建议处理的规范化非常有必要。就调研结果来看，有 3 个单位反映没有在判决中载明量刑建议，2 个单位（北仑、象山）全部载明，其他单位一部分载明，另一部分未载明，比如奉化市院在量刑开展情况分析报告中载明，法院判决书在对量刑事实、理由和法律依据进行说明的同时，如果采纳公诉人的量刑意见通常会进行说明，但是对于量刑建议未被采纳的案件，通常对未采纳公诉人量刑建议不予提及，同时对其理由也不予说明。

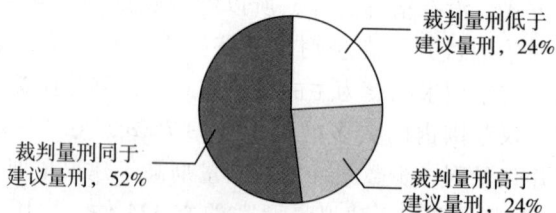

海曙区院裁判量刑与建议量刑对比图

裁判量刑低于建议量刑，24%

裁判量刑同于建议量刑，52%

裁判量刑高于建议量刑，24%

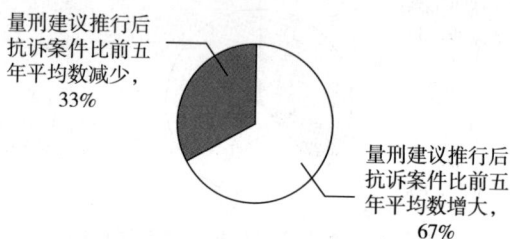

量刑建议推行后抗诉案件比前五年平均数减少，33%

量刑建议推行后抗诉案件比前五年平均数增大，67%

量刑建议推行对量刑裁判的监督效果

（六）多数检察院因量刑而抗诉的案件数量增加

根据各基层院的反馈，与前 5 年因为量刑而抗诉案件的平均数相比，除去 2 个尚未落实量刑建议制度的单位和 3 个单位未能准确统计的单位，在剩下的 6 个单位中，共有 4 个单位显示抗诉案件增加。

实践中，由于缺少量刑的统一标准，法官享有较大的量刑自由裁量权，检察机关缺少依据来否定法院的宣判，所以量刑建议对量刑裁判的制约有时无法实现。比如检察机关量刑建议 3 年到 4 年，法院判刑 5 年，可能还够不上畸轻畸重，无法抗诉。

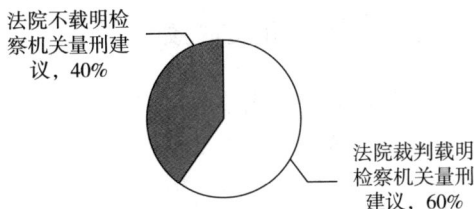

法院不载明检察机关量刑建议，40%

法院裁判载明检察机关量刑建议，60%

江北区法院裁判对检察机关量刑建议的载明情况分析图

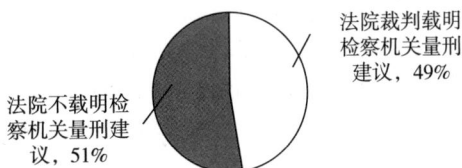

法院裁判载明检察机关量刑建议，49%

法院不载明检察机关量刑建议，51%

宁海县法院裁判对检察机关量刑建议的载明情况分析图

（七）公诉人对量刑建议工作的态度存在差异

在已开展量刑建议的 9 个单位中，其中 1 个单位有若干个公诉人明确表示对量刑建议制度持"反感"态度，主要原因是这一制度增加了工作量。两个单位中有 50% 以上的公诉人对这一制度持"无所谓"态度，因为这一制度虽然要求"全面推行"，但尚未列入考核机制，对公诉人而言可有可无、无关痛痒。其余 6 个单位均有超过 80% 的公诉人表示支持这一制度，认为量刑建议的开展有助于其更好的行使。

（八）检察机关对最高法量刑指导意见的态度不一致

针对最高人民法院量刑指导意见的贯彻落实情况，大部分基层院认为应当严格执行，15 种罪名以外的案件也应当实施量刑建议，同时应当完全按照该意见规定的增减幅度提出量刑建议。但是在提及检察机关应当如何应对时，有一半左右的基层院认为"法院必须执行，检察机关视情参照"。

二、量刑建议制度的开展成效

虽然着手调研时量刑规范化才全面推行一年有余，由于适应期间相对短暂，很多举措尚在探索之中，导致这一制度很多应有的功能和成效尚未能充分体现出来，但我们还是可以窥见一些积极变化。

（一）检察机关越来越重视量刑建议

从上述实施情况进一步分析可以发现，量刑建议制度相关主体对这一制度的运行越来越重视。宁波市检察机关从原先的个别数量上的自行探索发展到2011年底个别以外大多开展。究其原因，法律和司法解释功不可没。大部分单位之前都没有意识实施量刑建议权，司法解释下发后，在最高人民检察院重视下，各地检察机关也对这一制度给予了高度重视和初步尝试。就宁波市人民检察机关来说，2013年"量刑建议制度"作为全市检察创新优秀成果推广项目之后，作为硬性任务在全市范围内强化，为这一制度更好地运行奠定了扎实基础。

（二）量刑建议逐步被法院纳入裁判文书

随着检察机关公诉人的逐步重视和着手施行，量刑建议开始更多地出现在具体案件中，法院法官对这一制度也有重视的趋势，从最初的不载明量刑建议（或者说没有量刑建议可载明）逐步发展到有选择性地将采纳的量刑建议在裁判文书中予以说明。目前，已有一些地区的法官将所有量刑建议都在裁判文书中载明，不管采纳与否。虽然对不采纳的说理还有进一步完善的空间，但这些进步已体现出法检两家共同努力、协作配合，推动量刑规范化的决心和用心。

（三）适用范围广于最高法规定的常见罪名

根据上述图表分析，当前宁波市检察机关量刑建议案件数量总数在起诉案件总数中所占比重超过60%，甚至有5个单位比重超过75%，有3个单位的比重超过90%，个别甚至接近99%。

在进一步调研走访过程中，我们得知，有一些基层院在适用量刑建议制度时比较有创新精神，已突破当时最高法发布的量刑指导意见中的那些常见罪名，尝试所有起诉案件均使用量刑建议。

（四）确定性量刑建议模式得到探索和推广

宁波地区比较有特色的当属北仑区院，在其提起的所有量刑建议中主要采用"求点"模式，且检察院和法院共同签署了量刑程序的相关文件，法院对量刑建议也比较支持，在所有裁判文书中均有体现。北仑区院量刑建议被量刑裁判采纳的很多。这一模式一定程度上推动了法律法规的修改完善，也使得其他的检察机关学习借鉴。在 2013 年全市各个基层院均有一些案件提出确定型量刑建议，标志着确定性量刑建议在宁波得到了深入探索和有力推广。

三、量刑建议制度施行中存在的问题

（一）公诉人对量刑建议的功能认识存在偏差

作为量刑建议权的行使主体，检察人员首先应当清醒认识到量刑建议权是公诉权的基本权能，是检察机关本来就具有的权力。量刑建议的监督属性要动态地考察法庭审判的全程，而非提出之时就负担监督的使命。量刑建议制度有其存在的必要性与科学性，检察人员行使量刑建议权是应有之义，没有推卸的余地。

然而，分析调研结果可以发现，虽然 67% 的公诉人表示支持这一制度，但真正对这一制度持积极乐观态度且认识正确的相对较少，甚至存在明确反对该制度的。有个别公诉人觉得量刑建议流于形式，因为其量刑建议方式主要求幅度，没有精确到点，检察机关的量刑建议均得到法院采纳，没有太大的实质意义。还有个别公诉人认为目前公诉部门案多人少矛盾突出，导致实践中量刑建议的形式意义大于实际效果，难以起到对审判机关的制约作用。造成上述局面的首要原因是公诉人对量刑建议的功能认识存在偏差，对其操作运行不甚熟悉，进而导致量刑建议不能正确施行，其作用没有充分体现。正确认识量刑建议的属性、功能，对于检察人员主动行使量刑建议权充分发挥其功效具有非常重要的意义。事实证明，对量刑建议制度认识准确、比较重视的基层院，如北仑区院、奉化市院，通常也是对量刑建议制度贯彻落实较好的基层院。

（二）检察机关提出量刑建议制度尚不完善

树立对量刑建议的正确认识是前提，但具体操作起来，还应该积累实践经验，学会回顾总结，注重对量刑意见规则和历年裁判文书的归纳研究。调研发现，截至 2011 年底，11 个基层院虽然有大部分已经开展量刑建议，但是只有少数建立了量刑建议制度。大多数基层院对量刑建议的提出程序、采取形式、内容类型、审批方式等做法迥异，尚有较浓的探索色彩。

比如量刑建议的适用范围有待细化和完善。根据《规范量刑程序意见》第 3 条规定：对于公诉案件，人民检察院可以提出量刑建议。所以从理论上讲，凡是人民检察院提起公诉的案件，都可以提出量刑建议。但在量刑建议试点期间，由于处在探索阶段，大部分地区都是在部分案件中才适用量刑建议，一般是在简易程序、普通程序简化、被告人认罪的案件和控辩双方对案件争议不大的案件中提出的。最高人民检察院在《量刑建议指导意见》中还规定试点期间对涉外案件、危害国家安全犯罪案件不提出量刑建议；对没有辩护律师的案件、缺乏审判实践的新型案件、法律适用有分歧的案件以及提出量刑建议可能会造成个案公诉工作被动的案件，也不宜提出量刑建议；建议判处死刑的，应当慎提、少提。综上，检察机关应力争对公诉案件普遍适用量刑建议，但是立法应针对具体情况进一步明确不同举措。

再如，关于量刑建议方式，有待进一步优化。调研过程中，我们发现一些基层院虽然说明裁判量刑与建议量刑等同的概率很高，但主要原因是提出的量刑建议方式以概括性量刑建议为主。试点阶段，大部分基层院和法院都比较容易接受概括性量刑建议，所以该期间适合推行以概括性量刑建议为主，确定性量刑建议为辅的量刑建议方式。调研对象中，我们还发现，有一些基层院在提出量刑建议时没有完全依照浙江省人民法院量刑标准，而是通过对当地法院近3年刑事判决书的统计分析之后具体参考，最大限度地缩小了与法官量刑的差距，这种做法虽然有追求建议量刑与裁判量刑相一致的嫌疑，但在试点期间，也值得其他检察机关参考。

（三）法院对检察机关的量刑建议不够重视

量刑建议是检方对量刑问题表达的意见，要充分发挥量刑建议制度的功能作用，法院的配合不可或缺。调研结果显示，大多数法院对检察机关的量刑建议权持支持态度，认为量刑建议一定程度上可以给法官的量刑提供一些参考。但目前法院对检察机关提出的量刑建议的处理并不规范，没有将所有的量刑建议写入法院裁判文书，尤其是那些未被采纳的量刑建议，既未载明，又未说明未采纳的理由，导致量刑建议的功能发挥有一定消极作用，容易让一些检察机关产生其建议不被重视的感觉，认为该制度可有可无、对其工作无法产生实质影响。

实践中，个别法庭并未启动对量刑建议的审理，对检察机关提出的量刑建议置之不理；个别法庭没有启动量刑答辩，辩护人或是被告人无法针对此量刑建议提出自己的意见，大多法院没有建立"不采纳量刑建议说明"制度。量刑建议制度的完善实际上是量刑规范化改革的重要构成和关键环节，法检两家应当协商合作，共同探索完善，努力推进量刑规范化改革。调研发现，法检两家关系较好的，通常量刑建议制度推行也更加顺畅。

（四）检法两家缺乏一致认可的量刑标准

调研发现，量刑建议与裁判量刑之间大多存在一定差距，甚至有一些差距比较大，究其原因，检察人员、审判人员的主观认识有一定影响，此外，检法两家缺乏一致认可的量州标准是更为主要的客观原因。这种不一致的分歧尤其集中在从犯、立功、自首等法定情节的认定和对量刑的影响幅度上。一些检察机关反映，检察人员在提出量刑建议时，由于缺乏自身关于量刑建议的量化标准，导致个案量刑建议不均衡，尤其是一些非财产型、非数量型犯罪量刑情节的把握。再进一步分析，主要是检察机关对量刑建议的相关制度仍不够重视不够健全，以"北大法宝"为库本搜索可以发现最高人民法院发布过很多次的量刑指导意见和量刑程序指导意见，而最高人民检察院屈指可数，地方司法文件也是如此，其中也有法院和检察院一起制定发布的，比如《深圳市中级人民法院、深圳市人民检察院量刑程序规范化实施办法》，但也只是程序上达成一致，没有就具体的量刑问题进行统一。

（五）量刑建议制度的施行缺乏相关保障制度

量刑规范化的提出已有一段时间，量刑建议制度的呼吁也不在少数，为何量刑建议制度至今尚未全面推行？或者说阻碍其全面施行的相关因素是哪些？主观因素方面，上述提及的检察人员的认识、素养等有待提升；客观因素方面，量刑建议制度施行的相关保障制度不够健全是关键，比如证据开示制度、量刑听证程序、辩诉协商制度、量刑建议的考核评价机制、法院对量刑建议处理的规范化问题等。刑事诉讼程序是一个相互联系的有机体，某一项具体制度功能的发挥往往仰赖于其他与之相关的配套制度的运行，量刑建议制度亦然。

第三节　刑事诉讼法修改后量刑建议施行情况实证研究

——以江西省检察机关为例

2012年3月14日《刑事诉讼法》修改，虽然全文没有出现"量刑建议"这个名词，但是该法第193条第1款规定"法庭审理过程中，对与定罪、量刑有关的事实、证据都应当进行调查、辩论"，正式明确地将量刑活动纳入庭审程序。之后，最高人民法院和最高人民检察院分别出台《关于适用〈中华人民共和国刑事诉讼法〉的解释》和《人民检察院刑事诉讼规则（试行)》，标志着我国量刑规范化改革到了更高层次、更系统的新时代。为了更好地认识量刑建议制度在刑诉法修改后的发展变化，我们决定对量刑建议施行状况再次开展实证调研。地域选择方面，为了更客观地反映，减少南北部差异，选取了位于中国内陆腹地中部、南北连接着中原文化和北方文化两大文化区域的江西省。本书作者借助 2014 年有幸作为高检院教育培训讲师团成员赴江西赣南、吉安、南昌等地区讲课时间，对 31 个检察机关的公诉部门检察人员进行了问卷调查和当面访谈。同时考虑到法官、犯罪嫌疑人和辩护人等群体也与这项制度密切相关，因此对一定数量的法官、犯罪嫌疑人及辩护人等进行了访谈。现将江西省量刑建议制度的施行情况和存在问题分析如下：

一、量刑建议开展的基本情况

（一）开展时间大多集中在 2010 年到 2013 年

参与问卷调查的检察机关中，84% 已开展量刑建议制度，且大部分的开展时间集中在 2010 年到 2013 年，究其原因，与刑诉法修改、最高人民检察院发布的司法解释密切相关。

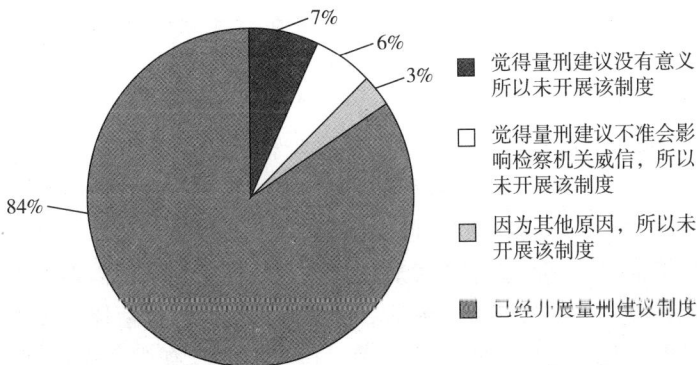

量刑建议制度的开展情况分析图

31 个检察机关中有 5 个尚未开展量刑建议，2 个检察机关"觉得量刑建议没有意义"，2 个检察机关担心"量刑建议不准会影响检察机关威信"，1 个检察机关没有说明理由。已开展量刑建议的 26 个检察机关中，首先是赣州市宁都县，于 2000 年 4 月就开展了，其次 2004 年、2007 年、2008 年零星开展，大多集中在 2012～2013 年开展。可见最高人民检察院的重视、司法政策的制定颁布等，相比较学者呼吁、专家建议等能更加有效地直接影响着检察机关的具体行为和工作开展。未开展的有些是督促不力，更关键是各有关单位的认识不到位。消除相关人员的"心魔"，达成检法两家之间和各司法人员之间的共识是关键。

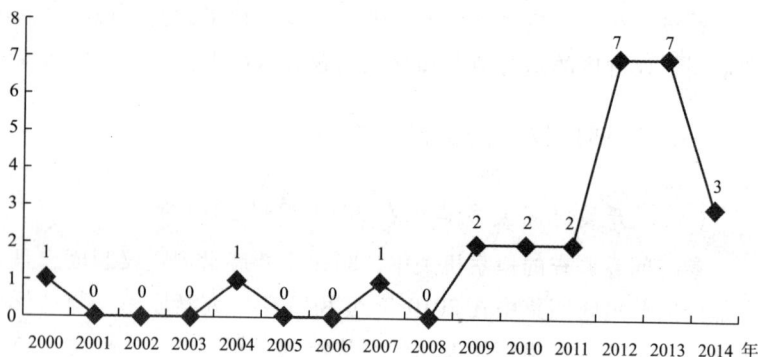

2000～2014 年新开展量刑建议的单位数量分布图

（二）适用范围有差异，大多有选择性地适用

调研发现，有 11 个检察机关是所有案件都适用，12 个检察机关当前主要在一般案件适用量刑建议，有 3 个检察机关目前只有少量案件选择适用量刑建议。

目前，大部分检察机关对于量刑建议的适用范围尚在探索阶段，没有全面展开。究其原因，客观上来说，目前法律法规尚未对量刑建议的适用范围予以明确，检察机关没有明确依据可循；主观上来说，可能有一些检察机关还存在顾虑，担心量刑建议会给检察工作人员加重负担，若结果未被采纳会有损检察机关公信等，因而采取消极不作为态度。

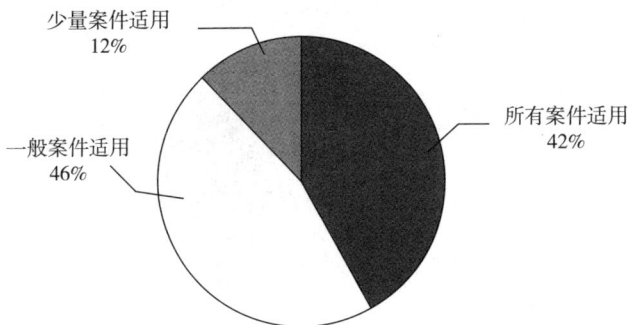

量刑建议的适用范围分布图

（三）提出时间和方式较为多样

分析发现，江西省检察机关多在发表公诉意见时以口头方式提出量刑建议。26 个检察机关中有 13 个检察机关是在发表公诉意见时提出量刑建议，有 4 个检察机关在起诉时提出，有 8 个检察机关在起诉时、发表公诉意见时都有，1 个检察机关在简易程序中是起诉时提出，而在普通程序则是发表公诉意见时提出。

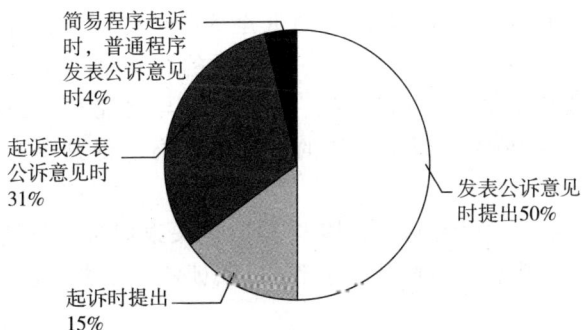

量刑建议的提出时间分布图

提出载体也非常多样化，12 个单位是用量刑建议书的方式，2 个检察机关用口头的方式，4 个检察机关用量刑建议书、口头的方式。8 个检察机关用量刑建议、起诉书、口头三种方式。

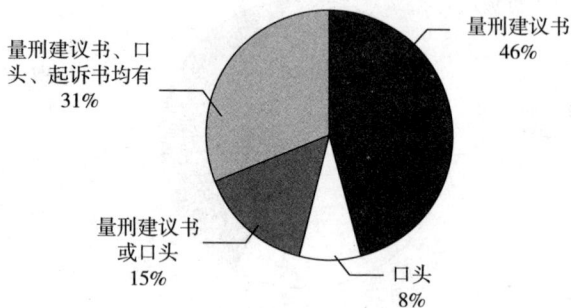

量刑建议书、口
头、起诉书均有
31%

量刑建议书
46%

量刑建议书
或口头
15%

口头
8%

量刑建议的载体形式分布图

（四）类型以求幅度为主，基准多根据法院量刑指导意见

18 个检察机关求幅度，8 个检察机关求幅度、求点兼有，其中 6 个求幅度居多，2 个求点居多。求幅度为主的对幅度大小把握也不一样，一般都在 2 年内，很多单位都是根据刑期长短来确定，但是标准也不同，有些单位是"三年以下，上下六个月，三年以上，上下一年"，有些单位是"三年以下一年，三年以上二年"。在这些求幅度的量刑建议中法院突破幅度判断的比例有些高达 80%，低则低至 5% 左右。当法院突破幅度做出量刑裁判，检察机关提起抗诉的比率非常低，几乎为零。而建议求点的量刑建议，法院判决与之完全一致的比率介于 60% ~ 90%，而不一致的，基本上高求低判要多于低求高判。

关于量刑建议的基准，19 个检察机关根据法院量刑指导意见来确立，其余一些兼用自行评估、实证评估方法确立。

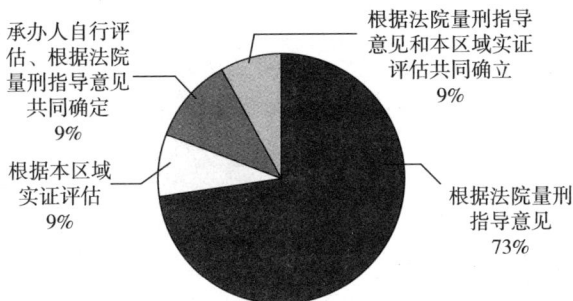

量刑建议的基准确定方式分布图

（五）量刑程序正在逐索，目前尚未完全统一

已经开展量刑建议的江西省 26 个检察机关中，有 5 个检察机关尚未纳入庭审程序。已纳入庭审程序的 21 个检察机关中，简易程序方面，有 9 个检察机关的定罪与量刑没有明显分离，3 个检察机关的法庭举证阶段相对分离，4 个检察机关的法庭辩论阶段相对分离，另外几个检察机关则法庭举证阶段和辩论阶段都相对分离。就普通程序而言，有 6 个检察机关的法庭举证阶段相对分离，有 10 个检察机关的法庭辩论阶段相对分离，其余几个检察机关的定罪与量刑没有明显分离。就审批程序而言，目前在江西省调研的检察机关中，50% 以上都由分管检察长审批，另外超过 40% 与一般案件审批程序相同，还有一部分两种情形都有。就变更程序而言也类型各异（如下图所示），有些单位相对比较简单，可以由公诉人当庭变更无须审批，大部分单位公诉人若有审批权限，则允许当庭变更，事后再及时汇报。相较而言，较为严格的变更程序是公诉人需休庭后电话汇报获批后变更。前两者存在一定的风险性，毕竟领导没有经过审批；但后者则容易延长庭审时间。

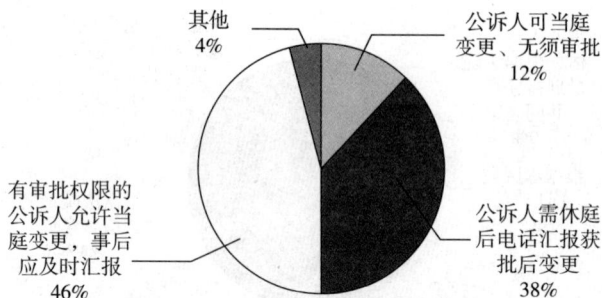

其他 4%

公诉人可当庭变更、无须审批 12%

有审批权限的公诉人允许当庭变更，事后应及时汇报 46%

公诉人需休庭后电话汇报获批后变更 38%

量刑建议的变更程序类型分布图

二、不同主体对量刑建议的认识

量刑建议是检察机关的权利和义务，但其有效落实有赖于检察机关、法院等各方的大力推动与支持配合，尤其是公诉人、法官、被告等不同主体对量刑建议的观点和态度，能够直接反映这一制度当前的实施效果和主要问题。

（一）公诉人大多支持量刑建议

公诉人对量刑建议的看法存在多样化，54%的被调查人群表示支持，认为量刑建议有法律依据，这一举措有助于发挥检察机关的审判监督职能，能限制法官过度自由裁量，保证审判更加公平公正，从而提高案件质量。有13%表示反感，主要原因如下：第一，实质上的量刑建议很早就在开展，认为没有必要单独设计一个制度；第二，量刑建议可能侵害法官的自由裁量权；第三，量刑建议对法官裁判约束不大，无法产生很好的效果；第四，量刑建议让监督更难，因为裁判法官知道了公诉人底细，会导致抗诉案件减少；第五，自首、坦白等情节只能在庭审后方能确认，但先行给出的量刑建议对庭审过程无法预料；第六，就结果来看，量刑建议的采纳率与检察官期望有出入。

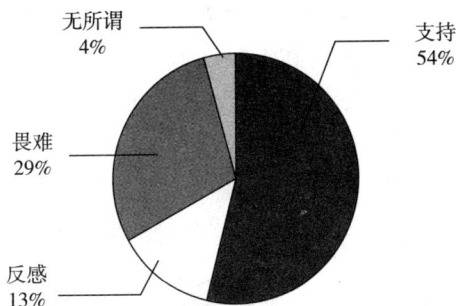

无所谓
4%

支持
54%

畏难
29%

反感
13%

公诉人对量刑建议的态度类型分布图

有 29% 左右的公诉人表现了畏难情绪，主要原因如下：第一，原本工作量就很大，量刑建议进一步增加了工作量；第二，量刑不准、偏离不多的情况很多，无法抗诉影响检察权威；第三，法院指导意见幅度过大，法官自由裁量权偏大。另有一部分则既有反感情绪又有畏难情绪。个别公诉人对量刑建议并不重视，除了上述原因之外，还有一个重要原因，目前没有一个检察机关将量刑建议采纳与否和承办检察官的激励性或惩罚性举措相联系。这意味着，承办检察官的量刑建议被采纳与否都不会有什么影响，而且很多时候也不会体现在裁判文书，一定程度上促使承办检察官萌生可写可不写的想法，且容易产生不提出量刑建议的懈怠心理。实践中，有些情况量刑裁判与量刑建议并不一致，针对这一现象，所有公诉人表示都会在意，其中 34.6% 的受访者表示很敏感，另外 65.4% 的受访者表示不会很敏感。

公诉人在量刑裁判与量刑建议不一致时的态度分布表

公诉人对量刑裁判与量刑建议不一致时的态度	比例（%）
A. 无所谓	0
B. 很敏感	34.6
C. 在意，但不是很敏感	65.4

关于量刑建议的参照标准，27%的受访者认为，检察机关在提出量刑建议时，对于最高人民法院的量刑指导意见有时会参照，比较随意。其余受访者表示，检察机关基本上完全参照最高人民法院量刑指导意见来确定量刑建议。

50%的受访公诉人认为量刑建议对于公诉权的充实意义一般，19%的受访者认为意义不大，31%的受访者认为意义很大。

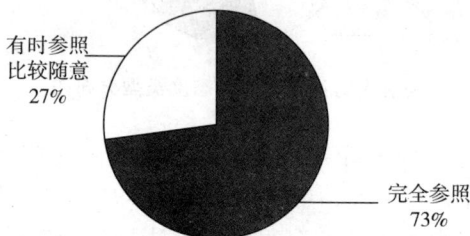

有时参照
比较随意
27%

完全参照
73%

检察机关对最高法量刑指导意见的参考程度图

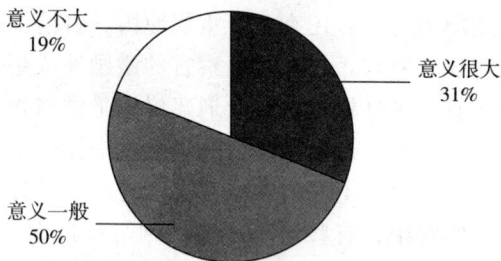

意义不大
19%

意义很大
31%

意义一般
50%

公诉人对量刑建议充实公诉权意义的看法分布图

（二）犯罪嫌疑人及其辩护人大多比较重视量刑建议

通过访谈，对犯罪嫌疑人及其辩护人进行了调查。面对量刑建议与量刑裁判不一致，81%的受访者表示会根据偏离幅度来决定态度，若偏离幅度在他们合理范围内则理解。15%表示两者不一致是可以理解的，少数认为不能容忍。

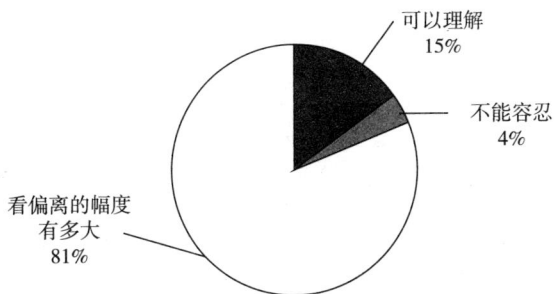

对公诉人量刑建议与量刑裁判不一致的看法分布图

关于犯罪嫌疑人及其辩护人对检察机关量刑建议的重视度，54%非常重视，另外46%只是有点重视。虽然最终决定犯罪嫌疑人刑罚的是法官的判决，但毕竟法官裁量会适当考虑公诉人量刑建议，所以完全不在意无所谓也是不可能的。

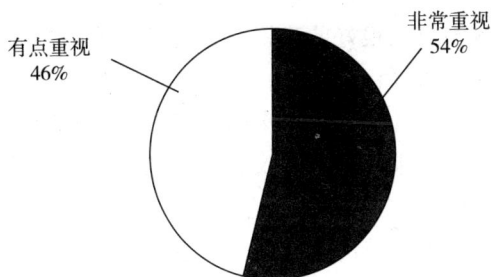

对检察机关量刑建议的重视度分布图

超过60%的受访者认为，如果量刑建议科学，这一环节能更好地促进犯罪嫌疑人认罪。同时也表达了希望量刑程序进一步规范化，能给予他们发表量刑意见的机会。

此外，超过70%的受访者认为量刑建议的发展与辩诉协商存在一定关联，不到20%的受访者认为没有关联。其余受访者认为存在很大关联，量刑建议的发展会一定程度上增加辩诉协商。

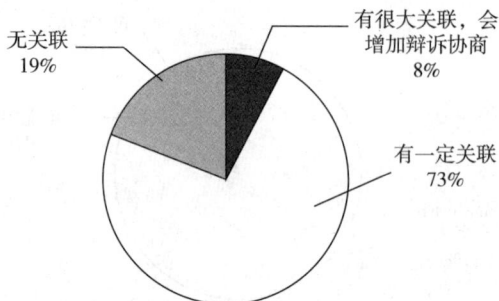

对量刑建议发展与辩诉协商的关联的认识图

(三) 法官大多有点在意量刑建议

48%的法官对检察机关的量刑建议工作持支持态度，36%的法官持无所谓态度，16%的法官持反感态度。法官对量刑建议的态度主要与其对量刑建议的认识相关，有些法官认为量刑建议可以为其量刑裁判提供很好的建议，且能了解检察机关的意见以减少抗诉可能性，所以比较支持；有些法官认为检察机关的量刑建议是对其裁判的一种约束，会影响其判决，因而持反感态度。在另外一部分法官看来，量刑建议没有强制约束力，对其裁判并无实质影响，因而持"无所谓"态度。从调研情况来看，法官对量刑建议表示强烈支持的法院一个都没有。

法官的态度一定程度上也影响着公诉人的量刑建议积极性，若法官反感且多不采纳，检察机关又无强制规定，大部分公诉人都会放弃量刑建议权。

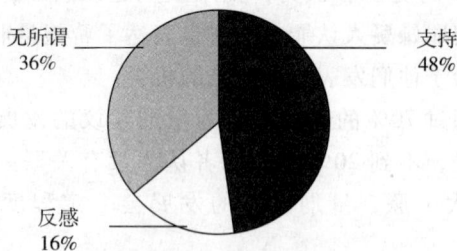

法官对量刑建议工作的态度分布图

54% 的法官对量刑建议还是有点在意的，因为如果最终的裁判量刑与量刑建议偏差太大，检察院会提起抗诉。27% 的法官对量刑建议非常重视，主要原因如下：第一，担心自己的案子被抗诉；第二，实务中法官比较重视检察官意见，庭后会征求公诉人意见；第三，会当庭听取被告人对量刑建议的意见；第四，法院的领导对量刑建议也比较理解与支持。19% 的公诉人认为法官对量刑建议是持无所谓态度的：第一，他们还是会依照自己的判断裁量，不会看量刑建议，你提你的，我判我的；第二，量刑建议对审判没有那么大的影响力。正因为如此，量刑裁判回应、量刑说理方面在实践中还有较大的提升空间，一些地方量刑建议与量刑裁判两张皮的司法怪相还普遍存在。

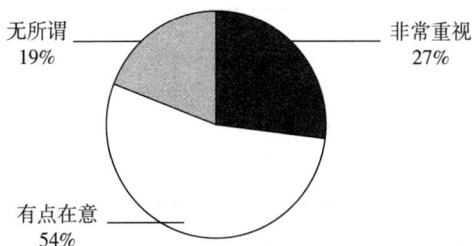

无所谓
19%

非常重视
27%

有点在意
54%

法官对量刑建议的重视度分布图

虽然"两高三部"《关于规范量刑程序若干问题的意见（试行）》第 16 条规定"人民法院的刑事裁判文书中应当说明量刑理由。量刑理由主要包括：（一）已经查明的量刑事实及其对量刑的作用；（二）是否采纳公诉人、当事人和辩护人、诉讼代理人发表的量刑建议、意见的理由；（三）人民法院量刑的理由和法律依据"。但是司法实践中，只有极个别的法院会在裁判文书中载明量刑建议。由下图可知，目前大部分法院在裁判文书中尚未全部载明量刑建议，将近一半的检察机关反映法院在裁判文书中全部都不载明量刑建议，还有一些法院的裁判文书中将采纳的量刑建议载明了，但是未采纳的并不载明。大部分检察机关是无规律的，可能与法官的个人裁判文书撰写方式等相关，所以有些裁判文书载明了量刑建议，有些并未载明。

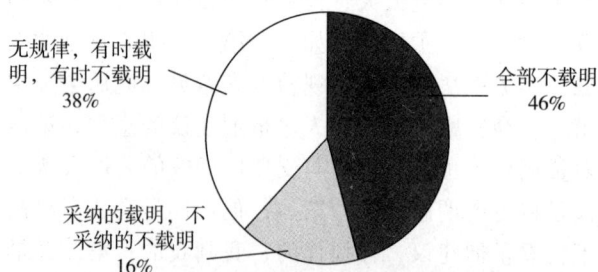

法院在裁判文书中载明量刑建议的比例分布图

当地法院执行最高人民法院的量刑指导意见的情况分布表

执行情况	比例（％）
严格执行	30.8
部分执行	69.2
未执行	0

69.2％的法官认为当地法院部分执行最高人民法院的量刑指导意见，另外30.8％认为当地法院是严格执行最高人民法院的量刑指导意见。

法院裁判文书对不采纳量刑建议的说理情况分布表

说理情况	数量	比例（％）
说理	7	26.9
不说理	18	69.3
其他：有时有，多半没有	1	3.8

问及法院裁判文书是否对不采纳量刑建议的进行说理时，69.3％的法院裁判书并不说理，有些检察机关提出了量刑建议，但是法院没有采纳，则在裁判文书中甚至不会涉及检察机关提出量刑建议这一事项。

三、量刑建议的开展成效和存在的问题

（一）量刑建议的成效正在逐步凸显

通过调查分析，我们认为，量刑建议的施行效果至少可以体现在如下几个方面：

1. 有助于推动"以审判为中心"的诉讼制度改革

量刑建议制度能够充分调动控辩双方共同探索量刑的合理界线，一定程度上参与量刑裁判意见的形成，不仅从程序上有力地保障了各方对量刑的参与，而且也使被告人的辩护权、被害人的申诉权得以充分的行使。法官在兼听双方意见基础上，能更加深刻、全面、鲜活地掌握案情，而非停留在书面案卷上，对案件能更好地认识，从而有利于缩短裁判周期，与十八届四中全会提出的"以审判为中心"的司法体制改革方向不谋而合。

2. 有助于更好地维护被告人合法权益

调研显示，访问调查的犯罪嫌疑人及辩护人群有 54% 非常重视检察机关的量刑建议，还有 46% 有点在意，他们对量刑建议这一举措无疑是持赞成乃至欢迎态度的。量刑建议的提出能让他们或者对自己所面临的刑罚有一个预判，或者在审判过程中当即对公诉人的量刑建议进行反驳，充分行使其辩护权，维护其合法正当权益。

3. 有助于敦促法官公正裁判

量刑建议制度并不仅仅单指检察机关提出量刑建议这一单一行为，还包括一系列的程序，比如法庭上就量刑建议展开辩论、听取犯罪嫌疑人和辩护人意见等。因此量刑建议有利于规范法官的量刑裁量权，促使法官作出公正的量刑裁决。允许控辩双方以及其他与量刑结果有利害关系的主体将可能影响量刑结果的所有事实和证据在量刑程序中公开提出，并全面反映与量刑相关各种信息，促使法官认真听取各方提出的量刑意见和理由，充分关注各方利益需求，敦促其审慎行使裁量权，抑制法官在量刑时

"暗箱操作"，从而保障量刑结果的正当性。根据调查显示，量刑建议推行后，针对量刑裁判的抗诉案件减少了8%左右。

（二）量刑建议制度存在的问题

近年来，检察机关积极行使量刑建议权已是一个不争的事实，量刑建议不再局限于"从重"、"从轻"等非常笼统的提法，渐趋具体化。然而，根据调查问卷和访谈结果的上述分析，我们可以发现，当前检察机关量刑建议制度的开展过程仍然存在诸多问题和不足之处，尚有较大的改进空间。主要问题可以归纳如下：

1. 主观上仍存在偏见

对检察机关而言，提出量刑建议是其充分发挥公诉职能的重要体现。对于被告人一方而言，量刑建议是其进行量刑答辩的依据。对于审判机关而言，量刑建议可以促使法院审慎量刑，从而避免法官量刑权的滥用或误用。① 然而在实践中，并非所有主体都能正确认识到检察机关量刑建议制度的存在价值和功能意义，造成这一制度没有被较好地重视，尚未充分发挥作用。

公诉人对量刑建议的功能意义认识不到位。目前尚有29%的公诉人对量刑建议制度持反感态度，19%的公诉人认为量刑建议对于公诉权的充实意义不大，还有一些表现出了畏难情绪，另有一些发现法院很少采纳而没有坚守，直接放弃了这项权力的行使。

法官对量刑建议的存在价值认识有偏见。个别法官对量刑建议置若罔闻、不予关注甚至怀有抵触心态，在庭审中不听取、在合议时不考虑、在判决中不体现，一定程度上造成该制度名存实亡，也会大大打击公诉人提起量刑建议的积极性。

犯罪嫌疑人及其辩护人已认识到量刑建议对其可能带来的有益之处，61%的这一群体受访者意识到量刑建议在一定程度上可

---

① 李玉萍：《程序正义视野中的量刑活动研究》，中国法制出版社2010年版，第4页。

以促进犯罪嫌疑人认罪，但对量刑建议发展的推动并不主动。

2. 客观上落实不平衡

在我国，量刑曾一度被认为是法官的事，检察官在起诉书中或者在发表公诉意见时可能就被告人的量刑情节作出认定并就应当适用的处罚条款提出建议，但是很少就量刑问题发表具体意见。1999 年北京市东城区人民检察院试行"公诉人当庭发表量刑意见"开创先河后，浙江、江苏等地检察机关开始进行相关改革。① 量刑建议制度转眼已探索 16 年多，从早先的自行探索到后期的高检院出台指导意见，当前的量刑建议制度与最早的相比已规范许多，适用范围也扩大很多。如上海市各级检察机关从最初对简易程序案件提出量刑意见，发展到现在能对普通程序简化审案件、未成年人犯罪案件以及其他事实定性无争议的案件提出量刑意见。②

一方面检察机关提起量刑建议的案件增多，案件范围扩大，但另一方面我们也可以发现，江西省 31 个检察机关中仍有 5 个尚未推行量刑建议制度。从全国范围来看，大概有更多消极懈怠者。量刑建议制度客观上落实存在地区间的不平衡。

3. 程序上仍不太规范

根据上述分析结果，我们可以发现，当前量刑建议开展情况因地因时因人存在很大差异。存在问题如下：第一，适用范围不统一，很多情况下比较随意，由承办人决定；第二，提出方式多样，口头、起诉书、量刑建议书等方式均有，且没有一定规律；第三，类型存在争议，是采用概括性，还是确定性，抑或是原则概括性也是婆婆有理公说公有理；第四，程序尚未统一，比如是否纳入庭审程序，定罪程序与量刑程序是否分离，提出程序、

---

① 赵阳：《中国量刑建议制度八年探索历程披露》，载《法制日报》2008 年 10 月 26 日。

② 赵阳：《中国量刑建议制度八年探索历程披露》，载《法制日报》2008 年 10 月 26 日。可参见：http://finance.ce.cn/law/home/scroll/200711/30/t20071130_12728598.shtml，访问日期：2014 年 12 月 20 日。

审批程序、变更程序等具体操作都存在一些差异。

4. 效果上差异较显著

由于存在上述三个方面的问题，导致效果上产生的差异也非常显著。一些量刑建议制度已经相对比较健全完善的地区，公诉人对这一制度非常认可，对这一权力的使用也非常郑重，犯罪嫌疑人及其辩护人、法官等其他主体对这一制度也基本持支持态度。而在一些量刑建议尚未全面普及推广、制度建构尚不健全的地区，个别公诉人面对"量刑建议"不受犯罪嫌疑人及其辩护人、法官等重视的现实情形，觉得量刑建议制度可有可无，发挥的作用非常有限。这一制度的"软推行"所产生的效果自然也极其有限。

此外，根据调研主体反馈，量刑建议制度存在的问题可以概括为文本与实践两个方面。具体如下：

文本方面存在的问题主要有：第一，量刑建议的法律依据不足，缺乏刚性；第二，量刑指导意见具体犯罪罪名少，很多罪名都没有，指导性不够强；第三，检察机关没有合法统一的指导性意见；第四，对量刑建议的操作程序等规定不够明确和具体，需进一步完善；第五，量刑建议权的行使缺乏规制和激励惩罚机制。

实践运行中产生的问题主要有：第一，给检察机关增加了工作量；第二，法院量刑过程不透明，判决裁定对量刑说理不够，特别是对不采纳量刑建议的说理；第三，对于超出量刑建议范围的难以监督，高检院关于抗诉工作的规定把量刑抗诉限定为畸轻畸重；第四，目前的指导意见所针对的犯罪类型有待扩展，如职务犯罪若完善可提高指导价值；第五，轻微刑事案件特别是人身伤害案件中，量刑建议的意义不大；第六，若法官不重视，检法两家不配合，则量刑建议和量刑规范化改革很难切实贯彻落实。

第四节 量刑建议的完善与展望

量刑规范化改革是我国刑事司法领域最为重要、最具价值的诉讼制度改革之一，通过量刑规范化改革，能够实现"将量刑纳入庭审程序，规范法官量刑裁量权"的目的，从前面量刑建议的实证情况来看，我国的量刑建议制度和量刑规范化改革已经全面推行，制度基本成型，一些地方操作也非常娴熟。应当说现在的改革离当初设定的目标越来越近，但是，每一项制度都有一个渐进式完善的过程。对于量刑建议和量刑规范化改革，我们也同样要保持一个开放理性的心态去反思，既要总结其中的宝贵经验，也要吸取不足的教训，且行且完善。

一、让量刑规范化改革由形式主义迈向科学理性的几点意见

量刑建议作为一项重大的刑事司法改革，并非我国独创。英美国家早在 20 世纪 70 年代开始就逐步开展了量刑改革，而且一直延续到 21 世纪初，还进行得如火如荼。有的国家偏重于实体法上的量刑规范化改革，有的国家则在量刑组织上进行改革。我国目前正在开展的量刑规范化改革，只能说是一个迟来的改革。但是，这项迟来的改革，是否已经发挥了后发优势？我们认为从当前立法和司法实践来看，应当注意以下几点：

第一，量刑建议模式并未明确。从 2012 年 3 月 14 日修正的《刑事诉讼法》看，将量刑纳入庭审程序的初步目的已经达到。因为该法第 193 条第 1 款规定"法庭审理过程中，对与定罪、量刑有关的事实、证据都应当进行调查、辩论"。但是，"量刑建议"的字样并没有在修改后的《刑事诉讼法》中明确出现。"将量刑纳入庭审程序，规范法官裁量权"最关键的是控方必须提出量刑建议，如果控方没有提出量刑建议，按照当前控辩式庭审

模式，又如何能够将量刑纳入庭审。而且，就量刑建议的模式而言，最高法最初在量刑规范化试点文件中明确量刑建议必须是一个幅度，后来在2010年9月"两高三部"《关于规范量刑程序若干问题的意见（试行）》中明确的是量刑建议一般应当是一个幅度，在必要的时候也可以提出明确具体的刑期。2012年最高人民检察院出台的《人民检察院刑事诉讼规则（试行）》第399条明确规定"建议判处有期徒刑、管制、拘役的，可以具有一定的幅度，也可以提出具体确定的建议"。可见，"两高"之间的态度并没有统一，从法院角度看，希望检察机关的量刑建议只是一个幅度，而且这种态度由上到下，一直到基层，影响面很大。

第二，实践中，量刑建议并未在全国范围内有效推开。从司法实践来看，虽然从2010年10月1日开始，"两高三部"《关于规范量刑程序若干问题的意见（试行）》在全国施行，全国范围内量刑建议已经全面铺开。但是，在司法实践中，是否所有的检察机关都在推行量刑建议？是否所有的人民法院都希望检察机关提出量刑建议？检法两家是否都完全按照公布的量刑规范化文件在操作，从我们了解的情况看，有关量刑规范化的规则的确是施行了，但是实践中以前怎么办的现在还怎么办的现象还是存在。不同的地方态度和做法不一样，同一个单位不同的承办人之间差异也很大，随意性强，规范性弱。这里面有督促不力的原因，更关键是各有关单位的认识不到位。如何消除相关人员的"心魔"，达成共识是关键。这里的共识首先是检法两家之间的共识，其次才是各司法人员之间的共识。

第三，一些地方量刑建议与量刑裁判存在"两张皮"的司法怪相。从已经推行量刑建议的地方来看，多数地方呈现一种"量刑建议归量刑建议，量刑裁判归量刑裁判"，两者呈现一种井水不犯河水的局面。从"两高三部"《关于规范量刑程序若干问题的意见（试行）》来看是很明确的。但是，在司法实践中，只有少数的法院会在裁判文书中载明量刑建议。而且，即便是这些法院还是存在不同的法官或者同一法官对待不同的案件，对裁判文书是否载明量刑建议采取了不同态度的做法。所以，笔者在各地开展有关量刑规范化讲座时，一直呼吁：只有将量刑建议载入裁判文书，才能发挥量刑建议的影响力；只要法院在裁判文书中载明量刑建议，量刑建议就一定会对量刑裁判发挥影响力。

第四，要规范法官量刑裁量权，将量刑纳入庭审程序只是第一步，充分发挥量刑建议的作用，才能实现司法改革的最终目标。量刑建议是量刑规范化改革的重要环节，确定性量刑建议更能"规范法官裁量权"，不仅科学，而且符合各方主体的心理预期。所以，我们不仅要允许确定性量刑建议的存在，而且，应当鼓励检察机关提出确定性量刑建议。因为在通常情况下，确定性量刑建议更优于概括性量刑建议。

二、量刑建议制度本身的完善

量刑建议从探索走到现在，制度层面渐趋完善，但仍有进一步完善的空间：

（一）明确适用范围、模式，完善量刑建议程序

一是对于量刑建议的范围，首先明确刑事公诉案件一般都应提出量刑建议。虽然，量刑规范化推行已经多年，但是，从司法实践了解的情况来看，量刑规范化并没有完全落地。检察机关的量刑建议施行不是很规范。我们说要明确量刑建议的案件范围，并不是说要像人民法院量刑指导意见一样只明确15种常见犯罪。而是说，应该明确基层院的所有公诉案件一般都应当提出量刑建议，减少是否建议的随意性。而且，对于中级人民法院一审的刑事公诉案件，我们认为也应该允许提出量刑建议，不能把量刑建议只限于有期徒刑和拘役，原则上，所有公诉案件都可以提出量刑建议。二是对于量刑建议的模式，我们认为要以确定性量刑建议为常态，以概括性量刑建议为例外。而且，要通过各种途径与法院方面沟通协商，减少来自法院的阻力，只有确定性量刑建议

才可以更好地为量刑裁判提供参考，为量刑答辩树立标靶，公诉人的责任感、使命感才会加强。现在很多地方之所以仍然没有在开展量刑建议，与法院期待概括性量刑建议，而公诉人觉得提概括性量刑建议实际没有多大意义，更缺乏成就感是有密切关系的。对于概括性量刑建议，无论控辩审三方感觉都不会很好，无非是实现了将量刑纳入庭审程序，但远未实现规范法官量刑裁量权的目标。

（二）与法院量刑实体规范化相对应，确立量刑建议实体法上的指导意见

量刑建议是一项程序性权力，但是量刑建议的内容必然是实体法的，直到目前为止，最高人民检察院并没有制定统一的人民检察院量刑建议指导意见，也没有对最高人民法院制定的《量刑指导意见》进行回应。在司法实践中，各地检察机关量刑建议由于没有一个直接适用的规范性文件，操作起来随意性很大。对此，最高人民检察院完全可以在量刑实体规范上贡献自己的力量，最高人民检察院介入量刑实体规范化的路径有两条：一条路径是当最高人民法院开始制定、修订量刑指导意见时，最高人民检察院积极参加，表达自己的意见，如此，可以让最高人民检察院对某一犯罪的量刑标准在最后颁行的量刑指导意见中有所体现；另一条路径则是与最高法量刑指导意见相对应，检察系统制定一个量刑建议指导意见。相对来说量刑建议指导意见的制定更为自主，可以考虑量刑建议与量刑裁判的区别所在。从域外经验来看，荷兰检察机关就制订了专门的量刑建议指导意见——《检察官量刑指导纲要》。

（三）量刑信息采集制度的完善

量刑程序改革是为了规范法官量刑自由裁量权，同时，也是为了使法官能够通过将量刑纳入庭审程序获取有关被告人的全面而准确的量刑信息。当前量刑规范化改革虽然已经开展了多年，但是在庭审中有关被告人的量刑信息并没有增加很多。

其原因主要是"控方量刑信息较为匮乏"、"辩方收集量刑信息具有较大的局限性"、"缺乏量刑社会调查报告制度"。[①] 为此，下一步要使量刑规范化改革达到预期目的，必须强化量刑信息采集制度。

第一，检察机关在审查案件时会自行或者要求侦查机关就被告人人身危险性相关的证据材料扩大收集面，必要的时候可以委托社会组织调查后出具社会调查报告。等征信体系健全后，个人信用情况也是一个重要评价因子。改变现在侦查机关和检察机关只关注罪刑是否成立的证据的收集是势在必行的。当然，考虑到职能不同，是否一定是由刑事侦查机关或者部门单独来完成社会调查，我们还可以再做思考研究，毕竟侦查人员、侦查机关关注的重点不同，范围扩展太大，可能会影响刑事诉讼效率，尤其是在侦查初期。可以考虑在检察机关准备提起公诉时认真审查，补充调查或者委托第三方进行调查。

第二，增加辩方提供量刑证据的可能性，一方面，要通过书面权利告知，自侦查机关开始就让犯罪嫌疑人及其家属知道哪些类型的材料可以纳入量刑证据，而且，需要何种载体或者表现形式；另一方面，增加律师参与诉讼的机会，鼓励犯罪嫌疑人聘请律师，扩大法律援助的范围。此外，保障律师调查取证的权利，使辩护律师能够通过自行取证或者申请调查取证获得对犯罪嫌疑人、被告人有利的量刑证据。

第三，尝试服务外包开展社会调查制度，由政府出资金，委托社会中介组织对涉案犯罪嫌疑人、被告人的量刑情节进行调查，然后出具综合的社会调查报告。社会调查报告内容可以包括犯罪行为人的信息、调查报告的信息来源、对犯罪原因和结果的分析评价、与犯罪行为人有关的信息（犯罪者个人和社会背景）、再犯可能性、结论，包括是否具备帮教条件，能否

---

① 叶旺春：《量刑监督体系构建》，法律出版社 2012 年版，第 156～158 页。

适用缓刑等。①

　　英美法官在对被告人量刑种类和量刑幅度进行决定时，跟定罪程序不同，"对于证据来源和证据种类的采纳都可以行使广泛的自由裁量权"。英美刑事证据法主要是针对定罪程序而制定的，从功能上看，这些证据规则可以有效约束法官在采纳证据上的自由裁量权，避免陪审员受到来自控辩双方的不当诱导，防止被告人受到不公正的对待，减少陪审团错误认定案件事实的可能性。量刑听证环节，刑事证据法发挥作用的前提不复存在，诸如非法证据排除规则、口供自愿规则、传闻证据规则、品格证据规则等在内的一系列证据规则不再发挥作用，证明标准也不再是"排除合理怀疑"，最多是"优势证据"，目的是从根本上确保法官在作出量刑裁判前获得更为广泛全面的事实信息。②

　　相应地，我国也有学者提出要建立独立的量刑证据采用规则，认为由于定罪程序和量刑程序在性质、目的、任务上有很大差别，应当适用不同的证据规则。在证明标准上，定罪必须适用排除合理怀疑规则，但是，量刑适用高度盖然性规则；在证明方法上，定罪应当遵循严格证明的规则，量刑则遵循自由证明的规则；在证据排除规则上，由于量刑无须遵循无罪推定原则，在定罪程序中必须严格实行非法证据排除，而量刑程序中在传闻证据、非任意自白证据、非法证据、品格证据等方面都可能得到法官的采纳。③对于量刑证据规则，有学者认为证明责任和证明标准是两个最为核心的部分。对于证明责任由于量刑程序中不适用

---

① 英国量刑前报告由设于法院内部的缓刑官制作，内容包括：前言（犯罪者的基本信息）、介绍（报告的信息来源）、对犯罪的分析（含犯罪原因分析、犯罪结果评价）、与犯罪者相关的信息（犯罪者个人和社会背景）、再犯可能性、结论（量刑建议）。参见胡云腾主编：《中美量刑改革国际研讨会文集》，中国法制出版社2009年版，第141页。
② 陈瑞华：《比较刑事诉讼法》，中国人民大学出版社2010年版，第377~378页。
③ 陈卫东、张佳华：《量刑程序改革语境中的量刑证据初探》，载《证据科学》2009年第1期。

无罪推定原则，所以，应当贯彻"谁主张，谁举证"的原则分配控辩双方的举证责任。对于证明标准，则应区分情况，对有利于被告人的量刑事实，以自由证明的方式认定，适用优势证据标准，对不利于被告人的量刑事实，则须严格证明，应依照法定程序进行并达到排除合理怀疑的证明标准。

同时，建立庭前量刑证据开示制度，检察机关应当开示有利于和不利于被告人的全部量刑证据，而辩护方应当开示其准备在法庭上使用的全部证据。[①] 如果一方违反证据开示义务，在庭审时搞证据突袭，则另一方可以向法庭建议休庭，对该证据进行调查核实。[②]

（四）更加重视发挥被害人在量刑程序中的当事人作用

根据我国刑事诉讼法规定，被害人也是刑事诉讼的当事人，享有相关诉讼权利和义务。如何发挥被害人在量刑程序中的作用是我们司法人员应该慎重考虑的问题之一。

在美国刑事司法制度中，刑事被害人及其家属参与量刑的制度形式是"被害人影响陈述"制度。"在美国，越来越多的司法区允许缓刑监督官提交'被害人影响陈述'（victim impact statement），并将该份书面材料附在判决前报告之后。"[③] 根据该制度，被害人或者其家属享有在量刑阶段提出"被害人影响陈述"的权利。这种制度能够确保所有相关者——国家、被告人和被害人——的意见都被倾听，可能会对被害人及其家属产生治疗作用，帮助刑事案件被害人及其家属从遭受的犯罪打击中恢复，可以教育被告人，使其了解自己的犯罪行为导致的所有后果，也许使他们更愿意承担责任，接受改造。[④] 美国的刑事被害人权利运

---

① 北京市人民检察院第一分院课题组：《量刑监督存在的问题及完善》，载《中国刑事法杂志》2011 年第 3 期。

② 叶旺春：《量刑监督体系构建》，法律出版社 2012 年版，第 165 页。

③ 陈瑞华：《比较刑事诉讼法》，中国人民大学出版社 2010 年版，第 374 页。

④ 陈卫东主编：《量刑程序改革理论研究》，中国法制出版社 2011 年版，第 295～296 页。

动始于 19 世纪 70 年代，之后，设置了刑事案件被害人赔偿计划和强奸案件受害人保护条款的立法获得通过。1982 年美国时任总统里根任命了一个刑事案件被害人特别工作组，在全美国范围内进行公众听证后，该特别工作组后来提交了一份有影响力的刑事案件被害人调查报告，该报告提出被害人应当享有在量刑阶段陈述意见并被法庭予以考虑和采纳的权利，建议进行这方面立法，赋予被害人及其家属在量刑时进行被害人影响陈述。至此，美国官方才开始对刑事案件被害人待遇问题进行全面考虑。① 特别工作组还建议修改有关宪法条款，明确 "同样，被害人在任何刑事案件追诉中将有权出席，并在司法程序的关键阶段享有发表意见的权利"。之后，一些州宪法先后加入相关条款。自 1982 年起，美国有 32 个州的宪法中加入了被害人权利条款，48 个州以这样或者那样的方式确保量刑中被害人有表达意见并被倾听的权利，另外 2 个州由量刑法官裁量是否允许提供被害人影响陈述。2004 年美国联邦立法明确刑事司法体系中的被害人权利保护问题，规定联邦刑事案件中的所有被害人在量刑时享有合理发表意见的权利。② 根据该制度，被害人影响陈述是犯罪行为对被害人、被害人的家人以及他们深爱的人产生的情感上、身体上、心理上和经济上影响的详细描述。被害人可以在被告人被提起公诉后通过检察署的被害人援助协调人（Victim Assistance Coordinator，VAC）提交被害人影响陈述表，也可以在被告人被判决有罪后，社区监管官员制作量刑前调查报告时，再次提供影响陈述。而且，在被告人判处的刑罚经过宣判之后，被害人及其家人有权在法庭上作出口头陈述，如果被害人想行使后面两项权利，可以通过告诉 VAC，由他负责联系。③ 被害人的 "这种书面的和

① *President's Task Force On Victims Of Crime*，Final Report（1982）．

② 18 U. S. C. A. §3771（a）（4）（2004）．

③ 陈卫东主编：《量刑程序改革理论研究》，中国法制出版社 2011 年版，第 300～301 页。

口头的被害人影响陈述，一般会说明犯罪给被害人及其家庭造成的伤害，包括身体的、经济的、情感的和心理的伤害后果。被害人如果有机会亲自出庭，还可以公开说明犯罪给自己家庭所造成的痛苦"。"总体上，与判决前的调查报告功能相似的是，被害人影响陈述可以为法官提供有关被害人及其家庭受到犯罪伤害的具体信息，使法官可以更加准确地判定犯罪的严重程度和后果。一些司法区的法院还允许被害人直接提出具体的量刑意见。"[①]一个模拟陪审团的研究发现，被害人影响陈述影响量刑判决的不是证人的情感状态，而是陈述中所展现的危害性的程度。[②] 当然也有人认为被害人影响陈述就是因为与量刑太相关了，对量刑是一种感情污染。[③] Hoffmann 教授认为基于被害人的品格来量刑，会导致同样的或者类似的罪犯最终被科处的刑罚会不同，会因为被害人或者他们的亲属的口才不同，而受到不同的对待。[④] 但是，被害人影响陈述的可取之处也非常明显，首先可以帮助法官全面收集量刑信息，可以让被告人通过此种途径感性地体会到其犯罪行为对社会造成的危害，可以抚慰被害人及其家属受到犯罪行为创伤的心理，可以让社会公众感觉到量刑程序的公正性。所以，随着越来越强调司法的民主性，刑事被害人在量刑程序中的作用也越来越大。德国 1976 年 5 月通过了《暴力犯罪被害人补偿法》，规定国家承担给予暴力犯罪的被害人诸如疾病照顾与年

---

① ［美］拉菲弗等：《刑事诉讼法》（下册），卞建林等译，中国政法大学出版社 2003 年版，第 1371 页。

② 陈卫东主编：《量刑程序改革理论研究》，中国法制出版社 2011 年版，第306 页。

③ Edna Erez, *Victim Voice, Impact Statements and Sentencing: Integrating Restorative Justice and Therapeutic Jurisprudence Principles in Adversarial Proceedings*, 40 CRIM. L. BULL. 483 (2004). 转引自陈卫东主编：《量刑程序改革理论研究》，中国法制出版社 2011 年版，第 309 页。

④ Joseph L. Hoffmann, *Revenge or Mercy? Some Thoughts About Survivor Opinion Evidence in Death Penalty Cases*, 88 CORNELL L. REV. 530 (2003). 转引自陈卫东主编：《量刑程序改革理论研究》，中国法制出版社 2011 年版，第 314 页。

金的帮助。1986年12月通过了《改善刑事程序中受害者地位第一次法》（后被简称为被害人保护法），明确可以提供被害人来自律师方面的协助，也扩展到基于被害人利益而有排除公开的可能性，被害人因犯罪所受到损害的再复原，可以通过补偿请求权而优先于国家对罚金的执行。1998年12月，《证人保护法》通过，明确了被害人可省却出现在审判程序中，并且，在被害人值得保护的利益无法获得担保的情况下，有一个由国家支付费用的律师陪同出现。① 可见，被害人的地位在各国刑事诉讼程序中的地位都不断在扩展。

根据我国《刑法》第61条规定，定罪量刑应该以事实为根据，以法律为准绳，包括被害人受到的人身、财产和精神损害在内的社会危害后果是对被告人量刑必须考虑的重要内容。我国刑事诉讼法中明确了被害人诉讼当事人地位，根据法律规定，被害人享有提出控告、申请回避、参加法庭调查、参加法庭辩论、提出申诉、使用本民族语言进行诉讼、委托诉讼代理人、请求人民检察院提出抗诉等诉讼权利。允许被害人参与量刑程序是量刑规范化改革的应有之义，我们要探讨的问题是，被害人以何种途径和形式参加到量刑程序中来。

在我国，如果是被害人提起的自诉案件，被害人不仅可以向法院提起定罪的诉讼请求也可以向法院提出被告人量刑的意见。而在刑事公诉案件中，因为由检察机关作为公诉人提起公诉，被害人虽然是刑事诉讼当事人，但相对于检察机关而言，无论是对被告人的定罪和量刑指控都居于次要的地位。在刑事公诉案件中，被害人可以在检察机关审查起诉阶段听取被害人意见时提出有关被告人定罪量刑的意见，也可以通过公诉人向法院提交有关被告人量刑的意见。如果被害人提起刑事附带民事诉讼或者直接

---

① 卢映洁：《犯罪被害人保护在德国法中的发展——以犯罪被害人在刑事诉讼程序中的地位以及"犯罪人与被害人均衡协商暨再复原"制度为探讨中心》，载《台大法学论丛》第34卷第3期。

参与刑事诉讼的，被害人及其诉讼代理人可以参与法庭调查、法庭辩论，在法庭调查时可以提交有关量刑证据，法庭辩论时可以在公诉人发表公诉意见后发表定罪、量刑意见，并可以就被告人量刑与被害人方进行有针对性的辩论。如果犯罪嫌疑人或被告人方与被害人方达成刑事和解的，人民检察院和人民法院可以据此对被告人从宽处理。有的检察机关在提出量刑建议前，针对一些重大疑难案件，在确定量刑建议阶段即采用量刑建议听证的方式听取包括被害人在内的各方诉讼参与人意见。应当说，我们国家刑事被害人参加诉讼，发表量刑意见的途径是多元的、畅通的，但是，规范性上又是欠缺的。比如说，在检察机关审查起诉阶段，法律规定必须听取被害人意见，但是，如何听取？听取意见的内容是否一定包括被告人量刑？如何保障被害人在被听取意见时一定阐明了有关被告人量刑的内容？在现阶段，受被害人的法律素质所限，如果没有明确规定公诉人必须问及，此项内容很难保障。而被害人参与刑事诉讼程序的总体比例也非常低，被害人参与刑事诉讼的目的，多是因为附带民事诉讼。此外，很多被害人参与庭审时表达的多数是要求民事赔偿，否则就要求严惩，以民事赔偿换取刑事责任的从宽的交易色彩比较浓厚。所以，对于域外的"被害人影响陈述"制度的借鉴与确立仍然很有意义，尤其是被害人如何作出影响陈述？陈述哪些内容？如何确保被害人都得以陈述且如实陈述？应该在未来的制度完善中逐渐明确。

（五）设立专门的量刑指导机构，统一负责指导量刑活动

随着量刑建议和量刑规范化改革的进一步推进，借鉴域外经验，设立专门的量刑指导机构，在我国将显得很有必要。从域外量刑改革经验看，量刑指导机构对于组织、规范及制定、修改量刑指南起到了关键作用，如美国、英国、加拿大、澳大利亚、新西兰等国家都先后建立了司法委员会、量刑委员会等量刑指导组织。

在美国有21个州都成立了量刑委员会，而且，每个州量刑委员会人数也不尽一样，最少的只有9人，最多的31人，平均

17 人。所有量刑指南委员会的成员中都包括法官，有的地方还包括检察官、律师、受害人、缓刑官，其中至少有 1/3 是教授、学者等，量刑委员会有的一年开一次会，有的是一月开一次会。①

美国联邦量刑委员会负责制定和修改美国联邦量刑指南，作为美国联邦司法系统的一个人独立机构，该委员会由 9 名成员组成，其中 7 人经参议院选举产生，另 2 人为非选举的当然成员，所有成员均由总统任命。其任务是根据法律授权制定并公布《美国量刑指南》，报经国会审核批准后在全国实施，同时负责监督联邦法院的量刑活动。②

英国量刑指导机构有量刑指南委员会（the Sentencing Guiding Council，SGC）和量刑咨询专家小组（the Sentencing Advisory Pannel，SAP）③，同时在《2003 年刑事审判法》中就设立量刑指导机构的程序等问题进行了较为明确的规定。量刑指南委员会有 7 名法院刑事审判系统的成员，其中首席高等法官担任主席，4 名是非法院系统成员，分别有担任过刑事警察、刑事起诉、刑事

---

① 胡云腾主编：《中美量刑改革国际研讨会文集》，中国法制出版社 2009 年版，第 43 页。

② 郑伟：《法定刑的基准点与量刑的精雕细琢——〈美国量刑指南〉给我们的启示》，载《人民司法》2003 年第 7 期。

③ 英国《1998 年犯罪与妨害秩序法》第 80 条规定，英国国会第一次授予刑事上诉法院制定新的刑事犯罪量刑指南的立法权，第 81 条规定，设立量刑咨询专家小组来帮助刑事上诉法院制定量刑指南。根据该规定，量刑咨询专家小组提出的量刑指南只能限于"某一类罪"，并只能限于上诉案件。2002 年 7 月，英国政府发表白皮书《所有人的正义》，决定通过立法设立一个新的机构——量刑指南委员会，负责对所有刑事犯罪制定量刑标准，其成员主要由英国刑事上诉法院、高等法院、刑事法院和治安法院的法官组成，由首席高等法官担任主席，原先的量刑咨询专家小组不再给刑事上诉法院提供量刑指南建议，而只负责给量刑指南委员会提出咨询意见。后来《2003 年刑事审判法》才难了上述建议，在第 167 条中规定设立量刑指南委员会，并相应规定了制定量刑指南的程序等。Taylor, R. , Wasik, M. and Leng, R. (2004), *Blackstone's Guide to the Criminal Justice Act 2003*, Oxford：Oxford University Press, p. 200. 转引自杨志斌：《中英量刑问题比较研究》，知识产权出版社 2009 年版，第 171～173 页。

辩护方面的经验，由内政大臣征求大法官和首席高等法官的意见后任命，内政大臣同时任命 1 名首席执行官参加会议，量刑专家咨询小组主席列席会议。量刑专家咨询小组共 12 名成员，包括法官、学者、刑事审判方面的实践者，以及社区代表。英国量刑指南制定分八步：第一步是量刑指南委员会确定量刑指南的课题；第二步是量刑指南委员会讲课题交给量刑咨询专家小组，由他们确定量刑标准的意见草案；第三步是量刑咨询专家小组起草量刑标准征求意见草案，予以发行，并在网上公布，征求公众意见，公布时间通常为 12 周；第四步是量刑咨询专家小组讨论有关反馈意见；第五步是量刑咨询专家小组向量刑指南委员会提出量刑标准的建议案；第六步是量刑指南委员会讨论形成量刑标准草案，并报内政大臣、国会和相关机关，同时出版并在网上公布量刑标准草案和量刑咨询专家小组的建议案，征求意见，时间为 2 个月；第七步是量刑指南委员会正式确定量刑指南，并予以发行，作为法官办案的准则；第八步是量刑指南委员会定期调查司法实践中对量刑指南的适用情况，并适时对量刑指南进行修改。[①]

就我国而言，我们认为设立量刑指导委员会和量刑专家咨询委员会是比较合适的，量刑指导委员会可以以法院系统从事多年刑事审判业务的法官和有多年刑事公诉经验的检察官为主体，同时吸收侦查机关和刑罚执行机关资深人士参加。量刑咨询委员会则以专家学者为主，有法院代表，但只是个别。量刑指导委员会和量刑专家咨询委员会的职权设置可以借鉴英国的量刑指南委员会和量刑咨询专家小组。明确量刑指导委员会负责制定统一的量刑指南，量刑指导委员会制定量刑指南必须征求量刑专家咨询委员会意见，并应向社会公布量刑专家咨询委员会的意见。从美国弗吉尼亚州量刑委员会主任 Richard Kern 说，通过"近年来，通过对美国三个州（弗吉尼亚州、密歇根州和明尼苏达州）量刑

---

① 杨志斌：《中英量刑问题比较研究》，知识产权出版社 2009 年版，第 173 ~ 174 页。

指南系统的比较研究发现，弗吉尼亚州实现了量刑的一致性和比例性……研究结果表明，量刑指南起到了如下作用：（1）实现了'量刑真理'，极大地减少了原来法院判决的刑期和实际服刑期之间的差距；（2）废除了假释系统，暴力重罪犯服刑时间加长；（3）累犯率降低，通过有针对性地延长年轻暴力犯罪服刑时间，使得这些有风险的罪犯在最可能犯罪的年龄无法犯罪；（4）将费用昂贵的监狱空间更大比例地用于暴力重罪罪犯；（5）许多低风险中罪犯通过备选方式加以惩罚，不再监禁，且没有影响公共安全"。①

（六）可以考虑将犯罪行为人的人格调查纳入量刑程序

无论是坚持我国刑罚应当是报应刑论还是目的刑论，量刑除了考虑犯罪行为本身的社会危害性之外，还应当考虑犯罪人的人身危险性，应当面向犯罪人的未来，坚持以犯罪人为导向，考虑其重返社会的因素。量刑规范化改革一方面要坚持法定刑的精细化、实体法上量刑规则的确立、量刑方法的科学化、量刑程序的正当性；另一方面只有做到量刑信息采集的完整性，才能真正意义上实现量刑公正。"现代量刑调查制度始于19世纪40年代的美国，它首先由波斯顿鞋匠John August提出。"② 19世纪30年代，缓刑调查演变成为整个量刑提供"量刑前调查报告"，到19世纪80年代，量刑前报告在美国有了固定的格式，美国的"量刑前调查报告"由警察中的"缓刑监督员"（Probation Officer）完

---

① ［美］理查德·科恩：《美国量刑委员会的作用》，载胡云腾主编：《中美量刑改革国际研讨会文集》，中国法制出版社2009年10月版，第44页。

② John August认为"法律的目的不是残忍地惩罚或报复，而是改造罪犯并预防犯罪"，此后，他经常出现在法庭的量刑听证程序中，并为法官提供详细的被告人个人情况报告，建议法官延期量刑并自费保释被告人，John Augusts被称为现代缓刑之父，参见The History of the Pre–sentence Investigation Report，载www.cjc.org，访问日期：2014年1月20日。转引自陈卫东主编：《量刑程序改革理论研究》，中国法制出版社2011年4月版，第413页。

成。① 美国的量刑前调查报告是一种旨在为法官提供量刑必要信息以及指导监管部门制定适合罪犯的监管计划的机密文件。我国在确立完全意义上的社会调查报告，首先，应该明确社会调查报告的定位。对于社会调查报告，我们认为首先应该发挥量刑信息采集和量刑证据的功能；其次，还应承载社会公众意见，拓展社会公众有序参与司法的途径，体现司法民主。社会调查报告体现的是刑罚个别化和社会化的发展趋势，在现代刑罚制度中，国家更加强调刑罚执行过程中应当根据犯罪人的人身危险性即再犯可能性的大小以及社会生活需要而给予个别处遇，在刑罚执行过程中，要调动监狱外的一切社会积极因素，合理救助改造犯罪分子并保证和巩固刑罚执行的效果，确保行刑目的的实现。②

首先，应该明确侦查机关与检察机关都有收集犯罪行为人的品格证据的义务。当然，由于庭审角色地位的不同，不能把希望全部寄托在控方来完成。

其次，要明确被告人及其辩护人可以提交有关品格证据，辩护人可以行使调查取证权。

再次，要明确在法院审理阶段，法院可以听取被告人所在单位、居委会、学校意见，并将形成的相关证据材料提交庭审质证。确有必要的，法庭可以让有关人员出庭作证。

最后，可以考虑成立专门调查机构或者委托中立的社会调查机构进行第三方调查，并出具相关调查报告，同时提交形成调查报告所依据的相关证据材料，供法庭量刑参考。

三、量刑建议制度对其他司法制度的影响

（一）量刑建议必然会加速庭审中心主义的确立

十八届四中全会通过的《关于全面推进依法治国若干重大

---

① 李玉萍：《量刑与社会调查报告》，载《法制资讯》2008 年第 6 期。
② 高一飞：《论量刑调查制度》，载《中国刑事法杂志》2008 年第 5 期。

问题的决定》中明确了要"推进以审判为中心的诉讼制度改革",这里的以审判为中心所表达的核心意思就是以庭审为中心,实现庭审实质化。现代司法讲求正当程序,我国原先的侦查中心主义过分凸显了侦查机关在刑事诉讼中的作用,而且,公检法三机关之间讲的也主要是相互之间的分工,对于庭审的中心主义,即便是法院本身也有待加强。

以庭审为中心的诉讼制度改革,就是要求庭审实质化,提高审判质量,就检察机关而言,其影响主要体现在:

第一,检察机关起诉裁量权必然扩大。以审判为中心意味着对案件的证据要求更高,对程序的正当性要求更严,为了确保公正又不致影响效率,检察机关充分运用审查起诉职能,对于刑事案件进行分流是必然的。扩大检察机关起诉裁量权,也是应有之义。

第二,检察机关提起公诉的刑事案件质量要求更高。庭审作用的扩大,使得抗辩程度增加,证据要求更高,检察机关一方面通过审查起诉排除非法证据,严格证据标准,另一方面强化庭审支持公诉。

第三,会加速检察机关与侦查机关之间新型侦诉关系的确立。刑事诉讼以审判为中心的确立,意味着侦查中心主义的没落,刑事诉讼侦查机关和检察机关的目标更趋一致,即获取指控的成功。为此,检察机关对侦查机关和侦查活动的主导作用会日趋加强,侦查监督检察官和公诉人对侦查人员的收集、补充证据的积极引导作用会逐渐增强。包括我们检察机关自身对职务犯罪的侦查也会要求更高,侦查监督和公诉部门对职务犯罪侦查部门的监督制约作用会更趋增强。[①]

通过量刑规范化改革,尤其是提出确定性量刑建议之后,被

---

① 有关以审判为中心的诉讼制度改革将给检察机关带来怎样的影响,可以参见王守安:《以审判为中心的诉讼制度改革带来深刻影响》,载《检察日报》2014年11月10日。

告人的定罪、量刑相关证据和观点都在法庭得以阐明，法庭成为控辩双方真正的对抗阵地，如果没有量刑规范化改革，如果量刑建议仅仅是幅度型的量刑建议，那么我们的法庭仍然无法让控辩双方充分明确地阐明本方观点，我们的法官仍然无法通过庭审获取更多有助于最终裁判的信息，我们的量刑裁判还仍然是完全停留在庭审之后法官或者合议庭去完成，量刑裁判权并没有得到规范。量刑规范化改革既是推进以审判为中心的诉讼制度改革的结果，反过来也会大大促进庭审中心主义的确立和完善。这种作用至少会在以下几个方面予以体现：

第一，侦查机关和检察机关将更加注重量刑证据的全面收集，否则，庭前不收集，庭上等辩方提交证据或提出收集证据的要求后会显得措手不及。

第二，庭前证据开示制度会广泛应用，通过证据开示，使控辩双方在庭前就做到信息对称，提高庭审效率和对抗的针对性。

第三，侦查人员、鉴定人出庭等更趋常见，为了支持量刑建议的准确性论证，公诉人申请侦查人员、鉴定人等出庭的情况会越来越多。通过侦查人员、鉴定人出庭，一方面可以支持公诉、构建更全面有效的控方证据体系，另一方面必将促使侦查人员和鉴定人在今后的工作中更加注意。

（二）量刑建议会促成辩诉协商的产生

辩诉交易源于美国，英文 plea bargain，根据布莱克法律词典解释，为"刑事被告人作出有罪答辩以换取检察官以较轻的罪名或者数项指控中的一项或几项的某种让步，通常是在获得较轻的判决或者撤销其他指控的情况下，检察官与被告人之间经过协商达成的协议"。① 美国最早的辩诉交易实践出现在 1804 年，②

---

① Bryan A. Garner, Black's Law Dictionary, 8th Edition, 1190. (2004) by Thomson business.

② 王兆鹏：《美国刑事诉讼法》，北京大学出版社 2005 年版，第 536 页。

之后美国最高法院通过一系列案例予以认可，1970 年美国联邦最高法院在布雷迪诉美国政府一案的判决中正式确认了辩诉交易的合法性，1974 年《联邦刑事诉讼规则》将辩诉交易的一般原则以及公布、接受、驳回等一系列程序予以法典化和制度化。①目前，在美国"因为对于控诉方和辩护方来说，审判毕竟是风险与成本的博弈，所以有 90%～95% 的刑事案件没有经过审判而得到处理"。②

美国辩诉交易坚持被告人自愿③、各主体参与、程序保障和法院形式审查等原则，力求在当事人意思自治和平等的基础上达成"共赢"格局，使辩诉交易的控方、辩方、审判方以及受害人等多方受益。可以说"因犯罪不断增加，司法资源有限，执法者利用各种不同方式与被告人协商，与被告人为某种条件之交换，以求对刑事案件快速解决，减少法院的负荷，似已成为世界性的刑事诉讼潮流"。④

出于对权钱交易的道德厌恶，我国国民对西方发达资本主义国家盛行的辩诉交易讳莫如深。我们反对权钱交易，但是，辩诉协商并不等于权钱交易。随着案多人少矛盾的压力日益增加，一方面刑事案件发案数一直在增加，而司法办案的人员数量并没有增加，从司法改革的方向来看，检察官、法官要实行员额制，人数还要大幅度减少；另一方面刑事司法制度越来越精细

---

① 张智辉：《辩诉交易制度比较研究》，中国方正出版社 2009 年版，第 1 页。

② Howard Abadinsky, L. Thomas Winfree, *Crime & Justice - An Introduction*, Nelson - hall, Inc. 1992, p. 414. 转引自陈岚：《量刑建议制度研究》，武汉大学出版社 2009 年版，第 225 页。

③ 美国最高法院 1970 年在布雷迪诉美国政府案中，明确：以实际上或者可能的身体伤害以及精神胁迫而使被告人作出有罪的答辩不适用辩诉交易；检察官以给予宽大机会或者这方面的承诺鼓励被告人作出有罪的答辩不违反宪法第 5 修正案；被告人仅仅是由于害怕监控方有证据证明案件或者因之而受到严厉的刑事处罚而作出有罪的答辩不违背自愿原则；被告人基于对死刑判决的恐惧而作出有罪的答辩不违背自愿原则。参见 Brandy v. United States, 397U. S. 742, 745 (1970)。

④ 王兆鹏：《美国刑事诉讼法》，北京大学出版社 2005 年版，第 535 页。

化，社会民众对司法的期盼和要求也越来越高。如何化解这些矛盾？如何让我们的法官、检察官花更多的精力到更需要关注的更有意义的大要案或者死刑案件上去，辩诉协商制度一定是一个比较好的方法。对于辩诉协商，我国现在没有明确规定，现行法律只是规定了被告人、辩护人对起诉书指控的犯罪事实没有异议的可以适用简易程序，而这种没有异议可以理解为一种当庭认罪态度好，可以酌情从轻处罚。今后的辩诉协商不仅仅只是在司法实践中客观地存在，而且应该以一种制度的形式存在，明确哪些案件在多大程度上可以辩诉协商。美国辩诉交易从内容来看，主要可以分为两类：一是指控交易（charge bargain），二是量刑交易（sentence bargain）。从国外实践看辩诉交易之后主要会存在以下几种情形：（1）检察官许诺取消所有的指控；（2）被告人作有罪答辩，以换得检察官取消一个或者多个指控或者减轻指控；（3）被告人对一个指控作有罪答辩，以换得检方取消其他指控；（4）被告人对被指控的行为作有罪辩护，以换得检察官的宽大量刑建议；（5）被告人作有条件的有罪答辩，并保留上诉和撤回有罪答辩的权利，如果上诉法院作出与审前的决定不一样的判断时，可以启动这样的权利。①

　　辩诉协商制度自其诞生的第一天起就褒贬不一，但是，自从美国确立辩诉交易制度以后，1988 年意大利修改刑事诉讼法确立了意大利式的辩诉交易——量刑交易。1999 年以后，俄罗斯修改刑事诉讼法，在构建被告人认罪案件的速决程序中借鉴了美国辩诉交易的做法。2004 年 4 月 7 日，我国台湾地区修改"刑事诉讼法"，于第七编之一增设"协商程序"，将辩诉交易如何在通常审判程序和简易程序中加以运用予以明确规定。辩诉交易的强大的生命力已经足以表明其价值所在：

　　第一，辩诉协商并不违背不得强迫任何人自证其罪原则，因

---

　　① ［美］斯蒂芬·J. 斯卡勒胡弗尔：《灾难性的辩诉交易》，邓荣杰译，载江礼华、杨诚主编：《外国刑事诉讼制度探微》，法律出版社 2000 年版，第 265～271 页。

为它是在双方自愿的基础上进行的交易。被告人是在充分知情、了解权利和义务的基础上基于意志自治作出的放弃部分权利的选择。

第二，辩诉协商可以更为务实地实现正义，它偏向于保护被告人的权利和利益，也有利于被害人权利保护，免受"二次伤害"。相对于因为被告人不认罪，而证据又无法达到确实、充分要求，导致指控不成功，从而使得真正的罪犯逍遥法外而言，辩诉交易至少实现了最低限度的正义。

第三，辩诉协商制度可以提高司法效率，有助于司法机关良性有效运行，可以使侦查机关、检察机关、审判机关把更多的精力放到死刑等重罪案件上去。

同时明确辩诉协商之后，审判机关应该持怎样一个态度，终极的辩诉协商，法院应该着重审查该协商意见的真实性、合法性，如果确实、合法，那么可以直接确认，不必开庭审理。辩诉协商是刑事公诉案件分流的重要途径，由于中美国情和法律制度的差异，[①] 对于我国辩诉协商制度，我们不主张全面移植美国的辩诉交易制度，但是，对于其中适合我国国情的合理内容应该予以借鉴。

首先，要明确允许辩诉协商，但不要一开始就面铺得很开，应该在案件种类和严重程度等方面加以限制。

其次，要明确辩诉协商以被告人自愿认罪为前提，而且，被告人必须被充分告知自愿认罪的后果、相关权利和义务。

再次，要兑现刑事诉讼认罪认罚从宽制度，在实体处理上给予实际利益。比如说，扩大相对不起诉的适用，提出较轻的量刑建议。

---

① 比如说美国的检察官有非常大的自由裁量权，而且，在美国刑事诉讼中设定有庭前的罪状认否程序（arraignment），只要被告人在该程序认罪，就不再就事实进行证据调查，直接进入量刑程序。而我国以事实为根据，以法律为准绳，即便是简易程序，也只是程序上简化，而不能省略。

最后，兑现刑事诉讼认罪认罚从宽制度，不仅可以在实体上体现，也可以在程序上予以体现，比如对于自愿认罪的犯罪嫌疑人、被告人，应当慎用、少用审前羁押措施，简化刑事诉讼程序流程，快速处理案件，并在审判程序上与拒不认罪的被告人加以区别，直至法院直接审查辩诉协商本身的自愿性、真实性，然后依法确认裁判。

从美国辩诉交易的经验来看，检察官在收到警察移送的案件之后，必须对案件的证据强弱程度作出评估，并结合被告人的前科、年龄、身体健康状况、婚姻状况、工作经历、案件的公开程度以及被害人的背景与身份地位等法外因素，作出四种处理：（1）案件性质不严重，证据体系又脆弱的，不予起诉；（2）案件性质不严重，而证据体系强大的，实行辩诉交易；（3）案件性质严重，而证据体系较弱，实行辩诉交易；（4）案件性质非常严重，证据体系也非常强大的，坚决起诉。[1] 在美国之所以辩诉交易能够在刑事诉讼中占据 90%～95% 的高比例，是因为有审前起诉认否程序和量刑建议程序的配套，如果没有检察官的量刑建议，也就没有辩诉交易程序存续的可能性，正是由于辩诉交易与量刑建议相结合，才实现了"稀缺司法资源的最低消耗"（a minimum expenditure of scarce legal resources）这一共同目标。我们相信只要检察机关通过确定性量刑建议，使量刑规范化不再停留在形式上纳入庭审程序，我国的司法制度迟早会迎来这一天。[2]

---

[1]　Howard Abadinsky, L. Thomas Winfree, *Crime & Justice – An Introduction*, Nelson–hall, Inc. 1992, p. 423. 转引自陈岚：《量刑建议制度研究》，武汉大学出版社 2009 年版，第 225 页。

[2]　关于辩诉协商制度，如要深度研究，可以参见张智辉：《辩诉交易制度的比较研究》，中国方正出版社 2009 年版。

下篇　实战技能

第四章　量刑建议的操作规范

第一节　量刑建议的适用范围

《量刑指导意见》规定了 14 种常见量刑情节的适用和 15 个常见犯罪的量刑，但是它并没有规定具体的适用范围，同时，一些省，如浙江省高级法院出台的《实施细则》规定了适用范围："1. 本实施细则仅适用于《量刑指导意见》中规定的十五种罪名。2. 本实施细则仅适用于依法判处有期徒刑、拘役的案件，综合全案犯罪事实和量刑情节，依法应当判处管制、单处附加刑，判处缓刑、免予刑事处罚的，或者判处无期徒刑以上刑罚的，应当依法判决。3. 共同犯罪中，如果部分被告人应当被判处无期徒刑以上刑罚的，或者部分犯罪不在十五种常见犯罪之内的，可以不适用本实施细则。4. 被告人犯数罪的，如果部分犯罪不在十五种常见犯罪之内的，可以不适用本实施细则。"但是并不是每个省规定的适用范围完全一致，比如江苏省高级人民法院《实施细则》附则第 1 条规定"本细则适用于判处有期徒刑、拘役的案件"。

我们检察机关对于量刑建议并没有出台相应的实体法上的量刑建议指导意见，那么，在实践中量刑建议的范围如何把握？我们认为可以从以下几个方面去理解：

一、所有法院纳入量刑指导意见的常见罪名均适合提出量刑建议

最高人民法院和各省、自治区、直辖市高级人民法院都明确了现在是对 15 种常见犯罪进行量刑规范化。所以，我们可以明确，对这 15 种犯罪均可以提出量刑建议。而且，我们提出量刑建议的时候，应该充分考虑《量刑指导意见》和本省、自治区、直辖市高级法院有关《实施细则》中的相关内容，尤其是有关量刑情节的相关内容。所有纳入《量刑指导意见》的常见犯罪均可提出量刑建议。具体来说，以下犯罪均应提出量刑建议：（1）交通肇事罪；（2）故意伤害罪；（3）强奸罪；（4）非法拘禁罪；（5）抢劫罪；（6）盗窃罪；（7）诈骗罪；（8）抢夺罪；（9）职务侵占罪；（10）敲诈勒索罪；（11）妨害公务罪；（12）聚众斗殴罪；（13）寻衅滋事罪；（14）掩饰、隐瞒犯罪所得、犯罪所得收益罪；（15）走私、贩卖、运输、制造毒品罪。

二、没有纳入最高法量刑指导意见的其他罪名也可以提出量刑建议

上一点说到所有《量刑指导意见》列入的常见罪名均应提出量刑建议，那么，对于那些没有列入《量刑指导意见》的罪名是否也可以提出量刑建议？我们的答案是肯定的。最高人民法院将量刑实体规范化采用逐步推进的方式，先为常见犯罪设定量刑规则，而后再逐步扩展，就这 15 个罪名而言，本身也是分两步才实现，先设定 5 个罪名，而后再新增 10 个常见罪名。在这 15 个常见罪名的实体法量刑规则出台以前，我们各地检察机关本身也在积极尝试量刑建议。所以，在最高人民法院《量刑指导意见》中出现并不是提出量刑建议的必要前提条件。我们认为，没有纳入最高法量刑指导意见的其他罪名，检察机关也可以提出量刑建议。因为《量刑指导意见》是指导人民法院量刑裁判的，而检察

机关量刑建议能否提出并不受该文件适用范围所限。《量刑指导意见》目前只明确 15 种常见罪名的量刑指导意见，是因为对量刑规律的认识和量刑规则的提炼有一个逐步推进的过程。今后，量刑指导意见必定会把更多的罪名纳入其中。

三、中院一审的可能判处无期徒刑以上刑罚的案件可以不提出量刑建议

很多地方高级法院的量刑指导意见实施细则规定，即便是这些常见犯罪也只适用于可能被判处有期徒刑或拘役的案件，可能被判处无期徒刑以上刑罚或者管制、单处或者并处罚金的不适用，如浙江；有的地方高级法院规定只要是有期徒刑以下的案件均可以适用，如江苏。对此，笔者认为：一般来说有期徒刑和拘役的案件的宣告刑为一个期间，而最高人民法院一直认为检察机关量刑建议权应该提一个幅度刑，这也是一些地方规定只有宣告刑是一个期间的才能提出量刑建议，所以才得出无期徒刑、死刑案件不能提出量刑建议。对于这种观点，上文已经充分论述，其在法理上站不住脚，检察机关提出量刑建议并不会侵犯法院的量刑裁判权，法院可以不采纳检察机关的量刑建议，但是，不能规定检察机关提出量刑建议的方式只能是幅度刑。即便是中级人民法院一审的可能判处无期徒刑以上刑罚的案件，检察机关也是可以提出量刑建议的。只是由于这些案件社会影响大，而且无期徒刑、死刑缓期两年执行和死刑立即执行对当事人的影响又特别大，而且中级法院审理的案件也不见得宣告刑均为无期徒刑以上。为此，我们认为中级人民法院一审的可能判处无期徒刑以上刑罚的案件，检察机关可以不提出量刑建议。

四、有重大社会影响或有争议的案件慎重提出量刑建议

一些检察机关之所以不太愿意提出量刑建议，怕的就是量刑建议不被法院采纳，量刑裁判与量刑建议相差甚远，从而影响检

察机关的权威性和影响力。具有重大社会影响的案件，由于社会公众关注度就高，一旦不一致，影响面要比一般的刑事案件广得多。而且，这类案件法院和主审法官都会更加强调主体独立性，这种主体独立性体现在量刑裁判上，就是有一种量刑裁判与量刑建议的差异化。有争议的案件因为在采信证据、认定事实或者适用法律上存在争议，导致量刑裁判的基础可能会发生变化。如果法院与检察机关在证据采信、事实认定或者法律适用上不一致，那么，量刑裁判与量刑建议不一致的可能性就会很大。鉴于检察机关和公诉人员压力，对于重大社会影响或者有争议的案件慎重提出量刑建议。或者说可以在法庭调查之后，法庭辩论阶段发表公诉意见时再提出。不过有学者已经提出，"其实，在那些案件复杂、重大、疑难的案件中，检察机关的专业建议（包括定罪请求和量刑建议）对于国家刑罚权的准确实现更有意义"。[①] "在量刑建议主要限于简单案件的情况下，即使成效显著，即量刑建议被法院的采纳率较高，当庭判决率提升，上诉、抗诉率下降，等等，也很难说明量刑建议实现了设计初衷。毕竟，量刑建议的核心目标乃在于使检法之间建立专业性的交叠共识。而这种交往理性更应当体现在案情重大、证据疑难、因素复杂、量刑基准难以把握的案件之中。相反，如果仅仅追求简单案件的量刑建议，而忽视复杂案件的量刑建议，似乎就丧失了量刑规范化的意义"。[②] 当然，我们在开始尝试量刑建议之初，因为"万事开头难"，首先，酌情选择简单案件进行尝试，其次，扩大到复杂案件，先对有期徒刑和拘役的案件进行量刑建议，最后，再逐步推广，直至对附加刑以及主刑的刑罚执行方式均提出建议为止。

---

① 林喜芬：《论量刑建议的运行原理与实践疑难破解：基于公诉精密化的本土考察》，载《法律科学》2011 年第 1 期。
② 林喜芬：《论量刑建议的运行原理与实践疑难破解：基于公诉精密化的本土考察》，载《法律科学》2011 年第 1 期。

五、关于量刑建议案件范围把握应该注意的几个问题

第一，量刑建议与量刑裁判的案件范围不一定一致，一些省市高级法院在量刑指导意见的实施细则中规定，只要有一个罪名不在 15 种常见犯罪之列，就不能根据该规定进行量刑裁判。但是，我们应该注意的是这是法院对量刑裁判的约束，我们检察机关量刑建议是否也要完全遵循，值得推敲。我们的观点是，量刑建议只要公诉人吃得准的，未必要受是否常见罪名所限。

第二，对于中级法院一审的刑事案件，各被告人可能判处无期徒刑以上刑罚，因为这类案件的裁判结果对被告人来说影响很大，或者 10 年以上有期徒刑，或者无期徒刑、死刑缓期 2 年执行、死刑立即执行，所以，公诉人通常不太愿意提出量刑建议。我们应该明确的是这类案件可以不提出量刑建议，但是，对于那些犯罪事实清楚，证据确实充分，同类情形量刑裁判也比较清晰、稳定的案件，完全可以提出量刑建议。比如被告人张三，为报复社会，持刀上街砍死 6 人，对于这种案件，即便一审，公诉人也完全可以而且应该提出确定性的量刑建议，建议法院判处被告人张三死刑，立即执行，没收个人全部财产，剥夺政治权利终身。

第三，对于有重大社会影响的刑事公诉案件，检察机关是否提出量刑建议，我们的观点是要遵循常态。既然在其他案件中检察机关一贯是提出量刑建议的，我们对于社会重大影响的案件也倾向于提出量刑建议。因为案件本身具有重大社会影响，所以，舆论和社会公众对检察机关与审判机关都特别关注，我们需要慎重考虑量刑建议，尤其要注意提出的量刑建议是否都是有证据支撑，有法律依据，不要因为自己提出的量刑建议招致工作上的被动。当然，如果检察机关在这类案件中大胆进行量刑建议，而且量刑建议最终也为量刑裁判所采纳，或者说差距不是很大，那么，对于树立检察机关在社会公众中的权威是很有好处的。

第四，提出量刑建议，如果是多个罪名的，应该先分别提出

量刑建议，再根据数罪并罚的原理提出综合的量刑建议，既不能不区分每个罪名各自罪责刑，囫囵吞枣对一个被告人提出一个量刑建议，也不主张所有数罪并罚的案件全部"半拉子工程"一样，只对每一个罪名提出一个量刑建议，但对各被告人最后应该判何种刑罚不提出具体意见。当然，最高人民检察院公诉厅《关于开展量刑建议工作指导意见（试行）》中第6条规定"人民检察院指控被告人犯有数罪的，应当对指控的各罪分别提出量刑建议，可以不再提出总的建议"。

第五，对于多被告人或者一个被告人触犯多个罪名的案件，要么全部提出量刑建议，要么全部不提出量刑建议。不能只对某个被告人、某项罪名提出量刑建议，而对其他被告人、其他罪名不提出量刑建议。

【办案随想】量刑建议和量刑规范化改革从试点到全面推行虽然已经走过了十几个年头，但是，对于量刑建议的实质性作用，无论是法院还是检察院方面都不能说已经充分认识清楚了。虽然量刑规范化在全国全面推行多年，实践中，量刑实体规范化在最高法的硬性要求下，基本每个基层法院都已经严格按照量刑裁判系统进行裁判，而量刑程序规范化却仍然没有整齐划一规范起来，这是对被告人量刑辩护权的漠视。

对于哪些案件适合提出量刑建议，在实践中应该不是一个问题。因为，最高人民法院的《量刑指导意见》是对15种常见犯罪的实体规范化标准，这些标准同样可以供检察机关提出这15种罪名的量刑建议时参考。但是，量刑建议作为一项程序性权力，其提出本身就有重要意义的，是代表了公诉人对该案被告人处理的一种意见，是被告人及其辩护人开展量刑答辩的标靶所在。所以，理论上而言，所有案件都可以提出量刑建议。

第二节　量刑建议审批之各层级间的责任分工

　　根据我国《宪法》规定，检察机关在外部关系上体现出独立性，强调依法独立行使检察权，不受任何行政机关、社会团体和个人的干涉，对内关系上强调一体化、整体性、统一性，明确上下级检察机关之间是领导与被领导的关系，每个检察院内部实行检察委员会民主集中制基础上的检察长负责制，每位检察官在履行职责时均代表整个检察院，而非检察官自身。检察权的这种整体性不仅体现在整体检察工作中，也体现在每一件具体案件中，因行使检察权而产生的责任均呈现为整体责任而非个人责任。因此，检察权的具体运行，既要体现承办人的相对独立性，又要强调内部各职能环节的监督制约和层级上的审核把关作用，从而实现内部各职能环节和层级之间的权责一致，确保检察权依法准确行使。相应的就出现了检察机关案件办理过程中的层级负责制，因为，深化层级负责制，明晰不同层级的责任，更有利于责任的界定和追究，更有利于案件质量的保障。刑事公诉案件除了主任检察官办理的以外，一般实行层级负责制，即刑事案件进入审查起诉环节，由承办人审查，公诉部门负责人审核，分管检察长把关。具体来说，案件承办人、公诉部门负责人、分管检察长对案件的事实证据、定性、适用法律以及诉或不诉意见负全部责任，其中承办人侧重于对事实证据负责，部门负责人侧重于对关键性证据、承办人提出的问题和是否起诉等意见负责，分管检察长侧重于对部门负责人提出的问题和是否起诉等决定负责。"层级负责制明晰了承办人、部门负责人、分管检察长的层级权利和责任，既是对检察权本质属性的积极实践，也是深化公诉办案责任制的重大举措和客观公正处理案件的制度性保障，符合检察权的司法属性和公诉权的运行规律"。①

定罪和量刑共同构成了刑事司法的全部内容，所以，审查起诉案件承办人对量刑建议的形成和审批机制与定罪事实和处理意见的提出应该遵循同样的审批方式。《人民检察院刑事诉讼规则（试行）》第399条规定"人民检察院对提起公诉的案件，可以向人民法院提出量刑建议。除有减轻处罚或者免除处罚情节外，量刑建议应当在法定量刑幅度内提出。建议判处有期徒刑、管制、拘役的，可以具有一定的幅度，也可以提出具体确定的建议"。第400条规定"对提起公诉的案件提出量刑建议的，可以制作量刑建议书，与起诉书一并移送人民法院"。"量刑建议书的主要内容应当包括被告人所犯罪行的法定刑、量刑情节、人民检察院建议人民法院对被告人处以刑罚的种类、刑罚幅度、可以适用的刑罚执行方式以及提出量刑建议的依据和理由等"。据此，检察机关要提出量刑建议：第一，必须阐明被告人所具有的量刑情节；第二，必须阐明被告人所犯罪行的法定刑；第三，必须阐明检察机关对被告人处以刑罚的种类、刑罚幅度、可以适用的刑罚执行方式的建议；第四，必须阐明检察机关提出量刑建议的依据和理由。那么，这几项任务，在检察机关的层级审批制和主诉办案责任制中又是如何进行分工负责的呢？

一、承办人负责查明定罪量刑事实，提出初步处理意见以及相关依据

刑事公诉案件的承办人在对犯罪嫌疑人量刑建议的确定中，应该承担以下几项任务：

第一，承办人必须查明定罪、量刑相关的证据，并根据证据情况认定相关犯罪事实和量刑情节。定罪情节是指以认定被审理的行为符合特定犯罪构成起码要求而使该行为成立某种犯罪所

---

① 杨春雷：《深化层级负责制 确保公诉权准确行使》，载《检察日报》2010年8月2日。

必需的主客观事实情况，量刑情节是指定罪情节以外的，影响犯罪行为人量刑的从重、从轻、减轻或者免除处罚的主客观事实情况。虽然，在理论上定罪量刑的分离是刑事司法精细化的体现，有利于人权保障，修改后的《刑事诉讼法》也实行了定罪程序与量刑程序在庭审中的相对分离。但是，实际上很多案件本身定罪事实就是量刑的基础事实，关于定罪事实与量刑事实的关系可能存在如下情况：（1）定罪事实；（2）纯粹量刑情节；（3）定罪情节，但也涉及量刑。由于第三种情形的存在，使得定罪情节与量刑情节的区分是相对的。公诉案件承办人对定罪事实必须查清是毋庸置疑的，在司法实践中普遍存在重视定罪情节，忽视量刑情节的现象，尤其是对于犯罪嫌疑人从轻、减轻处罚的量刑情节更容易被控方所忽视。有的办案人认为犯罪嫌疑人及其辩护律师会基于其利益维护角度，通过自行举证方式来实现权利主张的，检察机关只要依照事实和法律予以认可就行了。这种观点违背了检察官客观义务，尤其是在控辩双方力量不平衡的情况下，被告人一方可能并不具备自行取证的能力，当前我国被告人接受刑事辩护律师服务并不普遍，检察官居于中立立场，履行客观义务，就显得更为必要。只有公诉人根据查实的证据认定案件事实，包括定罪事实和量刑事实，才能准确合理地提出适合被告人的量刑建议。

第二，根据查实认定的定罪事实和量刑事实，寻找应该适用的刑事法律以及相关司法解释，根据法律逻辑的三段论，"找法"是必要的步骤，这一步骤必须由公诉案件承办人来完成，从层级负责制来说，越往下，对事实和证据越了解，对法条的了解也越全面，越往上，对证据判断、事实认定的水平，法律条文的理解与适用能力越强。在寻找法律依据时，承办人不仅要把支持其观点的法律条文和相关司法解释找出来，还要把有可能适用的相关法律条义找出来。这样上任检察官、部门负责人以及分管检察长等都不需要再去寻找法条，大大提高了案件审批效率。

第三，提出犯罪嫌疑人量刑建议的初步意见。公诉案件审查终结报告中，承办人必须提出明确的处理意见，不能含糊其辞，量刑建议也不例外。有关犯罪嫌疑人量刑建议的处理意见，包括：（1）要不要提出量刑建议，不主张提出量刑建议的要说明理由；（2）审查认定的量刑情节，并分析各量刑情节对量刑的最终影响程度；（3）拟提出量刑建议的具体内容及其法律依据。

如果一个公诉案件最终证明出现重大瑕疵或错案时，是由于承办人对案件证据审查判断、案件事实认定错误，以及对案件中的问题未予发现，或虽已发现但未引起重视，因而案件出现重大瑕疵或错案的，承办人应负主要责任。

二、主任检察官或者部门负责人负责对量刑建议进行审核，区分情形直接决定或者提交分管检察长审批

在层级负责制中，承办人侧重于对事实证据负责，部门负责人侧重于对关键性证据、承办人提出的问题和是否起诉等意见负责。如果主任检察官、部门负责人对案件承办人提出的问题未予重视，或对是否起诉等决定不认真审查把关，因而造成案件出现重大瑕疵或错案的，部门负责人负主要责任。部门负责人在层级负责制中，承上启下，不仅要在形式上对承办人的审查终结报告进行审核，而且，应该对案件定罪量刑的关键性证据通过询问承办人、查阅案卷材料等方式进行仔细核实，以切实发挥其在业务上的把关作用，提高公诉案件质量。主任检察官认为案件事实清楚，证据确实充分的，根据授权可以直接决定提起公诉，或者依照审批权限规定提交部门负责人、并报分管检察长审批决定。一般来说，为了强化对主任检察官的监督，并兼顾提高办案效率，各地检察机关会规定对于"平行"或"上行"

的案件主任检察官可以自行决定，而对于"下行"① 的案件，一般要提交部门负责人审核并提交分管检察长审批决定。主任检察官和公诉部门负责人要注意的是不要动辄将案件提交上级审批决定，而是既要慎重审批，又要从严把关提交上级审批的案件。尤其是对于有争议的案件，自身一定要仔细斟酌承办人意见，充分思考之后再作出决定。严格控制提交上级审批案件的绝对数和总体比例，提高承办人和主任检察官、公诉部门负责人的主体责任。

三、分管检察长根据情形直接决定或者提交检察委员会讨论决定

分管检察长是根据分工协助检察长抓好分管工作，对内是代表检察长在履行职责。分管检察长在量刑建议过程中处于审批的角色，相对于案件承办人、主任检察官和公诉部门负责人，分管检察长侧重于对案件事实认定的审核和法律适用的把握，层次和高度要高于前面几个环节。而且，除了就案件事实认定和法律适用外，可能更会从整体、政策、三个效果层面来宏观把握。分管检察长在审批案件确定犯罪嫌疑人量刑建议时，要特别注意的是不能因为过分强调社会效果、政治效果而忽视法律效果。我们强调三个效果有机统一，并不是说为了社会效果、政治效果可以牺牲法律效果，而是强调在现有法律框架内争取获得最大的政治效果和社会效果，法律效果是政治效果和社会效果的边界和底线。我们检察机关作为法律监督机关应该成为这方面的表率。分管检察长审查后认为案件社会影响大，或者案情复杂争议较大，有必

---

① 本文所谓"平行"的案件，指审查起诉后认定的犯罪嫌疑人涉嫌的犯罪事实与侦查机关移送审查起诉意见书认定犯罪嫌疑人涉嫌的犯罪事实相一致，未作增减的案件。同理，"上行"案件是指追诉漏罪、漏犯，或增加犯罪事实或者加重、从重量刑情节的刑事案件；"下行"案件是指减少指控的犯罪事实或罪名、从重、加重处罚的量刑情节的刑事案件。

要提交检察委员会讨论决定的，可以提交检察委员会讨论。当然，在提交检委会讨论前，分管检察长必须在案件审查终结报告上明确其本人对案件事实认定、法律适用、量刑建议等的基本意见。

【办案随想】量刑建议的审批程序如何设置，开始的确有很多人提出要比定罪事实的认定设置更为严格规范的审批程序，必须经分管检察长或者检委会讨论决定。但是如此一来，与司法效率的价值目标完全背离。不可否认，量刑建议与量刑裁判一样具有很大的自由裁量权，但是量刑建议与量刑裁判最大的区别在于：量刑建议只是刑事诉讼过程中的一个程序性权力，不具有终局性，没有法院量刑裁判的认可，一切都是枉然。如果说量刑建议是对量刑裁判的事先影响，那么，量刑裁判更是对量刑建议的反向监督。检察机关领导层只要特别关注公诉人"低求高判"的案件，查明原因，一般都不会有大的问题。基于此种认识，量刑建议的审批决定权，完全可以参照定罪事实认定一样依照检察官办案责任制进行分工，授权审批决定。

在司法实践中，我们注意到除了一些单位领导存在不敢充分授权，导致对量刑建议设置过于严格审批程序，导致该项工作没有很好开展的情况之外，还存在一种出庭支持公诉的公诉人在庭上随意变更量刑建议，使得量刑建议丧失严肃性的情形。对于此种情形，检察机关要严加规范、进行管理。合理界分权力边界，确保量刑建议规范运行。

第三节　量刑建议的确定技巧

量刑建议的确定既是一个程序性的问题，更是一个实体性的问题，公诉人在确定量刑建议过程中，必须注意以下几个方面：

一、坚持全面评价原则

刑事诉讼中，公诉人承担着指控犯罪的重要职责，在法庭上，公诉人通过与被告人及其辩护人激烈的辩论支持和实现指控职能。由于工作压力大，一些公诉人可能会因为程序立场的差别，只重视对控方证据的收集，对辩方证据不够重视，不去收集或者即使收集了也不予采信，甚至藏匿不予移交。我们说公诉人承担着客观义务，必须依据事实和法律履行法定职责。在审查案件、形成量刑建议时既要考虑对控方有利的证据，也要考虑对辩方有利的证据，而且要给予同等分量的注意，不能厚此薄彼。德国《刑法》第46条第2项规定："法院于量刑时应权衡一切对行为人有利与不利之情状……"我国台湾地区"刑法"第57条规定"科刑时应以行为人之责任为基础，并审酌一切情状……"台湾地区"刑事诉讼法"第2条规定"实施刑事诉讼程序之公务员就该管案件，应于被告有利与不利之情形，一律注意"。[1] 这些规定都很值得我们检察官、法官在量刑建议和量刑裁判过程中借鉴。

二、进行量刑调查

量刑调查是基于目的刑理论，为体现刑罚个别化而对犯罪人的个体情况进行调查作为法官量刑裁判时的参考。量刑前调查报告的雏形源于1820年的美国，最初目的是为法院提供被告人个人的历史和犯罪行为的信息，以便实现量刑的个别化。现代量刑报告制度开始于19世纪40年代，由波士顿鞋匠约翰·奥古斯图（John. August）提出的，他认为："法律的目的是改造和阻止犯罪，而不是恶意复仇和报应。"约翰·奥古斯图是现代缓刑之父，也是量刑前调查报告的创始人。由于他的努力，麻省于1878年颁布了美国第一部缓刑法，授权波士顿市长指定警察作为缓刑监督官，1925年《美国联邦缓刑法》出台时，美国大多数州都已经颁布了缓刑法。[2]

---

① 韩光军：《量刑基准研究》，法律出版社2010年版，第138页。
② 马秀娟：《量刑程序研究》，法律出版社2012年版，第161页。

在国外，人格调查一般是由社区刑罚执行机构来完成，英国的缓刑官职责之一就是为法官提供判决前的报告，并对犯罪人适用监禁还是社区方案提出相应的意见。在美国，少年刑事案件的庭前社会调查工作由缓刑官负责，缓刑官必须就少年被告人的生活环境、学习经历等进行查访，会见少年被告人及其父母、逮捕官、学校老师、邻里以及少年被告人伙伴，并制作调查报告。在调查报告中应包括少年被告人的逮捕记录、最新的犯罪事实、对少年被告人的心理评估、社会机构所提供的信息。欧洲国家，一般由缓刑局负责此项工作。而我国台湾地区则设置专职少年调查官，负责调查收集关于少年保护事件的资料、对于在少年观护所接受观护的少年的调查事项，以及法律规定的向少年法院法官提出报告并附具建议等事项。[①]

而量刑调查的内容，综合各国司法实践看，主要包括以下几个方面：（1）个人情况，包括年龄、受教育程度、健康状况、生活经历、案发前的身份和社会经济地位；（2）犯罪起因、目的、动机、手段，与被害人关系，被害人过错情况；（3）犯罪前的一贯表现、有无违法犯罪前科或其他不良行为，犯罪后的认罪、悔罪态度；（4）性格特征，有无生理、心理疾病，有无吸毒、酗酒、赌博、早恋、夜不归宿等不良表现；（5）家庭背景，包括家庭成员的构成，监护人的职业、收入、健康情况，父母个性与和睦情况，父母对孩子的管教情况；（6）教育环境，学习成绩，对学习、老师态度，有无退学、逃学情况，以及所在学校基本情况；（7）社区环境，包括家庭迁移情况、所在社区治安情况、邻里关系、社区评价；（8）帮教条件。[②]

公诉人在办理公诉案件时，要进行量刑调查。虽然根据现行法律规定，只是明确了未成年人犯罪，侦查机关、检察机关和审判机关都明确了要进行社会调查，并形成社会调查报告。除此以

[①] 马秀娟：《量刑程序研究》，法律出版社 2012 年版，第 167 页。

[②] 马秀娟：《量刑程序研究》，法律出版社 2012 年版，第 168 页。

外的其他案件，我们认为不一定要形成一份完整的社会调查报告，但是进行有关犯罪嫌疑人的量刑调查是很有必要的。具体调查内容可以参照未成年犯罪嫌疑人社会调查报告的内容，结合各国有关量刑调查报告的内容来有针对性地开展。从控辩双方立场来看，辩方可能更倾向于通过社会调查报告提出对被告人有利的量刑答辩意见。但是由于在刑事案件中，有律师担任辩护人的比例在我国并不是很高。如果没有律师介入，而控方没有进行相应的量刑调查，被告人自身由于专业知识所限或者人身自由受限，无法提出有利的量刑相关材料，很可能使刑罚个别化原则没有得到很好的体现，而这也是有违检察官客观义务的。

同时，对于量刑调查所获取的量刑证据，我们在采信的时候要注意与定罪证据的区别所在。其一，从理念上看，定罪证据的运用过程不仅以认识论为基础，而且也以价值论特别是正当程序和人权保障为基础，最核心的理念是无罪推定、疑罪从无原则。量刑证据以让裁判者更为充分地获得了解为最佳。其二，从目的上看，定罪证据的证明对象为犯罪构成要件事实，而量刑活动的证明焦点是被告人应当承担的刑事责任，量刑活动的目的是促使刑罚目的的实现，在体现刑罚报应、威慑功能的同时，充分兼顾刑罚的个别预防功能，以促进被告人回归社会。其三，定罪证据要求具有证据能力，且必须经过严格的程序审查机制，而量刑证据中很多为传闻证据或意见证据，也包括行为人的品格证据。其四，量刑事实的证明过程没有定罪事实的证明过程要求严格，定罪证据适用确实充分，排除合理怀疑原则，而量刑证据一般只需优势证据，满足高度盖然性即可。而且，从体现刑法的谦抑性原则出发，对于量刑证据的证明标准还可以进一步细化。对于有利于被告人的只要满足高度盖然性即可认定，而对于不利于被告人的量刑证据应该坚持排除合理怀疑，把无法查清楚部分的利益归属于被告人是符合人权司法保障的基本理念的。当然，对于罪轻的量刑证据的举证责任应该主要由被告人及其辩护人提供，除非，被告人一方由于客观原因无法提供，申请司法机关依职权调取的。美国的司法实践一般也是量刑事实的证明责任由可能因这一事实获益的一方当事人负担；罪重事实的证明责任由控诉方负担，罪轻事实的证明责任只能由被告方承担。① 澳大利亚在 R. v. Storey 一案中，多数法官认为检控方不应当反证其所反对的罪轻事实，他们强调检控方在量刑程序中无须对所有量刑事实负证明责任，并认为要求检控方反证罪轻事实即使不是荒谬的，也将导致不可接受的后果。② 澳大利亚 R. v. Olbrich 一案中，关于量刑事实证明责任的分担，多数法官表述为：如果检控方希望某些事实能够引起量刑法官的注意并在量刑时予以考虑，则其在必要时，应负证明责任。同理，如果被告方希望某些事实引起量刑法官的注意并在量刑时予以考虑，则其在必要时应负证明责任。③

三、禁止重复评价原则适用与量刑建议的确定

禁止重复评价原则的渊源可以追溯到古罗马法，古罗马著名法学家乌尔比安在《论告示》第 18 编中指出：数个针对同一事实相竞合的诉讼，尤其是刑事诉讼，相互吸收。它是现代刑法罪责刑相适应原则的应有之义，基本含义就是犯罪人不得因为一个犯罪行为受到两次或多次刑罚处罚，承担两次刑事责任，即对同一犯罪行为禁止重复评价。一些国家都有明确的立法规定，比如美国宪法修正案第 5 条规定"任何人不得因同一犯罪而两次受生命或者健康的危险"④。

---

① "Special hearing to determine whether a sentence of death is justified", available at http：//www. law. cornell. edu/uscode/18/3593. html，访问日期：2014 年 1 月 16 日。

② R. v. Storey，（1998）1VR359（CA）. 转引自马秀娟：《量刑程序研究》，法律出版社 2012 年版，第 113 页。

③ R. v. Olbrich，（1999）108 A Crim R 464（HCA）. 转引自马秀娟：《量刑程序研究》，法律出版社 2012 年版，第 113 页。

④ 其他如《日本宪法》第 39 条后段规定"对同一犯罪不得重复追究刑事责任"，《俄罗斯联邦宪法》第 50 条规定"任何人不得因同一犯罪两次被判刑"，《俄罗斯联邦刑法典》第 6 条第 2 款规定"任何人不得为同一犯罪承担两次刑事责任"，《德国宪法》第 103 条第 3 项即规定："任何人不得因违反刑法之一行为而受多次处罚。"

　　量刑建议作为检察机关向审判机关提出的量刑裁判参考意见，也必须考虑禁止重复评价原则的适用。公诉人在量刑建议时贯彻落实禁止重复评价原则，主要做到以下几点：

　　第一，明确禁止重复评价的适用对象，原则上说一切影响刑事责任的因素，所有犯罪构成要件的要素、量刑情节都包括在内。

　　第二，禁止重复评价不限于刑事处罚，对于行政处罚情况也要考虑在内。如犯罪嫌疑人已经触犯刑律，但是，由于案发时案情不明朗，当作治安案件行政拘留的，被拘留期间应该可以折抵刑期。

　　第三，禁止重复评价不仅在量刑建议时要贯彻，在对量刑裁判的监督时也要一以贯之。比如说某一被告人法院认定自首情节，依法减轻处罚，同时认定认罪态度好酌情从轻处罚就不妥当。

四、既是定罪情节又是量刑情节的，是否属于重复评价

　　随着量刑规范化改革的深化，刑事诉讼中定罪与量刑的两元分化越来越明显。所谓定罪情节是指认定行为人构成犯罪的要件事实，是区分罪与非罪、重罪与轻罪、此罪与彼罪的一系列主客观事实情况。而量刑情节是指决定行为处刑轻重的情节要素。在行为已构成犯罪的前提下，量刑情节决定对行为人是否需要判处刑罚以及判刑轻重。

　　我们的问题是定罪情节能否再作为量刑情节？我国有学者认为"重复评价，是指作为犯罪构成要件的事实情况，在量刑轻重时又再次予以评价考虑，使得同一要素被评价了两次，一次被评价为定罪事实要素，一次被评价为刑罚轻重因素"。[1]

---

① 韩光军：《量刑基准研究》，法律出版社 2010 年版，第 138～139 页。

对此，我们认为禁止重复评价原则是指对已经评价过的行为整体不能重复评价，而不是指在行为内部对组成行为的要素进行定性评价之后就不能再进行定量评价。比如 14 周岁的人实施了抢劫行为，已满 14 周岁使其符合抢劫罪的主体资格，可以说其 14 周岁的事实已经作为定罪情节发挥了定罪功能。但是根据刑法规定，量刑时，14 周岁的事实还要作为量刑情节再次被进行量刑评价，从而认定其属于未成年人，依法应当从轻或者减轻处罚。对于这一情节谁都不能否认是两次评价，而且谁也不能否认应该作两次评价。所以，我们认为有些定罪情节可以作为量刑情节被再次评价。

五、量刑建议是否必须根据量刑指导意见提出

公诉人如何处理《量刑指导意见》以及各高级法院依据该指导意见出台的实施细则。我们的意见是公诉人既要看到量刑建议与量刑裁判的一致性，也要看到两者之间的差异性。基于这个立场我们的观点是：

第一，必须认真研究人民法院量刑指导意见，吃透相关精神，因为这是量刑裁判的依据，也是评价量刑建议的标准。最高人民法院在量刑规范化改革中推出实体法上量刑指导意见也是很长一段时间积累的成果，检察机关务必认真研读，这是基于量刑建议与量刑裁判的一致性的做法。

第二，要充分认识量刑建议与量刑裁判的差异性，量刑裁判是刑事诉讼的最后一个环节，在量刑裁判当时，所有事实情况的证据材料等均已经查明，尘埃落定。而量刑建议当时，检察机关指控犯罪虽然也是基于事实与法律，但是很多情况尚未经过庭审质证，还会发生变化。比如说被告人供述，在庭前虽然不是完全认罪，但是当庭可能会认罪，所以，量刑建议既是公诉人对指控事实所基于证据的判断，也应该包括对庭审情况可能发生的变化的一种预期，这是量刑建议与量刑裁判的第一个差异所在。第二个差异是，量刑建议只是一种程序性的权利，量刑裁判是实体性

的，量刑建议的主要功效是在把量刑纳入庭审过程中，为被告人及其辩护人树立一个靶子，为法官量刑裁判提供一个参考，为被告人及其辩护人设定一个心理预期。既然是心理预期，结合法律本身并非精细化的自然科学，是允许有一定的弹性的，所以量刑建议如果是确定性量刑建议，公诉人可以在居中稍偏上一点进行建议。

六、实证研究在提高量刑建议准确性中的重要作用

量刑既要体现罪刑法定、刑法罪责刑相适应原则，也要从恢复性正义角度考量体现刑罚个别化原则。从此种意义上论，量刑本身是一门科学，但是，由于地域、文化、观念的不同，在不同的时空下，对于罪责刑相适应和刑罚个别化的认识会有所不同，此时，实证研究就可以发挥重要的作用。

实证方法在近年来法律研究领域非常盛行，也取得了客观的成绩。实证研究对提高量刑建议实体规范化方面可以起到很大的作用：

第一，各基层检察院可以将本区域的常见犯罪以及常见的量刑情节在本区域的量刑裁判情况进行统计分析，一般来说有前3年的统计数据已经可以分析出一个基本的概况。

第二，针对前一阶段统计数据，结合量刑建议与量刑裁判的差异性，进行适当调整，形成适用于本区域的量刑建议细则。

第三，各基层院将本区域的量刑裁判和量刑建议细则上报，上一级人民检察院综合情况进行区域间的平衡，提出相应修正意见。最终归纳总结提炼成适用整个地区的量刑建议实施细则。如此，采用自上而下和由下而上相结合的方法，假以时日，人民检察院量刑建议实施指导意见就可以出来了，检察机关对量刑规范化改革的推动就又更进了一步。

七、注重发挥被害人在量刑建议形成过程中的作用

在刑事诉讼中，被害人属于一方当事人，享有一系列诉讼权利，包括参与量刑活动，发表量刑意见的权利。检察机关要允许被害人对犯罪嫌疑人、被告人量刑发表意见。如此，不仅有助于维护被害人自身的权益，也有助于全面实现刑事诉讼目的，确保司法审判的法律效果和社会效果。

被害人对犯罪嫌疑人、被告人发表量刑意见，可以通过向检察机关提交书面意见的方式，也可以申请或参加检察机关主持的量刑建议听证会，在会上充分表达意见。如果被害人提交书面意见的，检察机关不仅在形成量刑建议时必须慎重考虑被害人意见，而且，如果被害人不参加庭审也没有委托律师参与庭审的，公诉人应当在庭审时当庭宣读被害人的陈述和主张。人民法院对被害人的量刑意见应当认真听取记录在案，并在裁判文书中载明体现。

【司法实例】容某某受贿罪、非国家工作人员受贿抗诉案

【基本案情】容某某，男，1960 年生。

1996 年 7 月，容某某受浙江某国有工贸公司委派至一置业公司担任董事，并被置业公司任命为公司副总经理。1999 年至 2002 年，被告人容某某利用管理公司工程设计、承包等业务的职务之便，分别收受某业务单位负责人何某、蔡某等人所送的人民币共计 49.5 万元，并为上述人员谋取利益。

2003 年，工贸公司将在置业公司的 60% 股权转让给他人之后，被告人容某某继续担任置业公司副总经理，其间容某某利用职务之便，收受柴某、任某所送的人民币 5 万元，并为上述人员谋取利益。2009 年 1 月 9 日，司法机关在办理其他案件电话通知容某某核实有关情况时，容某某主动交代其受贿和非国家工作人员受贿的犯罪事实，遂案发。案发后，被告人容某某退缴了全部涉案赃款。

【量刑情节分析】本案中被告人容某某的量刑情节如下：

（1）有自首情节，依法可以从轻或者减轻处罚，依据《量刑指导意见》的规定"对于自首情节，综合考虑自首的动机、时间、方式、罪行轻重、如实供述罪行的程度以及悔罪表现等情况，可以减少基准刑的40%以下；犯罪较轻的，可以减少基准刑的40%以上或者依法免除处罚。恶意利用自首规避法律制裁等不足以从宽处罚的除外"。（2）有积极退赃的情节，《量刑指导意见》的规定"对于退赃、退赔的，综合考虑犯罪性质，退赃、退赔行为对损害结果所能弥补的程度，退赃、退赔的数额及主动程度等情况，可以减少基准刑的30%以下；其中抢劫等严重危害社会治安犯罪的应从严掌握"。

【量刑建议的形成】被告人容某某犯有受贿罪和非国家工作人员受贿罪，其中受贿罪数额为49.5万元，其受贿在10万元以上量刑起点是有期徒刑10年，可以并处没收财产；49.5万元远远超过10万元，基准刑拟定为12年；具有自首情节，依法予以减轻处罚30%，积极退赃轻处10%，由此，被告人容某某犯受贿罪建议量刑：12年×（100%－30%－10%）＝7年2个月，另可以并处没收财产。被告人容某某犯非国家工作人员受贿罪5万元，根据该省高级法院明确的区域性量刑标准"索取或者非法收受他人财物，数额在2万元以上不满10万元的，属于'数额较大'，处五年以下有期徒刑或者拘役"，故非国家工作人员受贿2万元，量刑起点1年有期徒刑，本案中被告人容某某受贿5万元，超过立案标准3万元，且为数额巨大起点10万元的一半，确定基准刑为有期徒刑2年6个月，被告人容某某有自首和积极退赃情节，分别轻处30%和10%，故被告人容某某犯非国家工作人员受贿拟量刑建议为：2年6个月×（100%－30%－10%）＝1年6个月。数罪并罚在7年2个月和8年8个月之间确定宣告刑，拟建议宣告刑8年有期徒刑，并处没收财产若干。

【诉讼经过】案发后，容某某认罪态度一直很好，庭审时也认罪服法。检察机关认定容某某构成两罪，同时具有自首情节，向同级法院提起公诉。鉴于本案情况，检察机关对容某某犯受贿罪建议量刑 7 年 2 个月，对容某某犯非国家工作人员受贿罪建议量刑 1 年 6 个月，合并执行有期徒刑 8 年，并处没收财产若干。后法院审理后认为被告人容某某有自首情节，依法予以减轻处罚，犯罪后认罪态度好，积极退赃，当庭对犯罪事实供认不讳，对被告人容某某犯受贿罪判处有期徒刑 5 年，并处没收财产人民币 6 万元，犯非国家工作人员受贿罪判处有期徒刑 1 年。数罪并罚，决定执行有期徒刑 5 年 6 个月，并处没收财产人民币 6 万元。

【审查分析】承办人收到法院判决书后，第一感觉就是量刑太轻。本案中被告人容某某受贿 49.5 万元，量刑起点应该是 10 年有期徒刑，基准刑为有期徒刑 12 年左右，因为非国家工作人员受贿 10 万元是 5 年以上有期徒刑，所以被告人容某某作为非国家工作人员受贿 5 万元，基准刑为有期徒刑 1 年 6 个月。量刑情节有：（1）自首，可以减轻 40%；（2）积极退赃，可以在基准刑 30% 减少刑罚量。但是，无论如何不可能如一审法院一样低量刑。而且，一审法院在认定自首的情况下又认定认罪态度较好予以酌情从轻处罚明显属于重复评价。

【量刑监督】后某区检察院对法院裁判文书审查后认为，一审判决认定被告人容某某具有自首情节，依法予以减轻处罚，同时又以其能够自愿认罪，作为酌定从轻处罚情节，属于重复评价。按照被告人容某某受贿数额，其法定基准刑应为 10 年以上有期徒刑，在其只有自首和退赃情节的情况下，对其大幅度予以减轻处罚不当。同时被告人容某某受贿数额大、时间长，主观恶性大；本案与其他同类案件相比，属于量刑畸轻。遂以该判决适用法律不当，量刑畸轻为由，向某市中级人民法院提起抗诉。某市中级人民法院经审理后认为抗诉机关提出的原判量刑情节上存在重复评价的理由成立，但其认为原判量刑畸轻的理由不能成立，该案属于量刑偏轻。遂作出二审判决，维持非国家工作人员受贿罪的定罪和量刑，将受贿罪的刑期改判为 7 年，决定执行有期徒刑 7 年 6 个月，并处没收财产 6 万元。

第四节 提出量刑建议的时机把握

量刑建议提出的时间有两种可能：一是提起公诉时，同时提出量刑建议；二是提起公诉时不提出量刑建议，而是在法庭辩论阶段，发表公诉意见时，提出量刑建议。那么，作为公诉人，究竟何时提出量刑建议比较合适，我们认为应当把握以下几个原则：

一、根据犯罪嫌疑人是否翻供确定量刑建议提出的时间

犯罪嫌疑人对于司法机关讯问进行回答时，有的并不是很清楚他的回答将会在刑法处理上产生何种法律上后果，侦查机关和检察机关又一直教育"坦白从宽，抗拒从严"，犯罪嫌疑人如实回答了讯问。但是，一旦检察机关提起公诉，明确罪名，提出量刑建议，被告人知晓其可能面临的刑罚处罚时，出于趋利避害的本性，就有可能最后一搏，当庭翻供。所以，对于犯罪嫌疑人供述不太稳定的，时翻时供的，我们不主张在开庭前提出量刑建议，而是倾向于等法庭调查结束，犯罪事实查清以后，在法庭辩论阶段，公诉人发表公诉意见时再提出量刑建议。对于犯罪嫌疑人本性比较老实，供述稳定的，公诉人可以考虑在提起公诉时就提出量刑建议。这样，可以给犯罪嫌疑人充分的时间，准备量刑答辩。

对于这两种犯罪嫌疑人个性差异而在量刑建议时间上作出的不同选择，并不是说对翻供犯罪嫌疑人的一种惩罚，对老实人的一种奖赏。在目前我国证据体系下，被告人供述仍然是非常重要的定案证据，如果被告人当庭翻供会对其庭前有罪供述产生冲击，法院甚至有可能因为被告人翻供在事实认定上与检察机关审

查认定的不一致，这样量刑建议与量刑裁判的事实基础就会有所改变，量刑建议与量刑裁判结果就会有较大差异。所以，对于犯罪嫌疑可能翻供的案件我们主张当庭进行量刑建议，只是希望量刑建议的基础事实不要变化太大。

二、根据罪行轻重确定量刑建议提出的时间

根据罪行轻重确定量刑建议提出时间主要是以下几点：

一是轻微刑事犯罪，主张提起公诉时就提出量刑建议，这样可以免去被告人收到起诉书以后内心没谱，就像"十五只水桶打水——七上八下"。对于可能判处 3 年以下有期徒刑、拘役或者管制的轻微刑事犯罪，量刑建议一般不会超过被告人心理预期很多，被告人提前知晓检察机关的底牌也许更能保持内心的安定，以免其受同监室的犯人的教唆，当庭翻供，浪费司法资源。

二是对于可能判处 5 年以上的刑事公诉案件，尤其是可能判处 10 年以上刑罚的刑事案件，我们倾向于当庭提出量刑建议。比如说入户抢劫或者入户盗窃，为抗拒抓捕转化为抢劫的案件，被告人可能认为案件涉及财产多寡与其量刑有很大影响，结果发现数额虽然很少，但是量刑建议很重，可能会诱发翻供。所以，对于重罪案件，我们一般主张法庭调查结束以后，在法庭辩论阶段发表公诉意见时提出量刑建议。

三、根据社会影响大小确定量刑建议提出的时间

一般来说社会影响大的案件，社会公众关注多，检察机关和公诉人压力相对就大。此种情形下，如果承办人对案件证据把握、事实认定、法律适用都没有问题，而且，所犯罪名的量刑也都有相对稳定性的情况下，鼓励在提起公诉时直接提出量刑建议。反之社会影响大，但是，在证据采信、事实认定、法律适用方面存在较大争议，或者属于新类型罪名，如何进行量刑，没有很好的尺度的时候，可以考虑由公诉人在法庭辩论阶段口头提出

量刑建议。在量刑建议探索的初期，检察机关内部也有比较强烈的反对声，其中一条理由就是，如果推行量刑建议，检察机关会成为社会舆论的关注点。原先由法院扛着的社会压力，将移转到检察环节，至少会由检察机关和审判机关共同承担。其实，只要我们坚持客观公正立场，提升自身素能，让社会关注又有何妨，关注度大，压力大，搞好了影响力也大，所以，倒逼也许是正道。

四、根据案件是否存在争议确定量刑建议提出的时间

案件是否有争议可以从证据收集、审查、判断上是否存在争议，事实认定上是否观点一致，法律适用上有无不同观点，以及量刑建议方面观点是否基本一致，如果答案全部肯定，那么，说明案件的变数较小，可以考虑在提起公诉时直接提出量刑建议。如果有一方面或多方面存有分歧，而且分歧较大，那么，应该考虑将量刑建议放在提起公诉以后，庭审时，由公诉人在发表公诉意见时提出量刑建议，甚至不提出量刑建议。

五、刑事二审再审案件中的量刑建议

根据最高人民检察院《有关人民检察院开展量刑建议工作的指导意见（试行）》，人民检察院办理刑事二审再审案件，可以参照该意见提出量刑建议，在二审或者再审案件中，如果人民检察院认为应当维持原审裁判中的量刑结果的，可以在派员出席法庭时直接提出维持原判的意见，如果人民检察院认为应当改变原审裁判中的量刑结果的，可以另行制作量刑建议书提交法庭审理或在开庭审理时直接提出量刑建议。

【司法实例】胡某贩卖毒品案

【基本案情】被告人胡某，无业，因涉嫌贩卖毒品罪于2013年7月23日被依法逮捕。

被告人胡某借住于某公司职工宿舍×号×室刘某（另案处理）家中，因无钱吸食毒品，在刘某答应供其吸食毒品的情况下，帮助刘某贩卖毒品海洛因。2013年7月2日14时许，刘某接到周某要购买人民币300元毒品海洛因的电话后，便让胡某送毒品海洛因给周某，15时许，胡某送毒品给周某，并收取人民币300元。交易完成后，胡某和周某当场被抓，毒品（后经称重化验为海洛因净重1克）和300元人民币均被查获。案发后，被告人胡某对犯罪事实供认不讳。

【量刑情节】根据《刑法》第347条第1款规定"走私、贩卖、运输、制造毒品，无论数量多少，都应当追究刑事责任，予以刑事处罚"。第4款规定"走私、贩卖、运输、制造鸦片不满二百克、海洛因或者甲基苯丙胺不满十克或者其他少量毒品的，处三年以下有期徒刑、拘役或者管制，并处罚金；情节严重的，处三年以上七年以下有期徒刑，并处罚金"。本案中被告人胡某涉嫌罪名为贩卖毒品罪，涉案毒品数量是已经售出的毒品海洛因1克。虽然，胡某和刘某系共同犯罪，胡某系帮刘某送毒品，但是因为胡某直接参与接头交货，收取毒资，应当对其参与的全部犯罪事实接受处罚，不区分主从犯。现有证据证实被告人胡某贩卖毒品海洛因1克，应处3年以下有期徒刑，并处罚金。同时，胡某案发后自愿认罪，可以酌情从轻处罚。

【量刑建议】因为被告人胡某贩卖毒品海洛因查实的只有1克，但又有多次贩卖毒品属于情节严重，所以，被告人胡某的基准刑为1年，又被告人胡某案发后自愿认罪，酌情轻处10%，故拟量刑建议11个月，并处罚金若干。

又由于本案中被告人胡某对起诉所指控的犯罪事实供认不讳，本案中有证据证实的犯罪事实只有一笔，而犯罪黑数肯定远不止一笔，就这一笔净重1克的海洛因，量刑不是很重，应当在被告人胡某的心理预期之内。而且，快速结案也符合胡某的心理。所以，本案直接在提起公诉时提交量刑建议书，不仅不会促使被告人胡某翻供，反而会更加促使被告人认罪伏法。故公诉人决定在提起公诉的同时提交量刑建议书。

【量刑裁判】本案法庭审理鉴于被告人认罪，采用简易程序审理，被告人方主要围绕是否构成从犯，可以从轻处罚的幅度进行辩论。法院审理后认为被告人胡某明知是毒品而贩卖给他人，其行为已触犯刑律，构成贩卖毒品罪，且系共同犯罪，被告人胡某直接交付毒品、收受毒资，辩护人关于被告人胡某系从犯辩解不能成立。检察机关关于被告人胡某认罪态度好酌情从轻处罚的建议予以采纳。最后对被告人胡某犯贩卖毒品罪判处有期徒刑10 个月，并处罚金 1000 元。同时对涉案 300 元毒资予以没收，上缴国库。

第五节　量刑建议的类型选择

虽然，在"两高三部"《关于规范量刑程序若干问题的意见（试行）》中明确"量刑建议一般应当具有一定的幅度"。但是，最高人民检察院在这方面，已经在 2010 年 2 月，公诉厅关于《人民检察院开展量刑建议工作的指导意见（试行）》中规定"建议判处有期徒刑的，一般应当提出一个相对明确的量刑幅度"，"如确有必要，也可以提出确定刑期的建议"。2012 年修正后的《人民检察院刑事诉讼规则（试行）》更加明确规定"建议判处有期徒刑、管制、拘役的，可以具有一定的幅度，也可以提出具体确定的建议"。那么，公诉人在提出量刑建议时如何把握提确定性量刑建议合适还是提出一个相对明确的量刑幅度合适？我们的观点是：

一、犯罪事实清楚、证据确实充分的可以提确定性量刑建议

犯罪事实清楚、证据确实充分的案件，即便刑事诉讼程序往

前推进，整个案件处理的变数小，量刑建议与量刑裁判的事实基础共同性大，两者一致的可能性就大，检察机关提出量刑建议就可以考虑采用确定性的量刑建议。相反如果犯罪事实，包括定罪事实和可能对量刑产生重大影响的量刑情节没有查清的，都不适宜提出确定性量刑建议，甚至不主张在提起公诉时就提出量刑建议。

二、最终量刑可能比较轻的，适宜提确定性量刑建议

最终宣告刑可能比较轻的案件，被告人心理承受度高，本身量刑可以采用的幅度就小，如果在此幅度内再去设定一个量刑建议的幅度，不仅没有必要，而且，也可能给检察机关带来某种不利。因为设定幅度，不代表量刑裁判一定在幅度内，如果量刑裁判在量刑建议的幅度外判决，那么对检察机关影响也是不太好的。但如果为了确保在幅度内量刑裁判，量刑建议的幅度就会比较大，量刑建议的幅度过大就失去了本身的意义。所以，对于最终宣告刑可能比较轻，通常在 3 年以下的，公诉人可以采用确定性的量刑建议，以让被告人吃一个"定心丸"。

三、纯粹以犯罪数额大小为犯罪后果轻重标准的，适宜提确定性量刑建议

有些财产性犯罪，犯罪数额大小是衡量犯罪罪行轻重的重要标志，比如说盗窃、诈骗以及破坏市场经济秩序类犯罪等。相对来说，以数额大小为犯罪后果轻重标准的犯罪其后果更好量化，被告人犯罪数额与其应当承受的刑罚处罚之间更容易建立某种因果上的关系，即扣除犯罪起点数额后，通过某种比例关系进行对应。对于此类犯罪，我们主张采用确定性量刑建议。

四、本区域常见罪名，可以参照同类情形提出确定性量刑建议

量刑的公正性一方面体现在个案本身犯罪行为的罪行轻重、犯罪后果的严重性、与所受刑罚处罚之间的适应性问题，即体现罪责刑相适应原则；另一方面还体现在同样情形，受到同样处罚，体现不同犯罪行为人之间法律面前人人平等，在刑法上又称为罪刑均衡原则。对于本区域常见罪名，多发性犯罪，我们除了研究该罪本身的法律法规、司法解释之外，更要关注同样情形，法院以往是如何处置的，我们可以参照既往的裁判，适当考虑量刑建议与量刑裁判之间差异性，提出恰当合理的量刑建议。对这类犯罪，我们检察机关可以通过实证研究，统计分析的方式定期或不定期进行归类总结提炼，以提高公诉人量刑建议的准确率。

五、社会关注度高，争议较大的案件，可以选择概括性量刑建议

社会影响大或者案件本身存有争议，变数较大的案件，可以在最好与最坏的结果之间选择概括性量刑建议。如果一个检察机关或者公诉人对于提起公诉的刑事案件一般都提出量刑建议，而碰到社会影响大或者案件本身有争议的案件，就不提出量刑建议，可能给审判机关以及社会公众造成一种不太好的印象。但是，如果提了量刑建议，检察机关和承办案件的公诉人又可能觉得压力太大。对于此种情形，我们的建议是如果实在吃不准，变数太大，不好控制，可以不提量刑建议，至少在提起公诉时不提量刑建议，要提也放到法庭辩论阶段再提量刑建议。如果只是一个公众关注度，案件本身的证据采信、事实认定、法律适用方面变数不是很大，可以提量刑建议，把握大的在提起公诉时便提出量刑建议，树立检察机关敢作敢为良好形象。压力大的，可以在

法庭辩论阶段发表公诉意见时提出量刑建议。而且，这类案件提量刑建议可以采用一定幅度，将最好的最坏的情形全部考虑进去，明确一个相对的量刑幅度。

六、情节型、新类型犯罪，可以选择概括性量刑建议

在刑法个罪体系中，有的犯罪主要是根据数额来认定犯罪后果的有无和大小的，对于这类犯罪的定罪量刑比较容易作出判断，还有一些犯罪是根据一些无法直接量化的情节来确定犯罪后果的，对于这类犯罪，公诉人如果把握不准，可以选择概括性量刑建议。

另外，随着社会经济的快速发展，经济主体多元化、社会融通信息化、社会形态动态化的特征日益呈现。相应地，各种刑事犯罪也越来越带有国际化、现代化、智能化、暴力化等新特点。尤其是近年来在我国市场经济领域，除猖獗依然的传统经济犯罪外，又出现了诸多新的犯罪形式和犯罪形态，对于这些新类型犯罪，由于本区域不太发生，其他地方可参照案例也少的刑事公诉案件，公诉人不好把握，量刑建议时可以明确一个相对的幅度，而不提非常确定的量刑建议。

【办案随想】任何事情都讲究平衡，量刑建议也不例外。在司法实践中，提出量刑建议要比不提量刑建议的压力会大一些。因为只要你提量刑建议，必然会有量刑裁判进行反向监督。但是，在一个普遍提出量刑建议的检察院，如果突然对某一起案件不提出量刑建议。尤其是在当地具有较大影响力的刑事案件，如果检察机关一反常态，不提出量刑建议。那么，检察机关以及公诉人也同样会面临来自社会公众和媒体舆论的压力。就有人会怀疑是否有内幕还是公诉人水平不行，担当不够。为此，我们公诉人需要做的就是寻求某种平衡，实现检察公信力的提升。

第六节　量刑建议的提出形式

提起量刑建议，我们立刻想到的是量刑建议书，但实际上量刑建议书并不一定最好的形式。量刑建议可以通过量刑建议书或者起诉书形式提出，也可以在法庭辩论阶段发表公诉意见时提出。书面形式的量刑建议一般都在提起公诉时就提出，并将副本送达被告人。这种形式的优点是比较正式，而且，可以给被告人提供充分的量刑答辩的时间，提高法庭辩论的针对性。其缺点是这种方式可能由于事先告知了被告人检察机关的量刑建议的底牌，如果超过了他们的心理预期，可能会引发当庭翻供。而在法庭辩论阶段发表公诉意见时提出量刑建议，则相对庭审效果影响小。从保持公诉指控的有利形势来说，采用在法庭辩论时提出量刑建议更有利。因为法庭辩论在法庭调查之后，经过法庭调查，起诉书指控的犯罪事实已经被查明，有关证据材料也已确定，案件事实基本明确，此时提出量刑建议，因与量刑裁判的基础基本一致，量刑建议与量刑裁判也会更接近。当然，采用法庭辩论阶段提出量刑建议，对于保障被告人量刑答辩权来说不是很有利。所以，公诉人要综合全案情况，作出符合个案情形的量刑建议形式。

一、口头提出量刑建议

公诉人在法庭辩论阶段提出量刑建议，可能是大部分公诉人愿意采纳的量刑建议方式。因为这种量刑建议提出方式对公诉人来说增加的工作量不大，但在实践中，我们要注意的是，公诉人必须在公诉意见中明确载明量刑建议的基本情况。包括量刑情节、各量刑情节对量刑裁判的影响，各被告人、各项罪名分别的量刑建议，以及综合的量刑建议情况。公诉意见书必须装入案卷归档，以备检查。

二、量刑建议书

（一）量刑建议书的基本内容

最高人民检察院公诉厅 2010 年《人民检察院开展量刑建议工作的指导意见（试行）》（〔2010〕高检诉发 21 号）第 11 条第 3 款规定"量刑建议书一般应载明检察机关建议人民法院对被告人处以刑罚的种类、刑罚幅度、可以适用的刑罚执行方式以及提出量刑建议的依据和理由等"。根据修改后《刑事诉讼法》修订的《人民检察院刑事诉讼规则（试行）》第 400 条规定："对提起公诉的案件提出量刑建议的，可以制作量刑建议书，与起诉书一并移送人民法院。""量刑建议书的主要内容应当包括被告人所犯罪行的法定刑、量刑情节、人民检察院建议人民法院对被告人处以刑罚的种类、刑罚幅度、可以适用的刑罚执行方式以及提出量刑建议的依据和理由等。"这两个规定已经明确了检察机关量刑建议书的基本内容：第一，载明所犯罪行的法定刑；第二，列举量刑情节；第三，提出具体建议量刑的刑罚种类、刑罚幅度、可以适用的刑罚执行方式；第四，载明量刑建议的依据和理由。

（二）量刑建议书的基本格式与制作说明

1. 量刑建议书的格式样本

人民检察院量刑建议书格式样本（试行）

_____人民检察院量刑建议书

被告人：

案由：

起诉书文号：

被告人_____一案经本院审查认为，被告人_____的行为已触犯《中华人民共和国刑法》第____条（款、项）之规定，犯罪事实清楚，证据确实充分，应当以_____罪追究其刑事责任，其法定刑为_____。

因其具有以下量刑情节：

1. 法定从重处罚情节：_____

2. 法定从轻、减轻或者免除处罚情节：_____

3. 酌定从重处罚情节：_____

4. 酌定从轻处罚情节：_____

5. 其他_____

故根据_____（法律依据）的规定建议判处被告人_____（主刑种类及幅度或单处附加刑或免予刑事处罚），_____（执行方式），并处_____（附加刑）

此致

_____人民法院

检察员：

年　月　日（院印）

2. 量刑建议书制作说明：

（1）量刑建议书的格式样本供地方各级人民检察院对提起公诉的案件拟以专门的量刑建议书的形式向人民法院提出量刑建议时使用。拟在公诉意见书中提出量刑建议的格式同公诉意见书样本。

（2）上述格式包括首部、被告人姓名、案由、起诉书文号、行为触犯的法律、涉嫌罪名、法定刑、量刑情节、建议的法律依据、建议的主刑种类及幅度、执行方式、附加刑种类、尾部等。

首部：人民检察院的名称前应写明省自治区、直辖市的名称对涉外案件提起公诉时人民检察院的名称前均应注明"中华人民共和国"的字样。

法定刑：依法应适用的具体刑罚档次。

量刑情节：法定从重、从轻、减轻或者免除处罚情节和酌定从重、从轻处罚情节。如果有其他量刑理由的可以列出。

建议的法律依据：刑法、相关立法和司法解释等。

建议的内容：建议的主刑属于必填项，如果主刑是拘役、管制、有期徒刑，则一般应有一定的幅度。执行方式和并处附加刑属于选填项。执行方式指是否适用缓刑。附加刑可以只建议刑种种类。如果建议单处附加刑或免予刑事处罚的则不再建议主刑、执行方式和并处附加刑。

尾部：第一，量刑建议书应当署具体承办案件公诉人的法律职务和姓名。第二，量刑建议书的年月日为审批量刑建议书的日期。

3. 对于被告人犯有数罪的应分别指出触犯的法律、涉嫌罪名、法定刑、量刑情节、建议的内容确有必要提出总的量刑建议的再提出总的建议。

4. 一案中有多名被告人的可分别制作量刑建议书。

5. 对于二审、再审案件需要制作量刑建议书的，可以此格式样本为基础作适当调整。

6. 对于量刑建议的原则及如何提出量刑建议等，以《人民检察院开展量刑建议工作的指导意见（试行)》为依据。

三、将量刑建议内容写入起诉书

前文已经阐明关于简易程序案件，能否在起诉书中提出量刑建议，最高检并没有明确。一种观点认为起诉书是法定格式文书，不得擅自更改，持该观点的同志认为，即便是简易程序案件，也必须同步提交量刑建议书；另一种观点则认为，简易程序案件体现的是对效率的追求，对于罪行较轻、被告人认罪、证据稳定的轻微刑事犯罪案件。我们认为，可以将量刑建议的相关内容纳入起诉书，以期实现简易程序的价值目标。当然，直接将量刑建议在起诉书中载明，就不能像量刑建议书一样信息丰满了，还必须注意文书的简洁明了。就像一些法院少年犯裁判文书中增加了温馨的法官寄语，有些检察机关在不起诉决定书后附检察官寄语等。

【司法实例】被告人胡某某抢劫案

【基本案情】被告人胡某某，男，曾因犯盗窃罪于 1997 年 4

月 25 日被某县法院判处有期徒刑 1 年，曾因犯抢劫罪于 2009 年 11 月 16 日被某县法院判处有期徒刑 5 年，并处罚金人民币 2000 元，2013 年 6 月 25 日被释放。

2014 年 2 月 3 日 0 时许，被告人胡某某窜至庄河市黑桥镇大于屯村于某家中窃得现金 3000 元，后被于某甲和于某乙发现，胡某某欲翻墙逃跑但被于某甲和于某乙当场控制，为抗拒抓捕，胡某某用自带的催泪喷射器朝于某甲眼睛喷射。

【量刑情节】（1）本案中被告人胡某某入户盗窃被发现后，为抗拒抓捕而当场使用暴力，其行为已触犯了《刑法》第 263 条、第 269 条之规定，构成抢劫罪，应处 10 年以上有期徒刑。（2）被告人胡某某刑罚执行完毕后又犯应判处有期徒刑以上刑罚的犯罪，系累犯，应当依据《刑法》第 65 条之规定从重处罚。（3）被告人胡某某系犯罪未遂，依照《刑法》第 22 条之规定，可以比照既遂犯从轻或者减轻处罚。

【量刑建议】（1）被告人胡某某入户盗窃后被发现，为抗拒抓捕当场使用暴力，属于转化型入户抢劫，量刑起点为 10 年有期徒刑，并处罚金。（2）涉案财物为现金 3000 元，且于某甲并未有受轻伤以上伤害，故被告人胡某某量刑基准刑应为 10 年有期徒刑，并处罚金。（3）被告人为抗拒抓捕而当场使用暴力，但未能成功，系犯罪未遂，依法可以从轻或者减轻处罚，根据《量刑指导意见》的规定，对于未遂犯，综合考虑犯罪行为的实行程度、造成损害的大小、犯罪未得逞的原因等情况，可以比照既遂犯减少基准刑的 50% 以下。本案中被告人胡某某已经实施完毕，且已经造成后果，但是后果不是很严重。可以比照既遂犯从轻处罚 20%。（4）被告人胡某某系累犯，根据《量刑指导意见》规定，对于累犯，应当综合考虑前后罪的性质、刑罚执行完毕或赦免以后至再犯罪时间的长短以及前后罪罪行轻重等情况，增加基准刑的 10%～40%，一般不少于 3 个月。本案被告人胡某某前面犯过盗窃罪和抢劫罪，现在刑满释放不久又再犯抢劫罪，宜增加基准刑的 30%。（5）被告人胡某某自愿认罪，如实供述自己罪行的，可以减少基准刑的 20% 以下。由上，被告人胡某某量刑建议宜为 10 年 ×（1 − 20% + 30% − 20%）= 9 年。由于 9 年有期徒刑与被告人胡某某盗窃 3000 元钱预期相差甚远，而且，被告人胡某某前科中就有盗窃罪和抢劫罪，对抗性和反社会情绪比较明显，为了避免浪费司法资源，公诉人决定先不提量刑建议，而是等法庭调查结束，所有事实均已尘埃落定后，在法庭辩论阶段发表公诉意见时再对量刑情节进行综合分析并提出具体量刑建议。

【庭审与量刑裁判】本案提起公诉后，被告人胡某某没有翻供，但是在法庭辩论阶段，当公诉人提出其量刑起点为 10 年有期徒刑时，感到非常意外。因为其概念盗窃 3000 元不用说是轻罪，而抢劫也不过 3 年开档，没有料到入户盗窃被发现后，为抗拒抓捕而当场使用暴力，量刑起点为 10 年有期徒刑，并处罚金。但是，开庭至此，也只有等公诉人把理由说完，最后也只有认罪伏法。否则，被告人可能当庭会翻供，给公诉人指控犯罪带来困难，浪费司法资源。法院审理后认为被告人胡某某以非法占有为目的，采用秘密手段入户盗窃被发现后，为抗拒抓捕当场使用暴力，侵犯了公民的财产所有权和人身权，其行为已构成抢劫罪，且属于入户抢劫；被告人已经着手实施犯罪，由于意志以外原因而未得逞，系犯罪未遂；被告人曾因抢劫罪被判处有期徒刑 5 年，刑罚执行完毕后 5 年内再犯应当判处有期徒刑以上刑罚的本案之罪，系累犯，依法从重处罚；被告人到案后能够如实供述自己罪行，依法予以从轻处罚。综合以上量刑情节，对被告人胡某某予以减轻处罚，对被告人胡某某犯抢劫罪，判处有期徒刑 9 年，并处罚金 3000 元。

【办案随想】量刑建议形式的选择，既要考虑该行为的严肃性、规范性，也要考虑实施该行为的公诉人的积极性。就公诉人而言效率是非常重要的，不要增加太多的工作量，否则在司法实践中可能就不太有生命力。除了重大案件、观摩庭案件和简易程序直接把量刑建议写入起诉书的以外，公诉人普遍喜欢在发表公诉意见时提出量刑建议。但是，我们要注意的是，务必把发表公诉意见时的量刑建议在书面的公诉意见书中予以明确载明，并装卷归档。我们有些同志不习惯事先制作意见书，也不习惯当场制作公诉意见书，等到归档了才来补公诉意见书，这种习惯非常不好，不仅对没有起到对庭审的促进作用，而且，补出来的文书质量也往往不高，经常会存在漏洞。

第七节　量刑建议的变更

影响量刑的因素既可能在犯罪前、犯罪中产生，也可能在犯罪后甚至是提起公诉后产生。加上即便量刑客观事实本身没有变化，但是由于人的认识因素和取证能力的局限性，提起公诉之前可能发生法律事实与客观事实之间存在偏差。所以，公诉人提出量刑建议之后，如果在法庭审理结束前，量刑情节发生变化足以影响最终定罪量刑的，应当允许公诉人变更量刑建议，具体变更操作因情况不同可作不同处理：

一、开庭前发现需要变更量刑建议的处理

对于审查报告已经形成量刑建议，而且经过领导审批，但是，并未向法院和被告人送达量刑建议书，也未在起诉书中载明量刑建议的，公诉人只需按照审批程序再次走变更量刑建议的流程即可。而起诉时送达量刑建议书，开庭前发现遗漏量刑情节的，区分情形选择庭前变更还是当庭变更。对于检察机关提起公诉时就提出量刑建议，与起诉书一起送达量刑建议书的，如果在法院开庭前发现有遗漏量刑情节的，公诉人应该区分情形采取庭前变更还是当庭变更的方式。如果经审查认为遗漏的量刑情节已经查证属实，而且，不会有新的变数的情况下，建议选择庭前变更的方式，毕竟等到开庭时再变更，可能会让被告人及其辩护人、社会公众认为检察机关对案件事实尚未查清楚即提起公诉，

尤其是被遗漏的情节是在提起公诉前就已经存在的情况下。如果，量刑建议书上没有体现的量刑情节是检察机关提起公诉之后新产生的，比如立功，那么，公诉人完全可以根据法庭调查情况后再作变更。但如果庭前即已知悉的，可以事先履行好审批程序。

二、庭审时情况发生变化影响量刑的，需要变更量刑建议的处理

法庭审理，瞬息万变，公诉人在出庭支持公诉时发现定罪量刑事实发生变化，可能造成对量刑裁判造成影响的，可以当庭变更量刑建议。公诉人当庭变更量刑建议必须符合与案件审批程序同样的权限规定，不能随意变更。比如主任检察官自行决定提起公诉的案件，可以根据主诉权限自行变更，而对于普通公诉人，则必须建议法庭休庭后，电话请示汇报后，才能进行量刑建议的变更。当然，如果出庭支持公诉的公诉人虽然没有权限，但是其根据实务经验，认为完全可以把握是否变更、变更幅度的情况下，从节约庭审时间角度考虑也可以先当庭变更，但必须在庭后立即汇报，并履行审批程序。

另外，作为一名公诉人，要善于从被告人及其辩护人的辩护方向中判断其对将要提出的量刑建议的可能的辩护意见。美国学者 Paul Robinson 潜心研究辩护之后认为，辩护可以分为五类：一是缺乏证据的辩护（Failure of Proof Defenses）；二是改变指控罪行的辩护（Offense Modification Defenses）；三是正当理由（Justifications）；四是可得宽恕（Excuses）；五是非开脱罪责辩护（Nonexulpatory Defenses）。我国对于排除犯罪的事由除了刑法明确规定的正当防卫和紧急避险外并没有系统明确规定，但是，理论上还是存在执行法律的行为、正当业务行为、被害人承诺、自救、自损行为、业务冲突等。而且，未成年人和精神病人的可得宽恕性也在刑法中作了明确规定。

三、第一次庭审后，裁判作出前，需要变更量刑建议的处理

第一次庭审后裁判作出前，发生新的量刑情节，可能影响量刑裁判的，可以书面变更量刑建议。刑事公诉案件有时在开庭后还会有新的量刑情节出现，比如检举揭发他人涉嫌犯罪的事实被查证属实了，构成立功甚至重大立功等，对于此种情形，我们认为应该在量刑裁判中予以体现，而无须等生效裁判执行后再进行减刑。检察机关对于此种情形，认为新增量刑情节可能会影响量刑裁判的，可以书面变更量刑建议。检察机关在变更时加重或从重量刑建议的，我们认为必须经过再次开庭，进行法庭辩论。因为只有经过法庭质证证实的证据才能作为定案的证据，第一次开庭后，出现新的量刑情节，相关证据材料必须经过法庭控辩双方质证后，才可能作为定案的证据。所以，此种情形必须经过再次开庭。而如果本身没有量刑情节的变化，只是公诉人对原先的量刑情节的影响力认识发生变化，那么如果公诉人拟变更的量刑建议是比原先的更趋轻缓的，在没有被害人，或者虽有被害人但征得被害人同意的情形下，从有利于被告人原则，可以不经过法庭辩论。这种做法可以体现对被告人基本人权的保障和司法效率的提高。

四、变更量刑建议应注意的问题

（一）变更量刑建议遵循审批权限的规定

公诉人历来有"笔虽受限，口却自由"的特征，反过来说，公诉人虽然在法庭上可以畅快淋漓地发挥，但是，书面审批权限还是要遵守，量刑建议的变更也不例外。公诉人变更量刑建议遵循的审批权限规定适用"谁决定，谁变更"的基本原则。否则，如果允许公诉人在案件审结以后，随意变更量刑建议，事实上是对上级审批意见的更改，是对上命下从原则的违反。不具备审批

决定权限的公诉人认为需要当庭变更量刑建议的应该休庭后请示决定。现实中，个别公诉人对量刑建议的变更比较随意，不遵循原先审批程序的情形比较常见。其实这是对量刑建议的一种误读，是对司法公信的一种践踏。量刑建议权是一项检察机关享有的正式的法律意义上的权力，其提出的方式、内容都代表了检察机关对法律的理解、对事实证据材料的采信、对刑事政策的把握，是一项很严肃很正规的权力。我们检察机关的领导和公诉人都要认识到这一点，并认真履行好量刑建议的职责，不能让它在行使过程中走样，从而导致检察机关公信力下降，甚至引发人们对量刑建议制度的质疑。

（二）庭前变更量刑建议应当采用书面变更的方式

庭前变更量刑建议应当采用书面形式，这是不言而喻的，因为如果发生此种情形，必然是意味着该案在提起公诉时已经提出了量刑建议，在提起公诉时即提出量刑建议，只能通过书面形式来提出。既然原先的量刑建议是采用量刑建议书等形式，那么，在庭前变更量刑建议时也就自然而然地必须采用书面量刑建议书的形式。当然，如果公诉人在提起公诉时就提出书面量刑建议书，但根据庭审变化后在法庭辩论阶段才变更量刑建议内容的，可以不向法院提出变更量刑建议的书面材料，因为法庭记录本身就要诉讼参与人签字存档。

（三）变更量刑建议要善于把握时机

变更量刑建议并非一发现量刑情节发生变化就马上变更，要善于把握变更时机。在提起公诉以后法庭裁判之前，案件事实由于证据、法律依据发生变化等原因，可能会造成量刑情节的增减或者量刑情节对量刑裁判的影响度发生变化。所以，我们认为量刑建议有时也必须随着情形的变化而进行变更调整。但是，我们要明白的是，并非只要发现量刑情节发生变化，就马上向法院提交变更量刑建议的文书。检察机关作为司法机关、国家法律监督机关，必须保证决策判断的审慎性，在提起公诉时提出的量刑建议应该也是审慎作出的，既然是审慎作出的，就不能轻易更改，这是其一；其二，既然现在量刑情节发生变化，那么，以后在开庭审理前或庭审过程中还会不会再次发生变化，理论上来说都不是不可能，我们能不能针对一个案件连续制作几份量刑建议书，如果真是如此，可能会影响检察机关司法行为的严肃性和检察机关良好形象。我们的观点是公诉人要把握时机，根据个案情况，判断是否需要向法院和被告人一方提出变更后的量刑建议，同时，在内部，我们必须认真审查、研究变更后的定罪量刑情节等，根据新的情形作出新的量刑建议，随时准备适时抛出。同时要分析为何会发生此种情形，对我们今后的工作将产生何种影响等。

【司法实例】蔡某，浙江省某市保税区国税局原局长，利用职务上便利，收受他人财物 49 万元，在被纪委谈话期间主动交代犯罪事实，后移送检察机关办理。但其家属坚决不退赃，而是聘请某知名大学教授做无罪辩护。某区检察院依法以受贿罪对蔡某提起公诉，开庭时公诉人通过宣读起诉书，讯问被告人、举证、质证等法庭调查，发表第一轮公诉意见，认为蔡某虽然有自首情节，但赃款一分没退，悔罪表现不明显，对被告人蔡某量刑建议有期徒刑 11 年，后其配偶当庭表示要求退赃。法庭休庭后其家属全额退赃，出庭公诉人电话汇报检察长后，量刑建议有期徒刑 9 年，最终法院量刑裁判蔡某有期徒刑 8 年 6 个月。

【点评】这是一起实践中比较少见的案件，被告人自愿认罪，其家属坚决做无罪辩护，当第一轮辩护意见发表完了以后，又当庭要求退赃。在全额退赃情节出现后，检察机关公诉人在履行请示汇报程序后在恢复庭审时变更量刑建议，从有期徒刑 11 年降为有期徒刑 9 年，后法院在此基础上再下降半年，很好地体现了全额退赃后的从宽处理，对被告人蔡某自首情节由从轻处罚转为减轻处罚，取得了很好的社会效果，该案的庭审在当地取得了比较好的宣传效果。本案中，公诉人在休庭后及时电话向检察长汇报，在获得指令后，即建议恢复庭审，当庭变更先前提出的量刑建议，充分体现了坦白从宽，抗拒从严，刑事诉讼认罪认罚从宽处理的刑事政策，同时也提高了庭审效率。

第八节　保障量刑建议实现的技巧

量刑建议是一项程序性权力，量刑建议的实效性最终还有待量刑裁判来检验。公诉人要想量刑建议最终获得量刑裁判的认可，必须通过强化说理等一系列措施来加以保障。

一、公诉人加强量刑建议说理的几个关键点

量刑建议是公诉权行使的重要内容，但是，我国传统刑事公诉都是定罪之诉，直到 20 世纪 90 年代末才开始地方检察机关进行探索将量刑建议权纳入公诉请求权的内容。之后，在 21 世纪初，最高人民检察院和最高人民法院开始关注和着手量刑建议和量刑规范化改革。加强司法行为和法律文书的说理性是提高检察机关队伍素质、实现司法目的、提升司法效果的必要手段。公诉人加强量刑建议说理关键要抓住以下四个环节：一是在量刑建议书上详细列明量刑情节等相关内容，不要遗漏；二是法庭调查严格执行定罪量刑相对分离，通过量刑情节相关证据的举证、示证、质证，查明量刑情节，为法庭辩论打下基础；三是在法庭辩论阶段，发表首轮公诉意见时，围绕本案的基本事实、法定刑，具备的量刑情节、各量刑情节对量刑裁判可能产生的影响以及检察机关最终的量刑建议开展充分的论述；四是法庭辩论中，针对被告人及其辩护人提出的量刑答辩意见，有理有节地进行针对性辩论，以正视听。

二、如何通过检察长列席审委会保障量刑建议的实现

人民法院对于重大社会影响或者有争议的案件，一般都会通

过审判委员会讨论决定，比如对于检察机关立案侦查的国家工作人员职务犯罪案件。对于此种情形，列席审判委员会的检察长或者受检察长委托的副检察长应当把握机会，充分说理，再次强化论证检察机关量刑建议的合理性。尤其是对于定案事实和法律适用争议不大，争议主要集中在量刑轻重的案件上。列席审委会的检察长应该在法院承办人员汇报完案件后，在审判委员会委员发言前，即发言补充。否则，当各位委员全部发言表决结束，检察长的列席发言只能相当于亡羊补牢式的抗议，于事无补。而在各委员发言之前的发言，则可以将不同的观点摆在各位审判委员会之前，提供一个可供选择的参考意见，推动量刑裁判过程中的兼听则明。

三、对量刑裁判的审查与抗诉技巧

　　量刑建议不同于量刑裁判，量刑裁判也不可能与量刑建议完全一样。高求低判是一个常态，但是，如果人民法院在没有证据、事实、法律适用上的变化就作出与量刑建议明显出入的量刑裁判，又不说明理由的，检察机关应该考虑是否启动对量刑裁判的抗诉，因为法律规定量刑畸轻畸重可以抗诉。在实践中，很多人认为量刑建议提出以后，量刑裁判的抗诉会减少，实际上恰恰相反，量刑建议的推行可以带动量刑裁判的抗诉案件的增加。公诉人对于量刑裁判的审查至少可以从以下几个方面来进行：

　　对于量刑畸轻畸重的要依法及时提起抗诉予以纠正；对量刑失衡、偏差较大的，虽不属于畸轻畸重，可采取再审检察建议等方式进行监督。如果觉得个案不足以启动再审程序的，也可以将一个时期的量刑裁判存在的问题归类整理分析后，以检察建议或者检察意见书的形式向法院提出来，以防止今后类似情况的发生。

　　【司法实例】

　　1. 某佳货运代理公司虚开用于抵扣税款发票罪、非法出售用于抵扣税款发票罪抗诉案

【基本案情】

被告单位：某佳货运代理有限公司期间

被告人陈某某，某佳货运代理公司经理

被告人施某，某佳货运代理公司业务员

2006年8月至2007年6月，被告人陈某某在经营某佳货运代理有限公司期间，为牟取非法利益，单独或伙同被告人施某、高某在无实际运输业务往来的情况下，采用按票面金额4%～5%收取开票费的手段，向12家单位虚开《公路、内河货物运输业统一发票》共计128份，票面金额为人民币4211147.65元，抵扣税额为人民币294780.37元；同时，被告人陈某某伙同施某等人，为牟取非法利益，将上述两家单位及从某区某物流有限公司非法购入的《公路、内河货物运输业统一发票》共计340份，在无实际运输业务往来的情况下，采取按票面金额2%～4.5%收取开票费的手段非法出售给24家单位，票面金额高达40126344.02元。

【诉讼经过】某区检察院起诉被告单位某佳货运代理公司犯虚开用于抵扣税款发票罪、非法出售用于抵扣税款发票罪，其中被告人陈某某系直接负责的主管人员，被告人施某、高某某系直接责任人员。某区人民法院以虚开用于抵扣税款发票罪、非法出售用于抵扣税款发票罪判处某货运公司罚金人民币各5万元，决定执行罚金人民币10万元。以虚开用于抵扣税款发票罪、非法出售用于抵扣税款发票罪判处某货运代理公司罚金人民币各5万元，决定执行罚金人民币10万元。被告人陈某某犯虚开用于抵扣税款发票罪，判处有期徒刑2年6个月，并处罚金人民币5万元；犯非法出售用于抵扣税款发票罪，判处有期徒刑2年6个月，并处罚金人民币5万元，决定执行有期徒刑4年，并处罚金人民币10万元。被告人施某犯虚开用于抵扣税款发票罪，判处有期徒刑3年，并处罚金人民币5万元，犯非法出售用于抵扣税款发票罪，判处有期徒刑10个月，并处罚金人民币2万元，决定执行有期徒刑3年3个月，并处罚金人民币7万元。被告人高某某犯虚开用于抵扣税款发票罪，判处有期徒刑2年，缓刑2年6个月，并处罚金人民币5万元。

【裁判审查】公诉人收到裁判文书后，发现审判机关对涉案单位和主要负责人、直接责任人都判处了罚金。显属错误，根据《刑法》第205条规定"虚开增值税专用发票或者虚开用于骗取出口退税、抵扣税款的其他发票的，处三年以下有期徒刑或者拘役，并处二万元以上二十万元以下罚金；虚开的税款数额较大或者有其他严重情节的，处三年以上十年以下有期徒刑，并处五万元以上五十万元以下罚金；虚开的税款数额巨大或者有其他特别严重情节的，处十年以上有期徒刑或者无期徒刑，并处五万元以上五十万元以下罚金或者没收财产。""单位犯本条规定之罪的，对单位判处罚金，并对其直接负责的主管人员和其他直接责任人员，处三年以下有期徒刑或者拘役；虚开的税款数额较大或者有其他严重情节的，处三年以上十年以下有期徒刑；虚开的税款数额巨大或者有其他特别严重情节的，处十年以上有期徒刑或者无期徒刑。""虚开增值税专用发票或者虚开用于骗取出口退税、抵扣税款的其他发票，是指有为他人虚开、为自己虚开、让他人为自己虚开、介绍他人虚开行为之一的。"所以，本案中涉案单位某佳货运代理公司应当被判处罚金，而对直接负责的主管人员和其他直接责任人员，应当被判处有期徒刑或者拘役。一审法院对被告单位和三被告人均判处罚金，显属法律适用不当。

【量刑监督】某区检察院认为一审判决适用法律不当，导致量刑错误，加重了三被告人的刑罚。据此向某市中级人民法院提出抗诉。

【处理结果】某市中级人民法院同意检察机关抗诉理由，裁定发回重审，后该案得到改判。

2. 华某某盗窃罪抗诉案

【基本案情】华某某，1990年10月16日出生。

2008年9月27日，浙江某市人民法院（2008）某刑初字第575号刑事判决书认定华某某犯盗窃罪，判处有期徒刑2年6个月，并处罚金 20000 元。2010 年 10 月 26 日，华某某刑满释放，后又因盗窃罪被抓，并被认定为累犯，于 2011 年 5 月 6 日被浙江某市人民法院书判处有期徒刑 12 年 6 个月，剥夺政治权利 2 年，并处罚金 100000 元。

【分析论证】《刑法修正案（八）》于 2011 年 2 月 25 日通过，并于同年 5 月 1 日施行，根据刑法修正案第 6 条规定："被判处有期徒刑以上刑罚的犯罪分子，刑罚执行完毕或者赦免以后，在五年以内再犯应当判处有期徒刑以上刑罚之罪的，是累犯，应当从重处罚，但是过失犯罪和不满十八周岁的人犯罪的除外。"本案中，第二次判决的法院没有注意到新的修法规定，导致对华某某认定累犯，导致对华某某量刑加重，显然属于法律适用错误导致量刑不当，应予纠正。

【诉讼经过】浙江某市人民检察院在审查案件过程中，发现法院判决认定华某某为累犯，并从重处罚，属于法律适用错误，导致量刑畸重，为维护司法公正，准确惩治犯罪。本着有错必纠的原则，依据《刑事诉讼法》第 205 条第 3 款之规定，于 2011 年 12 月 26 日向浙江某市中级人民法院提出抗诉。

【处理结果】后该案经中级法院再审，于 2012 年 1 月 14 日对案件进行了改判，撤销了华某某的累犯情节认定，并改判其有期徒刑 11 年。

第九节　量刑建议的监督

量刑建议是一项程序性的权力，而且对法院没有刚性约束力，但是量刑建议的影响力客观存在。所以，无论从规范量刑建议、提高量刑建议质量角度，还是从规范司法行为，强化队伍建设，加强自身监督角度看，都必须加强量刑建议的监督。强化量刑建议的监督，可以着重从以下几个方面着手：

一、认真审查主任检察官备案的量刑建议

在检察院刑事检察业务中，普遍存在重定罪、轻量刑的现象。而且，在主任检察官推行过程中，虽然各单位基本都实行主任检察官备案审查机制，要求将对外法律文书向部门负责人等备案。但是，在实践中或者主任检察官事实上没有在备案，或者主任检察官进行了备案，但是部门负责人从来就不审查。量刑建议作为检察机关向法院提出的公诉请求权的重要组成部分，应当纳入备案的内容。部门负责人和分管领导要认真审查主任检察官备案的量刑建议，尤其是要从量刑建议的统一性和规范性方面进行审查。如果部门负责人和分管领导的确没有精力全部审查主任检察官所备案的量刑建议，也应当进行必要的抽查。必须让主任检察官在充分履行独立决定案件处理的同时提高注意义务。在司法实践中，由于案多人少矛盾比较突出，很多文书备案制度事实上成了一种摆设，这种导向与现在全面推进依法治国的大背景格格不入。作为一名新时期人民检察官应当时时恪守规则，严格公正文明规范司法，不断提升司法公信力。

二、强化对量刑裁判的审查

公诉人审查裁判文书时，要强化对量刑裁判的审查，并就量刑建议与量刑裁判的差异性作出必要说明。检察机关对法院裁判文书的审查，应当将量刑裁判作为重点审查内容，公诉人对裁判文书量刑裁判内容的审查，既要审查其是否对量刑建议和量刑答辩意见有无明确载明，对量刑建议和量刑答辩不予采纳的是否充分说明理由，对法院最终量刑裁判有无阐明理由，以及理由是否成立，量刑裁判结果是否罪责刑相适应，共同犯罪的同案犯之间量刑是否均衡等。

公诉人在裁判文书审查表上应当列明量刑建议和量刑裁判，并就量刑建议与量刑裁判的差异性方面作出必要说明。对于量刑

裁判与量刑建议明显偏离的，必须提出是否抗诉的审查处理意见。如果比对发现的确量刑裁判更为合理，则在今后量刑建议活动中应当及时修正改进。

三、强化同类案件的量刑建议与量刑裁判的阶段性归类比较

要对每个公诉人同类罪名的量刑建议进行阶段性归类比较，审查量刑建议标准前后执行的一致性。量刑建议和量刑裁判既有罪责刑相适应的科学性问题，也有不同地域、不同群体的不同观念认识问题。所以，对于同样一个行为，在不同的地方其法律效果、政治效果、社会效果都有可能有所差异。中国地域广大，各区域之间差异性很大，定罪量刑的公平性既要体现在共和国现有法律框架内，也体现在同一区域、同类情形、同样处理上。为此，检察机关有必要对每个公诉人同类罪名的量刑建议进行阶段性归类比较，通过比较审查同一主体在不同时间是否存在执法标准的不统一问题。强化类案分析，加强案例指导，有助于统一法律适用标准。

四、注重不同公诉人之间的量刑建议比对，强化标准和尺度的统一

要善于把一个时期不同公诉人之间同类犯罪量刑建议情况进行比较分析。执法标准的统一性，不仅体现在同一公诉人在不同时期的执法标准把握的一致性上，也体现在不同主体在同一时间对同一类情形存在执法标准的一致性上。检察机关要经常把一个时期不同公诉人之间同类犯罪量刑建议情况进行比较分析，并根据比较分析情况采取针对性措施。对于一直量刑建议偏高，应该适度调低。而经常性量刑建议会低于量刑裁判的，说明量刑建议过低，使得法官宁愿低求高判，也要维护罪责刑相适应。而且，对于低求高判的案件，我们要关注是否存在司法腐败问题。在推

行主任检察官制度，遵循"谁办案，谁决定""谁决定，谁负责"的基本原则下，多个口子对外是必然的，由于个体认识不同，同一情形不同处理的情形出现也是在所难免。通过把同一时期不同公诉人之间的同类犯罪量刑建议情况进行比较分析，可以很好地协调平衡个体之间的差异，实现法律的统一适用。

【司法实例】被告人邵某受贿、玩忽职守抗诉案

【基本案情】被告人邵某，原系浙江某市某区安全生产监督管理局（以下简称安监局）综合监督管理科副科长。

2000 年至 2007 年，被告人邵某利用监管非煤炭矿山安全生产工作的职务便利，收受该区矿主林某、贺某、曹某、胡某等人贿赂款项共计人民币 83000 元，并在矿山安全检查、申领安全生产许可证及发生安全事故后矿山复工等方面为他们谋取利益。

2004 年 4 月起，该区某矿业公司持续存在缺少专职安全员、将爆破工程非法发包给无爆破施工企业资质的个人、生产现场存在开裂、悬挂的不稳定岩体、生产边坡存在浮石、险石及不稳定岩体、违章作业等诸多重大安全隐患，对矿业公司存在的上述安全隐患，负责非煤矿山、采掘工程施工企业生产安全监管工作的被告人邵某出于私情考虑，并未予以指出，更未促使矿业公司停业整改，致使公司存在的安全隐患均未得到及时、有效的排除。2005 年 7 月 5 日，该公司一爆破员在生产现场一侧边坡约 10 米高处作业时，为避让滚落的浮石而坠落死亡。事故发生后，区里组成事故联合调查组，被告人邵某作为调查组成员参与该事故处理。联合调查组经调查后责令该矿停产停业整顿，封存炸药。但矿业公司负责人林某在整改未有效完成的情况下，于同月 12 日向安监部门提出复工申请。同月 20 日，被告人邵某在其办公室内收受林某贿赂 10000 元后许诺在复工问题上帮忙。次日，被告人邵某伙同调查组负责人沈某，在调查组其他成员未到场的情况下，到矿业公司生产现场进行了仓促检查，未能指出避炮棚位置存在安全隐患等情况。之后，二人经商议决定以整改需要使用炸

药用于上山筑路为借口，让矿业公司在事实上实现复工。后在未征求调查组其他成员意见的情况下，被告人邵某草拟了关于矿业公司开展整改的意见，同意矿业公司使用炸药上山筑路。7月23日，矿业公司进行路面拓宽作业，在现场没有专职安全员的情况下实施爆破，又违反规定进行扩壶爆破，致使浮石滚落将爆破点下方的避炮棚压塌，躲避在该棚内的9人被土石掩埋，其中3人窒息死亡，其余6人受伤。案发后，被告人邵某退缴涉案赃款。

【诉讼过程】检察机关经审查后认为被告人邵某身为国家工作人员，利用职务之便，收受他人财物共计人民币83000元，为他人谋取利益，其行为触犯刑法，构成受贿罪；同时被告人邵某作为国家机关工作人员，严重不负责任，不认真履行安全监管职责，致使发生3人死亡6人受伤的重大安全事故发生，其行为已经触犯刑法，构成玩忽职守罪。遂决定对被告人邵某以涉嫌受贿罪和玩忽职守罪向同级法院提起公诉。法院审理后认定被告人邵某有两罪都有自首情节，对被告人邵某进行减轻处罚，以被告人邵某犯受贿罪判处有期徒刑3年，以玩忽职守罪，判处免予刑事处罚，决定执行有期徒刑3年，缓刑4年。

【量刑监督】某区人民检察院收到判决书后，审查认为法院裁判认定存在自首情节错误，量刑畸轻。首先，被告人邵某不符合自首的法定条件，其系在检察机关立案侦查后，经口头传唤后到案，到案后也没有及时交代自己的犯罪行为，依法不能认定自首；其次，被告人邵某的玩忽职守行为造成严重后果，且有徇私舞弊的情节，免予刑事处罚显属刑罚裁量失当，而且两罪并罚，缓期执行明显不当。故依法向某市中级人民法院提出二审程序抗诉。

市中级人民法院审理后认为，被告人邵某收受他人钱财后为其谋取利益，并造成多人死亡的重大事故，其玩忽职守的行为和重大损失之间的因果关系明晰，构成玩忽职守罪，且具有徇私舞弊情节，但被告人邵某在"7·23"事故调查组中系一般的办事人员，其职责和权限有别于调查组的负责人员，在其中所起的作用尚属轻微，同时，某市人民检察院在安全事故发生后两年对被告人邵某立案侦查，并通过电话告知被告人所在单位领导转告邵某到某区检察院。被告人邵某在单位领导转告后即自行前往某区检察院，该事实足以证实被告人邵某愿意接受相关部门处罚，其行为具有自首的主动性，且其到案后一直对玩忽职守行为供认不讳，故其行为应以自首论，被告人邵某在被采取强制措施后，又能如实供述司法机关尚未掌握的受贿犯罪事实，对该罪也应以自首论。鉴于被告人有自首和立功情节，依法对其减轻处罚并无不当，被告人认罪态度好，案发后进行了全额退赃，有悔罪表现，又酌情对其从轻处罚。裁定驳回上诉、维持原判。后市人民检察院提请浙江省人民检察院抗诉，省人民检察院就该案按照审判监督程序向高级人民法院提出抗诉。理由主要是：（1）玩忽职守、受贿两罪均不成立自首；（2）法院对被告人邵某的量刑畸轻，适用缓刑不当，导致罪刑明显不相适应。

【处理结果】省高级人民法院提审后，作出再审判决：被告人邵某犯受贿罪判处有期徒刑3年，犯玩忽职守罪，判处有期徒刑6个月，决定执行有期徒刑3年。至此，被告人邵某受贿和玩忽职守案虽然没有达到起初指控的目的，但是，也终究被判处实刑。

第十节　如何提高量刑建议对量刑裁判的影响力

量刑建议之所以直到现在，仍然有很多地方没有推行，就是因为个别检察机关觉得量刑建议对量刑裁判影响不大，建议与不建议差别不大，纯粹是增加工作量。的确，无论从哪个角度来讲，如何提高量刑建议对量刑裁判的影响力都是我们每一位公诉人应该认真思考的问题。

一、必须努力提高量刑建议的准确率

虽然量刑规范化改革在全国已经全面铺开，但是，从我们实证情况来看，一些地方检察机关还是没有在很好地开展量刑建议工作，其中畏难情绪是重要原因，公诉人总感觉量刑裁判权在法院，量刑建议无法求准确，压力太大。这里，我们必须明白两层意思：其一，检察机关量刑建议的目的是影响量刑裁判，所以，量刑建议的终极目的就是追求量刑建议与量刑裁判的一致性。是故，努力提高量刑建议的准确率应该是我们公诉人首先必须追求的东西。其二，要求提高量刑建议的准确率并非一定是要求量刑建议与量刑裁判严格的一致性。比如高求低判是符合人性和控、辩、审基本格局的，要求量刑建议与量刑裁判完全一致，本身就是不可能，法官有独立意志，有时正是为了证实意志的独立性才做出与量刑建议不一致的量刑裁判。我们在认识到这两点的基础上，就该明白，量刑建议的准确率是建立在一定的容错率基础上的。我们追求的是量刑建议与量刑裁判之间的关联性、规律性，而不仅仅是简单的完全一致性。所以，我们应该在认可量刑裁判与量刑建议可以存在不一致的情况下，追求量刑建议与量刑裁判的一致性。而且，也不能把量刑建议准确率机械地理解为与量刑裁判的完全一致。

二、加强量刑建议的说理

量刑建议的准确率是公诉人追求的目标，但是，量刑建议的准确率并非自动生成的，加强量刑建议的说理，是公诉人提高量刑建议对量刑裁判影响力的必要途径。加强量刑建议的说理首先体现在量刑建议书的制作上，必须将所有法定、酌定、从重、加重、从轻、减轻处罚的量刑情节全部载明在量刑建议书上。其次，公诉人加强量刑建议说理体现在法庭调查阶段，对量刑情节的举证、质证上，通过法庭调查，查明所有量刑情节，并向法官以及被告人及其辩护人出示。再次，公诉人加强量刑建议的说理体现在法庭辩论阶段，公诉人发表公诉意见时，应就量刑建议作出专门论述，不仅要再次重申量刑情节，还要论证各量刑情节对量刑裁判的影响，并就各被告人提出相应的量刑建议。最后，量刑建议的说理，还体现在对被告人及其辩护人量刑意见的答辩。

当前，公诉人加强量刑建议的说理，还有以下几个方面工作需要注意：第一，要加强量刑建议的说理，首先必须坚持定罪与量刑在各阶段的区分，不能混在一起笼统说明，否则肯定无法将量刑建议充分体现；第二，强调量刑与定罪的区分，并非是机械的二分法，有的情节既是定罪情节，也会影响量刑，定罪与量刑的区分，只是一种相对独立的区分；第三，量刑建议说理要取得好的效果，必须建立在定罪事实查清的基础上，才能使得量刑建议建立在坚实的基础之上；第四，量刑建议要取得好的效果既要讲法理，也要讲情理，只有这样才能增加量刑建议的说服力和影响力。

三、量刑建议必须在裁判文书中载明

最高人民法院自 1998 年提出裁判文书改革以来，法院裁判文书的规范性越来越明显。一份好的裁判文书必须符合合法性、规范性、标准化、知情化、个性化等特点。必须符合现行法律规定，符合统一的制作规范和文书标准，保障当事人知情权，强化裁判文书说理。有学者提出要构建我国裁判说理制度改革，加强分析论证，参照《国际刑事法院规约》第 74 条第 5 款的规定，国际刑事法院的判决，在法官不能取得一致意见的情况下，判决应包括法官的多数意见和少数意见，广州海事法院实施了直接在裁判文书上表明合议庭法官个人观点的改革，上海第二中级人民法院民事审判二庭曾在 2002 年尝试在部分案件的裁判文书中公开合议庭成员的不同意见的改革，受到了媒体和法学界的高度关注。①

量刑建议必须在裁判文书中载明，这是 2010 年"两高三部"《关于规范量刑程序若干问题的意见（试行）》中明确下来的内容，也是实践中很多法院做得不够好的地方。个别地方法院当量刑裁判与量刑建议不一致时，不在裁判文书中写明。我们认为量刑建议必须在裁判文书中载明，这不仅是"两高三部"联合文件中明确规定的内容，更是量刑程序规范化的关键环节。因为，量刑建议写入裁判文书，公诉人才会更慎重提出，法院也才会更认真对待。毕竟，白纸黑字的裁判文书是要经得起历史检验的，如果只在法庭上阐述的量刑建议，由于参加庭审直接旁听的人员总在少数，于是严肃的量刑建议变成了无聊的空气振动。本书的观点是，量刑建议只有载入法院裁判文书才会对法官的量刑裁判产生影响力，而且，只要将量刑建议在裁判文书中载明，就一定会对量刑裁判产生影响力。量刑建议是否在裁判文书中载明，是一个系关量刑建议是否能够充分发挥其制度价值的关键所在，也是量刑程序规范化改革的关键所在。

量刑裁判文书要完全体现量刑规范化的要求，可以理解为三点：第一，刑事裁判文书要准确归纳控辩双方的量刑意见和建议，要对控辩双方建议适用的量刑幅度、主张的量刑情节以及控辩双方对量刑情节的具体评价都要归纳；第二，要准确认定量刑情节，法定量刑情节和酌定量刑情节都要准确认定；第三，要建立量刑理由阐释制度，根据"两高三部"《关于规范量刑程序若干问题的意见（试行）》第 16 条规定，人民法院刑事裁判文书应当说明的量刑理由包括：（1）已经查明的量刑事实及其对量刑的作用；（2）是否采纳公诉人、当事人和辩护人、诉讼代理人发表的量刑建议、意见和理由；（3）人民法院量刑的理由和法律依据。

---

① 马秀娟：《量刑程序研究》，法律出版社 2012 年版，第 197 ~ 198 页。

【办案随想】量刑裁判对量刑建议本身存在反向监督的作用，如果不在裁判文书中载明，那么反向监督对于公诉人的效用就大打折扣。而且，如果采纳量刑建议的就载明，不采纳的就不载明，就会显得量刑建议的严肃性不够。久而久之，在裁判文书应当载明量刑建议的法定义务，变成了法官的一项选择性举动，那么，量刑建议对量刑裁判的影响力也就可想而知了。

四、积极开展量刑监督

2013 年 12 月 23 日最高人民法院《量刑指导意见》发布，其中规定量刑过程分"确定量刑起点、确定基准刑、调节基准刑、确定宣告刑"四步，即（1）根据基本犯罪构成事实在相应的法定刑幅度内确定量刑起点；（2）根据其他影响犯罪构成的犯罪数额、犯罪次数、犯罪后果等犯罪事实，在量刑起点的基础上增加刑罚量确定基准刑；（3）根据量刑情节调节基准刑，并综合考虑全案情况，依法确定宣告刑。实践中，个别法院不仅对量刑建议不在量刑裁判文书中载明，而且在量刑程序、量刑说理和裁判文书中没有对量刑要素比例予以表述，一定程度上影响了司法权威。其理由可能是：（1）最高人民法院制定的量刑规范意见仅是指导意见而不是法律或者司法解释，不应当作为量刑的法律根据在裁判文书中予以表述；（2）量刑是一个需要保留法官心证余地的领域，需要法官的选择和斟酌，无法实现事实和数字之间一一对应的精确关系，不应当将量刑规范中的比例教条化、精密化、庸俗化。① 对此，我们不敢苟同。首先，量刑规范化改革就是规范法官自由裁量权，将量刑纳入庭审程序，在量刑实体规范化方面就是要实现"定量分析和定性分析相结合"的量刑方法，法官在量刑裁判中公开量刑要素比例，能有效地避免"暗箱"操作和人为因素对案件审理的影响。其次，公开量刑要

---

① 毛劲、曾发贵：《建议裁判文书公开量刑要素比例》，载《检察日报》2011 年 5 月 11 日。

素比例，有利于提高量刑可预测性，增加刑罚导向功能，便于行为人准确判断自己行为的法律后果，从而理性引导各自行为。最后，公开量刑要素比例，有利于检察机关和社会公众对审判机关量刑裁判的监督。

检察机关收到法院的裁判文书后，应当对判决、裁定是否采纳检察机关的量刑建议以及量刑理由、依据进行审查。公开量刑要素比例，有利于检察机关审查判决结果的针对性，准确判断量刑是否畸轻、畸重。量刑裁判明显不当，应当果断启动抗诉程序。检察机关提出量刑建议之后，法院量刑裁判就有了参照。如果法院量刑裁判明显不当，检察机关要敢于"亮剑"，断然启动抗诉程序。很多人认为量刑建议之后，抗诉案件会减少，因为大家已经把量刑问题说透。其实恰恰相反，量刑建议推行以后，量刑工作就更为精细化了，检察机关"亮剑"在先，审判机关没有正当理由，作出与量刑建议明显不符的量刑裁判，量刑畸轻畸重的，检察机关不仅应该启动抗诉程序，而且，没有任何心理上负担。因为，是审判机关首先在没有证据、法律政策支持的情况下，偏离量刑建议太远。

【司法实例】朱某某寻衅滋事犯罪抗诉案

【基本案情】朱某某，男，1981 年 10 月 11 日出生。

1999 年 7 月 22 日曾因盗窃罪被湖南省某市人民法院判处有期徒刑 11 年，剥夺政治权利 2 年；2008 年 8 月 8 日刑满释放。（此份判决书认定朱某某出生日期为 1977 年 11 月 11 日）

2013 年 6 月 21 日下午，朱某某结伙李某某、郑某某（两人均另案处理），为向袁某索取债务从 A 县赶到 B 县，在要债过程中，三人认为袁某的朋友陆某从中作梗，便伙同张某某（另案处理），在 B 县某小区门口对陆某拳打脚踢，致使陆某胸部受伤。经鉴定：陆某所受损伤属轻伤。

2013 年 11 月 19 日，B 市人民法院以寻衅滋事罪分别判处朱某某、李某某、郑某某有期徒刑 1 年 2 个月、9 个月、7 个月，B 县人民法院依据朱某某的户籍证明认定朱某某出生日期为 1981

年 10 月 11 日，同时认定其构成累犯。

【分析论证】此案发生在《刑法修正案（八）》施行以后，根据《刑法修正案（八）》第 6 条规定，犯罪时未成年，在刑罚执行后 5 年内再犯罪的，不构成累犯。本案中，如果朱某某年龄第二份判决认定为 1981 年 10 月 11 日，则朱某某第一次犯罪时未成年，根据《刑法修正案（八）》不构成累犯，如果按照第一份判决认定朱某某的出生日期为 1977 年 11 月 11 日，则朱某某构成累犯，但其第二份判决的年龄认定错误。所以，朱某某的实际年龄对本案的最终处理具有关键性影响。

【诉讼经过】为查明真相，B 县人民检察院办案人员远赴湖南省某市人民法院查阅 1999 年朱某某盗窃案卷宗材料，未发现户籍证明，当地公安、检察院、法院仅凭其自报的出生时间 1977 年 11 月 11 日认定其年龄。后又至朱某某户籍地安徽省临泉县吕寨派出所，查阅了朱某某的户籍登记册，发现其在 1996 年 2 月 27 日领过居民身份证，出生日期载明为 1981 年 10 月 11 日。据此，认定朱某某真实出生日期应为 1981 年 10 月 11 日。

2014 年 4 月 12 日，B 县人民检察院提请上级人民检察院通过审判监督程序提出抗诉。同年 5 月 2 日，湖南省某市人民检察院向中级法院提出抗诉。

【处理结果】同年 5 月 15 日，中级法院决定再审，指令 B 县市人民法院对本案进行再审。同年 7 月 4 日，B 县人民法院经再审判决撤销了原审判决对朱某某累犯的认定，改判：朱某某犯寻衅滋事罪，判处有期徒刑 1 年。

【办案随想】在很多人看来，检察机关作为控方，只会加强加重被告人量刑的量刑裁判监督，其实，随着人权保障意识加强，检察官履行客观义务越来越自觉。在当前司法改革，特别强调公正司法，提升司法公信力的大背景下，检察机关不仅要加强对量刑畸轻的案件提出抗诉，也要对量刑畸重的错误裁判提出抗诉。尤其是未成年人，我们秉持"教育、感化、挽救"的方针，坚持"教育为主，惩罚为辅"的基本原则。浙江省慈溪市人民检察院早在几年前就提出未成年人年龄先行调查机制，从制度上保障每一个未成年犯罪嫌疑人先过年龄的系统审查关，有效保障了未成年犯罪嫌疑人合法权益。

五、定期分析类案的量刑情况

打击犯罪、维护稳定最终要体现在对犯罪的量刑上。只有罚当其罪才能准确打击犯罪，彰显法制尊严。检察机关作为法律监督机关，要定期对类案的量刑情况进行综合分析，检察机关对类案的量刑分析，可以从以下几个方面着手：

第一，分析本区域常见性、多发性刑事犯罪，比如两抢一盗案件定罪量刑的标准统一性执行的如何？第二，根据宽严相济刑事政策，对于严重侵害公民人身、财产权益的暴力犯罪，黑社会性质组织犯罪等，是否体现了从重打击的刑事政策？第三，对于社会公众普遍关注的国家工作人员职务犯罪是否存在轻刑化的倾向？第四，对于外来务工人员与本地常住户口居民犯罪的处理上，有无体现平等处遇？第五，缓刑作为刑罚的执行方式之一，在司法实践中有无被功能异化？第六，针对量刑程序规范化，法院或者个别法官之间是否存在对量刑建议不在裁判文书中载明，或者在裁判文书中未能很好地进行量刑说理的情形？

检察机关通过组织人员及时进行量刑规范化的类案分析，从而发现同类案件不同量刑裁判的症结所在，然后通过检法联席会议或者书面通报等形式，建议法院修正量刑尺度。

【司法随想】十八届四中全会通过的中共中央《关于全面推进依法治国的若干重大问题的决定》中也明确要强化案例指导，统一法律适用标准。对于本地区犯罪之量刑情况进行类型化分析，不仅对常见多发性犯罪有必要，而且，对于新类型案件定罪量刑的统一性，体现量刑均衡也很有意义。

第五章　常见罪名的量刑建议

经过多年的量刑规范化改革和实践，最高人民法院 2013 年 12 月 23 日发布了《量刑指导意见》。《量刑指导意见》是法院对常见犯罪量刑的重要依据，各省、自治区和直辖市均相应地制定了本地区的《实施细则》，具有直接指导量刑裁判的效力。检察机关对常见犯罪的被告人提出量刑建议显然也应当借鉴司法实践的重要成果，并以此为参照。准确理解《量刑指导意见》的规定，加强对常见罪名的量刑指导原则、基本方法的研究也是非常有必要的，只有明确法院的量刑原则和方法，并依据本地的《实施细则》，合理地吸纳法院量刑实践成果，才能提出合适的量刑建议，不至于出现太大的偏差。从而提高量刑建议的准确性，提升量刑建议的严肃性和权威性，充分实现量刑建议的制衡功能和作用。

第一节　量刑的指导原则和基本方法

不论是法官的量刑裁判还是检察官的量刑建议，其共同追求的目标就是规范法官的刑罚裁量权，落实宽严相济的刑事政策，实现对被告人的公正量刑，实现司法正义。因此，量刑的指导原则和量刑的基本方法也应围绕此目标来展开。司法人员在具体对个案被告人进行量刑时，也应"在心中胸怀正义"，妥当地适用法律和司法解释，审酌被告人所有从重从轻量刑事实和情节，权衡各量刑事实和情节对于量刑的分量，合理确定被告人的刑罚，实现对被告人的公正量刑。

一、量刑的指导原则

（一）以事实为根据，以法律为准绳

《量刑指导意见》规定，量刑应当以事实为根据，以法律为准绳，根据犯罪的事实、性质、情节和对于社会的危害程度，决定判处的刑罚。

从刑罚的目的来看，行为人的罪行是对其施以刑罚的正当性基础，而查清犯罪事实又是实现对被告人公正量刑的基础。因此，对被告人的公正量刑必须建立在准确查明被告人的犯罪事实、性质、情节和行为对社会的危害程度的基础上。犯罪行为对于社会的危害也主要体现在行为对于法益的侵害结果和侵害危险。只有在查清被告的犯罪事实和各种影响被告人定罪量刑情节的基础上，才能准确地对被告人适用刑法。这些都是量刑的基石和根本，也是刑罚正义性的客观基础。"差之毫厘谬以千里"，"皮之不存毛将焉附"？如果没有查清被告人的各种犯罪事实和影响定罪量刑的情节，则只能是错误的定罪、量刑，实现对被告人的准确量刑更是无从谈起。如果犯罪事实不清，证据不足，那么应当在存疑时作有利于被告人的事实认定，但在这种情况下，也应依法认定相应的事实。总之，量刑必须建立在确实、坚定的事实基础之上。

在犯罪事实查清之后，还必须严格依照法律来对被告人进行量刑。罪刑法定原则要求犯罪行为的界定、种类、构成条件和刑罚处罚的种类、幅度，均事先由法律加以规定。如果不依照刑法来对被告人的犯罪行为进行评价，刑法必然会被虚置，刑法对于罪刑相当的正义刑罚设置必将难以实现，从而难以保障被告人的基本权利，人民也会无所适从，无法准确预测自己的行为，人民的自由也将无法保障。整个社会正义的实现也会因司法的不公而受阻碍。所以，在犯罪事实已经查清和认定准确的情况下，必须严格依照刑法所规定的各罪构成要件准确认定被告人的罪名，并

严格按照刑法总则、分则所明文规定的刑罚对被告人进行量刑。

（二）罪责刑相适应原则

《量刑指导意见》规定，量刑既要考虑被告人所犯罪行的轻重，又要考虑被告人应负刑事责任的大小，做到罪责刑相适应，实现惩罚和预防犯罪的目的。

轻罪应当轻判，重罪应当重判，对被告人的量刑应当与被告人所犯罪行相适应，这是罪刑法定原则的重要要求，是刑法惩罚犯罪的客观需要，也是刑法正义实现的重要内容。但同时，对被告人判处刑罚也要充分注意实现刑罚预防犯罪的目的，最终以刑罚这一法律后果的实现来保障刑法目的的实现。刑罚不仅仅是为了惩罚犯罪，更是为了预防犯罪、减少犯罪。对被告人的量刑既要考虑到被告人所犯罪行的轻重，又要考虑到被告人应承担刑事责任的大小、人身危险性和再犯罪的可能性。历史已经证明，过量的刑罚是无效益的，不能达到刑罚的目的甚至可能适得其反。过轻的刑罚则无法达到惩戒的目的不足以预防再犯。只有适当的刑罚才能恰如其分、恰到好处、最经济地实现刑罚的目的。

刑法中各种常见量刑情节均体现了罪责刑相适应的原则。例如被告人在犯罪时系未成年人，其在犯罪时并不具备完全的刑事责任能力，其对犯罪行为的认识和控制能力较弱，其罪责较小，且改造难度较低，可塑性强，因而人身危险性较低，因此，对其所判处的刑罚应与其刑事责任能力相适应。故而刑法总则规定了对于未成年人犯罪的，应当从轻或者减轻处罚，既可以达到刑罚预防犯罪的目的，也有利于被告人的改造，有利于其重新走向社会、适应社会。又如，对于累犯，刑法规定应当从重处罚。被告人系累犯一方面说明其前罪和后罪的罪行较重，另一方面说明其无视刑罚体验，在刑罚执行完毕之后再犯罪，其人身危险性大，改造难度较大，主观恶性较深，对其判处较重的刑罚，才能实现刑罚特殊预防的目的。

（三）宽严相济原则

《量刑指导意见》规定，量刑应当贯彻宽严相济的刑事政策，做到当宽则宽，当严则严，宽严相济，罚当其罪，确保裁判法律效果和社会效果的统一。

"宽严相济"意味着在对被告人量刑时，既不是一味从宽，也不是一味从严，而是当宽则宽，当严则严。不论是刑法中各罪的法定刑，还是各种常见的量刑情节，各种罪名乃至同一罪名中也有不同的法定刑，这中间存在自由裁量的空间。但是所谓的自由裁量并不是随心所欲地决定，而应有一个合理的标准和依据。其中重要的原则就是宽严相济的原则，就是对于严重的犯罪，应当从严惩治。在社会犯罪形势、治安形势严峻的情况下，对于人民群众反映强烈的刑事犯罪要从严打击，在确定各种量刑情节的从宽幅度时，就要从严掌握，充分体现刑罚的威慑性，实现刑罚吓阻犯罪的效果。而对于犯罪情节较轻的犯罪，则可以充分体现从宽的政策。《量刑指导意见》中规定，独任审判员或合议庭可以综合考虑全案情况，在20%的幅度内对基准刑调节的结果进行调整，确定宣告刑，甚至可以提交审判委员会讨论，依法确定宣告刑。这些都是基于个案情况不同，在特殊情况下，应当充分贯彻宽严相济刑事政策的要求而作出的规定。

（四）量刑均衡原则

《量刑指导意见》规定，量刑要客观、全面把握不同时期不同地区的经济社会发展和治安形势的变化，确保刑法任务的实现；对于同一地区同一时期、案情相近或相似的案件，所判处的刑罚应当基本均衡。

随着我国经济社会的发展，物价水平也水涨船高，数额型犯罪的标准也在不断地提高，相关司法解释的相继发布，提高数额型犯罪的构罪标准，也充分体现了这一趋势。我国幅员辽阔，各地的经济社会发展水平参差不齐，各地的治安形势也有好有坏，因而各地也均在《量刑指导意见》及相关司法解释的基础上，根据当地的经济社会发展水平和治安形势，制定了具体的《实施细则》，明确各地区的统一定罪、量刑标准。

具体到对个案被告人进行量刑时，要考虑到当地的经济社会发展和治安形势的变化，在各地的《实施细则》所规定的范围内确定量刑起点、不同情形应增加的刑罚量，确定基准刑和宣告刑。"同样的情形应当同样地对待"，这是一种朴素司法公正的客观要求，是法律平等原则在量刑上的体现，也是量刑公正的客观要求。只有做到这一点，才能让人民群众在每一个案件中都能感受到司法的公平正义。因此，对于同一时期、同一地域案情相似案件的被告人，所判处的刑罚应当基本均衡，这样才能实现各地执法尺度的统一和公平，真正规范法官量刑裁量权的行使。

（五）禁止重复评价原则

禁止重复评价原则是指，禁止将已经被评价为犯罪构成或者量刑因素的事实，在量刑裁量中又再次予以重复评价，作为从重或从轻量刑的依据。例如，在以构成犯罪的事实确定量刑起点之后，只能以超出量刑起点的事实增加刑罚量，确定基准刑。而不能将已经被确定为量刑起点的犯罪构成事实重复增加刑罚量，确定基准刑。假设行为人盗窃5000元，其中盗窃3000元构成犯罪，以盗窃3000元确定量刑起点为4个月，那么只能以5000元中扣除已经评价过量刑起点3000元后，剩余2000元的数额作为增加刑罚量的事实，而不能仍旧在量刑起点4个月的基础上，再以5000元的数额作为增加刑罚量的依据。又如，猥亵儿童罪的侵害对象为儿童，儿童又系未成年人。在猥亵儿童罪的构成要件要素中，本身就涵盖了儿童作为未成年人的事实，不能再以侵害对象为不满十四周岁的未成年人为由再次予以重复评价，加重被告人的刑罚。

二、量刑的基本方法

《量刑指导意见》规定，量刑时，应在定性分析的基础上，结合定量分析，依次确定量刑起点、基准刑和宣告刑。

（一）确定量刑起点

要实现对个案中各被告人的公正量刑，首先是对被告人定性的准确把握，即首先应当依法准确查清被告人的犯罪事实，准确认定被告人所触犯的罪名以及相应的犯罪情节，准确确定被告人的法定刑，从而准确确定被告人的量刑起点。

但实践中，应如何在《量刑指导意见》所规定的量刑起点幅度内确定某一案件被告人合适的量刑起点，是司法实践中的难点。本书认为，影响量刑起点高低选择的因素主要是指在犯罪过程中出现的各种情节，但不包括能够被下文所述影响基准刑的量刑事实和各罪中常见的量刑情节所评价的事实、情节，如犯罪手段、犯罪动机等，以避免重复评价。

在具体确定量刑起点时，一般情况下，可选择《量刑指导意见》所规定的量刑起点幅度的中间值作为量刑起点。在犯罪手段较为恶劣，犯罪动机较为卑劣的情况下，即可选择较高的量刑起点。在被告人的犯罪行为具有值得宽宥、同情之处的情况下则可以选择较低的量刑起点。需要注意的是，如果是已经被考虑在量刑起点影响因素的事实、情节，不能在后续量刑步骤中被进一步评价，否则会造成对被告人同一量刑事实的重复评价。而在具体确定时，还应当从整个地区、同时期的同类判决相均衡，避免忽轻忽重，尽量保持量刑的统一、均衡。

当然在具体的各罪中，如果有多个量刑档次，在不同量刑档次中，对于最低量刑档次量刑起点的确定，一般可选择量刑起点幅度中间值作为个案被告人的量刑起点。但在法定刑的中间或者较高档次时，实践中一般选择该刑档量刑幅度的最低值或者中间值为量刑的起点。因为在大多数的案件中，被告人一般均有坦白情节。如果确定量刑起点幅度的最低值为量刑起点，被告人不具有其他情节，就难以充分体现坦白情节的调节效果，不利于鼓励被告人坦白认罪，所以在这种情形下，可以考虑确定稍高于该量刑起点幅度的最低值确定量刑起点，以留下坦白情节的调节空间。当然在被告人有其他增加刑罚量的事实和其他量刑情节时，选择该刑档的最低值作为量刑起点也并无不可，也可以充分体现坦白从宽的政策。

例如在故意伤害罪中，故意伤害致人轻伤的，其法定刑为3年以下有期徒刑、拘役或者管制。《量刑指导意见》规定，故意伤害致一人轻伤的，可以在2年以下有期徒刑、拘役幅度内确定量刑起点。假如被告人的行为致一人一处二级轻伤，确定其量刑起点为中间值，即1年有期徒刑。但如果被告人的行为致一人一处一级轻伤，因一级轻伤的后果比二级轻伤的严重，但又无法在后续量刑步骤中予以体现，即可考虑确定其量刑起点稍高于《量刑指导意见》所规定的量刑起点幅度的中间值1年有期徒刑，而确定量刑起点为1年2个月有期徒刑。或者相反，将轻伤一级的量刑起点确定为1年有期徒刑，而将轻伤二级的量刑起点确定为稍低于轻伤一级的量刑起点，以体现量刑的差异化和个案公正。

（二）确定基准刑

1. 根据影响犯罪构成的犯罪事实，增加刑罚量

在确定量刑起点的基础上，再根据其他影响犯罪构成的犯罪数额、犯罪次数、犯罪后果等犯罪事实，增加刑罚量确定基准刑。例如对于故意伤害罪，《量刑指导意见》规定，在量刑起点的基础上，可以根据伤害后果、伤残等级、手段残忍程度等其他影响犯罪构成的犯罪事实增加刑罚量，确定基准刑。因此，故意伤害罪中，伤害后果中受伤的被害人人数增加或者被害人所受伤处数增加的，都应增加相应的刑罚量。

例如浙江省的《实施细则》规定：在量刑起点的基础上，（1）每增加一人轻微伤的，增加2个月以下刑期；（2）每增加一人轻伤的，增加3个月至6个月刑期；每增加一处轻伤的，增加3个月以下刑期；（3）每增加一人重伤的，增加1年至2年刑期；每增加一处重伤的，增加6个月至1年刑期；（4）其他可以增加刑罚量的情形。假设被告人故意伤害致一人二处轻伤的，

一处轻伤的量刑起点 1 年，增加一处轻伤，刑罚量增加 3 个月，基准刑为 1 年 3 个月。

2. 根据量刑情节调节比例，调节基准刑

在上一步基准刑确定后，再根据量刑情节对基准刑进行调节。量刑情节中，有常见量刑情节和各罪中常见的量刑情节。通过对这些量刑情节以比例的形式进行量化，通过运算，调节基准刑。

具有单个量刑情节的，根据量刑情节的调节比例直接调节基准刑。例如故意伤害罪中，被告人故意伤害致一人二处轻伤，确定基准刑为 1 年 3 个月，被告人仅有坦白情节，确定减少基准刑的 10%，则直接进行调节。调节公式为：15 ×（1 – 10%）= 13.5 个月。

具有多个量刑情节的，一般根据各个量刑情节的调节比例，采用同向相加、逆向相减的方法调节基准刑。例如故意伤害罪中，被告人故意伤害致一人二处轻伤，确定基准刑为 1 年 3 个月。被告人具有自首情节，确定减少基准刑的 20%，具有积极赔偿被害人损失，取得被害人谅解的情节，确定减少基准刑的 30%，同时，被告人还具有伤害对象为老年人（弱势人员）的情节，增加基准刑的 20%。这样对各个量刑情节同向相加、逆向相减，调节的公式为 15 ×（1 – 20% – 30% + 20%）= 10.5 个月。

根据《量刑指导意见》的规定，具有未成年人犯罪、老年人犯罪、限制行为能力的精神病人犯罪、又聋又哑的人或者盲人犯罪，防卫过当、避险过当、犯罪预备、犯罪未遂、犯罪中止、从犯、胁从犯和教唆犯等量刑情节的，先使用该量刑情节对基准刑进行调节，在此基础上，再适用其他量刑情节进行调节。这些特定的量刑情节属于修正的犯罪构成事实，本应作为调节量刑起点和基准刑的根据，但由于《量刑指导意见》在确定各罪的量刑起点时，仅依据相关犯罪构成事实一般既遂状态来确定，而不考虑这些修正的犯罪构成事实。因此，在确定基准刑后，应首先以这些特定的量刑情节对基准刑进行调节，然后再用其他量刑情节进行调节，这样才符合刑法量刑情节调节刑罚的基本原理。

例如，被告人故意伤害致一人重伤，具有未成年人犯罪情节和自首情节。假设确定量刑起点为 3 年 6 个月有期徒刑。未成年人犯罪，确定减少基准刑的 50%。自首情节，减少基准刑的 30%。那么，应当先用未成年人犯罪的量刑情节对基准刑进行调节，然后在此基础上，再适用自首情节进行调节。调节的公式为 $42 \times (1 - 50\%) \times (1 - 30\%) = 14.7$ 个月。如果该被告人还具有其他量刑情节，则应当在未成年人犯罪这一特定量刑情节调节的基准上，再以该特定量刑情节进行调节，即采用连乘的方法进行调节。如被告人还具有从犯的情节，减少基准刑的 20%，调节公式为：$42 \times (1 - 50\%) \times (1 - 20\%) \times (1 - 30\%) = 11.76$ 个月。

3. 被告人犯数罪基准刑的调节

被告人犯数罪，同时具有适用于各个罪的立功、累犯等量刑情节的，首先使用该量刑情节调节各罪的基准刑，确定各罪分别所应判处的刑罚，其次依法实行数罪并罚，决定执行的刑罚。例如，被告人犯盗窃罪，基准刑为 10 年有期徒刑；被告人又犯诈骗罪，基准刑为 5 年有期徒刑。被告人具有立功情节，减少基准刑的 30%，又具有累犯情节，增加基准刑的 10%。那么，应当先以立功、累犯等量刑情节分别对盗窃罪、诈骗罪进行调节。盗窃罪的调节结果为：$120 \times (1 - 30\% + 10\%) = 96$ 个月。诈骗罪的调节结果为：$60 \times (1 - 30\% + 10\%) = 48$ 个月。那么，对被告人的盗窃罪和诈骗罪进行数罪并罚，被告人应当在 8 年以上 12 年以下决定执行的刑罚。

（三）确定宣告刑

根据量刑情节对基准刑调节结果的不同，可能呈现出以下几种情况，在确定宣告刑时，应分别情况，作不同处理。

1. 量刑情节对基准刑的调节结果在法定刑幅度内，且罪责刑相适应的，可以直接确定为宣告刑。

如被告人故意伤害致一人轻伤，根据各量刑情节对基准刑进行调节后，调节结果为有期徒刑 8 个月，在故意伤害罪（致人轻伤）的法定刑幅度内，罪责刑相适应的，即可直接确定被告人的宣告刑为有期徒刑 8 个月。

2. 量刑情节对基准刑的调节结果在法定最低刑以下，具有法定减轻处罚情节，且罪责刑相适应的，可以直接确定为宣告刑。

如被告人故意伤害致一人重伤，被告人有未成年人犯罪情节，根据被告人的所有量刑情节对其进行调节，调节的结果为有期徒刑 1 年 6 个月。因为被告人有未成年人犯罪的法定应当从轻或者减轻处罚情节，则依法可以在故意伤害罪（致人重伤）的法定最低刑（3 年有期徒刑）以下确定宣告刑。如判处被告人有期徒刑 1 年 6 个月，罪责刑相适应的，可以直接确定为宣告刑。

量刑情节对基准刑的调节结果在法定最低刑以下，只有从轻处罚情节的，可以依法确定法定最低刑为宣告刑。如被告人故意伤害致人重伤，其法定最低刑为 3 年有期徒刑。但其具有积极赔偿被害人损失并取得谅解以及坦白（但不属于如实供述自己罪行，避免特别严重后果发生）等量刑情节，经过量刑情节的调节，基准刑为 2 年有期徒刑。但由于其量刑情节中，均只有从轻处罚情节，故只能依法确定其宣告刑为法定最低刑的 3 年有期徒刑。

量刑情节对基准刑的调节结果在法定最低刑以下，只有从轻处罚情节，但是根据案件的特殊情况，经最高人民法院核准，也可以在法定刑以下判处刑罚。

3. 量刑情节对基准刑的调节结果在法定最高刑以上的，可以依法确定法定最高刑为宣告刑。

如被告人故意伤害致人轻伤，又具有累犯、犯罪对象为孕妇、伤害他人身体要害部位、致人多处轻伤等多项量刑情节，经过各种量刑情节的调节，其基准刑为有期徒刑 3 年 6 个月。由于故意伤害罪（致人轻伤）法定最高刑为有期徒刑 3 年。故可以依法确定法定最高刑 3 年有期徒刑为其宣告刑。

4. 综合考虑全案情况，独任审判员或合议庭可以在 20% 的幅度内对调节结果进行调整，确定宣告刑。

虽然《量刑指导意见》及各地的《实施细则》对于常见的量刑情节规定了相应的量刑幅度，但显而易见的是，所有影响被告人量刑的事实、情节并未全部涵盖在上述明确的规定之中。例如，想象竞合犯中，一个行为触犯两个罪名的，刑法理论上认为应当以较重的罪名定罪，并从重处罚。但显然存在无法在通常的量刑裁量过程中予以评价的情况，此时，就需要审判者在 20% 的幅度内对调节结果进行调整。

此外，实践中还有许多没有被规定的刑罚裁量事实，需要裁判者予以考量。例如，我国台湾地区"刑法"第 57 条、第 58 条即明文列举了诸多刑罚裁量事实。其中包括：犯罪的动机与目的、犯罪时所受刺激、犯罪的手段、行为人的生活状况与品行、行为人的智识程度、行为人与被害人的关系、行为人违反义务的程度、犯罪所生的危险或损害、犯罪后的态度、行为人的资力及因犯罪所得的利益。

若调节后的结果仍不符合罪责刑相适应原则的，应提交审判委员会讨论，依法确定宣告刑。每个案件的情况总是千差万别，赋予法官或合议庭 20% 的自由裁量权是量刑裁判的客观需要，也符合量刑裁判的客观规律。

（四）从宽处罚的限定

1. 宣告刑一般不应低于基准刑的 50%。如果具有未成年人犯罪、老年人犯罪、限制行为能力的精神病人犯罪、又聋又哑的人或者盲人犯罪，防卫过当、避险过当、犯罪预备、犯罪未遂、犯罪中止，从犯、胁从犯和教唆犯等量刑情节，先适用该量刑情节对基准刑进行调节的，宣告刑一般不应低于被调节后的基准刑的 50%。

2. 宣告刑为 3 年以上有期徒刑、拘役并符合缓刑适用条件的，可以宣告缓刑。但法律、司法解释和刑事政策规定不得适用缓刑的除外。

第二节　量刑建议的指导原则和基本方法

一、量刑建议的指导原则

关于量刑建议的基本原则，在本书的第一章第二节已经作了比较详细的论述。这里的量刑建议指导原则是指在司法实践中，具体提出量刑建议时应该把握的几项更为具体的指导原则。

（一）坚持履行检察官的客观义务

公诉人要在量刑建议中体现检察官客观义务就是要坚持客观全面和严格依法。

检察机关应当从案件的实际情况出发，客观、全面地审查证据，严格以事实为依据，提出公正的量刑建议。[①] 检察机关在提出量刑建议的时候，也要坚持客观公正的原则。虽然检察机关作为公诉机关，指控犯罪是其"天然"的职责和"使命"，但是检察机关同样也是法律监督机关，负有客观、中立地保障法律正义得以实现的客观义务。对所有对于被告人有利或不利的刑罚裁量事实和情节均应在全面查清的情况下，予以全盘考虑，不可厚此薄彼。对被告人罪重的事实和情节，检察机关应在提出量刑建议时予以认真地考虑，在庭审中也应充分地予以揭露。对被告人罪轻的事实和情节，检察机关同样也应当在提出量刑建议时予以认真地考虑，在庭审过程中，也应指出被告人的罪轻事实和情节，帮助法庭准确查清和权衡所有影响被告人定罪、量刑的事实和情节，最终实现对被告人的公正量刑。

人民检察院提出量刑建议，同样应当遵循"以事实为根据，以法律为准绳"的基本原则，应当根据犯罪的事实、犯罪的性

[①] 参见最高人民检察院公诉厅 2010 年 2 月 13 日《人民检察院开展量刑建议工作的指导意见（试行）》第 2 条第 2 项。

质、情节和对社会的危害程度，依照刑法、刑事诉讼法以及相关司法解释的规定提出量刑建议。[①] 提出量刑建议是检察机关在刑事诉讼活动中的一项具体的职权行为，该行为也应当受到刑事诉讼法中"以事实为根据，以法律为准绳"原则的约束。只有坚持该原则，检察机关才能提出客观、准确、公正的量刑建议，才能有助于实现对量刑裁判的有效监督，才能最终充分保障和实现对被告人的公正量刑。如果检察机关的量刑建议不是建立在客观事实和法律的基础上，是随心所欲提出的，那么只能是"乱"建议、"瞎"建议。这样的量刑建议不但有损于检察机关的威信，而且无法令当事人信服，也不可能被法庭重视和采纳，最终无法发挥检察机关量刑建议对量刑裁判的监督、制衡作用。

（二）宽严相济，体现刑事政策

人民检察院在提出量刑建议时，应当贯彻宽严相济刑事政策，在综合考虑案件从重、从轻、减轻或免除处罚等各种情节的基础上，提出量刑建议。[②]

量刑裁判不应当是恣意的，同样，作为量刑规范化的重要组成部分的量刑建议，同样也应当实现规范化。量刑建议的充分贯彻、规范实施，对于促进量刑裁判的规范化显然极具积极意义。量刑建议的规范化同样也离不开规制量刑规范化的量刑基本原则。其中，指导量刑的基本原则其中之一就是宽严相济原则。

人民检察院在以宽严相济原则为指导提出量刑建议时，要注意全面分析影响被告人量刑的案件性质、量刑情节，参照《量刑指导意见》中所规定的各种犯罪的量刑起点、有关量刑情节的调节量刑幅度，做到当宽则宽、当严则严、宽严相济、罚当其罪、区别对待。注意提出量刑建议时的具体量刑裁量的幅度，确

---

① 参见最高人民检察院公诉厅 2010 年 2 月 13 日《人民检察院开展量刑建议工作的指导意见（试行）》第 2 条第 1 项。

② 参见最高人民检察院公诉厅 2010 年 2 月 13 日《人民检察院开展量刑建议工作的指导意见（试行）》第 2 条第 3 项。

保法律效果和社会效果的统一。

（三）有量刑指导意见的，应当参照

最高人民法院对于 15 种常见罪名出台了《量刑指导意见》，各省、市、自治区都出台了相应的《实施细则》。这些《量刑指导意见》和《实施细则》，虽然目的是针对量刑裁判的规范化的。但是量刑建议也是为了影响量刑裁判，所以，对于《量刑指导意见》和《实施细则》中的有关内容，公诉人应该充分了解，认真参照。唯此，才能做到知己知彼。很多公诉人从来不看《量刑指导意见》，更遑论参照执行。那么可想而知，在量刑建议过程中，审判人员是否会认真考量你的量刑建议了。因为两者的参照系没有完全对应。如果你认为《量刑指导意见》不适合的，可以通过其他途径提出建议。但是，对于正在施行的《量刑指导意见》和《实施细则》，要认真研究，参照执行。

（四）充分考虑诉讼阶段和角色定位，注重效果

公诉人与法官虽然都是依照同样的法律和事实对被告人量刑做出判断，但是因为诉讼阶段和角色分工的不同，彼此之间还是存在一定差异。法官量刑裁判时，定罪、量刑情节均已经查明，控辩双方有关定罪量刑的意见均已经清楚表达，法官只需居中裁判。通常而言，法官会在量刑建议和量刑答辩之间取一个有事实根据、法律依据的点作为量刑裁判的结论。而公诉人处在控方，公诉人的量刑建议只是为了影响审判长和合议庭，而被告人及其辩护人一定是只讲减轻、从轻的情节和意见。公诉人负有客观义务，在履行客观义务的同时，我们要充分考虑司法实践"高求低判"是常态的人性，不能把量刑建议压的过低。应该提出一个比较适当的"点"的量刑建议。

公诉人既要依法行使检察机关的法律监督职权，也要尊重人

民法院独立行使审判权，争取量刑建议的最佳效果。① 检察机关要注意通过量刑建议来充分发挥其控诉犯罪的职能，将量刑建议作为指控犯罪，促使被告人认罪，保障刑事诉讼顺利进行的有力武器。

　　量刑建议的提出应贯穿于审查起诉、提起公诉等各个阶段，通过向犯罪嫌疑人、被告人解释影响量刑的情节及其调节幅度、相关的法律政策，促使犯罪嫌疑人、被告人认罪、积极赔偿被害人损失、积极退赃、取得被害人谅解等，教育犯罪嫌疑人、被告人，促其悔罪。在对犯罪嫌疑人、被告人释法说理的情况下，既让犯罪嫌疑人、被告人充分认识到自己犯罪行为的危害性和自己的错误，又可以让犯罪嫌疑人、被告人以事后弥补被害人损失等来化解社会矛盾，还可以通过法律政策的宣讲来积极预防犯罪嫌疑人、被告人的再犯罪。在此基础上，充分兑现政策，提出适当的量刑建议，争取量刑建议的最佳效果。

二、量刑建议的基本方法

（一）参照《量刑指导意见》预测宣告刑

　　《量刑指导意见》是人民法院量刑规范化改革的重要成果，具有很强的实践指导意义，对于规范量刑裁判，确保量刑公正和量刑均衡具有指导意义。

　　量刑建议的提出同样也不应当是恣意的，量刑裁判是量刑建议提出的重要基准。既然量刑裁判要以《量刑指导意见》为指导，那么量刑建议的科学和规范的提出也应以《量刑指导意见》为指导和参照。只有遵循了共同的量刑标准和依据，那么不论是量刑建议还是量刑裁判都不会偏离公正的量刑有太远的距离。

　　对于各种量刑情节，《量刑指导意见》明确规定了自由裁量

---

　　① 参见最高人民检察院公诉厅 2010 年 2 月 13 日《人民检察院开展量刑建议工作的指导意见（试行）》第 2 条第 4 项。

的幅度。人民检察院在提出量刑建议时，要根据案件的不同情况，参照《量刑指导意见》的规定，依照量刑的具体步骤和方法，合理地确定量刑起点、量刑情节的调节幅度，最终提出一个合法、合理、公正的量刑建议。只有做到规范提出量刑建议，才能逐渐地确立量刑建议的权威，赢得尊重。

在人民法院已经全面贯彻、执行《量刑指导意见》，并对之前的量刑裁判进行系统性调整的情况下，检察机关如果不积极正视，量刑建议的提出必然没有章法，可能会忽高忽低，量刑建议就不够准确，长此以往，就会使量刑建议尚失权威，难以充分发挥其应有的价值，也容易被法院所忽视，不被采纳也就在所难免。所以，检察机关应积极加强对《量刑指导意见》的适用研究，为准确提出合适的量刑建议提供理论支撑。

（二）参考既有同类量刑裁判

量刑均衡原则要求量刑时要客观、全面地把握不同时期不同地区的经济社会发展和治安形势的变化；对于同一地区同一时期，案情相近或相似的案件，所判处的刑罚应当基本均衡。

量刑建议要尽可能地接近量刑裁判，尽可能地准确提出，这样才能充分地发挥量刑建议的作用和效果。因此，只有掌握量刑的具体规律，才能准确地提出量刑建议。这其中的一条捷径和较为妥当的途径就是以当地既有的相同案情和相似案件的判决为参考依据，谨慎地提出量刑建议。因为量刑均衡就意味着在相同的地区和时期下，相同、相似案情的犯罪嫌疑人、被告人应判处相同、相似的刑罚。这样才能实现量刑的均衡和公正，保持量刑裁判的统一性和一致性。

当然，不可能存在两个一模一样的案件，但是，案情和量刑情节相同、相似的情况却是普遍存在的，那么在具体提出量刑建议时，如果不存在其他对量刑有实质影响和区别事实的情况下，可以作出相同的量刑建议。如果没有相同或相似的案例可以参考，那么可以在共同相同的事实和量刑情节确定刑罚的基础上，以其他的从宽或者从严的量刑情节再予以一定幅度的调整，最终确定对被告人的具体量刑建议，如此才不至于产生太大的偏差。

当然，由于《量刑指导意见》对最高人民法院 2010 年《人民法院量刑指导意见（试行）》的调整和修改，必然会使原先同类案件的判决与现在审理案件的判决产生"张力"。但为了保持判决的稳定性和判决前后的一致性，应尽量实现同类判决的均衡性，《量刑指导意见》也仅作为量刑的指导，在具体案件中，应尽量参考同类判决，避免突然的剧烈"反差"。在提出具体量刑建议时，应当以同类判决作为重要的参考依据。

（三）形成量刑建议

就量刑建议的模式而言，本书前面第二章第二节和第五章第五节等多处都已经论证过了。公诉人可以根据案件实际情况选择提出确定性量刑建议或者是概括性量刑建议。就个人观点而言，我们认为提出确定性的量刑建议使相关的程序设计更为科学，符合诉讼经济原则，有助于增强司法权威、司法公信力。[①] 本书也认为，检察机关提出确定性的量刑建议应当为一种常态，而且在大多数常见犯罪中，根据司法经验，检察机关完全可以提出准确的确定性量刑建议。如果大量地提出概括性量刑建议将使得量刑建议欠缺其参考的价值和意义，也不利于公诉人素质的提高和对于量刑裁判的监督。例如，对于危险驾驶类案件，有的地区检察机关仅以法定刑提出量刑建议，即建议判处被告人拘役，并处罚金。这样的量刑建议很难发挥量刑建议应有的作用和价值，而徒具形式，使刑建议仅仅成为一种形式和摆设，必然丧失量刑建议的价值和意义。

（四）量刑建议的刑罚略高于量刑裁判

量刑建议的刑罚一般应当略高于量刑裁判。量刑建议如果高于实际的量刑裁判太多，那么量刑裁判的作出将会有损量刑建议

---

① 有关详细论述可以参见潘申明：《论量刑建议的模式选择》，载《华东政法大学学报》2013 年第 6 期。

的"权威性"。① 长此以往，量刑建议就难以得到尊重而变得可有可无。量刑建议的作用就无法发挥，也丧失其实际意义。

但如果一味地从低量刑建议也可能会导致量刑裁判不易下判，因为被告人知晓公诉人的量刑建议，心里对于量刑裁判就有了一定的预期。被告人会认为，公诉人都建议如此低的量刑，这么低的量刑显然不是随便提出的，是有一定依据的。如果法院作出高于量刑建议的量刑裁判，被告人可能会因此不服，从而会不当地制造新的矛盾，甚至会引发不必要的上诉，影响诉讼的效率，浪费诉讼资源。②

因此，量刑建议应当略高于量刑裁判。高于量刑裁判的量刑建议也给量刑裁判留下了可操作的空间，不至于让量刑裁判难以下判。略高于量刑裁判的量刑建议还给被告人一种较高量刑的心理预期，如果最终法院的量刑裁判低于量刑建议，被告人可能会觉得审判机关已经考虑了其认罪等情节，已经"占了便宜"了，就容易认罪伏法，认同量刑裁判而不再上诉，节约诉讼资源。另外，量刑建议与量刑裁判相差不大，也有助于量刑建议权威的树立，被告人会觉得量刑建议是"管用"的，不是无足轻重的。

当量刑建议长期、稳定、科学地作出时，量刑建议的权威就得以逐渐树立，量刑建议的作用也就能充分地发挥。量刑建议和量刑裁判之间的良性互动机制就能形成。这对于实现量刑规范化和量刑的客观、公正，节约司法资源，提高诉讼效率显然是非常有利的。

---

① 当然，如果形成一定的惯例，那么对于量刑的统一和规范也有助益。例如在日本，就存在一贯"求刑减三成"的说法。参见〔日〕大谷实：《刑法讲义总论》（新版第2版），黎宏译，中国人民大学出版社2008年版，第475页。

② 司法实践中，就曾出现被告人以检察机关的量刑建议较轻而法院判决量刑较重作为提出上诉理由的情况。

第三节　常见量刑情节的适用

　　量刑时要充分考虑各种法定和酌定量刑情节，根据案件的全部犯罪事实、量刑情节的不同情形以及被告人主观恶性、人身危险性等因素，依法确定量刑情节的适用及其调节比例。根据宽严相济原则，在确定调节比例时，对于严重暴力犯罪、毒品犯罪等严重危害社会治安犯罪，在确定从宽的幅度时，应当从严掌握；对于犯罪情节较轻的犯罪，应当充分体现从宽。具体确定各个量刑情节的调节比例时，应当综合平衡调节幅度与实际增减刑罚量的关系，遵循比例原则，确保罪责刑相适应。对于《量刑指导意见》尚未规定的其他量刑情节，要参照类似量刑情节确定适当的调节比例。对于同一事实涉及不同量刑情节的，不得重复评价。

　　"同样情形同样对待""不同情形不同对待"是量刑公正的基本要求。虽然有的法院采取量刑软件对以往判决的调节比例进行统计，并计算出了一个平均值，由法官参考平均值确定个案中的具体调节比例。但是个案千差万别，完全有必要对何种情形下应确定的具体调节比例进行研究。基于此考虑，同时也为了实现量刑的精细化和进一步的规范化，本节即对常见量刑情节中的具体比例进行实证研究，为实务中合理确定具体的调节比例提供参考。

　　由于全国量刑裁判的样本过于庞大，要对之进行全盘研究几乎是不可能的，而且对于量刑情节具体幅度的确定也并未载明在公开的裁判文书上。因此，本书以最高人民法院量刑规范化改革项目组所选编的指导案例①作为实证研究的样本。这些案例均是司法实践中的真实案例，并经过最高人民法院量刑规范化改革项目组精心挑选，反映了各地对于不同个案中被告人量刑情节调节比例的看法，因而具有较高的参考和研究价值。②从而为公诉人提出量刑建议时确定量刑情节具体调节比例提供参考。

一、刑事责任能力

（一）未成年犯

根据我国《刑法》第 17 条前 3 款的规定，"已满十六周岁的人犯罪，应当负刑事责任。已满十四周岁不满十六周岁的人，犯故意杀人、故意伤害致人重伤或者死亡、强奸、抢劫、贩卖毒品、放火、爆炸、投毒罪的，应当负刑事责任。已满十四周岁不满十八周岁的人犯罪，应当从轻或者减轻处罚"。

《量刑指导意见》规定，对于未成年人犯罪，应当综合考虑未成年人对犯罪的认识能力、实施犯罪行为的动机和目的、犯罪时的年龄、是否初犯、偶犯、悔罪表现、个人成长经历和一贯表现等情况，予以从宽处罚。其中："（1）已满十四周岁不满十六周岁的未成年人犯罪，减少基准刑的 30%～60%；（2）已满十六周岁不满十八周岁的未成年人犯罪，减少基准刑的 10%～50%。"

从《量刑指导意见》的上述规定来看，决定未成年人犯罪情节从宽处罚幅度最主要的因素为年龄因素。因为刑法规定未成年人犯罪的法定从轻、减轻情节也主要考虑到未成年人的心智尚不成熟，其辨认、控制行为的能力主要地与其年龄相关。其次还应考察未成年人是偶然失足、犯罪还是经常性地实施犯罪，对其

---

① 参见熊选国主编：《〈人民法院量刑指导意见〉与"两高三部"〈关于规范量刑程序若干问题的意见〉理解与适用》，法律出版社 2010 年版，以及黄尔梅主编：《量刑规范化案例指导》，法律出版社 2012 年版，这两本书中共收录了 63 个案例。

② 对于具体案例的来源，如无特殊情况下文将不再一一注明出处。

实施教育、挽救、改造的难度大小，来决定对其具体从宽的幅度。

　　实践中最常见的已满 16 周岁未满 18 周岁的人犯罪，一般选择《量刑指导意见》所规定的 10%～50% 幅度的中间值 30% 作为具体减少基准刑的比例。[①] 当然也有考虑到未成年人系初犯、偶犯以及犯罪动机、平常表现等人身危险性因素而选择更高的从轻、减轻幅度的情况。但对于曾经故意犯罪，已满 16 周岁未满 18 周岁的未成年人，没有特殊理由，一律适用最高 50% 的从宽幅度，显然并不恰当。[②] 具体个案中确定高于中间值 30% 调节幅度情况如下表：

案件名称	被告人	确定调节幅度的理由	调节比例
张某某等抢劫案	张某某	16 周岁刚满不足一个月，且系初犯、从犯，确有悔罪表现	减少 40%
黄某寻衅滋事案	黄某	已满 16 周岁不满 17 周岁，受人纠集参与，系从犯，且具有自首情节	减少 40%
邹某故意伤害案	邹某	作案时年仅 16 周岁半，犯罪目的在于保护生病的父亲免受侵害，系在校学生，平时表现较好，且系初犯、偶犯	减少 35%

　　从上表所列三被告人的调节比例情况来看，属于初犯、偶犯

---

　　① 涂某某抢夺案，参见熊选国主编：《〈人民法院量刑指导意见〉与"两高三部"〈关于规范量刑程序若干问题的意见〉理解与适用》，法律出版社 2010 年版，第 319 页；马某某贩卖毒品案、邝某某交通肇事案、许某某等盗窃案中的许某某，参见黄尔梅主编：《量刑规范化案例指导》，法律出版社 2012 年版，第 29～32、155～162、195～204 页。

　　② 周某等抢劫案，参见黄尔梅主编：《量刑规范化案例指导》，法律出版社 2012 年版，第 184～194 页。该案系《刑法修正案（八）》生效之前已审结案件，周某、胡某二人均被认定为累犯，均增加基准刑的 30%，因此而获得了一定的平衡。

的未成年被告人的人身危险性较低。具有其他自首、从犯等量刑情节又说明被告人参与犯罪的主动性较差，涉入犯罪不深，如若犯罪动机又有可宽宥之处，则说明其人身危险性低，改造难度小，可塑性强，因此，其减少的基准刑幅度高于30%的中间值。

对于已满14周岁未满16周岁的未成年人犯罪，由于被告人的心智不成熟，更容易不慎涉罪，从最大限度地挽救、教育未成年人刑事司法政策的角度出发，司法实践中确定的从宽幅度更大。例如李某某等抢劫案中，谢某犯罪时已满14周岁未满15周岁，减少基准刑的60%，王某某、李某某、曾某犯罪时已满15周岁未满16周岁，减少基准刑的50%。

对于未成年人在18周岁前后实施的同种罪行应如何确定从宽的幅度？一般而言，未成年人在年满18周岁前后实施了同种犯罪行为，在量刑时应当根据案件的全部犯罪事实，适当确定从宽的幅度；但减少的刑罚量不得超过其在年满18周岁以前实施的犯罪事实所对应的刑罚量。因为未成年人犯罪的情节是需要在基准刑的基础上优先调节的情节。实践中一般是对未成年人犯罪的整体罪行优先进行评价，因此，不宜确定较高的从宽幅度。因为该从宽幅度将对被告人18周岁以后的罪行一并进行调节。而且，未成年人在未成年时的罪行同样应当在刑法上予以评价，在量刑上予以体现，故确定从宽幅度时，不能因幅度较大而使未成年犯罪的罪行不能得到体现，导致量刑失当。同时还应当考虑未成年时犯罪与成年时犯罪的比重，未成年时犯罪的罪行重的，可以确定较高的从宽幅度，反之，则确定较小的从宽幅度。假设未成年人18周岁前后，实施两起盗窃犯罪事实，除了未成年犯罪情节之外，没有其他量刑情节，假定其基准刑为12个月，其中第二起盗窃事实应增加的刑罚量为7个月，那么，未成年人犯罪情节调节后减少的刑期不能超过5个月，因此，调节比例不得高于5/12≈41%。假设对未成年犯罪的调节比例确定为30%，那么可考虑具体的调节比例为30%×41%＝12.3%。如果选择减少12.5%，那么拟宣告刑为12×（1－12.5%）＝10.5个月。

　　根据最高人民法院 2006 年 1 月 11 日《关于审理未成年人刑事案件具体应用法律若干问题的解释》第 17 条的规定，未成年人所犯罪行，可能被判处拘役、3 年以下有期徒刑，如果悔罪表现好，并具有"系又聋又哑的人或者盲人；防卫过当或者避险过当；犯罪预备、中止或者未遂；共同犯罪中从犯、胁从犯；犯罪后自首或者有立功表现；其他犯罪情节轻微不需要判处刑罚的"情形之一的，应当依照《刑法》第 37 条的规定免予刑事处罚。

　　（二）老年犯

　　老年人由于其年龄的原因，其辨认能力和控制自己行为的能力有所减弱。对老年犯的适度从宽处罚，既是宽严相济刑事政策的需要，同时也符合人道主义的原则。《刑法修正案（八）》规定了老年犯的法定从宽情节，即我国《刑法》第 17 条之一规定，"已满七十五周岁的人故意犯罪的，可以从轻或者减轻处罚；过失犯罪的，应当从轻或者减轻处罚"。根据《老年人保护法》规定，老年人年龄限定在 60 周岁以上。因此，对于已满 60 周岁不满 75 周岁的老年人犯罪，综合考虑犯罪的性质、情节、后果等情况，酌定确定从宽的幅度。《量刑指导意见》在调节基准刑的方法中规定，老年人犯罪的情节是首先适用的调节量刑情节，但在常见量刑情节的适用中，未具体规定相应的调节比例。各地高级法院可以在《实施细则》中规定。

　　例如浙江省《实施细则》规定：

　　（1）已满 60 周岁不满 75 周岁的老年人故意犯罪的，可减少基准刑的 20% 以下；过失犯罪的，减少基准刑的 30% 以下；

　　（2）已满 75 周岁的老年人故意犯罪的，可减少基准刑的 40% 以下；过失犯罪的，减少基准刑的 20% ～ 50%。

　　（三）限制刑事责任能力人

　　对于尚未完全丧失辨认或者控制自己行为能力的精神病人，主要应考虑其生理缺陷、精神障碍对其辨认和控制行为能力的影响来决定对其的量刑。《量刑指导意见》在调节基准刑的方法中规定，限制行为能力的精神病人犯罪的情节是首先适用的调节量刑情节，但在常见量刑情节的适用中，未具体规定相应的调节比例。各地高级法院可以在《实施细则》中予以细化规定。可综合考虑精神病人犯罪行为的性质、精神疾病的严重程度以及犯罪时精神障碍影响辨认控制能力等情况，减少基准刑的40%以下。例如陈某某强奸案，① 陈某某属于限制刑事责任能力人，为初犯，且社会危害性相对较小，故可从高适用从轻比例，确定减少基准刑25%。

（四）又聋又哑的人或者盲人

《量刑指导意见》在调节基准刑的方法中规定，又聋又哑的人或者盲人犯罪的情节是首先适用的调节量刑情节，但在常见量刑情节的适用中，未具体规定相应的调节比例。各地高级法院可以根据本地实际情况在《实施细则》中予以细化规定。对于又聋又哑的人或者盲人犯罪，应综合考虑犯罪的事实、情节、后果以及聋哑人或者盲人犯罪时的控制能力等情况，减少基准刑的40%以下；犯罪较轻的，减少基准刑的40%以上或者依法免除处罚。

在具体适用、决定从宽处罚的幅度时要考虑该生理缺陷对犯罪嫌疑人、被告人的影响来具体决定。例如有的生理缺陷对其犯罪有直接的、密切的影响的，从宽幅度应较大，没有直接、密切影响的，从宽幅度应较小。有的确实是因为生理缺陷、生活所迫而偶然实施犯罪的，从宽幅度应较大。有的利用法律的这一从宽处理的规定而故意、多次实施犯罪的，从宽幅度应较小甚至不予从宽处理，才能充分体现宽严相济的法律政策。例如赖某某抢夺

① 参见黄尔梅主编：《量刑规范化案例指导》，法律出版社2012年版，第170~177页。

案①：根据案发当地（陕西省）的《实施细则》规定，对于又聋又哑的人犯罪的，可以减少基准刑的10% ~ 30%，考虑到该案系利用法律的从宽处理规定而故意结伙作案，减少基准刑的20%。

二、犯罪停止形态

（一）未遂犯

我国《刑法》第23条规定，"已经着手实行犯罪，由于犯罪分子意志以外的原因而未得逞的，是犯罪未遂。对于未遂犯，可以比照既遂犯从轻或者减轻处罚"。

《量刑指导意见》规定，对于未遂犯，综合考虑犯罪行为的实行程度、造成损害的大小、犯罪未得逞的原因等情况，可以比照既遂犯减少基准刑的50%以下。

从刑法理论上来说，实行终了的未遂社会危害性大于未实行终了的未遂。因此，根据罪责刑相适应的原则，未实行终了的未遂，从宽的幅度应较大。犯罪未遂中，造成了损害后果的未遂，社会危害性要大于未造成损害后果的未遂。因此，未造成损害后果的未遂，从宽幅度应大于造成损害后果的未遂的从宽幅度。

例如浙江省《实施细则》规定：

（1）实施终了的未遂犯，造成损害后果的，可以比照既遂犯减少基准刑的20%以下；未造成损害后果的，可以比照既遂犯减少基准刑的40%以下。

（2）未实施终了的未遂犯，造成损害后果的，可以比照既遂犯减少基准刑的30%以下；未造成损害后果的，可以比照既遂犯减少基准刑的50%以下。

---

① 参见黄尔梅主编：《量刑规范化案例指导》，法律出版社2012年版，第213 ~ 219页。

司法实践中也主要是从是否实行终了、是否造成损害后果等情况来区分确定具体的调节幅度。具体个案中确定调节幅度的情况如下表：

案件名称	被告人	确定调节幅度的理由	调节比例
平某某等抢劫案	平某某、刘某	采取了殴打、威胁的手段向被害人索要钱财，因被害人的激烈反抗而未得逞	减少30%
黄某某抢劫案	黄某某	盗窃过程中被人发觉，为抗拒抓捕而将二被害人打伤；被抓住后又将另一被害人咬伤，三被害人均为轻微伤。	减少20%
陈某某强奸案	陈某某	已强行脱掉被害人裤子，欲与被害人发生性关系，但因被害人反抗而未得逞	减少40%
韩某某等敲诈勒索案	韩某某等	在等待被害人亲友筹钱的过程中，被公安机关抓获	减少40%
梅某某等盗窃、抢劫案	梅某某	盗窃逃跑过程中被发现，为抗拒抓捕，持刀威胁，后被抓获，赃物被当场追回	减少50%

从上表所列被告人的调节比例情况来看，造成损害后果的未遂犯，因其对法益的威胁更大、造成损害的后果更大，更接近于既遂，因此减少基准刑的幅度较小（20%、30%）。对于既未实施终了，又未造成损害后果的未遂犯，因对法益的威胁更小，又未造成损害后果，因此，减少基准刑的幅度较大（40%、50%）。

对于部分犯罪既遂、部分犯罪未遂的未遂部分调节比例的确定，司法实践中有不同的做法。有的对既遂和未遂整体确定一个较低的调节比例。[1] 有的则将既遂部分确定为量刑的基准，对未遂部分单独确定调节比例，计算未遂部分增加的刑罚量，然后将两部分的刑罚量相加，确定基准刑。[2] 本书倾向于后一种做法。显然前一种做法除了需要衡量既遂、未遂部分的不同比重外，还需要考虑总体的比例不能使未遂部分未得到评价，要进行总体的换算和平衡，确定基准刑的过程繁琐、复杂。相反，后一种做法更加清晰明了，而且对未遂部分以未遂情节确定未遂部分事实的调节比例，能够准确地确定未遂情节对未遂部分量刑的影响力。

（二）中止犯

我国《刑法》第24条规定，"在犯罪过程中，自动放弃犯罪或者自动有效地防止犯罪结果发生的，是犯罪中止。对于中止犯，没有造成损害的，应当免除处罚；造成损害的，应当减轻处罚"。

《量刑指导意见》在调节基准刑的方法中规定，犯罪中止情节是应首先适用的调节量刑情节，但在常见量刑情节的适用中，未具体规定相应的调节比例。对于中止犯，应综合考虑中止犯罪的阶段、自动放弃犯罪的原因以及造成的损害后果大小等情况，确定从宽处罚的幅度。其中造成损害的大小是最主要的考量因素。一般而言，实行终了的中止犯其从宽的幅度应小于未实行终了的中止犯。基于自身的悔悟心理而自动放弃犯罪相对于基于畏惧刑罚、怜悯被害人等心理而放弃犯罪的人身危险性要小，因此，在确定从宽的幅度时应相对较大。例如浙江省《实施细则》规定：中止犯造成损害的，减少基准刑的30%～80%；没有造成损害的，应当免除处罚。

---

① 杨某某盗窃案，参见前引黄尔梅主编：《量刑规范化案例指导》，法律出版社2012年版，第121～123页。

② 平某某等抢劫案，参见前引熊选国主编：《〈人民法院量刑指导意见〉与"两高三部"〈关于规范量刑程序若干问题的意见〉理解与适用》，法律出版社2010年版，第279～283页。

三、共同犯罪情节

（一）从犯

我国《刑法》第 27 条规定，"在共同犯罪中起次要或者辅助作用的，是从犯。对于从犯，应当从轻、减轻处罚或者免除处罚"。

《量刑指导意见》规定，对于从犯，应当综合考虑其在共同犯罪中的地位、作用，以及是否实施犯罪行为等情况，予以从宽处罚，减少基准刑的 20%～50%；犯罪较轻的，减少基准刑的 50% 以上或者依法免除处罚。

从司法实践中的情况来看，从犯既未实施特定犯罪中核心犯罪构成客观行为，又非组织者、主谋或纠集者。在故意伤害案中，一般为未直接实施伤害行为的被告人。在抢劫案中，则未直接实施暴力、威胁等行为，仅负责取财。在盗窃案中，一般为未具体实行盗窃犯罪行为的被告人。在敲诈勒索案中，从犯一般未具体实施敲诈行为。在寻衅滋事案中，从犯一般系受人纠集或指使，或者未实行寻衅滋事具体犯罪行为。司法实践中一般根据行为人参与犯罪的行为、介入犯罪的程度，对犯罪危害后果的作用力大小等方面来确定不同的调节幅度。具体个案确定调节幅度的情况见下表：

案件名称	被告人	确定调节幅度的理由	调节比例
李某甲等故意伤害案	于某某、刘某某	将被害人拖进院内，同案犯李某甲持棍将被害人打伤	减少 30%
李某乙故意伤害案	李某乙	持刀追砍的并非受重伤的被害人	减少 40%
袁某某等抢劫案	马某某	在袁某某抢劫时在一旁助阵，通过挟持被害人从 POS 机提现	减少 30%

案件名称	被告人	确定调节幅度的理由	调节比例
张某某等抢劫案	张某某	望风、取得财物	减少35%
许某某等盗窃案	施某某	参与事先商量，后到达犯罪现场	减少30%
潘某甲等盗窃案	潘某乙	望风	减少30%
王某甲等诈骗案	王某甲、符某某	受人组织，从事诈骗行为，负责接听电话，诱骗被害人汇款，获得赃款较少	减少35%
陈某某等敲诈勒索案	李某丙、高某某	二人参与商议，从旁协助，但李某丙参与敲诈过程较长，数额高于高某某	分别减少35%、40%
韩某某等敲诈勒索案	蒲某某等三人	受主犯纠集参与，未参与犯罪策划，未积极索要钱财	减少35%
黄某寻衅滋事案	黄某	受人纠集，但积极作为	减少30%
黄某某等寻衅滋事案	王某乙、蔡某某、卢某某	受人纠集，但并未直接实施致伤行为	减少30%
金某某掩饰、隐瞒犯罪所得案	金某某	受他人邀约，且系在犯罪过程中才知道参与犯罪，听从他人安排打下手，事后未参与销售和分赃	减少50%
胡某某等贩卖、运输毒品案	吴某某	居间介绍并跟随贩卖毒品	减少30%

从上表所列情况来看，从犯减少基准刑的比例幅度范围为30%~50%，其中，又以减少基准刑的30%居多，35%次之，

40%又次之，50%的仅有1例。从犯参与犯罪的情况主要有：参与共谋、受人纠集、实施非实行行为的帮助犯等，主要根据行为人参与犯罪的具体行为及其对犯罪的作用力来确定相应的调节比例，通常情况下，以减少基准刑的30%为宜。

（二）胁从犯

我国《刑法》第28条规定，"对于被胁迫参加犯罪的，应当按照他的犯罪情节减轻处罚或者免除处罚"。

《量刑指导意见》在调节基准刑的方法中规定，胁从犯情节是应首先适用的调节量刑情节，但在常见量刑情节的适用中，未具体规定相应的调节比例。

确定胁从犯从宽幅度的主要考虑因素有二：一是胁迫的程度和强度，受到胁迫的强度越大，从宽的幅度应越大；二是被胁迫者在共同犯罪中所起的作用大小。被胁迫者在共同犯罪中所起的作用越大，从宽的幅度应越小。

例如浙江省《实施细则》规定：对于胁从犯，综合考虑犯罪的性质、被胁迫的程度，以及在共同犯罪中的作用等情况，减少基准刑的40%～60%；犯罪较轻的，减少基准刑的60%以上或者依法免除处罚。

（三）教唆犯

我国《刑法》第29条规定，"教唆他人犯罪的，应当按照他在共同犯罪中所起的作用处罚。教唆不满十八周岁的人犯罪的，应当从重处罚。如果被教唆的人没有犯被教唆的罪，对于教唆犯，可以从轻或者减轻处罚"。

《量刑指导意见》在调节基准刑的方法中规定，教唆犯情节是应首先适用的调节量刑情节，但在常见量刑情节的适用中，未具体规定相应的调节比例。

在考虑教唆犯从宽或者从严的幅度时，应当考虑以下几个因素：一是教唆犯在共同犯罪中所起的作用。如果属于从犯或者在共同犯罪中所起的作用较小的，可以参照从犯的规定确定从宽的幅度。二是教唆的强度。教唆犯对被教唆人教唆的强度越大，越容易促使被教唆的人犯罪的，则对其从严处罚的幅度应越大。三是教唆的具体内容。如果教唆的内容越细致、具体，则相对于教唆的内容宽泛、粗略而言，其从严处罚的幅度也应越大。

例如，浙江省《实施细则》规定：

（1）教唆他人犯罪的，应当按照他在共同犯罪中所起的作用处罚；在共同犯罪中所起作用较小或者属于从犯的一般教唆犯，可以比照从犯处罚的相关规定，确定从宽的幅度；

（2）被教唆的人没有犯被教唆的罪的，减少基准刑的50%以下；

（3）教唆未成年人犯罪的，增加基准刑的10%～30%；

（4）教唆限制行为能力人犯罪的，增加基准刑的20%以下。

（四）在共同犯罪中的作用相对较小的主犯

虽然《量刑指导意见》未规定本情节，但在司法实践中，共同犯罪被告人在犯罪中的地位相对较低，作用相对较小，但不足以区分主从犯的情形较为常见。而根据罪责刑相适应的原则，显然在量刑上也应有所体现。具体个案确定调节幅度的情况见下表：

案件名称	被告人	确定调节幅度的理由	调节比例
沈某某等故意伤害案	陆某某、丁某甲	参与殴打，具体伤害后果由同案犯殴打所致	减少10%
丁某乙等非法拘禁案	黄某某等三人	积极参与非法拘禁、殴打等实行行为	减少5%
李某甲等寻衅滋事案	王某某、张某某	在李某甲扎伤二名被害人后赶至参与对第三名被害人的殴打，致伤三人	减少15%

案件名称	被告人	确定调节幅度的理由	调节比例
李某乙等抢劫案	谢某	抢劫出租车司机，或参与搜身，或下车堵住车门，或持刀威胁，但其相较于每次均持刀威胁被害人的李某乙等作用较小	减少18%
唐某某等运输毒品案	李某丙	负责签收邮寄运送的毒品	减少20%
韩某甲等敲诈勒索案	韩某乙	主动持刀威胁被害人，还积极索要钱财，但相对于召集人和指挥者韩某甲作用较小	减少20%

从上表所列各被告人的调节比例情况来看，在共同犯罪中，所起作用相对较小的主犯，减少基准刑的幅度在20%以下，与从犯20%的调节比例下限相衔接。因行为人已经具体参与了实行行为，故难以被认定为从犯。具体的调节比例主要根据被告人参与实行行为的范围、深浅确定。

四、自首、坦白及当庭自愿认罪情节

对于司法机关节约司法资源、侦破案件而言，自首、坦白、当庭自愿认罪形成了刑法上完整的认罪从宽机制。一般而言，对于自首情节的从宽幅度要大于坦白情节，而坦白情节的从宽幅度也应大于当庭自愿认罪情节的从宽幅度。

（一）自首

我国《刑法》第67条第1款、第2款规定，"犯罪以后自动投案，如实供述自己的罪行的，是自首。对于自首的犯罪分子，可以从轻或者减轻处罚。其中，犯罪较轻的，可以免除处罚。被采取强制措施的犯罪嫌疑人、被告人和正在服刑的罪犯，如实供述司法机关还未掌握的本人其他罪行的，以自首论"。

《量刑指导意见》规定,对于自首情节,综合考虑自首的动机、时间、方式、罪行轻重、如实供述罪行的程度以及悔罪表现等情况,可以减少基准刑的40%以下;犯罪较轻的,可以减少基准刑的40%以上或者依法免除处罚。恶意利用自首规避法律制裁等不足以从宽处罚的除外。

刑法规定自首情节主要基于两个考虑,一是自首有利于侦查机关侦破案件,有利于司法资源的节约。二是自首体现了犯罪人有悔罪的表现,人身危险性较低。所以,在以自首情节决定犯罪人的从宽量刑的幅度时要兼顾上述二立法目的。

犯罪分子投案的时间和时机的不同,决定了其自首对于司法机关侦破案件作用的大小和人身危险性的不同。因此,在确定自首从宽幅度时应予考虑。

例如,浙江省《实施细则》规定:

(1)犯罪事实或者被告人未被司法机关发觉,主动、直接投案的,减少基准刑的20%~40%;

(2)犯罪事实或者被告人已被司法机关发觉,但被告人尚未受到调查谈话、讯问,或者未被宣布采取调查措施或者强制措施时,主动、直接投案的,减少基准刑的10%~30%。

犯罪分子投案的时间和时机的不同,决定了其自首行为对于司法机关侦破案件作用的大小及其人身危险性的不同。犯罪事实或犯罪嫌疑人是否被司法机关发觉、案发后多少时间投案,是司法实践中确定不同调节幅度的重要权衡因素。具体个案调节幅度情况见下表:

案件名称	被告人	确定调节幅度的理由	调节比例
刘某某故意伤害案	刘某某	未明确犯罪嫌疑人时主动投案	减少30%
黄某甲等寻衅滋事案	柯某某	案发当晚未被发觉时主动投案	减少30%

案件名称	被告人	确定调节幅度的理由	调节比例
唐某某等非法拘禁案	张某某	未被发觉时主动投案	减少 40%
沈某某等故意伤害案	丁某甲、丁某乙	公安机关已初步掌握嫌疑对象，未被宣布采取调查措施或者强制措施时，主动投案	减少 20%
丁某丙等非法拘禁案	黄某乙等三人	已被司法机关发觉，主动投案	减少 20%
李某甲故意伤害案	李某甲	已被司法机关发觉，案发后 5 个月主动投案	减少 10%
周某甲聚众斗殴案	周某甲	已被司法机关发觉，案发后 4 年主动投案	减少 10%
黄某甲等寻衅滋事案	黄某甲	已被司法机关发觉，尚未受到调查、讯问，接电话通知后主动到案接受调查	减少 20%
周某乙故意伤害案	周某乙	已被司法机关发觉，接电话传唤后到案	减少 20%
李某乙等寻衅滋事案	李某乙	案发当日即主动投案	减少 20%

可见，犯罪事实或者犯罪嫌疑人未被发觉时主动投案的，对于侦破案件的作用较大，因此减少基准刑的幅度也较大（30%~40%）。对于犯罪事实或者犯罪嫌疑人已被司法机关发觉的，而主动投案的，减少基准刑的幅度在20%以下，绝大多数为20%，少数案发后时间较长才投案的，减少基准刑的10%。

犯罪分子投案的方式也是确定自首情节从宽幅度的重要考虑因素。浙江省《实施细则》规定：

（1）被采取强制措施的犯罪嫌疑人、被告人和已宣判的罪犯，如实供述司法机关尚未掌握的罪行，与司法机关已掌握的或者判决确定的罪行属不同种罪行的，减少基准刑的 20% 以下；

（2）明知他人报案而在现场等待，抓捕时无拒捕行为，供认犯罪事实的，减少基准刑的 20% 以下；

（3）并非出于被告人主动，而是经亲友规劝、陪同投案，或者亲友送去投案等情形构成自首的，减少基准刑的 30% 以下；

（4）罪行尚未被司法机关发觉，仅因形迹可疑被有关组织或者司法机关盘问、教育后，主动交代自己的罪行的，减少基准刑的 20% 以下。

在司法实践中，被告人系被采取强制措施期间交代司法机关未掌握的不同种罪行，还是明知他人报案而在现场等候，又或是经亲友规劝、陪同投案，还是因形迹可疑被盘问教育后主动交代等不同的投案方式，也是确定自首情节从宽幅度的重要考虑因素。具体个案调节幅度情况见下表：

案件名称	被告人	确定调节幅度的理由	调节比例
平某某等抢劫案	刘某	因抢夺犯罪被采取强制措施后，如实供述未掌握的较重抢劫事实	减少 25%
李某甲盗窃案	李某甲	在被强制隔离戒毒期间，主动交代	减少 20%
曹某某诈骗、盗窃案	曹某某	因涉嫌诈骗罪被羁押期间，主动交代盗窃事实	减少 20%
林某某抢劫案	林某某	得知公安人员准备抓捕，在原地等候，抓捕时无拒捕行为	减少 20%
刘某某交通肇事案	刘某某	肇事后主动报警并在肇事现场等待处理，询问时主动供述	减少 15%
李某乙交通肇事案	李某乙	事故发生后，明知他人报警，仍在现场等候处理，到案后如实供述	减少 20%
邝某某交通肇事案	邝某某	交通肇事后逃逸，在父亲陪同下自首	减少 20%

案件名称	被告人	确定调节幅度的理由	调节比例
黄某寻衅滋事案	黄某	在同案犯已归案情况下，亲属陪同投案	减少 20%
张某某等盗窃案	张某某等四人	因形迹可疑被盘问后，主动交代	减少 20%
邓某某等盗窃案	邓某某	在公安机关例行检查时发现涉案赃物，形迹可疑，被传唤讯问后如实交代	减少 25%

从上表所列各被告人的调节比例情况来看，被采取强制措施期间交代未被司法机关掌握的罪行的，减少基准刑的幅度为20%、25%。明知他人报警而在现场等候的，减少基准刑的幅度为15%、20%。在亲友陪同下自首，或因形迹可疑被盘问、传讯后交代的，减少基准刑幅度均为20%。

需要注意的是，最高人民法院2010年12月22日《关于处理自首和立功若干具体问题的意见》中规定，"罪行未被有关部门、司法机关发觉，仅因形迹可疑被盘问、教育后，主动交代了犯罪事实的，应当视为自动投案，但有关部门、司法机关在其身上、随身携带的物品、驾乘的交通工具等处发现与犯罪有关的物品的，不能认定为自动投案"。这里能否认定行为人构成自首，关键在于对"与犯罪有关的物品"的理解。可以肯定的是，如果有关部门、司法机关查获的这些"与犯罪有关的物品"足以使司法人员认为，犯罪嫌疑人有重大作案嫌疑的，则犯罪嫌疑人不属于形迹可疑，显然这些物品就可以被解释为"与犯罪有关"。例如，被害人被扒窃一个皮夹，内有其身份证、银行卡等物品，并报案，公安机关在形迹可疑的犯罪嫌疑人身上查获该皮夹，即可将该特定的罪行与犯罪嫌疑人联系起来，犯罪嫌疑人就难以被认定为自动投案。

而假如犯罪嫌疑人骑乘的是一辆被盗的电动自行车，因形迹可疑被查获，犯罪嫌疑人可以辩称该辆电动自行车系其自己所有，但其却主动交代系其盗窃的赃物。那么，因为并不能将该辆电动自行车与特定的罪行联系起来，不足以使犯罪嫌疑人产生重大的作案嫌疑，因而该辆电动自行车不能被解释为"与犯罪有关的物品"，可以认定犯罪嫌疑人系自动投案。

犯罪分子在自动投案后如实供述罪行的程度有深有浅，有的彻底供述自己的罪行，有的在细节上避重就轻，有的始终如实供述，有的时供时翻，这些也充分体现了犯罪分子的悔罪表现和人身危险性的大小。因行为人如实供述自己罪行的彻底程度对于司法资源节约的大小也有区别，因此，确定对其从宽的幅度也应有所区别。浙江省《实施细则》规定：被告人自动投案并如实供述自己的罪行后又翻供，但在一审判决前又能如实供述的，减少基准刑的 10% 以下。

自首情节中，犯罪较轻的，可以免除处罚。这里的犯罪较轻，应当是综合犯罪分子的罪行（包括法定刑和其他量刑情节）之后，全面、综合考所虑作出的判断。但当罪行较重，而自首的质量较高时，则一般只能给予较大幅度的从宽幅度。但对于从宽幅度的刑期，一般也应当予以限制。浙江省《实施细则》规定：（1）有自首情节，且犯罪较轻的，减少基准刑的 40% 以上或者依法免除处罚；（2）自首情节减轻比例根据基准刑折合的刑期，一般不应超过 4 年，但依法免除处罚的除外。

（二）坦白

我国《刑法》第 67 条第 3 款规定，"犯罪嫌疑人虽不具有前两款规定的自首情节，但是如实供述自己罪行的，可以从轻处罚；因其如实供述自己罪行，避免特别严重后果发生的，可以减轻处罚"。

《量刑指导意见》规定，对于坦白情节，综合考虑如实供述罪行的阶段、程度、罪行轻重以及悔罪程度等情况，确定从宽的幅度。

（1）如实供述自己罪行的，可以减少基准刑的 20% 以下；

（2）如实供述司法机关尚未掌握的同种较重罪行的，可以减少基准刑的 10% ～30%；

（3）因如实供述自己罪行，避免特别严重后果发生的，可以减少基准刑的 30% ～50%。

最高人民法院 1998 年 4 月 6 日《关于处理自首和立功具体应用法律若干问题的解释》第 4 条规定，被采取强制措施的犯罪嫌疑人、被告人和已宣判的罪犯，如实供述司法机关尚未掌握的罪行，与司法机关已掌握的或者判决确定的罪行属同种罪行的，可以酌情从轻处罚；如实供述的同种罪行较重的，一般应当从轻处罚。张明楷教授对该司法解释的规定提出批评，认为该规定对有利于被告的刑法规定作限制解释不妥，并认为，对于被采取强制措施的犯罪嫌疑人、被告人，如实供述司法机关还未掌握的同种罪行重的主要罪行的，应对全案以自首论。[①] 从法理上而言，张明楷教授的批评有一定的道理。毕竟在被采取强制措施的犯罪嫌疑人、被告人，如实供述司法机关尚未掌握的罪行，即使与司法机关已经掌握的罪行罪名相同，但其对于司法机关侦破案件、节约司法资源的作用与供述司法机关尚未掌握的不同罪名的罪行并无本质的差别。而且，《刑法》第 67 条第 2 款中也并没有明确规定"其他罪行"是同种罪行还是不同种罪行，那么，其含义显然应当包括同种罪行在内。所谓的"其他罪行"只是指司法机关尚未掌握的罪行而已。而且司法解释也在刑法尚未规定坦白情节时，规定对于该种情形，可以酌情从轻处罚；如实供述的同种罪行较重时，一般应当从轻处罚。但在该司法解释尚有效的情况下，只能认定如实供述同种较重罪行的属于坦白情节。而且根据《量刑指导意见》的规定，对该情形可以减少基准刑的 10% ～30%，减少基准刑的幅度也不低。

一般而言，被告人如实供述自己的罪行越早，则对于司法机

---

① 张明楷：《刑法学》（第四版），法律出版社 2011 年版，第 522 页。

关侦破案件越有利，也越有利于节约司法资源，因此应确定较大的从宽幅度。被告人如实供述主要罪行与如实供述全部罪行相比，显然如实供述全部罪行的更彻底，悔罪表现更好，应给予较大幅度的从宽处理。被告人如实供述司法机关尚未掌握的罪行与被告人如实供述司法机关已经掌握的罪行相比，更利于司法机关侦破案件，节约司法资源，应给予较大幅度的从宽处理。被告人如实供述司法机关尚未掌握的同种罪行越重，则反映出其悔罪态度更好，更有利于司法机关侦破案件和节约司法资源，也应给予较大幅度的从宽处理。显然，坦白情节的从宽幅度应高于当庭自愿认罪情节的从宽幅度，为了与当庭自愿认罪情节相区别，坦白情节的从宽幅度应在10%以上。

《刑法修正案（八）》生效之前，坦白情节均被评价在当庭自愿认罪情节之中，调节的幅度也较小。在《刑法修正案（八）》生效之后，坦白情节成为法定的从宽情节，其从宽的幅度显然会比当庭自愿认罪的情节大。司法实践中，准确认定坦白情节需要注意的是，如果司法机关已经有充分的证据证实相关犯罪事实系犯罪嫌疑人所为，但犯罪嫌疑人到案后首次接受讯问时拒不交代，在此后的讯问过程中，才开始交代的，不能认定为坦白。如果司法机关尚无充分的证据证实相关犯罪事实系犯罪嫌疑人所为，仅怀疑系犯罪嫌疑人所为而试探性对犯罪嫌疑人进行讯问，犯罪嫌疑人误以为司法机关已经掌握其罪行，侦查人员有针对性地讯问一起，犯罪嫌疑人才交代一起的，虽然应认定为系坦白，但应确定较小的从宽幅度。

《刑法修正案（八）》生效之前，坦白情节均被归入当庭自愿认罪情节，调节的幅度在10%以下。在《刑法修正案（八）》生效之后，坦白情节成为法定的从宽情节，其从宽的幅度也可相应提高。具体个案调节幅度情况见下表：

案件名称	被告人	确定调节幅度的理由	调节比例
潘某某等盗窃案	潘某某二人	在盗窃后逃跑途中人赃并获	减少10%
袁某某等抢劫案	袁某某二人	到案后，如实供述	减少15%
李某某等抢劫案	李某某、曾某、王某某、谢某	李、曾二人坦白同种较轻罪行；王、谢二人坦白同种较重罪行	分别减少10%、20%

从上表所列各被告人的调节比例情况来看，坦白情节减少基准刑的幅度在10%～20%。其下限刚好与当庭自愿认罪情节的调节上限10%相衔接。坦白司法机关已经掌握的罪行的，减少基准刑的幅度较小，坦白司法机关尚未掌握的罪行的，尤其是同种较重罪行的，减少基准刑的幅度较大。

（三）当庭自愿认罪

《量刑指导意见》规定，对于当庭自愿认罪的，根据犯罪的性质、罪行的轻重、认罪程度以及悔罪表现等情况，可以减少基准刑的10%以下。依法认定自首、坦白的除外。

对于当庭自愿认罪予以从轻，主要是从简化法庭审理程序、节约司法资源的角度来考虑的。有的被告人到案后未如实供述罪行，到侦查后期、审查起诉、审判阶段才如实供述罪行，自愿认罪的，不能认定为坦白情节，只能认定为是当庭自愿认罪，其从宽的幅度也就相应较小。一般而言，对于犯罪的性质越严重，罪行越重的犯罪人，如果当庭自愿认罪，则说明其悔罪的态度越坚决，则对其从宽的幅度和刑期也就相应较大。被告人认罪的阶段越早，供述越稳定，则越有利于司法机关查清案件事实和审理案件，因而在适用当庭自愿认罪情节的从宽幅度时，也应予以考虑。

此外，还要注意避免坦白、自首情节与当庭自愿认罪情节的重复评价，显然坦白、自首的被告人还必须当庭自愿认罪，其坦白、自首情节才能成立。当庭自愿认罪是坦白、自首的应有之意。所以，如果已经认定被告人的坦白、自首情节，并予以较大幅度的从宽，就无须再以当庭自愿认罪重复予以从宽处理。

从最高人民法院量刑规范化改革项目组所选编的 63 个指导案例①来看，其中 41 个案例中有当庭自愿认罪情节，而其中具有当庭自愿认罪情节的被告人有 62 名，其中 45 人减少基准刑10%，17 人减少基准刑 5%。这其中的绝大多数在《刑法修正案（八）》生效之前都属于坦白情节。坦白情节明确规定为法定从宽情节之后，当庭自愿认罪情节调节比例为 5% 较合适，以便与坦白情节相区分。

五、立功情节

我国《刑法》第 68 条规定，"犯罪分子有揭发他人犯罪行为，查证属实的，或者提供重要线索，从而得以侦破其他案件等立功表现的，可以从轻或者减轻处罚；有重大立功表现的，可以减轻或者免除处罚"。

《量刑指导意见》规定，对于立功情节，综合考虑立功的大小、次数、内容、来源、效果以及罪行轻重等情况，确定从宽的幅度。

（1）一般立功的，可以减少基准刑的 20% 以下；

（2）重大立功的，可以减少基准刑的 20%～50%；犯罪较轻的，减少基准刑的 50% 以上或者依法免除处罚。

衡量和确定立功从宽幅度中，最重要的考量因素是立功的大小。相对而言，重大立功的，从宽量刑的幅度越大。立功大小相同的情况下，立功次数多的，从宽量刑的幅度应相应较大。同

---

① 参见熊选国主编：《〈人民法院量刑指导意见〉与"两高三部"〈关于规范量刑程序若干问题的意见〉理解与适用》，法律出版社 2010 年版；黄尔梅主编：《量刑规范化案例指导》，法律出版社 2012 年版。

时，还要看立功行为对于侦破案件的作用大小和实际效果，来具体确定立功从宽的幅度。如果犯罪人本身罪行较重，而其立功又较小，那么，对其从宽的幅度不应过大。相反，如果犯罪人本身罪行较小，虽然立功较小，对其从宽的幅度也应相应放宽。此外，还应注意，对于立功减少的刑罚量也应受到一定的限制。即因检举揭发犯罪的立功情节而予以从轻、减轻的刑罚不应高于或者等于被检举揭发的犯罪应当判处的刑罚。

从司法实践来看，罪行较轻的案犯揭发或者协助司法机关抓捕罪行较重案犯或者他人较重罪行的，其立功较大，从宽的幅度也较大。而对于被告人仅揭发其他案犯较轻的罪行或者协助抓捕罪行较轻案犯的，其立功较小，从宽的幅度较小。具体个案调节幅度情况见下表：

案件名称	被告人	确定调节幅度的理由	调节比例
平某某等抢劫案	刘某	揭发同案犯强奸犯罪事实	减少 20%
张某甲等盗窃案	熊某某	协助抓捕罪行较重的同案犯黄某甲（被判处有期徒刑 6 年 8 个月）	减少 20%
唐某甲等非法拘禁案	张某乙	协助抓获主犯	减少 20%
唐某乙等运输毒品案	李某某	协助抓获主犯唐某乙	减少 15%
周某等抢劫案	周某	协助抓获同案犯杜某	减少 15%
袁某某等抢劫案	马某某	协助抓获同案犯袁某某	减少 10%
黄某乙等寻衅滋事案	王某某	协助抓捕同案犯蔡某某、卢某某（均系从犯）	减少 10%
梅某某等盗窃、抢劫案	梅某某	协助抓获同案犯徐某某（仅构成盗窃罪）	减少 10%
邓某甲等盗窃案	邓某甲	检举同案犯邓某乙盗窃摩托车、电瓶车各 1 辆的犯罪事实	减少 10%

从上表所列各被告人的调节比例情况来看，从犯或者罪行较

轻的案犯检举揭发同案犯较重罪行或者协助公安机关抓捕罪行较重的主犯的，其减少基准刑的幅度较大（15%、20%），一般接近《量刑指导意见》所规定的一般立功 20% 幅度的上限。而其他检举揭发同案犯罪行较小的，或者是协助抓捕的同案犯罪行较轻的，减少的基准刑幅度较小（15%、10%），一般为 10%。

六、退赃、退赔、赔偿被害人经济损失、取得被害人谅解及刑事和解情节

（一）退赃、退赔

我国《刑法》第 64 条规定，"犯罪分子违法所得的一切财物，应当予以追缴或者责令退赔；对被害人的合法财产，应当及时返还；违禁品和供犯罪所用的本人财物，应当予以没收……"

《量刑指导意见》规定，对于退赃、退赔的，综合考虑犯罪性质，退赃、退赔行为对损害结果所能弥补的程度，退赃、退赔的数额及主动程度等情况，可以减少基准刑的 30% 以下；其中抢劫等严重危害社会治安犯罪的应从严掌握。

退赃是指犯罪分子将犯罪所得的赃款或赃物，直接退还被害人或者上缴司法机关的行为。退赔是指因赃物已被处置或毁损而无法退还被害人原物，由犯罪分子折价赔偿被害人或上缴司法机关的行为。退赃、退赔既关系到被害人损失的弥补和犯罪社会危害性的降低，也体现了犯罪分子的悔罪态度和人身危险性的大小，是重要的酌定量刑情节。

对于非暴力型侵财犯罪，被告人的退赃、退赔对于恢复被损害的社会关系，降低社会危害性的作用较大。司法实践中，一般给予较大幅度的从宽处罚。对于抢劫等暴力型犯罪或者寻衅滋事、走私、贩卖、运输、制造毒品犯罪等严重危害社会治安的犯罪，其侵犯的往往是双重客体或者社会秩序，在司法实践中应从严掌握。具体个案调节幅度情况见下表：

案件名称	被告人	确定调节幅度的理由	调节比例
徐某某诈骗案	徐某某	全额退赃	减少 30%
甘某某敲诈勒索案	甘某某	全额退赃 4500 元	减少 20%
蔡某某盗窃案	蔡某某	被盗财物均被追回	减少 15%
王某某等诈骗案	王某某、符某某	退赔总额 21824 元中的 18585 元	减少 15%
平某某等抢劫案	刘某	退赃 108 元	忽略不计
井某某抢劫案	井某某	被抢出租车（67000 元）已被追缴，发还给被害人	减少 10%
李某甲等抢劫案	李某甲等 4 人	各退赔赃款 550 元	减少 10%
袁某某等抢劫案	袁某某、马某某	袁某某家属代为退还全部赃款 5000 元	分别减少 10%、5%
周某等抢劫案	周某、杜某	周某协助警方缴回涉案手机一部、医院就诊卡 1 张；杜某退缴所抢赃款 280 元	分别减少 5%、10%
唐某某等运输毒品案	唐某某、李某乙	毒品被缴获，未流入社会	减少 10%

从上表所列各被告人的调节比例情况来看，非暴力型侵财犯罪全额退赃或者大部分退赃的，由于已经在很大程度上弥补被害人损失，减少基准刑的幅度较大（15%、20%、30%）。对于抢劫犯罪和毒品犯罪，减少的基准刑幅度较小（5%、10%），而且抢劫犯罪只有全额退赔或者追缴全部赃款、赃物才可予以较大的从宽幅度，数额过小的，不予考虑。

此外，犯罪分子退赃、退赔的数额和比例以及主动程度也是影响决定从宽量刑幅度的重要考量因素。具体个案调节幅度情况见下表：

案件名称	被告人	确定调节幅度的理由	调节比例
张某某等盗窃案	张某某等5人	部分赃物被追回	减少5%
傅某某职务侵占案	傅某某	退赃比例占42%	减少12%
陈某某等敲诈勒索案	陈某某等	追回23万元中的15万元	减少10%
金某某掩饰、隐瞒犯罪所得案	金某某	部分退赃	减少10%
邱某某盗窃案	邱某某	总数额7438.9元，大部分现金、物品已被追缴	减少5%
李某某盗窃案	李某某	退赔所有经济损失1000元	减少10%
梅某某等盗窃、抢劫案	徐某某	盗窃后被发觉，抗拒抓捕，赃物自行车被当场追回	减少5%
邓某甲等盗窃案	邓某甲、邓某乙	公安机关根据邓某甲供述扣押部分涉案赃物；邓某乙积极配合公安机关追缴全部赃物	分别减少3%、10%

从上表所列各被告人的调节比例情况来看，部分退赃的或者即使全额退赃但总额较小的，减少基准刑的幅度也较低，大多为10%或5%。其中，积极配合公安机关追缴赃物的，减少基准刑幅度相对而言较高。

（二）赔偿被害人经济损失、取得被害人谅解

我国《刑法》第36条规定，"由于犯罪行为而使被害人遭受经济损失的，对犯罪分子除依法给予刑事处罚外，并应根据情况判处赔偿经济损失。承担民事赔偿责任的犯罪分子，同时被判处罚金，其财产不足以全部支付的，或者被判处没收财产的，应

当先承担对被害人的民事赔偿责任"。

《量刑指导意见》规定，对于积极赔偿被害人经济损失并取得谅解的，综合考虑犯罪性质、赔偿数额、赔偿能力以及认罪、悔罪程度等情况，可以减少基准刑的40%以下；积极赔偿但没有取得谅解的，可以减少基准刑的30%以下；尽管没有赔偿，但取得谅解的，可以减少基准刑的20%以下；其中抢劫、强奸等严重危害社会治安犯罪的应从严掌握。

在司法实践中，积极赔偿被害人损失并取得谅解的情节经常同时出现，且多见于侵犯人身权利、财产权利的案件。因此，《量刑指导意见》规定了两种情节同时出现时可以从宽处理的量刑幅度。这两种量刑情节主要是从修复社会关系，化解社会矛盾、降低犯罪行为的社会危害性的考虑出发，对犯罪人从轻处理。因此，在具体确定这些情节对犯罪人的从轻幅度时，需要重点考虑的是犯罪的性质、犯罪侵犯的客体，以及这些情节对于被害人权利的侵害程度，补偿、弥补被害人损失的程度，以及在这一过程中所体现出来的，犯罪人的认罪、悔罪的态度。

在同时出现赔偿被害人损失和取得谅解情节时，由于赔偿被害人经济损失通常是取得谅解的原因，因而对该两种情节同时给予较大幅度的从宽一定程度上违背了禁止重复评价的原则。如张某某聚众斗殴案中，被告人赔偿被害人经济损失，减少基准刑30%，取得被害人谅解，又减少基准刑20%。孙某某、刘某某寻衅滋事案中，二被告人赔偿被害人经济损失，减少基准刑30%，取得被害人谅解，减少基准刑20%。周某、胡某、杜某抢劫案中，杜某积极赔偿被害人经济损失19000元，取得被害人谅解，分别减少基准刑的25%、20%。因此，针对司法实践中的这些问题，《量刑指导意见》明确规定，同时出现这两种情形的，只能减少基准刑的40%以下。

对于积极赔偿被害人损失的，实践中主要考虑赔偿、弥补被害人损失的程度，确定对被告人具体从宽的幅度。全额赔偿和部分赔偿、赔偿数额较小的，在确定从宽的幅度时均有所区别。具体个案调节幅度情况见下表：

案件名称	被告人	确定调节幅度的理由	调节比例
沈某某等故意伤害案	沈某某等4人	达成协议，赔偿损失18万元	减少20%
张某某聚众斗殴案	张某某	达成民事调解，赔偿损失1000元	减少20%
李某某故意伤害案	李某某	与附带民事诉讼原告达成赔偿协议，原告撤诉	减少20%
张某某交通肇事案	张某某	预缴赔偿款5.1万元，部分赔偿	减少5%
刘某某故意伤害案	刘某某	经调解，2008年3月4日前赔偿4.5万元，刑满释放后两年内赔偿4万元，但实际宣判前仅赔偿1万元（占12%）	减少2%
许某某等盗窃案	施某某	赔偿6000元（总金额35739元），取得被害人谅解	两情节分别减少5%、5%
邝某某交通肇事案	邝某某	赔偿部分损失24213.1元，取得被害人家属谅解	两情节分别减少20%、10%

　　从上表所列情况来看，赔偿被害人损失之后，取得被害人谅解的，因被害人谅解的原因往往在于赔偿损失，所以不宜因此对两情节均确定较大的调节幅度。其中全额赔偿被害人损失或者赔偿损失数额较大的，减少基准刑的幅度较大，一般为20%。而赔偿的数额或者占被害人全部损失的比例较小的，减少基准刑的幅度较小（2%、5%）。

　　对于没有赔偿被害人损失，单单取得被害人谅解的，司法实践中，确定的从宽幅度较低，同时还考虑被告人犯罪的性质，被害人谅解的原因，是不是被告人行为直接造成伤害等因素，决定从宽的幅度。具体个案调节幅度情况见下表：

案件名称	被告人	确定调节幅度的理由	调节比例
陈某某故意伤害案	陈某某	仅取得被害人谅解	减少10%
苏某某等强奸案	苏某某、李某甲、武某某、田某某	被害人因被轮奸致轻伤，取得被害人谅解	减少5%
苏某某等强奸案	田某某	未与被害人发生性关系，发现被害人阴部出血，便停止实施犯罪行为，取得被害人谅解	减少10%
李某乙故意伤害案	李某乙	未赔偿被害人，但取得被害人及其家属谅解	减少5%
韩某某等敲诈勒索案	韩某某等5人	事出有因，被害人主动表示谅解	减少20%

从上表所列各被告人的调节比例情况来看，如果对于被告人的犯罪，被害人存在一定的过错或者事出有因，双方存在某种关系，被害人因此谅解的，减少基准刑的幅度较大。被害人确实是属于"真诚"谅解，有效化解社会矛盾的，对被告人予以较大幅度的从宽。

在确定从宽幅度时还应考虑赔偿被害人经济损失、取得被害人谅解的阶段和时机，越早赔偿，取得谅解，化解矛盾的，可以给予较大幅度的从宽；反之，则从宽的幅度较小。因为赔偿和取得谅解的时机和阶段也体现了节约司法成本，及时化解矛盾的司法价值。例如周某某故意伤害案，在庭审过程中，经法院调解达成协议，被告人赔偿主动性、积极性一般，减少基准刑20%。在赔偿损失后取得谅解，但系在法院主持下，情节一般，减少基准刑10%。

从司法实践来看，除了犯罪性质为扰乱公共秩序的寻衅滋事犯罪以及致人死亡的犯罪外，其他犯罪的被告人因积极赔偿被害人经济损失，取得被害人谅解等，均被判处缓刑。例如具体情况如下：

1. 唐某某、张某某非法拘禁案，二被告人经调解后达成协议，赔偿被害人家属 6 万元，减少基准刑 30%，因该案系非法拘禁致人死亡，二被告人均被判处实刑。

2. 邹某故意伤害案，本案系故意伤害致人死亡，被告家属先后赔偿被害人 8 万元，被告人仅打被害人 1 下，案发后，被告人之父拨打"120"抢救，取得被害人家属谅解，综合两情节减少基准刑 25%，邹某后被判处有期徒刑 5 年。

3. 杨某某故意伤害案，杨某某赔偿被害人经济损失、取得被害人谅解，分别各减少基准刑 10%，并被判处缓刑。

4. 陈某某故意伤害案，赔偿损失 45000 元，取得被害人谅解，减少基准刑 20%、10%，并被判处缓刑。

5. 黄某某等人寻衅滋事案，黄某某、柯某某积极赔偿被害人经济损失并取得被害人谅解，减少基准刑 30%。王某某、蔡某某、卢某某积极赔偿被害人经济损失并取得被害人谅解，减少基准刑 35%。五被告人均被判处缓刑。

6. 李某某、王某某、张某某寻衅滋事案，三被告人赔偿 16 万元之后，取得谅解，分别各减少基准刑 25%、15%，李某某、王某某被判处实刑，张某某被判处缓刑。

7. 刘某某交通肇事案：赔偿之后，取得谅解，对该两情节分别各减少基准刑 20%、15%，并被判处缓刑。

（三）刑事和解

我国《刑事诉讼法》第 277 条规定，"下列公诉案件，犯罪嫌疑人、被告人真诚悔罪，通过向被害人赔偿损失、赔礼道歉等方式获得被害人谅解，被害人自愿和解的，双方当事人可以和解：（一）因民间纠纷引起，涉嫌刑法分则第四章、第五章规定的犯罪案件，可能判处三年有期徒刑以下刑罚的；（二）除渎职犯罪以外的可能判处七年有期徒刑以下刑罚的过失犯罪案件。犯罪嫌疑人、被告人在五年以内曾经故意犯罪的，不适用本章规定的程序"。

我国《刑事诉讼法》第278条规定，"双方当事人和解的，公安机关、人民检察院、人民法院应当听取当事人和其他有关人员的意见，对和解的自愿性、合法性进行审查，并主持制作和解协议书"。

我国《刑事诉讼法》第279条规定，"对于达成和解协议的案件，公安机关可以向人民检察院提出从宽处理的建议。人民检察院可以向人民法院提出从宽处罚的建议；对于犯罪情节轻微，不需要判处刑罚的，可以作出不起诉的决定。人民法院可以依法对被告人从宽处罚"。

《量刑指导意见》规定，对于当事人根据《刑事诉讼法》第277条达成刑事和解协议的，综合考虑犯罪性质、赔偿数额、赔礼道歉以及真诚悔罪等情况，可以减少基准刑的50%以下；犯罪较轻的，可以减少基准刑的50%以上或者依法免除处罚。

由于刑事和解从宽处罚的程度较大，最低可以不起诉或者免除处罚，因此，对于犯罪的性质要求较高，即要求犯罪罪行较轻，犯罪所侵犯的客体一般为人身、民主权利，或者是渎职犯罪以外的可能判处7年有期徒刑以下刑罚的过失犯罪。另外，对犯罪人的人身危险性也作了限定，即曾在5年以内故意犯罪不能适用。罪行越轻的，刑事和解从宽处罚的幅度越大，罪行越重的，相应从宽处罚的幅度就越小。

对于具备刑事和解情节的犯罪人，同时还需要通过考察其赔偿被害人损失、取得被害人谅解、真诚悔罪等来弥补被害人损失，化解社会矛盾，修复被损害社会关系的程度，以及由此体现的人身危险性的减弱程度来决定对其从宽的幅度。

虽然从刑事诉讼法及《量刑指导意见》的规定来看，其从宽的幅度更大，但司法实践中，积极赔偿被害人经济损失和取得被害人谅解的情节从宽幅度已经很大，基本上已可以满足司法实践的需要，因此，其功能在某种程度上已经被替代。此外，刑事和解适用的条件较严，程序较为复杂，因而在司法实践中适用率较低。

七、累犯与前科

（一）累犯

我国《刑法》第 65 条规定，"被判处有期徒刑以上刑罚的犯罪分子，刑罚执行完毕或者赦免以后，在五年以内再犯应当判处有期徒刑以上刑罚之罪的，是累犯，应当从重处罚，但是过失犯罪和不满十八周岁的人犯罪的除外。前款规定的期限，对于被假释的犯罪分子，从假释期满之日起计算"。

我国《刑法》第 66 条规定，"危害国家安全犯罪、恐怖活动犯罪、黑社会性质的组织犯罪的犯罪分子，在刑罚执行完毕或者赦免以后，在任何时候再犯上述任一类罪的，都以累犯论处"。

《量刑指导意见》规定，对于累犯，应当综合考虑前后罪的性质、刑罚执行完毕或赦免以后至再犯罪时间的长短以及前后罪罪行轻重等情况，增加基准刑的 10%～40%，一般不少于 3 个月。

累犯从重处罚是基于累犯在初次接受刑罚处罚之后，无视其刑罚体验，不思悔改，在短期内故意再犯较严重之犯罪，具有较大的人身危险性，改造难度较大的考虑。对累犯从重处罚，是为满足刑罚特殊预防目的的需要。

累犯从重处罚比照的对象是非累犯，即在不考虑累犯情节下，以犯罪分子的犯罪行为所应当判处的刑罚作为基准刑，然后再依据累犯从重处罚的情节对基准刑进行调整，确定调整后的基准刑。

司法实践中，对于累犯前后罪的罪行性质越重，尤其是特殊累犯、毒品犯罪再犯，表明其人身危险性更大，确定较高的从重幅度。累犯前后罪间隔的时间越短，也同样表明其人身危险性更大，确定较高的从重幅度。累犯前后罪的罪行越重，则表明其要么因前罪被关押、改造的时间越长，要么就是经改造后不思悔改，再次犯重罪，其人身危险性也更大，则确定较高的从重幅度。如果前后罪的罪行均较轻，前后罪间隔的时间越长，则说明其犯罪行为的危害性和人身危险性均较弱，可确定较低的从重幅度。累犯前后罪的罪行性质相同或者越接近也说明其再犯罪的可能性大，人身危险性较大，可从严确定增加基准刑的幅度。具体个案调节幅度情况见下表：

案件名称	被告人	确定调节幅度的理由	调节比例
吴某某盗窃案	吴某某	因犯盗窃罪、贩卖毒品罪被判刑 3 年，刑满释放后不足 4 个月再犯盗窃罪	增加 35%
唐某某等运输毒品案	唐某某、李某甲	唐某某曾犯抢劫罪被判 15 年，刑满释放后 1 年 6 个月再犯罪；李某甲曾犯抢劫罪、强奸罪被判刑 7 年 6 个月，刑满释放后 3 年 6 个月后再犯罪	分别增加 30%、15%
李某乙等寻衅滋事案	李某乙、王某甲	李某乙曾犯故意伤害罪被判刑 3 年；王某甲曾犯抢劫罪、盗窃罪被判刑 4 年 6 个月	均增加 25%
周某甲等抢劫案	周某甲、胡某	前罪与后罪均为抢劫，且在刑罚执行完毕不到 1 年又重新犯罪	增加 30%
黄某甲抢劫案	黄某甲	因犯故意杀人罪被判刑 10 年，刑满释放后 6 个月即再次犯罪	增加 20%

案件名称	被告人	确定调节幅度的理由	调节比例
周某乙聚众斗殴案	周某乙	曾因犯盗窃罪被判刑 8 个月，刑满释放 2 年 3 个月后又犯罪	增加 10%
甘某某敲诈勒索案	甘某某	前罪重于后罪，后罪为 3~5 年内的累犯	增加 20%
王某乙、符某某诈骗案	王某乙	前次犯诈骗罪，刑满释放未满 1 年再犯诈骗罪	增加 30%
曹某某诈骗、盗窃案	曹某某	因犯盗窃罪，被判刑 6 个月，刑满释放后 1 年 2 个月再次犯盗窃罪、诈骗罪	增加 20%
黄某乙抢劫案	黄某乙	因犯盗窃罪、抢夺罪被判刑 4 年，刑满释放后 3 年后又再犯抢劫罪	增加 20%

　　从上表所列各被告人的调节比例情况来看，刑满释放后 3~5 年内再犯罪，构成累犯的，增加基准刑的幅度为 20% 以下。刑满释放后 1 年之内再犯罪，构成累犯的，增加基准刑的幅度大多为 20% 以上，通常为 30%。再次犯罪的罪行较轻的，增加基准刑的幅度也较小（10%、15%）。

　　有的被告人屡教不改，反复多次犯罪且均构成累犯，即重复累犯，人身危险性很大，改造难度也很大，从严确定增加基准刑的幅度。例如韩某某故意伤害案，韩某某共 4 次犯罪，均构成累犯，系重复累犯，确定增加基准刑 40%。

　　因为相同幅度下，累犯是在后罪的基准刑基础上根据调节比例进行调整，客观上，后罪为重罪的调节比例更高，刑罚量相应会更大，实践中，可以在此基础上，运用综合裁量权进行二次调整。

（二）前科

《量刑指导意见》规定，对于有前科的，综合考虑前科的性质、时间间隔长短、次数、处罚轻重等情况，可以增加基准刑的10%以下。前科犯罪为过失犯罪和未成年人犯罪的除外。

前科仅指曾因违法犯罪受到刑事处罚，即违法犯罪记录。对于有前科的违法犯罪分子在量刑时予以从重处罚，其理论依据即在于犯罪分子曾因故意违法犯罪被判刑之后，仍不思悔改，其改造的难度大，人身危险性大，因此相较于无违法犯罪记录的初犯、偶犯，应当从重处罚，以实现刑法特殊预防犯罪的目的。基于此目的，前科为过失犯罪的，说明其主观恶性不深，尚无特殊预防犯罪之目的，不能作为从重处罚的依据。对于未成年人，由于其心理尚不成熟、不稳定，容易受到外界环境的不良影响，我国刑法也规定了未成年人不能构成累犯。故而与累犯情节类似的具有犯罪前科的从重处罚情节也不能适用于未成年人犯罪。需要注意的是，与《量刑指导意见（试行）》相比，《量刑指导意见》删除了劣迹情节作为酌定从重处罚的依据。因此，曾被劳动教养、行政处罚等劣迹将不再作为酌定从重处罚的量刑情节。为了与累犯情节从重处罚的幅度相衔接，《量刑指导意见》规定前科从重处罚的幅度上限为10%。

司法实践中，前科的性质与本次犯罪的性质越接近，时间间隔越短、前科次数越多，处罚越重的，增加基准刑的幅度较大。如果犯罪分子有累犯情节，一般情况下不再重复评价。如果犯罪分子构成累犯之外还有其他犯罪前科，则仍可适用前科情节从重处罚。具体个案调节幅度情况见下表：

案件名称	被告人	确定调节幅度的理由	调节比例
杨某某盗窃案	杨某某	曾因犯抢劫罪被刑7年6个月，又曾3次犯盗窃罪被判拘役	增加10%

案件名称	被告人	确定调节幅度的理由	调节比例
平某某等抢劫案	平某某	盗窃犯罪前科	增加 10%
井某某抢劫案	井某某	抢劫犯罪前科	增加 10%
李某某盗窃案	李某某	因犯敲诈勒索罪被判刑 8 个月，刑满释放后 3 个月又犯罪	增加 5%
韩某某故意伤害案	韩某某	曾 3 次犯罪，本次犯罪又构成累犯	增加 10%
张某某等盗窃案	张某某	系累犯，又有其他犯罪前科	增加 5%

从上表所列各被告人的调节比例情况来看，前科的次数多、本次罪行重的，增加基准刑 10%。前科仅有一次，且本次罪行轻的，增加基准刑 5%。

在具体案件中要综合考虑犯罪分子的累犯、前科的具体情况，并要注意与同案犯之间量刑的个别化与均衡，做到同样情况同样对待，不同情况不同对待，做到量刑公正。

八、针对弱势人员犯罪

《量刑指导意见》规定，对于犯罪对象为未成年人、老年人、残疾人、孕妇等弱势人员的，综合考虑犯罪的性质、犯罪的严重程度等情况，可以增加基准刑的 20% 以下。

《量刑指导意见》之所以规定针对未成年人、老年人、残疾人、孕妇等弱势人员的犯罪，可从重处罚，主要是考虑到，这些弱势人员自我保护的能力较弱，也更容易受到相关犯罪行为的侵害，且造成的后果往往更为严重的情况。我国也有相关的法律专门规定了对这些弱势人员的保护，这是符合我国社会的主流价值观的，也有利于对弱势人员权利的保护。例如，对于孕妇的伤害就可能影响其腹中胎儿的健康，有的会造成胎儿畸形，甚至是胎死腹中，危害后果就相当严重，理应从重处罚。又如针对未成年人的暴力犯罪可能会造成被害人的心理阴影，影响其今后的生活和学习，甚至造成心理疾病，也应从重处罚。例如张某甲、张某乙抢劫案，被告人以未成年人为犯罪对象，增加基准刑的 10%。白某某抢劫、盗窃案，被告人所犯抢劫罪的犯罪对象为未成年人，增加基准刑 10%。

但在具体案件办理及适用《量刑指导意见》的规定时应当注意两点：一是避免重复评价。如果相关的法律和司法解释已经对于针对弱势人员的犯罪有了从重处罚的规定，就很难在此基础上再以相关情节为由对被告人从重处罚，否则就系重复评价，不当地加重了对被告人的处罚。如我国刑法已经规定了强奸幼女的，应当从重处罚。《量刑指导意见》也规定了较高的量刑起点。因此，不能再适用上述原则性的规定予以从重处罚。又如，猥亵儿童罪中，侵害的对象是不满 14 周岁的儿童，在案件的定性和处理上，已经涵括了被侵害对象为不满 14 周岁儿童的事实和情节，就不能再适用针对未成年人犯罪的从重处罚情节。二是应当考察犯罪的性质是否因侵害对象为弱势人员而造成社会危害后果更为严重。如果某一犯罪行为的侵害对象是否为弱势人员对于社会危害性并无实质性的影响，那么也不能仅因该行为的侵害对象为弱势人员而予以从重处罚。因为刑罚的轻重应当与被告人所犯的罪行相适应。针对弱势人员进行特殊保护的根据往往也在于针对弱势人员的犯罪更容易造成恶劣的严重后果。所以当针对弱势人员的犯罪行为，如果相对于针对普通人的犯罪而言没有产生特别的更为严重后果时，一般也不能因此而从重处罚。

九、在灾害期间犯罪

《量刑指导意见》规定，对于在重大自然灾害、预防、控制突发传染病疫情等灾害期间犯罪的，根据案件的具体情况，可以增加基准刑的 20% 以下。

在重大自然灾害以及突发传染病爆发、防控的关键灾害期间，公民或者已经遭受了巨大的人身、财产损失，或者面临着巨大的人身、财产损失的威胁，遭受着巨大的心理创伤或者笼罩在巨大的心理之下。在这种情况下，仍然实施犯罪行为，其社会危害性显然较一般情况下要严重许多。而且，在一般情况下可能并不会造成被害人经济、生活困难的财产犯罪，在灾害期间就可能会造成严重的危害后果。从一般预防的角度，也需要对特定灾害期间的犯罪采取更为严厉的打击态势，才能有效地遏制特定灾害期间的犯罪，维护特定时期、特定地区的社会稳定。

当然，在具体量刑时，也应考虑特定地区特定灾害期间的具体情况，如果特定性质的犯罪行为对于特定受灾地区特定灾害期间的社会稳定有影响的，应作为从严打击的对象。但是，如果仅仅是因为在特定地区特定灾害期间犯罪，其犯罪行为的社会危害性与在非灾害期间犯罪并无明显区别时，也可考虑在量刑时不予从严。对于确实是因在特定灾害而导致犯罪嫌疑人、被告人因生活所迫而走上犯罪道路的，虽应当从严惩处，但也应当考虑这一特定的犯罪原因，予以从宽处罚，以充分体现宽严相济的刑事政策。

第四节　交通肇事罪的量刑建议

一、交通肇事罪概述

（一）概念

交通肇事罪，是指违反交通运输管理法规，因而发生重大事故，致人重伤、死亡或者使公私财产遭受重大损失的行为。[①]

（二）刑法规定

我国《刑法》第133条规定，"违反交通运输管理法规，因

---

① 张明楷：《刑法学》（第四版），法律出版社2011年版，第630页。

而发生重大事故，致人重伤、死亡或者使公私财产遭受重大损失的，处三年以下有期徒刑或者拘役；交通运输肇事后逃逸或者有其他特别恶劣情节的，处三年以上七年以下有期徒刑；因逃逸致人死亡的，处七年以上有期徒刑"。

（三）犯罪构成要件

交通肇事罪的犯罪主体为一般主体，即年满16周岁的自然人。犯罪的主观方面是过失。犯罪客观方面是违反交通运输管理法规，因而发生重大交通事故，造成重大人身伤亡或者公私财产损失的行为。犯罪客体是不特定的或者多数人的生命、身体安全和重大财产安全。从处罚根据上来说，交通肇事罪属于实害犯，即只有发生了重大的人身伤亡或者公私财产损失，才能对行为人以交通肇事罪进行处罚。

（四）司法认定：交通肇事罪与其他过失犯罪的区分

交通肇事罪与过失致人重伤罪、过失致人死亡罪都属于过失犯罪，且均造成了重伤、死亡等重大人身伤亡的危害后果。而在行为人驾车过失造成他人重伤、死亡的情况下，交通肇事罪与这两种过失犯罪容易混淆。区分的关键在于，交通肇事罪属于危害公共安全犯罪，必须具有危害公共安全的性质。根据最高人民法院《关于审理交通肇事刑事案件具体应用法律若干问题的解释》法释〔2000〕33号（以下简称《交通肇事案件解释》）第8条规定，在实行公共交通管理的范围内发生重大交通事故的，为交通肇事罪。在公共交通管理范围外，驾驶机动车辆或者使用其他交通工具致人伤亡或者致使公共财产或者他人财产遭受重大损失，构成犯罪的，分别依照《刑法》第134条（重大责任事故罪）、第135条（重大劳动安全事故罪）、第233条（过失致人死亡罪）等规定定罪处罚。因此，只有犯罪行为在公共道路交通管理范围内发生，才有成立交通肇事罪的可能。那么，什么是公共道路？2011年修正的《道路交通安全法》第119条第1项对"道路"作了明确的界定："'道路'是指公路、城市道路和虽在单位管辖范围但允许社会机动车通行的地方，包括广场、公共停车场等用于公众通行的场所。"因此，界定公共道路的核心是是否用于公众通行。在公共道路交通管理范围外，如封闭的厂区、居民小区内、某些商场、体育场的停车场等并非用于公众通行的场所内驾车过失造成他人重伤、死亡的行为只能构成过失致人重伤罪、过失致人死亡罪，而不能构成交通肇事罪。

值得探讨的是，因驾驶机动车，交通肇事致一人重伤，负事故全部或者主要责任，但不具有《交通肇事案件解释》第 2 条第 2 款第 1 项至第 6 项的酒后驾驶、逃逸等情形的，是否应予定罪处罚？有观点认为，《交通肇事案件解释》第 2 条第 2 款第 1 项至第 6 项明确规定了酒后驾驶、逃逸等几种恶劣情节的才能构成交通肇事罪，而行为人不具备上述几种恶劣情节，说明其行为的社会危害性更低，既然司法解释明确不具备上述恶劣情节该行为不符合交通肇事罪的构成要件，因而不构成交通肇事罪。对于是否构成过失致人重伤罪，由于该案发生在公共道路交通管理范围内，属于交通肇事行为，《刑法》第 235 条虽然规定了过失致人重伤罪，但该条同时规定，本法另有规定的，依照规定。因此，《刑法》第 235 条明确排除了交通肇事行为构成过失致人重伤罪的可能。本书认为，行为人虽然不应当以交通肇事罪定罪处罚，但仍应当以过失致人重伤罪定罪处罚。不可否认的是，上述行为人的行为既是交通肇事的行为，但同时也是一种过失行为，[①] 既然行为人因其过失行为造成被害人重伤的危害后果，就应当承认，行为人的行为已经符合《刑法》第 235 条过失伤害他人致人重伤的犯罪构成。至于该条所规定的"本法另有规定的，依照规定"，仅意味着如果行为人的行为符合刑法中的特别法条和特别罪名（如交通肇事罪）犯罪构成的，应当依照特别法条的规定定罪处罚。但当行为人的行为不符合刑法特别法条，

---

① 当然，不能简单地以交警部门出具的《道路交通事故责任认定书》中的责任认定来代替对行为人主观过错的判断。

不构成特别罪名（如交通肇事罪）的情况下，并不能排除以普通法条和普通罪名（过失致人死亡罪）定罪的可能性。就上述情形而言，行为人的行为虽然不符合交通肇事罪等重罪的构成要件，但仍有构成过失致人重伤罪（轻罪）的可能性。

二、量刑建议的提出

（一）《量刑指导意见》规定

《量刑指导意见》规定，构成交通肇事罪的，可以根据下列不同情形在相应的幅度内确定量刑起点：

（1）致人重伤、死亡或者使公私财产遭受重大损失的，可以在2年以下有期徒刑、拘役幅度内确定量刑起点。

（2）交通运输肇事后逃逸或者有其他特别恶劣情节的，可以在3年至5年有期徒刑幅度内确定量刑起点。

（3）因逃逸致一人死亡的，可以在7年至10年有期徒刑幅度内确定量刑起点。

在量刑起点的基础上，可以根据事故责任、致人重伤、死亡的人数或者财产损失的数额以及逃逸等其他影响犯罪构成的犯罪事实增加刑罚量，确定基准刑。

（二）量刑起点的确定

根据我国《刑法》第133条的规定，交通肇事罪共分为三个法定刑档。《量刑指导意见》即根据刑法所规定的交通肇事罪的三个法定刑档的基本犯罪构成，分别规定了三者的量刑起点。

1. 法定刑为"三年以下有期徒刑或者拘役"幅度内量刑起点的确定

《交通肇事案件解释》第2条规定了法定刑为"三年以下有期徒刑或者拘役"的几种情形，即交通肇事具有下列情形之一：

（1）死亡一人或者重伤三人以上，负事故全部或者主要责任；

（2）致死亡三人以上，负事故同等责任；

（3）造成公共财产或者他人财产直接损失，负事故全部或者主要责任，无能力赔偿数额在三十万元以上。

交通肇事致一人以上重伤，负事故全部或者主要责任，并具有下列情形之一：

（1）酒后、吸食毒品后驾驶机动车辆的；

（2）无驾驶资格驾驶机动车辆的；

（3）明知是安全装置不全或者安全机件失灵的机动车辆而驾驶的；

（4）明知是无牌证或者已报废的机动车辆而驾驶的；

（5）严重超载驾驶的；

（6）为逃避法律追究逃离事故现场的。

交通肇事罪最通常的情况为交通肇事致一人死亡，负主要责任或者全部责任的情形。从司法解释的规定来看，交通肇事致死亡二人以上负事故全部或者主要责任的，量刑起点为3年至5年有期徒刑。因此，死亡二人的量刑起点最低为3年有期徒刑，那么，一般而言，交通肇事致一人死亡，量刑起点可确定在1年6个月以上。根据责任大小的不同，负主要责任的，可建议确定量刑起点为有期徒刑1年6个月，负全部责任的，可建议确定量刑起点为1年8个月。因为责任的大小往往反映行为人和被害人对于事故发生过错程度的轻重，因此可归责和谴责的过错轻重不同显然应当在量刑上有所体现。

当然，各地情况不同，也有确定不同量刑起点的情况。例如刘某某交通肇事案，刘某某交通肇事致一人死亡，负事故主要责任，确定量刑起点为有期徒刑1年。

如果有些情节不能作为调节基准刑依据的，可以在确定量刑起点时考虑。例如李某甲交通肇事案，李某甲驾驶未年检且灯光亮度不合格的农用运输车，造成李某乙死亡、李某丙受伤，负事故全部责任，确定其量刑起点为有期徒刑2年。在该案中，驾驶未年检且灯光亮度不合格的车辆造成事故，是无法在调节基准刑时考虑的因素，而作为提高量刑起点的因素。

2. 法定刑为"三年以上七年以下有期徒刑"幅度内量刑起点的确定

根据刑法规定，该法定刑幅度内有两种情形，一是"交通肇事后逃逸"；二是"有其他特别恶劣情节"。

《交通肇事案件解释》第 3 条对法定刑为"三年以上七年以下有期徒刑"中的"交通肇事后逃逸"进行了解释。"行为人具有本解释第二条第一款规定和第二款第（一）至（五）项规定的情形之一，在发生交通事故后，为逃避法律追究而逃跑的行为。"

《交通肇事案件解释》第 4 条对"有其他特别恶劣情节"进行了解释，即交通肇事致：

（1）死亡二人以上或者重伤五人以上，负事故全部或者主要责任；

（2）死亡六人以上，负事故同等责任；

（3）造成公共财产或者他人财产直接损失，负事故全部或者主要责任，无能力赔偿数额在六十万元以上。

实践中，对于该法定刑幅度内的量刑起点一般较低。如张某某交通肇事案，张某某酒后驾车，致一人重伤，负事故主要责任，且在交通肇事后逃逸，确定量刑起点为有期徒刑 3 年。又如邝某某交通肇事案，邝某某交通肇事致一人死亡，负事故主要责任，且在交通肇事后逃逸，确定量刑起点为有期徒刑 3 年 6 个月。

3. 法定刑为"七年以上有期徒刑"幅度内量刑起点的确定

《交通肇事案件解释》第 5 条对法定刑为"七年以上有期徒刑"的"因逃逸致人死亡"进行了解释，即"行为人在交通肇事后为逃避法律追究而逃跑，致使被害人因得不到救助而死亡的情形"。

（三）基准刑的确定

1. 根据其他影响犯罪构成事实确定基准刑

结合《量刑指导意见》和司法解释的相关规定，交通肇事罪不同法定刑的构成事实主要包括：事故责任、致人重伤、死亡的人数或者财产损失的数额以及逃逸；酒后、吸食毒品后、无驾驶资格、明知是安全装置不全或者安全机件失灵、明知是无牌证或者已报废的机动车辆而驾驶等情形。在具体确定交通肇事罪的量刑起点时，即应当以上述基本的犯罪构成事实的社会危害性为根据。同时具有上述两种以上基本犯罪构成事实的，即以危害较重的一种确定量刑起点，其他作为增加刑罚量的犯罪事实，在量刑起点的基础上，根据其他影响犯罪构成犯罪事实的社会危害性确定所应增加的刑罚量，确定基准刑。

值得探讨的是，行为人的交通肇事行为造成被害人轻伤后果的，是否影响量刑。换言之，被告人交通肇事，在过失致人死亡之外，又过失致人轻伤的，是否应当因此对被告人从重量刑？这就涉及刑法理论上的禁止"间接处罚"原则。

张明楷教授认为，将罪刑规范并不阻止的结果以及行为人没有责任的结果作为量刑的从重处罚情节，实际上违反了罪刑法定原则。[①] 也就是说，在交通肇事犯罪中，交通肇事罪所欲阻止的是造成重大人身伤亡和财产损失的危害后果，交通肇事仅造成轻伤并非是交通肇事罪罪刑规范所欲阻止的结果。而且过失致人轻伤的也不是其他罪刑规范所欲阻止的结果，即过失致人轻伤并不构成犯罪。那么，根据罪刑法定原则[②]，过失致人轻伤属于法无明文规定不处罚的行为，不管是对过失致人轻伤行为单独定罪，还是在处罚交通肇事罪时附带对过失致人轻伤的行为进行处罚（间接处罚），都违反了罪刑法定原则。[③]

本书认为，罪刑法定原则规制的主要内容是定罪，以及各罪名相应的法定刑。许多法定或者酌定的量刑情节并不能用罪刑法

---

① 张明楷：《刑法学》（第四版），法律出版社 2011 年版，第 512 页。

② 张明楷教授认为，罪刑法定原则不仅支配定罪，而且支配量刑。换言之，量刑也必须受罪刑法定原则的支配。

③ 参见张明楷：《刑法学》（第四版），法律出版社 2011 年版，第 512 页。

定原则来加以规制或者说明。例如自首、立功、累犯情节等诸多量刑情节，与罪刑法定原则并无多大的关系。量刑情节是在定罪的前提下，对被告人的"报应刑"进行的再调整。如果量刑情节也需要以罪刑法定原则进行规制，那么事实上将因为很难以罪刑法定原则进行解释而丧失其理论基础。因为量刑情节仅从罪刑法定原则是很难说明其理论基础所在。因此，罪刑法定原则的辐射范围并未包括所有的量刑事实和量刑情节。罪刑法定原则不仅支配定罪，而且也支配量刑的论断很难成立。

具体到交通肇事罪而言，交通肇事罪作为危害公共安全类的犯罪，显然，其规范目的是保护不特定或者多数人的生命、身体安全以及重大财产安全。虽然交通肇事罪是实害犯，只有发生了重大的人身伤亡或者公私财产损失，才能进行处罚。但在构成交通肇事罪的前提下，又致人轻伤的，充分地说明了交通肇事危害后果的严重性，即相比没有出现致人轻伤后果的，其更应当得到刑法上的否定评价，在量刑上也应当予以体现。实务上也认为，交通肇事犯罪案件量刑中需要评价的除了重伤、死亡后果外，还包括轻伤、轻微伤以及伤残情况。[①]

2. 根据量刑情节调节基准刑

交通肇事罪的常见量刑情节主要有：（1）自首情节；（2）积极赔偿被害人家属经济损失、取得被害人家属谅解情节。

（1）自首情节。

在交通肇事犯罪中，事故发生后，行为人打电话报警，并保护现场、抢救伤员，到案后如实供述犯罪事实的情形最为常见。但交通肇事后保护现场、抢救伤者，并向公安机关报告，这些行为又是肇事者的法定义务。虽然对于此情形，最高人民法院《关于处理自首和立功若干具体问题的意见》明确规定，应当认定为自首，但对其是否从宽、从宽幅度要适当从严掌握。司法解释还规定，交通肇事逃逸后自动投案，如实供述自己罪行的，应

---

① 黄尔梅：《量刑规范化案例指导》，法律出版社 2012 年版，第 159 页。

认定为自首，但应依法以较重法定刑为基准，视情决定对其是否从宽处罚以及从宽处罚的幅度。从司法实务来看，有的认为依照司法解释的规定，履行行政法义务的，从严掌握，可减少基准刑的15%。[①] 有的认为，此种情形下自首从宽的幅度要严格把握，调节比例不能过高，为20%较适宜。[②] 有的案件被告人在交通肇事逃逸后，由亲属陪同投案，减少基准刑的20%。[③]

（2）积极赔偿被害人家属经济损失、取得被害人家属谅解情节。

实践中，由于机动车第三者责任险以及商业保险的存在，绝大多数交通肇事案件的被害人都可以得到保险的赔偿，而在得到足额赔偿的情况下，肇事司机又往往容易得到被害人家属的谅解。因此，积极赔偿被害人家属经济损失，并取得被害人家属的谅解就成了交通肇事类案件的常见量刑情节。由于二者经常同时出现，而积极赔偿被害人家属经济损失往往又是取得被害人家属谅解的前提条件。对于既积极赔偿被害人家属经济损失，又取得被害人家属谅解的，同时分别确定较高的调节比例的，有违反禁止重复评价原则之嫌。2013年《量刑指导意见》也区分了积极赔偿、积极赔偿并取得谅解、取得谅解三种情形不同的最高调节比例。从实务来看，全额赔偿被害人家属经济损失，一般减少基准刑的20%，在此基础上取得被害人家属谅解的，又减少基准刑的15%、10%。[④] 而部分赔偿被害人家属经济损失的，则可根据其赔偿的比例，确定相应减少基准刑的调节比例。如张某某交

① 刘某某交通肇事案，见黄尔梅主编：《量刑规范化案例指导》，法律出版社2012年版，第104页。

② 李某某交通肇事案，见黄尔梅主编：《量刑规范化案例指导》，法律出版社2012年版，第273～274页。

③ 邝某某交通肇事案，见黄尔梅主编：《量刑规范化案例指导》，法律出版社2012年版，第161页。

④ 分别见刘某某交通肇事案、邝某某交通肇事案，黄尔梅主编：《量刑规范化案例指导》，法律出版社2012年版，第104～105、161页。

通肇事案,[①] 赔偿 5.1 万元,确定减少基准刑的 5% 。

（四）量刑建议的确定

一般在上述基准刑调节完毕后,只要罪责刑相适应的,具体量刑建议的确定通常仅为对刑期（精确到月）四舍五入,确定整数的简单过程。当然,由于常见从轻量刑情节的存在,即使没有减轻情节,如果量刑起点确定较低,基准刑的调节结果就很可能在法定刑以下。即使如此,量刑建议也不能突破法定刑的限制,只能将法定最低刑确定为量刑建议的刑期。同时,由于交通肇事罪为过失类犯罪,再犯罪的可能性不大,又能积极赔偿被害人家属经济损失,并取得被害人家属谅解的,通常可以建议对被告人判处缓刑。例如前文所举刘某某交通肇事案、李某某交通肇事案、邝某某交通肇事案、张某某交通肇事案中,四被告人均被判处缓刑。

经过上文的分析,对于交通肇事类案件的量刑过程已经有了一个清晰的把握。公诉人可以根据上述量刑的步骤,通过合理地确定量刑的起点、量刑基准刑,最终较为准确地预测法院量刑裁判的刑期,从而有针对性地、准确地提出量刑建议。

需要注意的是,由于各个地方的具体情况不同,在确定量刑起点上可能会存在较大的差异,尤其是出于同类判决稳定性的要求,在实践中,可能会有相应的调整,以求得最后类案判决的平衡。因此,《量刑指导意见》也仅作为指导意见参照适用。但关于量刑的过程及相应基准刑、量刑情节的确定还是应当参照执行,这样才能对量刑进行规范。因此,为了与以往的同类判决相一致,公诉人在根据案情提出量刑建议时,还需要充分注意考察本地区以往的同类案例,这样才能充分、准确地把握本地的量刑实际,从而提出准确的量刑建议。

---

① 熊选国主编:《〈人民法院量刑指导意见〉与"两高三部"〈关于规范量刑程序若干问题的意见〉理解与适用》,法律出版社 2010 年版,第 219 页。

三、司法实例：黄某交通肇事案

（一）基本案情

2013 年 10 月 29 日 16 时许，被告人黄某驾驶一辆重型自卸货车行驶至宁波市北仑区霞浦街道柴洪线与永定河路延伸线路口时，与被害人朱某某驾驶的电动自行车（后载被害人朱某某的妻子唐某某）发生碰撞，造成被害人朱某某、唐某某受伤，后被害人唐某某经抢救无效于次日死亡的交通事故。经交警部门认定，被告人黄某负本次事故的主要责任。被告人黄某在事故发生后积极抢救伤员并在原地等候民警处理，如实供述其犯罪事实。其已与被害人朱某某达成调解协议，全额赔偿人民币 568350.4 元，并取得了家属的谅解。

（二）分析意见

本案是一起较为普通的交通肇事案，对于被告人黄某的量刑应按如下步骤进行：

1. 确定量刑起点

本案中被告人黄某交通肇事致一人死亡，负事故主要责任，依法应处 3 年以下有期徒刑或者拘役，结合当地司法经验和实践情况，以该基本犯罪构成事实"交通肇事致一人死亡，负事故主要责任"为根据，确定其量刑起点为有期徒刑 1 年 6 个月。被告人黄某交通肇事，除造成一人死亡之外，另致一人受伤，量刑起点提高 2 个月，确定基准刑为 1 年 8 个月，即 20 个月。

2. 确定基准刑

被告人黄某没有其他应当增加基准刑的事实，基准刑即为 20 个月。

3. 提取量刑情节

被告人黄某具有以下量刑情节：首先，被告人黄某具有自首情节。被告人黄某在事故发生后，保护现场、积极抢救伤员，明知他人报警而在原地等候公安机关处理，根据相关司法解释的规定，应认定为自动投案，到案后，如实供述自己的犯罪事实，依法构成自首。因上述行为同时系被告人的法定义务，对其从宽的幅度应适当从严掌握，可确定减少基准刑的15%。其次，被告人黄某积极赔偿被害人经济损失并取得谅解。事故发生后，被告人已与被害人朱某某达成调解协议，全额赔偿被害人经济损失，取得了家属的谅解，可以酌定从宽处罚，确定两项共减少基准刑的30%。

4. 根据量刑情节等调节基准刑

根据量刑方法运算。因不存在需要先行调节的量刑情节，因此，可直接采用同向相加、逆向相减的方法对基准刑进行调节。即对被告人黄某的量刑结果为20×［1－（15%＋30%）］＝11个月。

（三）量刑建议及处理结果

1. 量刑建议

通过对《量刑指导意见》的适用，已经对被告人黄某预测了一个量刑裁判的刑期，但仅此还不够，还应当考察以前的同类判决，以便与此前的同类判决相均衡。

根据以往司法实践的经验，被告人交通肇事致一人死亡负事故全部责任或者主要责任的，具有自首情节，且全额赔偿被害方经济损失，取得被害人家属谅解的，一般判处有期徒刑1年，缓刑1年6个月。根据本案的情况，可以预测被告人的宣告刑可能也为有期徒刑1年，缓刑1年6个月。通过对全案案情和量刑情节的分析，并参考同类量刑裁判的情况，公诉人提出有期徒刑1年的量刑建议。

2. 处理结果

法院判决被告人黄某犯交通肇事罪，判处其有期徒刑1年，缓刑2年。

（四）小结

由于《量刑指导意见》本身所规定的量刑起点、基准刑的调节幅度等都存在较大的自由裁量的空间，而各地情况不同，量刑起点、量刑情节的调节幅度、最后宣告刑的确定可能会存在较大的差异。检察机关在提出量刑建议时，如果仅根据《量刑指导意见》及各地《实施细则》的规定提出，不一定能够准确地预测宣告刑。但根据量刑均衡的原则，对于同一地区同一时期、案情相似的案件，所判处的刑罚应当基本均衡。因此，在提出量刑建议时，同类案情被告人的量刑情况可作为预测被告人可能被判处刑期的重要依据。检察机关可根据同类案情以及增加、减少的量刑情节，准确地预测宣告刑，从而提出适当的量刑建议。

第五节　故意伤害罪的量刑建议

一、故意伤害罪概述

（一）概念

故意伤害罪，是指故意非法损害他人身体健康的行为。

（二）刑法规定

我国《刑法》第 234 条规定，"故意伤害他人身体的，处三年以下有期徒刑、拘役或者管制。犯前款罪，致人重伤的，处三年以上十年以下有期徒刑；致人死亡或者以特别残忍手段致人重伤造成严重残疾的，处十年以上有期徒刑、无期徒刑或者死刑。本法另有规定的，依照规定"。

（三）犯罪构成要件

故意伤害罪的客观行为要件为故意伤害他人身体，致人轻伤、重伤、死亡的行为。主观要件为故意，包括直接故意和间接故意。行为人的伤害行为是否构成故意伤害罪，被害人的伤害后果是否达到轻伤、重伤的标准，应有具备鉴定资格的鉴定人依照

《人体损伤程度鉴定标准》,[①] 按照规定的鉴定程序,依法出具鉴定意见。从《人体损伤程度鉴定标准》关于重伤、轻伤的定义可以看出,本罪的客体侵害法益为人的身体健康。[②] 主体要件中,只有年满 16 周岁的人,才可以构成故意伤害罪(致人轻伤);根据我国《刑法》第 17 条第 2 款的规定,已满 14 周岁不满 16 周岁的人,犯故意伤害致人重伤或者死亡罪的,应当负刑事责任。也就是说,已满 14 周岁不满 16 周岁的人,可以构成故意伤害罪(致人重伤或者死亡)。

(四) 司法认定:两人相互斗殴致人轻伤是否构成犯罪

张明楷教授认为,在两人相互斗殴时,虽然双方都具有攻击对方的意图,但既然与对方斗殴,就意味着双方都承诺了轻伤害结果。所以,当一方造成另一方的轻伤害时,因被害人承诺而阻却行为的违法性,不以故意伤害罪论处。[③] 本书认为,该观点值得商榷。首先,身体健康法益为重大的人身专属法益,在考察是否存在被害人承诺的违法阻却事由时,应当持更为谨慎的态度,不可遽然因相互斗殴就推定双方都承诺了轻伤害结果。[④] 其次,被害人的承诺也应当是一种明示的、现实的承诺。我国台湾地区学者林山田认为,台湾地区的受嘱托或得承诺的伤害罪(仅含

---

① 最新的《人体损伤程度鉴定标准》已由"两高三部"于 2013 年 8 月 30 日发布。

② 重伤是指使人肢体残废、毁人容貌、丧失听觉、丧失视觉、丧失其他器官功能或者其他对于人身健康有重大伤害的损伤,包括重伤一级和重伤二级。轻伤是指是指使人肢体或者容貌损害、听觉、视觉或者其他器官功能部分障碍或者其他对于人身健康有中度伤害的损伤,包括轻伤一级和轻伤二级。

③ 张明楷:《刑法学》(第四版),法律出版社 2011 年版,第 765~766 页。

④ 现实上没有被害人的承诺,但如果被害人知道事实真相后当然会承诺,在这种情况下,推定被害人的意志所实施的行为,就是基于推定的承诺的行为。但推定的承诺的必要条件之一,是为了被害人的一部分法益牺牲其另一部分法益,且所牺牲的法益不得大于所保护的法益。参见张明楷:《刑法学》(第四版),法律出版社 2011 年版,第 219 页。在相互斗殴行为中,显然也不存在推定的承诺,因为,并无保护被害人法益之存在。

致人重伤或死亡）中，受被害人嘱托而伤害之系指行为人应被害人的请求，对其实行伤害行为。这种请求必须出于被害人本人的明示，且须慎重其事地直接向行为人表示，否则，即非本条的嘱托。得被害人承诺而伤害之系指行为人征得被害人的同意，而加以伤害。① 因此，在两人相互斗殴中，在斗殴双方没有明示对方可以伤害自己的身体，也没有现实地同意对方伤害自己身体的情况下，很难说已经取得了对方伤害自己身体的承诺。仅依双方相互斗殴的行为就推定双方相互斗殴均取得了对方的同意或者承诺难以成立。事实上，对相互斗殴致人轻伤的行为不能认定为具有得被害人承诺的违法阻却事由。从抑制违法行为，维护社会秩序的法律效果来看，也应当排除相互斗殴行为因被害人承诺而阻却违法的可能。从被害人承诺阻却违法的法律目的解释角度而言，被害人承诺（尤其是经被害人承诺而加以伤害的行为）之所以阻却违法，乃在于社会日常生活中，存在一些社会价值观所允许，而属社会共同生活所必要的经承诺的伤害行为。基于此种刑事政策上的认识，德国刑法乃规定经被害人承诺的伤害行为，唯有违背善良风俗的承诺，方为违法行为。② 而反观相互斗殴的行为，显非社会价值观所允许，亦非社会共同生活所必要，同时与善良风俗相悖，故不能阻却违法。司法实践中，对此种情形也均按照故意伤害罪定罪处罚。

二、量刑建议的提出

（一）《量刑指导意见》规定

《量刑指导意见》规定，构成故意伤害罪的，可以根据下列不同情形在相应的幅度内确定量刑起点：

（1）故意伤害致一人轻伤的，可以在 2 年以下有期徒刑、

---

① 林山田：《刑法各罪论》（上册），北京大学出版社 2012 年版，第 94～95 页。
② 林山田：《刑法各罪论》（上册），北京大学出版社 2012 年版，第 94～95 页。

拘役幅度内确定量刑起点。

（2）故意伤害致一人重伤的，可以在 3 年至 5 年有期徒刑幅度内确定量刑起点。

（3）以特别残忍手段故意伤害致一人重伤，造成六级严重残疾的，可以在 10 年至 13 年有期徒刑幅度内确定量刑起点。依法应当判处无期徒刑以上刑罚的除外。

在量刑起点的基础上，可以根据伤害后果、伤残等级、手段残忍程度等其他影响犯罪构成的犯罪事实增加刑罚量，确定基准刑。

故意伤害致人轻伤的，伤残程度可在确定量刑起点时考虑，或者作为调节基准刑的量刑情节。

（二）量刑起点的确定

我国《刑法》第 234 条规定了故意伤害罪的三个法定刑刑档。《量刑指导意见》即根据刑法的三个法定刑刑档规定了不同的量刑起点。需要注意的是，在确定量刑起点时，仅考虑在一般情形下的基本犯罪构成事实予以确定。例如，对于故意伤害致人轻伤的，仅指使用一般手段，如拳打脚踢等方式，而不包括持枪支、管制刀具等凶器进行伤害；雇佣他人实施伤害行为等。这些额外的情节不作为确定量刑起点的依据，而作为增加基准刑的所应考虑情节。不同的地区、不同时期，根据各地打击相应犯罪的需要，可以对量刑起点进行调整和修正。具体的伤残等级可以在确定量刑起点时考虑，或者作为调节基准刑的量刑情节。

"两高三部"于 2013 年 8 月 30 日发布了《人体损伤程度鉴定标准》（2014 年 1 月 1 日施行）。在该《人体损伤程度鉴定标准》中，重伤为使人肢体残疾、毁人容貌、丧失听觉、丧失视觉、丧失其他器官功能或者其他对于人身健康有重大伤害的损伤，包括重伤一级和重伤二级。重伤一级的损伤程度要重于重伤二级的损伤程度。轻伤为使人肢体或者容貌损害，听觉、视觉或者其他器官功能部分障碍或者其他对于人身健康有中度伤害的损伤，包括轻伤一级和轻伤二级。轻伤一级的损伤程度要重于轻伤二级的损伤程度。因此，在确定量刑起点时，致人重伤一级的量刑起点要高于致人重伤二级的量刑起点，同样地，致人轻伤一级的量刑起点也要高于致人轻伤二级的量刑起点。

1. 故意伤害致一人轻伤量刑起点的确定

《量刑指导意见》对该量刑起点的幅度进行了修正，即该种情形的量刑起点幅度为 2 年以下有期徒刑、拘役，给了各地更大的自由裁量空间。但各地在制定实施细则时，可能会根据当地的实践，在该幅度内规定一个更小的幅度。例如，浙江省的《实施细则》就规定，该种情形下，量刑起点幅度为 1 年至 1 年 6 个月。当然，这样可能更有利于本地量刑裁判的均衡。

对于该刑档的量刑起点，实践中，一般在量刑起点幅度的中间值左右进行确定。如陈某甲故意伤害案，量刑起点为有期徒刑 1 年。周某某故意伤害案，量刑起点为有期徒刑 1 年。陈某乙故意伤害案中，因陈某乙与被害人系具有夫妻关系的特殊关系，且案件起因系孩子的管教问题，确定较低的量刑起点为有期徒刑 8 个月。

2. 故意伤害致一人重伤量刑起点的确定

《量刑指导意见》对该量刑起点的幅度进行了修正，即该种情形的量刑起点幅度为 3 年至 5 年有期徒刑，给了各地更大的自由裁量空间。但各地在制定《实施细则》时，可能会根据当地的实践，在该幅度内规定一个更小的幅度。例如，浙江省的《实施细则》就规定，该种情形下，量刑起点幅度为 3 年至 4 年有期徒刑。

对于该刑档的量刑起点，实践中，在量刑起点幅度（3 年至 5 年有期徒刑）的中间值 4 年进行确定。但对于共同故意伤害或者案发起因更可谴责的被告人的，量刑起点较高，为 5 年有期徒刑。而对于事情并非由被告人引起，甚至被害人有一定的过错的，一般确定较低的量刑起点，如杨某某故意伤害案、李某乙故意伤害案等，量刑起点均为有期徒刑 3 年。

3. 以特别残忍手段故意伤害致一人重伤，造成六级以上严

重残疾量刑起点的确定

《量刑指导意见》规定，以特别残忍手段故意伤害致一人重伤，造成六级严重残疾的，可以在 10 年至 13 年有期徒刑幅度内确定量刑起点。依法应当判处无期徒刑以上刑罚的除外。无特殊情况，可在该量刑起点幅度的中间值确定量刑起点。

4. 故意伤害致一人死亡量刑起点的确定

浙江省《实施细则》规定，故意伤害致一人死亡的，除依法应当判处无期徒刑以上的刑罚以外，可以在 10 年至 15 年有期徒刑幅度内确定量刑起点。故意伤害致一人死亡的，因其法定刑较高，通常情况下，应确定较高的量刑起点。如李某某故意伤害案，量刑起点为 15 年有期徒刑。如果在案件起因上，被告人有可宽宥情节的，则可选择较低的量刑起点，如邹某故意伤害案中，被害人先动手，殴打被告人邹某的父亲，邹某才持铁管击打被害人头部一下，致被害人死亡，确定邹某的量刑起点为有期徒刑 13 年。

（三）基准刑的确定

1. 根据其他影响犯罪构成事实确定基准刑

在量刑起点的基础上，可以根据伤害后果、伤残等级、手段残忍程度等其他影响犯罪构成的犯罪事实增加刑罚量，确定基准刑。

例如浙江省《实施细则》规定：（1）每增加一人轻微伤的，增加 2 个月以下刑期；（2）每增加一人轻伤的，增加 3 个月至 6 个月刑期；每增加一处轻伤的，增加 3 个月以下刑期；（3）每增加一人重伤的，增加 1 年至 2 年刑期；每增加一处重伤的，增加 6 个月至 1 年刑期。

2. 根据量刑情节调节基准刑

在具体适用时，对于故意伤害罪，还有一些特定的常见酌定量刑情节，可以作为调节基准刑的依据。

例如浙江省的《实施细则》就规定，具有如下情节之一的，增加基准刑的 20% 以下：（1）持枪支、管制刀具等凶器伤害他人的；（2）伤害他人身体要害部位的；（3）事先预谋伤害他人的；（4）雇佣他人或者受人雇佣实施伤害行为的；（5）其他可以从重处罚的情形。

具有如下情节之一的，减少基准刑的 20% 以下：（1）因婚姻家庭、邻里纠纷等民间矛盾激化引发，且被害人有过错或者对矛盾激化负有责任的；（2）因义愤故意伤害他人的；（3）犯罪后积极抢救被害人的；（4）其他可以从轻处罚的情形。

在故意伤害犯罪中，其他常见量刑情节还有自首、坦白、积极赔偿被害人经济损失并取得被害人谅解等，在本章第三节"常见量刑情节的适用"中已经详细分析，此处不再赘述。

（四）量刑建议的确定

量刑建议的准确确定，应把握以下几点：首先，要参照《量刑指导意见》和各省、自治区、直辖市《实施细则》的规定。其次，要准确把握案件中影响被告人定罪量刑的事实和情节，做到不遗漏任何影响量刑的事实和情节，也不对相关的事实和情节进行重复评价。最后，还应当考虑同类案件在某一地区、同一时期的量刑平衡。这样，就可以做到量刑建议的均衡。此外，还应考虑案件的实际情况，从保障诉讼顺利进行的角度，充分体现我国刑法坦白从宽、抗拒从严、认罪认罚从宽等宽严相济刑事政策。

三、司法实例：沃某某、王某某、沈某某故意伤害案

（一）基本案情

2013 年 6 月 6 日，被告人沃某某、王某某因在被害人胡某某承包的宁波市北仑区白峰镇某山上一工地挖黄泥一事与胡某某产生矛盾，并发生争执，后被告人沃某某与胡某某互相打斗。因被胡某某砸伤脸部，被告人沃某某非常生气，遂决定教训胡某某，被告人王某某附和同意。当日 12 时许，被告人沃某某打电话给"小张"（另案处理），让其叫人去砍胡某某，"小张"即

纠集了被告人宋某某、金某某（另案处理）。当日 13 时许，被告人沃某某、王某某与携带砍刀的"小张"及被告人宋某某等人碰面，在被告人沃某某、王某某的带领下，几人乘两辆车去找胡某某。后在宁波市北仑区白峰镇门浦村附近，被告人王某某等人发现被害人胡某某，被告人王某某指认了胡某某，被告人沃某某即打电话给"小张"，让其砍人。在开车将被害人胡某某逼停后，被告人宋某某及金某某等人下车，对被害人胡某某拳打脚踢，"小张"手持砍刀将被害人胡某某全身多处砍伤，后三人乘车逃离现场。后经鉴定，被害人胡某某锐器外伤致全身多处刀砍伤，右尺骨鹰嘴开放性骨折，右胫腓骨骨折，头皮裂伤，遗留肢体疤痕累计长 17.7 厘米，其肢体损伤程度为轻伤（轻伤一级），头部损伤程度为轻微伤。案发后，被告人沃某某的家属已代为赔偿被害人胡某某损失人民币 24 万元（后被告人王某某承担其中 9 万元），并取得了被害人胡某某的谅解。2014 年 7 月 31 日，被告人宋某某主动至公安机关投案，并如实供述其犯罪事实。

（二）分析意见

1. 确定量刑起点

本案中三被告人共同故意伤害他人，致一人轻伤，其法定刑为 3 年以下有期徒刑、拘役或者管制。根据《量刑指导意见》的规定，量刑起点为 2 年以下有期徒刑、拘役的幅度范围，根据浙江省的《实施细则》，可以在 1 年至 1 年 6 个月有期徒刑幅度内确定量刑起点。

从本案被害人的伤情来看，其右尺骨鹰嘴开放性骨折，右胫腓骨骨折，根据《人体损伤程度鉴定标准》（5.9.3.e）的规定，属于四肢长骨两处以上骨折，其损伤程度为轻伤一级。其遗留肢体疤痕累计长 17.7 厘米，根据《人体损伤程度鉴定标准》（5.9.4.1）的规定，属于两处以上创口或者瘢痕长度累计 15.0 厘米以上，其损伤程度又构成轻伤二级。在最终评定时，被害人被评定为轻伤一级。但综合被害人全身多处被砍伤的事实，应当综合确定一个较高的量刑起点。

2. 确定基准刑

本案中，被害人身上有一处轻伤一级、一处轻伤二级、一处轻微伤。如果以其轻伤一级确定量刑起点，则其轻伤二级及轻微伤均应当在量刑起点的基础上，相应增加刑罚量，确定基准刑。

3. 提取量刑情节

（1）自首情节。被告人宋某某系主动投案，并如实供述自己的罪行，具有自首情节，可以从轻或者减轻处罚。

（2）坦白情节。被告人沃某某、王某某到案后，如实供述自己的罪行，具有坦白情节，可以从轻处罚。

（3）积极赔偿被害人经济损失并取得谅解。案发后，被告人沃某某的家属已代为赔偿被害人经济损失 24 万元，取得了被害人的谅解，可以酌定从宽处罚。

（4）犯罪地位较低，在犯罪中所起作用相对较小。本案中，被告人王某某在被告人沃某某提出犯意时，附和同意，并一起去寻找被害人、指认被害人。被告人宋某某受人纠集，并纠集了金某某，且共同实施了故意伤害的犯罪行为，但并非伤害结果的直接致害人。被告人王某某、宋某某在犯罪中的地位相对较低，作用相对较小，但不足以区分主从犯，不能认定为系从犯，但根据罪责刑相适应的原则，显然应在量刑上有所体现，可以适当予以从宽处罚。

（5）持砍刀伤害被害人。被害人系被"小张"砍伤，致全身多处刀伤，系持凶器伤害被害人，可酌情从重处罚。

（6）雇佣他人实施伤害。被告人沃某某雇佣、纠集"小张"、被告人宋某某等人实施伤害，可酌情从重处罚。

（三）量刑建议及处理结果

1. 量刑建议

案件在实际办理过程中，承办人是这样提出量刑建议的。第一步是根据《量刑指导意见》预测量刑裁判。首先是确定量刑起点。本案案件承办人认为，损害后果为轻伤，根据通常裁判情况确定量刑起点为有期徒刑一年。

对于被告人沃某某，还有两个量刑情节，其中坦白情节确定减少基准刑的 10%，具有积极赔偿被害人损失，并取得谅解，减少基准刑的 30%。这样，综合考虑，被告人沃某某的刑期应为 12 ×（1 - 10% - 30%）= 7.2 个月。在具体提出量刑建议时应略高于所预测的量刑裁判的刑期，因此，提出量刑建议为有期徒刑 9 个月。

对于被告人王某某，也同样具有坦白情节，确定减少基准刑的 10%；积极赔偿被害人损失，并取得谅解，确定减少基准刑的 30%，同时，犯罪地位相较于沃某某低，作用相对较小，再减少基准刑 10%。这样，综合考虑，预测被告人王某某的刑期应为 12 ×（1 - 10%）×（1 - 10% - 30%）= 6.48 个月。在具体提出量刑建议时应略高于所预测的量刑裁判的刑期，因此，提出量刑建议为有期徒刑 7 个月。

对于被告人宋某某，其具有自首情节，确定减少基准刑的 20%；积极赔偿被害人损失，并取得谅解，确定减少基准刑的 30%，同时，犯罪地位相较于沃某某低，作用相对较小，再减少基准刑 20%。这样，综合考虑，预测被告人王某某的刑期应为 12 ×（1 - 20%）×（1 - 20% - 30%）= 4.8 个月。在具体提出量刑建议时应略高于所预测的量刑裁判的刑期，因此，提出量刑建议为有期徒刑 6 个月。

2. 处理结果

一审法院认为，被告人沃某某、王某某、宋某某结伙故意伤害他人身体，致一人轻伤，其行为均已构成故意伤害罪，且系共同犯罪。被告人沃某某、王某某到案后如实供述自己罪行，被告人宋某某具有自首情节，依法均予以从轻处罚。被告人沃某某的家属已代为赔偿被害人损失并取得其谅解，又可酌情对三被告人从轻处罚。根据三被告人的犯罪情节和悔罪表现，可以对其宣告缓刑。依法判决如下：被告人沃某某犯故意伤害罪，判处有期徒刑 1 年 6 个月，缓刑 2 年；被告人王某某犯故意伤害罪，判处有期徒刑 1 年，缓刑 1 年 6 个月；被告人宋某某犯故意伤害罪，判处有期徒刑 10 个月，缓刑 1 年。

（四）小结

本案中，案件承办人提出的量刑建议偏轻，不够准确。主要体现在：

1. 确定量刑起点过低，本案中，被害人所受身体伤害的损伤程度为轻伤一级，量刑起点应在有期徒刑 1 年 6 个月较为适宜。

2. 未考虑另一处轻伤二级的伤害后果，这一影响犯罪构成的犯罪事实，而未增加刑罚量，根据浙江省的《实施细则》，可增加 3 个月的基准刑。

3. 未考虑到其他一些酌定从重的量刑情节：例如持砍刀故意伤害、雇佣他人实施故意伤害等情节，分别可各增加 10% 的基准刑。

如果考虑了这些从重的量刑事实和情节，所应提出的量刑建议应当高许多，也会更加准确。

那么，对沃某某预测的量刑裁判的刑期应这样计算：$(18 + 3) \times (1 - 10\% - 30\% + 10\% + 10\%) = 16.8$ 个月，可提出量刑建议为有期徒刑 1 年 6 个月。

对王某某预测的量刑裁判的刑期应这样计算：$(18 + 3) \times (1 - 10\%) \times (1 - 10\% - 30\% + 10\% + 10\%) = 15.12$ 个月，可提出量刑建议为有期徒刑 1 年 3 个月。

对宋某某预测的量刑裁判的刑期应这样计算：$(18 + 3) \times (1 - 20\%) \times (1 - 20\% - 30\% + 10\% + 10\%) = 11.76$ 个月，可提出量刑建议为有期徒刑 1 年。

因此，公诉人在提出量刑建议时必须全面综合考量各个被告人所有影响其量刑的事实和量刑情节，根据基础的犯罪构成事实准确确定量刑起点，分析影响刑罚量的犯罪事实和酌定量刑情节，这样才能准确地提出量刑建议。如果未考虑到影响量刑的犯罪事实或者遗漏了酌定的量刑情节，就必然会作出不准确的量刑建议，影响量刑建议提出的质量。

第六节　强奸罪的量刑建议

一、强奸罪概述

（一）概念

强奸罪，是指以暴力、胁迫或者其他手段，违背妇女意志，强行与妇女性交，或者故意与不满 14 周岁的幼女发生性关系的行为。

（二）刑法规定

我国《刑法》第 236 条规定，"以暴力、胁迫或者其他手段强奸妇女的，处 3 年以上 10 年以下有期徒刑。

奸淫不满十四周岁的幼女的，以强奸论，从重处罚。

强奸妇女、奸淫幼女，有下列情形之一的，处十年以上有期徒刑、无期徒刑或者死刑：

（一）强奸妇女、奸淫幼女情节恶劣的；

（二）强奸妇女、奸淫幼女多人的；

（三）在公共场所当众强奸妇女的；

（四）二人以上轮奸的；

（五）致使被害人重伤、死亡或者造成其他严重后果的"。

（三）犯罪构成要件

强奸罪的犯罪客体，即侵害的法益，是妇女（包括幼女）的性的自己决定权。由于幼女缺乏决定性行为的能力，因此，与幼女性交的行为，即使征得其同意，也应认为侵犯了其性的自己决定权。[①] 强奸罪的主体为年满 14 周岁的男子，但妇女也可以成为强奸罪的教唆犯、帮助犯，也可以成为强奸罪的间接正犯与

[①]　张明楷：《刑法学》（第四版），法律出版社 2011 年版，第 777 页。

共同正犯。① 强奸罪的主观方面是故意，即明知自己的行为会发生侵害妇女性的自己决定权的结果，并且希望或者放任这种结果的发生。有观点认为，强奸罪的主观方面只能是直接故意。② 本书不赞成此种观点，行为人认识到女方可能是幼女，但不管女方是否是幼女，仍决意与之发生性关系，显然也构成奸淫幼女类型的强奸罪，且主观上是间接故意。③ 强奸罪的客观方面表现为以暴力、胁迫或者其他手段，与妇女性交，或者与不满 14 周岁的幼女性交。

（四）司法认定：强奸罪中轮奸情节的认定

所谓的轮奸是指二男以上在同一段时间内，共同对同一妇女（或幼女）连续地轮流强奸的行为。轮奸是事实问题，因此，只有构成不构成的问题，没有既遂、未遂、中止等犯罪形态问题。只要轮流奸淫的事实没有发生，不论后续是行为人意志以外的原因，还是行为人主动放弃奸淫，都不能构成轮奸。即使行为人已经着手实施奸淫，但奸淫未成的，也不应认定其轮奸情节。例如甲、乙以轮奸犯意对丙女实施暴力，甲奸淫后，乙放弃奸淫或者由于意志以外的原因未得逞的，不成立轮奸。乙虽然中止了自己的行为或者未得逞，但应对甲的强奸既遂承担责任（部分实行全部责任）。④

对于甲诱使未成年人乙（13 岁）共同对丙进行了奸淫，甲是否构成轮奸的问题。有观点认为，由于乙是未成年人，乙对其奸淫行为不负刑事责任，乙只是甲的犯罪工具，乙实施的奸淫行为就相当于是甲自己实施的奸淫行为，甲是间接正犯，实质上相当于甲实施了两次奸淫行为，因而不构成轮奸。⑤ 本书难以赞成

---

① 张明楷：《刑法学》（第四版），法律出版社 2011 年版，第 777 页。

② 高铭暄、马克昌主编：《刑法学》，北京大学出版社 2014 年版，第 462 页。

③ 参见张明楷：《刑法学》（第四版），法律出版社 2011 年版，第 780 页。

④ 参见张明楷：《刑法学》（第四版），法律出版社 2011 年版，第 777 页。

⑤ 梁剑：《论强奸犯罪共犯形态中的特殊问题》，载《刑事审判要览》总第 9 集，法律出版社 2005 年版，第 19~24 页。

此观点。显然，从违法层面而言，甲与乙均系共同正犯，13 岁的乙只是因为缺乏有责性而不承担责任。从法益侵害后果来看，丙在客观上遭受了两名男子的性侵害，至于该两名男子是否均应承担责任，是属于有责性的问题，而非客观行为违法性的问题，因此，不能视为是甲实施了两次奸淫行为，对甲应当适用轮奸的法定刑。

二、量刑建议的提出

（一）《量刑指导意见》规定

1. 构成强奸罪的，可以根据下列不同情形在相应的幅度内确定量刑起点：

（1）强奸妇女一人的，可以在 3 年至 5 年有期徒刑幅度内确定量刑起点。

奸淫幼女一人的，可以在 4 年至 7 年有期徒刑幅度内确定量刑起点。

（2）有下列情形之一的，可以在 10 年至 13 年有期徒刑幅度内确定量刑起点：强奸妇女、奸淫幼女情节恶劣的；强奸妇女、奸淫幼女 3 人的；在公共场所当众强奸妇女的；二人以上轮奸妇女的；强奸致被害人重伤或者造成其他严重后果的。依法应当判处无期徒刑以上刑罚的除外。

2. 在量刑起点的基础上，可以根据强奸妇女、奸淫幼女情节恶劣程度、强奸人数、致人伤害后果等其他影响犯罪构成的犯罪事实增加刑罚量，确定基准刑。

强奸多人多次的，以强奸人数作为增加刑罚量的事实，强奸次数作为调节基准刑的量刑情节。

（二）量刑起点的确定

我国《刑法》第 236 条规定了强奸罪的两个法定刑刑档。《量刑指导意见》即根据刑法的两个法定刑的刑档规定了不同的量刑起点。

在具体确定量刑起点时要考虑强奸的对象，是妇女还是幼女，因为幼女的生理特点决定了其更容易因强奸罪受到严重的身体伤害，需要特殊加以保护。所以，《量刑指导意见》根据刑法关于奸淫幼女从重处罚的规定，确定了奸淫幼女较高的量刑起点。

（三）基准刑的确定

在具体适用时，各地的《实施细则》可以根据强奸人数、情节恶劣程度、伤害后果等犯罪事实增加刑罚量。例如在强奸的同时，有猥亵、侮辱等行为的，可以选择较高的量刑起点。对于强奸罪，还有一些常见的酌定量刑情节，可以作为调整基准刑的依据。例如：多次对同一被害人实施强奸；轮奸二次以上；携带凶器或者采取非法拘禁、捆绑、侮辱、虐待等方式作案；利用教养、监护、职务关系实施强奸等。

对于被性侵的未成年人，需要特殊保护，在强奸未成年人的案件中，应当从重处罚。

例如浙江省的《实施细则》就规定，强奸未成年人，具有如下情节之一的，增加基准刑的40%以下：（1）对未成年人负有特殊职责的人员、与未成年人有共同家庭生活关系的人员、国家工作人员或者冒充国家工作人员，实施强奸犯罪的；（2）进入未成年人住所、学生集体宿舍实施强奸犯罪的；（3）采取暴力、胁迫、麻醉等强制手段实施奸淫幼女犯罪的；（4）对不满12周岁的儿童、农村留守儿童、严重残疾或者精神智力发育迟滞的未成年人，实施强奸犯罪。

（四）量刑建议的确定

在提出具体量刑建议时，公诉人要尽量避免受到重刑主义思想的影响。在我国传统的司法理念中，"坦白从宽，抗拒从严"的司法理念根深蒂固。而在强奸案中，由于直接证据除了口供之外，一般只有被害人的陈述，甚至在被害人处于醉酒等状态下，对于犯罪事实的经过也描述得语焉不详，因此证据较为单薄。强奸类案件的证据特点，决定了犯罪嫌疑人的口供具有非常重要的地位。这使得在我国刑事诉讼中特别强调刑事印证证明证据规则的情况下，证据体系相当单薄，有时甚至出现无口供不定案的现象。

公诉人应当审慎把握全案的证据，即使是对于犯罪嫌疑人不认罪的案件，如果认定犯罪嫌疑人构成犯罪的，也不能仅仅因为其不认罪而对其提出较高的量刑建议。因为，量刑建议主要是为量刑裁判提供参考，也同样应当遵循《量刑指导意见》和《实施细则》的规定。当然，在裁量权范围内，对于不认罪的犯罪嫌疑人，可以就高提出量刑建议。而对于认罪的犯罪嫌疑人，可以充分体现认罪从宽的刑事政策。

三、司法实例：肖某强奸案

（一）基本案情

2011 年七八月的一天，被告人肖某在宁波市北仑区大碶街道邬隘村一暂住房内利用侄女被害人黄某（女，2003 年 6 月 2 日出生，系在校小学生）年幼无性防卫能力，脱掉被害人黄某的裤子，以阴茎摩擦被害人黄某的外阴部并射精。此后，过了大约 20 天后的一天，被告人肖某再次将被害人黄某骗至其上述暂住房内，并采用同样的方式奸淫被害人黄某。

（二）分析意见

1. 确定量刑起点

本案中被告人使用欺骗手段，奸淫幼女，损害了幼女的身心健康，其行为已构成强奸罪，法定刑为 3 年以上 10 年以下有期徒刑。根据《量刑指导意见》的规定，量刑起点为 4 年至 7 年有期徒刑的幅度范围，根据浙江省的《实施细则》，可以在 4 年 6 个月至 6 年 6 个月有期徒刑幅度内确定量刑起点。

从本案的案情来看，被告人采用欺骗手段奸淫幼女，其生殖器官系摩擦幼女的外阴部，并未插入幼女的生殖器官，虽按照

"接触说"已构成犯罪既遂,但犯罪情节仍属较轻,故确定量刑起点为有期徒刑4年6个月。

2. 确定基准刑

根据《量刑指导意见》的规定,在量刑起点的基础上,可以根据强奸人数、次数、致人伤亡后果等犯罪事实增加刑罚量,确定基准刑。本案中被告人强奸人数为一人,未造成伤亡后果,但强奸次数为二次。根据浙江省《实施细则》的规定,对同一被害人强奸二次以上的,增加基准刑的30%以下。结合本案案情,确定就该情节增加基准刑10%。

3. 提取量刑情节,并确定相应调节基准刑比例

被告人肖某的量刑情节主要有:

(1)累犯情节。被告人肖某因犯强制猥亵妇女罪于2009年2月17日被宁波市北仑区人民法院判处有期徒刑1年,2009年9月16日刑满释放。其在2011年七八月又故意再犯强奸罪,是累犯,依法应当从重处罚。本案被告人前后罪的犯罪虽不属于同种犯罪,但系类似的性侵犯罪,且两罪的间隔期间较短。根据《量刑指导意见》的规定,应增加的基准刑幅度较高,确定增加基准刑的20%。

(2)坦白情节。被告人肖某到案后,如实供述自己的罪行,具有坦白情节,可以从轻处罚。被告人在被害人家属向其追问相关事实时即如实供述自己的罪行,并写下了悔过书。其如实供述自己的罪行的时间较早,且供述一直较稳定,由于该案的其他证据较为薄弱,因此,其一致稳定的供述对于该起性侵案件的侦破起到重要作用。根据《量刑指导意见》的规定,可减少的基准刑幅度较大,确定减少基准刑的20%。

(3)二次强奸被害人。被告人肖某强奸被害人二次,可以酌情从重处罚。

(4)奸淫不满12周岁的幼女。被告人肖某强奸被害人黄某时,被害人年仅8周岁,可酌情从重处罚。根据浙江省《实施细则》的规定,强奸不满12周岁的儿童,可以增加基准刑的

40%以下。本案被告人肖某强奸被害人黄某时，被害人年仅 8 周岁，综合本案的案情，确定增加基准刑的 10%。

综上，可以预测法院的判决量刑：52 ×（1 + 10% + 20% － 20% + 10%）= 62.4 个月。

（三）量刑建议及处理结果

1. 量刑建议

案件在实际办理过程中，承办人是这样提出量刑建议的。第一步是根据《量刑指导意见》预测量刑裁判。首先是确定量刑起点。本案案件承办人认为，本案强奸情节一般，未实际插入被害人的生殖器，确定量刑起点为有期徒刑 3 年。

被告人奸淫幼女二次，确定根据奸淫的次数和对象分别增加 6 个月和 1 年的刑期。被告人有累犯和坦白两个量刑情节，一个从重，一个从轻，该两个量刑情节抵消。因此，预测量刑裁判为 4 年 6 个月。在具体提出量刑建议时应略高于所预测的量刑裁判的刑期，因此，提出量刑建议为有期徒刑 5 年。

2. 处理结果

一审法院认为，被告人肖某二次奸淫幼女，其行为均已构成强奸罪，且应从重处罚。被告人肖某曾因故意犯罪被判处有期徒刑以上刑罚，在刑满释放之后 5 年内又故意再犯应当判处有期徒刑以上刑罚之罪，系累犯，应当从重处罚。被告人肖某到案后如实供述自己的罪行，可以从轻处罚。遂作出判决，被告人肖某犯强奸罪，判处有期徒刑 6 年。

（四）小结

本案中，案件承办人提出的量刑建议偏轻，不够准确。主要体现在：

一是确定量刑起点过低。本案中，被害人系幼女，其量刑起点根据浙江省《实施细则》的规定，至少为 4 年 6 个月有期徒刑。承办人虽考虑了该情节，但实际的量刑起点和调节的基准刑为 4 年 6 个月，明显偏低。

二是未考虑被害人系不满 12 周岁的幼女，这一影响犯罪构成的犯罪事实，而未增加刑罚量。根据浙江省的《实施细则》，应增加 40% 以下的基准刑。

因此，公诉人在提出量刑建议时必须认真参照《量刑指导意见》和各地的《实施细则》的具体规定，全面综合考量所有影响被告人量刑的事实和情节，根据基础的犯罪构成事实准确确定量刑起点，分析影响刑罚量的犯罪事实和酌定量刑情节，这样才能准确地提出量刑建议，如果对于影响量刑的犯罪事实未考虑或者遗漏了酌定的量刑情节，就必然会作出不准确的量刑建议，影响量刑建议提出的质量。

第七节　非法拘禁罪的量刑建议

一、非法拘禁罪概述

（一）概念

非法拘禁罪，是指非法拘禁他人或者以其他方法非法剥夺他人人身自由的行为。

（二）刑法规定

我国《刑法》第 238 条规定，"非法拘禁他人或者以其他方法非法剥夺他人人身自由的，处三年以下有期徒刑、拘役、管制或者剥夺政治权利。具有殴打、侮辱情节的，从重处罚。

犯前款罪，致人重伤的，处三年以上十年以下有期徒刑；致人死亡的，处十年以上有期徒刑。使用暴力致人伤残、死亡的，依照本法第二百三十四条、第二百三十二条的规定定罪处罚。

为索取债务非法扣押、拘禁他人的，依照前两款的规定处罚。

国家机关工作人员利用职权犯前三款罪的，依照前三款的规定从重处罚"。

（三）犯罪构成要件

非法拘禁罪的主体为一般主体，即年满 16 周岁具备刑事责任能力的人。非法拘禁罪的客体为人身自由权利。非法拘禁罪的主观方面为故意。非法拘禁罪的客观方面为剥夺他人的人身自由的行为。

（四）司法认定

1. 关于非法拘禁罪的立案标准

最高人民检察院 2006 年 7 月 26 日《关于渎职侵权犯罪案件立案标准的规定》（以下简称《渎职犯罪立案标准》）规定，涉嫌下列情形之一的，应予立案：

（1）非法剥夺他人人身自由 24 小时以上的；

（2）非法剥夺他人人身自由，并使用械具或者捆绑等恶劣手段，或者实施殴打、侮辱、虐待行为的；

（3）非法拘禁，造成被拘禁人轻伤、重伤、死亡的；

（4）非法拘禁，情节严重，导致被拘禁人自杀、自残造成重伤、死亡，或者精神失常的；

（5）非法拘禁 3 人次以上的；

（6）司法工作人员对明知是没有违法犯罪事实的人而非法拘禁的；

（7）其他非法拘禁应予追诉的情形。

根据《刑法》第 238 条第 4 款的规定，国家机关工作人员利用职权犯非法拘禁罪的，应当从重处罚。因上述立案标准系国家机关工作人员渎职侵权类犯罪。因此，不具备国家机关工作人员身份或者虽具有国家机关工作人员的身份，但并未利用其职权实施非法拘禁他人犯罪的，其危害性要低于国家机关工作人员利用职权实施的非法拘禁犯罪，因而其立案标准应更高于《渎职犯罪立案标准》的上述规定。因目前尚无其他司法解释对此作出明确的规定，实践中只能参照上述《渎职犯罪立案标准》的规定执行。

2. 非法拘禁罪与故意伤害罪、故意杀人罪的区分

根据《刑法》第 238 条第 2 款的前段规定，非法拘禁他人或者以其他方法非法剥夺他人人身自由，致人重伤、死亡的，分别处 3 年以上 10 年以下有期徒刑、10 年以上有期徒刑。刑法的该规定，应指在非法拘禁的过程中，在非法拘禁犯罪行为所涵摄的范围内所导致的被害人重伤、死亡的后果。换言之，仅指因非法拘禁行为导致被害人重伤、死亡的后果。例如，行为人将被害人非法拘禁，被害人择机逃跑，行为人即在后追赶，被害人跳河溺死。因追赶行为系非法拘禁行为的延续，被害人跳河溺死是非法拘禁行为延续的后果。因此，可以认定为非法拘禁致人死亡。[①]

根据《刑法》第 238 条第 2 款后段的规定，非法拘禁他人或者以其他方法非法剥夺他人人身自由，使用暴力致人伤残、死亡的，依照故意伤害罪、故意杀人罪定罪处罚。张明楷教授认为，该规定属于法律拟制，而非注意规定。[②] 本书赞同此观点。即在非法拘禁过程中，只要使用暴力致人伤残、死亡的，即应依照故意伤害罪、故意杀人罪定罪处罚，即使其行为并不完全符合故意伤害罪、故意杀人罪的构成要件。而如果在非法拘禁过程中，直接实施故意伤害、故意杀人行为，符合故意伤害罪、故意杀人罪构成要件的，即直接以故意伤害罪、故意杀人罪定罪处罚，其行为同时又构成非法拘禁罪的，应当数罪并罚。如行为人非法拘禁他人 12 小时，在此过程中拷打被害人，致被害人轻伤。因行为人直接实施了故意伤害的行为，应以故意伤害罪定罪处罚。但由于其非法拘禁时间不足 24 小时，仅依非法拘禁持续的时间尚不能构成犯罪，但由于非法拘禁时有殴打行为的，也可构成非法拘禁罪。应当认为，此种情形下，构成非法拘禁罪与故意

① 周芳洁：《追赶被非法拘禁人致溺水死亡如何定性》，载《人民法院报》2014 年 3 月 20 日。

② 张明楷：《刑法学》（第四版），法律出版社 2011 年版，第 792 页。

伤害罪的想象竞合，应从一重罪论处。从《量刑指导意见》的规定来看，一般而言，故意伤害罪重于非法拘禁罪（量刑起点较高），因此，一般应以故意伤害罪定罪处罚。

二、量刑建议的提出

（一）《量刑指导意见》规定

1. 构成非法拘禁罪的，可以根据下列不同情形在相应的幅度内确定量刑起点：

（1）犯罪情节一般的，可以在 1 年以下有期徒刑、拘役幅度内确定量刑起点。

（2）致一人重伤的，可以在 3 年至 5 年有期徒刑幅度内确定量刑起点。

（3）致一人死亡的，可以在 10 年至 13 年有期徒刑幅度内确定量刑起点。

2. 在量刑起点的基础上，可以根据非法拘禁人数、拘禁时间、致人伤亡后果等其他影响犯罪构成的犯罪事实增加刑罚量，确定基准刑。

非法拘禁多人多次的，以非法拘禁人数作为增加刑罚量的事实，非法拘禁次数作为调节基准刑的量刑情节。

3. 有下列情节之一的，可以增加基准刑的 10%～20%：

（1）具有殴打、侮辱情节的（致人重伤、死亡的除外）；

（2）国家机关工作人员利用职权非法扣押、拘禁他人的。

（二）确定量刑起点

我国《刑法》第 238 条规定了非法拘禁罪的 3 个法定刑刑档。《量刑指导意见》即根据上述刑法所规定的 3 个法定刑的刑档分别确定了不同情形的量刑起点。即犯罪情节一般，未造成伤害后果的，量刑起点在 1 年以下有期徒刑、拘役幅度内确定。非法拘禁致一人重伤的，量刑起点在 3 年至 5 年有期徒刑幅度内确定。非法拘禁致一人死亡的，量刑起点在 10 年至 13 年有期徒刑幅度内确定。

(三) 基准刑的确定

因我国刑法还规定了两种应当从重处罚的情节，即殴打、侮辱情节和国家机关工作人员利用职权非法拘禁他人的情节。故《量刑指导意见》规定了具有这两种情节的，可以增加基准刑的 10% ~ 20%。需要注意的是，具有殴打、侮辱情节是规定在刑法第 238 条第 1 款，因此，并不适用于第 238 条第 2 款所规定的致人重伤、死亡的情形。

在具体适用时，还需要注意非法拘禁罪与故意伤害罪、故意杀人罪的区分和转化，做到准确定性。我国《刑法》第 238 条第 2 款规定，使用暴力致人伤残、死亡的，依照《刑法》第 234 条 (故意伤害罪)、第 232 条 (故意杀人罪) 的规定定罪处罚。这里的使用暴力是指行为人主观上有故意伤害、故意杀人的犯罪故意，与非法拘禁行为没有内在的联系，超出了非法拘禁行为本身的暴力。

在非法拘禁犯罪中，非法拘禁的时间、人数、次数以及致人伤亡的后果是影响犯罪构成的事实。因此，在确定基准刑时应根据这些事实对量刑起点进行调节，增加刑罚量。

例如浙江省《实施细则》规定，非法拘禁犯罪中可以增加刑罚量的情形有：(1) 非法拘禁时间每超过 24 小时的，增加 2 个月以下刑期；(2) 被害人每增加一人的，增加 3 个月至 6 个月刑期；(3) 每造成一人轻微伤的，增加 2 个月以下刑期；(4) 每造成一人轻伤的，增加 6 个月至 9 个月刑期；(5) 每增加一人重伤的，增加 1 年至 3 年刑期。

(四) 量刑建议的确定

同样的案情，不同的人可能会提出不同的量刑建议，但如果要提出一个相对合理的量刑建议，前提是提出量刑建议要有合理的理由和依据。对于常见罪名量刑建议的提出，由于《量刑指导意见》和各地《实施细则》已经作了相对较为明确的规定，那么，量刑建议提出的差异实际上主要在于对量刑起点幅度内合理的确定、对于影响犯罪构成事实中刑罚量增加的具体考量，以及量刑情节幅度的合理确定。对于情节一般的，一般仅考虑较低的起点或者幅度。如非法拘禁致人死亡的唐某某、张某某非法拘禁案中，被害人被追索赌债，不堪虐待而跳楼身亡。被害人的死亡结果与被告人的虐待行为有一定的因果关系，但在被害人的原因与被告人的行为二者的原因力大小方面尚难以区分，因此，确定 10 年至 12 年量刑起点中 10 年 6 个月这一相对较轻的量刑起点。而在考虑殴打、虐待情节的调节幅度时，主要考虑行为的手段的恶劣程度，如唐某某、张某某非法拘禁案中，采取用开水淋伤被害人背部、用针插被害人手指等较为残忍的手段，调节幅度应就高，确定增加基准刑的 20%。

三、司法实例：成某某、叶某、张某等非法拘禁案

（一）基本案情

2013 年 12 月初，李某以柯某某欠顾某某 62 万元债务已由顾某某转让给其为由，让魏某（另案处理）帮其向柯某某讨要欠款。2013 年 12 月 16 日 14 时 30 分许，魏某纠集被告人成某某、叶某、张某、王某某、杨某某以及周某（另案处理）等人驱车至宁波市北仑区小港街道高河塘英豪足浴店，以索要债务为由，将被害人柯某某强行拖上车带至宁波市江东区某大酒店包厢，逼迫被害人柯某某偿还欠款。期间，被告人叶某、杨某某对被害人柯某某实施殴打、持刀威胁，被害人柯某某被迫通过电话联系朋友转入 35000 元至魏某指定的银行卡（账户由李某提供），并出具一张 62 万元的欠条和将其拥有的一辆奔驰轿车与一块劳力士手表作为债务抵押的凭证。当晚 22 时 30 分许，被告人成某某、叶某、张某前往英豪足浴店准备将被害人柯某某的奔驰轿车开走时被民警当场抓获。魏某因与成某某等人联系不上，遂和周某离开包厢。被告人王某某、杨某某受魏某指使继续看管

被害人柯某某。之后民警赶至该包厢，将被告人王某某、杨某某二人抓获，被害人柯某某才得以解救。案发后，公安机关已将35000 元追回并发还给被害人柯某某；从被告人杨某某处查获作案工具匕首一把并予以扣押。

（二）分析意见

首先，确定本案的量刑起点。根据《量刑指导意见》的规定，构成非法拘禁罪，犯罪情节一般的，可以在 1 年以下有期徒刑、拘役幅度内确定量刑起点。本案犯罪情节一般，确定量刑起点为有期徒刑 8 个月。

其次，提取量刑情节，并确定相应的调节基准刑的比例。

1. 坦白情节

五被告人到案后，能如实供述自己的罪行，具有坦白情节，依法可以从轻处罚，确定减少基准刑的 20%。

2. 具有殴打情节

我国《刑法》第 238 条第 1 款规定，非法拘禁他人，具有殴打、侮辱情节的，从重处罚。《量刑指导意见》也规定，非法拘禁，具有殴打、侮辱情节的（致人重伤、死亡的除外），可以增加基准刑的 10% ~ 20%。本案中，被告人叶某在非法拘禁被害人的过程中，殴打被害人，逼迫其让人汇款、写借条，具有殴打情节，应当从重处罚，确定增加基准刑的 10%。

3. 持凶器非法拘禁他人

本案中，被告人杨某某在非法拘禁过程中，持刀威胁被害人，作案工具匕首一把已被扣押在案，属于持凶器非法拘禁他人，可以酌情从重处罚。根据浙江省《实施细则》的规定，持凶器非法拘禁他人的，增加基准刑的 20% 以下，确定增加基准刑 10%。

4. 为索取合法债务非法拘禁、扣押他人

五被告人系为索取合法债务而非法拘禁、扣押他人，根据浙江省《实施细则》的规定，为索取合法债务、争取合法权益而非法扣押、拘禁他人的，减少基准刑的 30% 以下，确定减少基准刑的 15%。

5. 共同犯罪中作用相对较小的主犯

被告人成某某、张某、王某某在共同犯罪中虽属主犯，但在主犯中作用相对较小，确定各自减少基准刑的 5%。

最后，预测被告人的刑期。

因此，对于被告人成某某，可预测其刑期为 8 × （1 − 5%） × （1 + 10% + 10% − 20% − 15%） = 6.46 个月。对于被告人叶某，可预测其刑期为 8 × （1 + 10% + 10% − 20% − 15%） = 6.8 个月。对于被告人张某，可预测其刑期为 8 × （1 − 5%） × （1 + 10% + 10% − 20% − 15%） = 6.46 个月。对于被告人王某某，可预测其刑期为 8 × （1 − 5%） × （1 + 10% + 10% − 20% − 15%） = 6.46 个月。对于被告人杨某某可预测其刑期为 8 × （1 + 10% + 10% − 20% − 15%） = 6.8 个月。

（三）量刑建议及处理结果

1. 量刑建议

案件承办人根据预测上述预测的刑期，建议判处被告人叶某、杨某某有期徒刑 7 个月；建议判处被告人成某某、张某、王某某有期徒刑 6 个月。

2. 处理结果

一审法院经审理认为，被告人成某某、叶某、张某、王某某、杨某某为索取债务而非法扣押、拘禁他人，其行为均已构成非法拘禁罪，且系共同犯罪。被告人叶某、杨某某在非法拘禁过程中具有殴打情节，依法予以从重处罚。五被告人能够如实供述自己的罪行，均依法予以从轻处罚。本案系债务纠纷引起，又酌情予以从轻处罚。作案工具，依法予以没收。综上，依照《刑法》第 238 条第 1 款、第 3 款，第 25 条第 1 款，第 67 条第 3 款，第 64 条之规定，判决如下：（1）被告人成某某犯非法拘禁罪，判处有期徒刑 6 个月；（2）被告人叶某犯非法拘禁罪，判处有期徒刑 7 个月；（3）被告人张某犯非法拘禁罪，判处有期徒刑 6 个月；（4）被告人王某某犯非法拘禁罪，判处有期徒刑 6

个月；（5）被告人杨某某犯非法拘禁罪，判处有期徒刑 7 个月；（6）作案工具匕首一把，予以没收（由公安机关依法处理）。

（四）小结

在参照《量刑指导意见》以及各地《实施细则》的规定，预测被告人可能被判处的刑期时，其难点在于对各个量刑情节调节基准刑幅度的把握。例如，具有一般坦白情节的，《量刑指导意见》规定可以减少基准刑的 20% 以下，那么，应当如何确定？是确定 20%，还是确定 15%、10% 或者是 5%。我们认为，一般情况下，对于常见量刑情节中，如果《量刑指导意见》已经根据该情节中的不同情况进行细化规定的，即应当按照《量刑指导意见》的规定，按照这些常见量刑情节该调节比例的中间值来确定，例如，一般坦白情节的，则确定为 10%。对于一些个罪中常见的特殊量刑情节，则应当根据案件的具体情况进行权衡，一般不选择《实施细则》中所规定的上限。因为对于这些常见量刑情节，《量刑指导意见》已经针对各种不同的情况，进行了较为细化的区分，因此，在确定这些常见量刑情节的具体幅度时，即按照各幅度的中间值进行确定，符合量刑相对均衡、统一的要求。对于没有细化的常见量刑情节和各罪中的法定、酌定量刑情节中，《量刑指导意见》和各地的《实施细则》一般也规定了一个相对较大的幅度，此时，应根据案件的不同情况，裁量确定该量刑情节所应调节基准刑的幅度。如果没有特殊情况的，仍应按照《实施细则》所规定的该幅度中间值确定。例如，本案中，被告人等虽具有殴打情节，但殴打情节一般，故不应按照殴打情节所应从重的上限 20% 来进行调节，本案即确定了 10% 的调节幅度。

第八节　抢劫罪的量刑建议

一、抢劫罪概述

（一）概念

抢劫罪，是指以非法占有为目的，以暴力、胁迫或者其他方法，当场强行劫取公私财物的行为。

（二）刑法规定

我国《刑法》第263条规定，"以暴力、胁迫或者其他方法抢劫财物的，处三年以上十年以下有期徒刑，并处罚金；有下列情形之一的，处十年以上有期徒刑、无期徒刑或者死刑，并处罚金或者没收财产：

（一）入户抢劫的；

（二）在公共交通工具上抢劫的；

（三）抢劫银行或者其他金融机构的；

（四）多次抢劫或者抢劫数额巨大的；

（五）抢劫致人重伤、死亡的；

（六）冒充军警人员抢劫的；

（七）持枪抢劫的；

（八）抢劫军用物资或者抢险、救灾、救济物资的"。

我国《刑法》第267条第2款规定，"携带凶器抢夺的，依照本法第二百六十三条的规定定罪处罚"。

我国《刑法》第269条规定，"犯盗窃、诈骗、抢夺罪，为窝藏赃物、抗拒抓捕或者毁灭罪证而当场使用暴力或者以暴力相威胁的，依照本法第二百六十三条的规定定罪处罚"。

（三）犯罪构成要件

抢劫罪的主体为年满14周岁具备相对或者完全刑事责任能力的人。抢劫罪的客体为双重客体，包括财产权利和人身权利。

抢劫罪的主观方面为故意，且需要具备非法占有目的的主观要素。抢劫罪的客观方面为当场使用暴力、胁迫或者其他强制方法，强行劫取公私财物。抢劫罪中的暴力、胁迫或者其他强制方法，在程度上，必须足以或者事实上压制了对方的反抗。

（四）司法认定

1. 转化型抢劫的既遂标准

关于转化型抢劫的既遂标准问题，日本刑法理论上存在不同观点。日本通说认为，先前的盗窃既遂时，才成立事后抢劫的既遂。[①] 有的认为，盗窃罪的既遂不等于事后抢劫的既遂，只有当行为人最终取得了财物时，才成立事后抢劫既遂。据此，虽然盗窃既遂，且行为人为了窝藏赃物而当场使用暴力，但财物最终被被害人夺回时，仍然只成立事后抢劫未遂。[②] 张明楷教授赞同日本通说观点，认为将行为人最终取得财物作为既遂标准的观点，过于推迟了事后抢劫的既遂时间。[③] 本书赞同后一种观点。例如，在行为人入户盗窃，已经搜得现金等财物，并放入自己的口袋内，在走出房屋时，与返回的被害人相遇，在户外，为抗拒抓捕而实施暴力，后被抓获，赃物被追回。在此种情形下，行为人离开房屋时，其入户盗窃即已既遂。在户外，为抗拒抓捕而当场使用暴力，行为人已经构成转化型抢劫罪。而转化型抢劫罪显然是对之前的盗窃行为和之后的抗拒抓捕行为一并进行评价。如果认为之前盗窃即已既遂，即使此后行为人未能采用抗拒抓捕的暴力行为实际劫取财物也已构成抢劫犯罪既遂，则未能整体评价转化型抢劫的整个犯罪行为，而且对于犯罪既遂时间过于提前。

根据最高人民法院《关于审理抢劫、抢夺刑事案件适用法

① 参见［日］团藤重光：《刑法纲要概论》，创文社1990年第3版，第592页；［日］山口厚：《刑法各论》，有斐阁2010年第2版，第229页。转引自张明楷：《刑法学》（第四版），法律出版社2011年版，第861页。

② ［日］曾根威彦：《刑法各论》，弘文堂2008年第4版，第132页。转引自张明楷：《刑法学》（第四版），法律出版社2011年版，第861页。

③ 张明楷：《刑法学》（第四版），法律出版社2011年版，第861页。

律若干问题的意见》的有关规定，抢劫罪侵犯的是复杂客体，既侵犯财产权利又侵犯人身权利，具备劫取财物或者造成他人轻伤以上后果两者之一的，均属抢劫既遂；既未劫取财物，又未造成他人人身伤害后果的，属抢劫未遂。显然，行为人在既未能以其暴力行为实际劫取财物，又未造成他人轻伤以上后果的，不能认定为犯罪既遂，而应以抢劫犯罪未遂处理。那么，在上述情形下，行为人也仅构成抢劫罪一罪，而非盗窃罪（既遂）和抢劫罪。因为对于转化型抢劫，显然不能对盗窃行为和事后的暴力抗拒抓捕行为分开割裂评价。

2. 复合行为对抢劫罪认定的影响

抢劫罪的客观行为分为两个行为：一个是暴力、胁迫行为，另一个是劫取财物行为。两个行为应具有内在的一致性和统一性，且自然地合乎规律地发生危害后果，才能构成完整的抢劫罪。如果两个复合行为不具有一致性和统一性，或者发生因果关系的断裂，则影响抢劫罪的构成。这是刑法上的主客观相统一原则的客观要求。

刑法上的主客观相统一原则在认定犯罪的性质、犯罪情节方面均有重要的指导作用。行为人的犯罪行为只有在主观和客观方面均符合犯罪构成要件，且相互统一的情况下，才能认定构成某一犯罪。犯罪的主观或者客观方面只要有一项不符合某一犯罪构成，则不能构成该犯罪。而且犯罪行为和危害结果之间必须具有因果关系，否则就难以认定行为导致客观危害结果的发生，因而会影响犯罪的构成和量刑情节的认定。例如，行为人当场实施了暴力、胁迫的行为，但被害人系基于怜悯，而不是因为受到暴力、胁迫行为才被迫交付财物的，刑法理论上认为，构成抢劫罪的未遂。因为暴力、胁迫行为与之后的取财行为之间因果关系发生断裂，财物取得的后果，并非因为暴力、胁迫行为所致。又如，在李某某寻衅滋事案①中，李某某酒后无故殴打郭某，因担心上来劝架的刘某通过手机找人报复，遂将其手机拿走。检察机关以抢劫罪起诉，后法院判决李某某构成寻衅滋事罪。在该案中，李某某对郭某实施了暴力殴打行为，但其拿取的是劝架的刘某的手机，而非郭某的手机，郭某并未因暴力殴打而被迫交出财物。且李某某主观上也没有对被害人采取暴力行为，从被害人处劫取财物的犯罪故意。因此，李某某在主观和客观方面并未在抢劫罪上得到统一，故李某某的行为不构成抢劫罪，只能构成强拿硬要型的寻衅滋事罪。

二、量刑建议的提出

（一）《量刑指导意见》规定

1. 构成抢劫罪的，可以根据下列不同情形在相应的幅度内确定量刑起点：

（1）抢劫一次的，可以在 3 年至 6 年有期徒刑幅度内确定量刑起点。

（2）有下列情形之一的，可以在 10 年至 13 年有期徒刑幅度内确定量刑起点：入户抢劫的；在公共交通工具上抢劫的；抢劫银行或者其他金融机构的；抢劫 3 次或者抢劫数额达到数额巨大起点的；抢劫致一人重伤的；冒充军警人员抢劫的；持枪抢劫的；抢劫军用物资或者抢险、救灾、救济物资的。依法应当判处无期徒刑以上刑罚的除外。

2. 在量刑起点的基础上，可以根据抢劫情节严重程度、抢劫次数、数额、致人伤害后果等其他影响犯罪构成的犯罪事实增加刑罚量，确定基准刑。

---

① 赵俊甫：《李某某寻衅滋事案——法院变更检察机关指控罪名的，在程序上如何处理?》，载《刑事审判参考》2012 年第 4 辑（总第 87 辑）。

（二）量刑起点的确定

我国《刑法》第 263 条规定了抢劫罪的两个法定刑刑档。《量刑指导意见》即相应规定了应被判处有期徒刑的两种不同量刑起点。我国法律、司法解释明确规定了携带凶器抢夺应以抢劫罪定罪处罚以及转化型抢劫的犯罪构成要件。在确定个案被告人的量刑起点时，即应按照这三种不同的基本犯罪构成确定。抢劫罪侵犯的是复杂客体，既侵犯了财产权利又侵犯了人身权利。根据司法解释的规定，犯罪既遂为具备劫取财物或者造成他人轻伤以上后果两者之一。

（三）基准刑的确定

对于抢劫犯罪而言，影响犯罪构成的犯罪事实为抢劫情节严重程度、抢劫次数、数额、致人伤害后果等。各地可根据本地的实际情况，确定相应的增加刑罚量的具体幅度。

例如浙江省的《实施细则》规定：（1）抢劫数额未达到巨大的，每增加 1 万元，增加 1 年刑期；抢劫数额巨大的，每增加 5 万元，增加 1 年刑期；（2）抢劫二次的，增加 2 年至 3 年刑期；（3）抢劫次数超过 3 次的，每增加一次，增加 1 年至 2 年刑期；（4）每造成一人轻微伤的，增加 3 个月至 6 个月刑期；（5）每造成一人轻伤的，增加 1 年至 1 年 6 个月刑期；（6）每造成一人重伤的，增加 1 年 6 个月至 3 年刑期。

需要注意的是，根据这些具体情节再增加刑罚量的前提是已经构成基本犯罪事实。例如，在已经劫得财物的基础上，又造成一人轻伤的，则需要在量刑起点的基础上增加 1 年至 1 年 6 个月刑期。如果未劫得财物，仅造成一人轻伤的，则应以抢劫致人轻伤作为基本的犯罪构成事实，在量刑起点的幅度内确定量刑起点，而不能又以致人轻伤增加刑罚量。又如在转化型抢劫的情形中，如果没有其他情节，行为人仅使用暴力致人轻微伤，根据司法解释的有关规定，应以抢劫罪定罪处罚。此时，如果行为人又没有劫得财物，此时不但不能仅根据轻微伤的后果而增加刑罚量，反而应当根据其抢劫未遂的情节，对确定的量刑起点进行调节。

在具体适用时，对于抢劫罪，还有一些常见的酌定量刑情节，可以作为调整基准刑的依据。例如浙江省的《实施细则》就规定，具有如下情节之一的，增加基准刑的20%以下：（1）持械抢劫的；（2）流窜作案或者结伙抢劫的。

（四）量刑建议的确定

在确定量刑起点时，一般情况下，确定相应量刑起点幅度的中间值较为合适。例如有的地方的《实施细则》就规定，抢劫一次的，量刑起点为有期徒刑4年。在平某某、刘某抢劫案，朱某某等人抢劫案，袁某某、马某某抢劫案的量刑起点均为有期徒刑4年。有的转化型抢劫，如黄某某抢劫案，梅某某、徐某某盗窃、抢劫案，或者抢劫情节一般的，如林某某抢劫案，均确定量刑起点为3年6个月；还有些未成年人抢劫案，如张某甲、张某乙抢劫案，周某等3人抢劫案，均确定量刑起点为有期徒刑3年。有的抢劫情节一般，数额不大的，也确定了较低的量刑起点，如白某某抢劫、盗窃案，确定有期徒刑3年为量刑起点。

在法定刑为10年以上有期徒刑的抢劫犯罪中，量刑起点幅度为10年至13年有期徒刑，但在绝大多数案件中，确定量刑起点幅度中的下限作为量刑起点。如黄某某、张某丙抢劫案（入户抢劫），李某某等4人抢劫案（多次抢劫），量刑起点为有期徒刑10年。也有确定中间值为量刑起点，如井某某抢劫案。

公诉人在确定量刑起点时，可以上述情况作为参考。抢劫罪中持械（持枪以外）抢劫是酌定的从重量刑情节，通常情况下可确定该幅度的中间值10%作为增加基准刑的幅度，例如井某某抢劫案中，井某某持平口螺丝刀抢劫，确定增加基准刑的10%。黄某某、张某丙抢劫案，张某丁、张某戊抢劫案，林某某抢劫案，被告人均持刀抢劫，均确定增加基准刑的10%。在梅某某、徐某某盗窃、抢劫案中，梅某某为抗拒抓捕，持刀威胁追捕群众，被认定为持械抢劫，因系转化型抢劫，且仅系持刀威胁，未造成其他后果，故确定该情节增加基准刑的 5%。在李某某等 4 人抢劫案中，因系未成年人犯罪，为体现从宽政策，对该情节仅增加基准刑的 3%。

三、司法实例：江某抢劫案

（一）基本案情

2004 年 1 月中旬的一天晚上，被告人江某伙同汪某某、李某、崔某某、陈某、唐某（均已判决）等人经事先商量，携带自来水管等作案工具，乘坐张某某（已判决）驾驶的三轮摩托车，至宁波市北仑区大碶街道湖塘村被害人胡某某经营的烟酒副食店，由被告人江某将店内的一台赌博机（价值人民币 540 元）抱走，并由李某、陈某拿出自来水管对上前阻拦的胡某某进行威胁。后被告人江某等人携带赌博机离开现场，并从该赌博机内取出人民币 100 余元。

（二）分析意见

首先确定量刑起点。本案中，被告人江某伙同他人实施一起抢劫犯罪行为，劫得财物数额为 600 余元，犯罪情节一般。根据浙江省《实施细则》的规定，抢劫一次，可在 3 年 6 个月至 4 年 6 个月有期徒刑幅度内确定量刑起点。根据本案的案情，确定量刑起点为 3 年 6 个月有期徒刑。

其次，根据其他影响犯罪构成事实增加刑罚量，确定基准刑。在量刑起点的基础上，可以根据抢劫情节严重程度、抢劫次数、数额、致人伤害后果等其他影响犯罪构成的犯罪事实增加刑罚量，确定基准刑。根据浙江省《实施细则》的规定，抢劫数额未达巨大的，每增加 1 万元，增加 1 年刑期。根据本案的数额，可以确定基准刑为 42.72 个月。

最后，分析、提取量刑情节，并确定相应调节基准刑的比例。被告人江某是否属于持械抢劫？我们认为，是否认定为持械不能单单从所持工具的物理属性进行判断，而应当结合全案的案情，包括是否实际使用工具，所造成的后果等进行判断。本案中，同案犯李某等抢劫时，拿出自来水管威胁被害人上前阻止，其行为的社会危险性较小，虽可认定为持械抢劫，但应确定较小的增加基准刑的幅度。

被告人江某到案后能如实供述自己主要犯罪事实，具有坦白情节，依法可以从轻处罚。因其同案犯均已被判刑，其供述对案件侦破等意义不大，确定减少基准刑的10%。

被告人江某案发后10年才被抓获，且在此期间并无违法犯罪记录，说明其人身危险性大大减弱，可酌情从轻处罚，确定减少基准刑的5%。

综上，可以初步预测法院判决的刑期为 42.72 × （1 − 10% − 5%）＝36.312 个月，约为有期徒刑 3 年。

（三）量刑建议及处理结果

1. 量刑建议

案件承办人在办理本案时，除了考虑到上述分析的内容外，还考虑到被告人江某等人作案的目的是抢劫赌博机用于自己摆放，供人赌博，系为了违法犯罪的目的实施抢劫，因此，考虑酌情予以从重处罚，增加基准刑的5%。此外，对于是否属于持械抢劫，有一定的争议。虽然本案中，同案犯等手持自来水管进行威胁，并未采用自来水管对被害人进行殴打，但仍在犯罪中实际使用了自来水管作为作案的工具，也可认定为持械抢劫，在考虑增加基准刑时，可考虑增加较小的基准刑幅度，建议增加基准刑的5%。那么，提出量刑建议为 42.72 × （1 − 10% − 5% + 5% + 5%）＝40.584 个月，约为有期徒刑 3 年 4 个月。由于本案被告人江某的同案犯李某、陈某等均被判处有期徒刑 3 年 6 个月，并处罚金。因此，承办人在参考同案犯所判的刑期的基础上，提出有期徒刑 3 年 6 个月，并处罚金的量刑建议。

2. 处理结果

一审法院经审理认为，被告人江某以非法占有为目的，结伙以暴力胁迫手段强行劫取他人财物，其行为已构成抢劫罪，且系共同犯罪。被告人江某到案后如实供述其主要犯罪事实，并自愿认罪，依法可以从轻处罚。据此，依照《刑法》第 263 条、第 25 条第 1 款、第 67 条第 3 款之规定，判决如下：被告人江某犯抢劫罪，判处有期徒刑 3 年，并处罚金人民币 3000 元。

（四）小结

公诉人在提出量刑建议的时候，要全面综合案件的所有与定罪、量刑有关的事实和情节，这样才能准确地定性，并在综合考虑所有量刑情节的基础上，对各量刑情节对被告人刑期的影响确定合理的调节幅度，这样才能对被告人可能判处的刑期作出一个准确的预测。在预测被告人可能被判处的刑期时，要注意同案犯之间的量刑均衡原则。即量刑要客观、全面把握不同时期不同地区的经济社会发展和治安形势的变化，确保刑法任务的实现；对于同一地区同一时期、案情相似的案件，所判处的刑罚应当基本均衡。因此，同案犯被判处的刑罚可以作为预测被告人可能被判处刑期的重要参考。在本案案发时，当地的治安形势较为严峻，"两抢一盗"案件频发，当时公安司法机关对此类案件保持着严厉打击的态势，因此，刑罚稍偏重。经过几年的打击，本地的治安形势有明显的缓和，刑罚也趋于轻缓。故本案中，被告人江某被判处的刑罚较同案犯轻，也符合刑法打击犯罪的需要。

第九节　盗窃罪的量刑建议

一、盗窃罪概述

（一）概念

盗窃罪，是指以非法占有为目的，秘密窃取公私财物，数额较大，或者多次盗窃、入户盗窃、携带凶器盗窃、扒窃公私财物的行为。

（二）刑法规定

我国《刑法》第 264 条规定，"盗窃公私财物，数额较大的，或者多次盗窃、入户盗窃、携带凶器盗窃、扒窃的，处三年以下有期徒刑、拘役或者管制，并处或者单处罚金；数额巨大或者有其他严重情节的，处三年以上十年以下有期徒刑，并处罚金；数额特别巨大或者有其他特别严重情节的，处十年以上有期徒刑或者无期徒刑，并处罚金或者没收财产"。

我国《刑法》第 265 条规定，"以牟利为目的，盗接他人通信线路、复制他人电信码号或者明知是盗接、复制的电信设备、设施而使用的，依照本法第二百六十四条的规定定罪处罚"。

（三）犯罪构成要件

盗窃罪的主体为一般主体，即年满 16 周岁具备刑事责任能力的人。盗窃罪的客体为财产权利。盗窃罪的主观方面为故意，还必须具备以非法占有为目的的主观构成要素。盗窃罪的客观方面为窃取他人占有的数额较大的财物，或者多次盗窃、入户盗窃、携带凶器盗窃、扒窃。

（四）司法认定：盗窃对象为财产利益的数额确定

盗窃的数额是指行为人窃取的公私财物的数额。行为人窃取的财物数额，应当是指被害方因行为人的窃取行为而实际失去控制的财产损失。在行为人盗窃的对象是财产性利益时，应将被害人的财产损失、债务负担等认定为盗窃的数额。因为当行为人仅仅盗窃了相关财产利益，被害人仅在需要履行相关义务所对应的债务负担时，才产生相关的财产损失。最高人民法院 2000 年 4 月 28 日颁布的《关于审理扰乱电信市场管理秩序案件具体应用法律若干问题的解释》第 7 条也规定，将电信卡充值后使用，造成电信资费损失数额较大的，依照《刑法》第 264 条的规定，以盗窃罪定罪处罚。

例如在陈某盗窃案[①]中，陈某利用公司系统漏洞，复制 QQ 密保卡数据，后为其本人及朋友的 QQ 账户充值累计金额 5030 元。在该案中，陈某复制的 QQ 密保卡卡面金额人民币 49140 元。QQ 密保卡所代表的是腾讯公司应当提供的等值服务。但由于这些卡面金额尚未充值时，腾讯公司即无须提供相应的服务，腾讯公司也未产生相应的财产损失，没有失去对于这些未充值密保卡的控制。陈某也未实际控制这些服务所代表的财产性利益，因此对虽复制了相关数据，但未实际充值的数额，不能计入陈某盗窃的数额，陈某盗窃的数额应为充值累计的金额 5030 元。

又如在王某、石某盗窃案中，行为人利用移动商城币（虚拟财产）充值平台系统的漏洞，套取价值 111 万元的移动商城币并兑换成 110 万元的超市购物卡时，应当认定其盗窃的数额为 110 万元。[②] 移动商城币是由购买人充值后，自动生成，移动公司作为经营者，对其移动商城币具有控制权。在行为人将移动商城币兑换成超市购物卡后，移动公司即应承担相应的债务负担，产生了相应的财产损失，而这些超市购物卡为行为人所控制，根据"控制加失控说"的观点，行为人对这些超市购物卡所代表的财产利益已经控制。故而，应当认定盗窃的数额为价值 110 万元的财产利益。

二、量刑建议的提出

（一）《量刑指导意见》规定

1. 构成盗窃罪的，可以根据下列不同情形在相应的幅度内

---

① 冯鼎臣、范敦强、张西俊：《陈某盗窃案——窃取公司提供充值服务的密保卡数据，并进行非法充值，使公司 QQ 密保卡对应的等值服务资费遭受损失的，是否构成盗窃罪？如何确定该类行为的盗窃数额》，载《刑事审判参考》2012 年第 4 辑（总第 87 辑）。

② 左文杰、吴洪武、周培伟：《利用充值系统漏洞非法套取虚拟财产如何定性》，载《人民法院报》2014 年 9 月 11 日。

确定量刑起点：

（1）达到数额较大起点的，两年内 3 次盗窃的，入户盗窃的，携带凶器盗窃的，或者扒窃的，可以在 1 年以下有期徒刑、拘役幅度内确定量刑起点。

（2）达到数额巨大起点或者有其他严重情节的，可以在 3 年至 4 年有期徒刑幅度内确定量刑起点。

（3）达到数额特别巨大起点或者有其他特别严重情节的，可以在 10 年至 12 年有期徒刑幅度内确定量刑起点。依法应当判处无期徒刑的除外。

2. 在量刑起点的基础上，可以根据盗窃数额、次数、手段等犯罪事实增加刑罚量，确定基准刑。

多次盗窃，数额达到较大以上的，以盗窃数额确定量刑起点，盗窃次数可作为调节基准刑的量刑情节；数额未达到较大的，以盗窃次数确定量刑起点，超过 3 次的次数作为增加刑罚量的事实。

（二）量刑起点的确定

《刑法修正案（八）》对盗窃罪进行了修正，2013 年"两高"出台《关于办理盗窃刑事案件适用法律若干问题的解释》对办理盗窃罪适用法律的问题进行了详细的规定。根据《刑法修正案（八）》及相关司法解释的规定，盗窃罪分为 3 个法定刑刑档。《量刑指导意见》即根据刑法的 3 个法定刑的刑档规定了不同的量刑起点。

（三）基准刑的确定

在盗窃犯罪中，盗窃的数额是确定刑罚量的主要依据。因此，在盗窃达到数额较大以上的，应以盗窃数额确定量刑起点，盗窃的次数、手段等其他事实可以作为增加刑罚量的事实。由于司法解释规定了新的盗窃数额较大、数额巨大、数额特别巨大的标准。各地在适用时可以根据当地的经济发展情况和司法实践情况，细化确定具体的增加刑罚量的对应标准。

在具体适用时，各地可根据本地区的情况，依照司法解释规定的精神，规定相应情节增加或者减少基准刑的幅度。

例如，可以酌定增加基准刑的情节有：（1）曾因盗窃受过刑事处罚的；（2）一年内曾因盗窃受过行政处罚的；（3）组织、控制未成年人盗窃的；（4）自然灾害、事故灾害、社会安全事件等突发事件期间，在事件发生地盗窃的；（5）盗窃残疾人、孤寡老人、丧失劳动能力人的财物的；（6）在医院盗窃病人或者其亲友财物的；（7）盗窃救灾、抢险、防汛、优抚、扶贫、移民、救济款物的；（8）因盗窃造成严重后果的。

可以减少基准刑的情形有：（1）没有参与分赃或者获赃较少且不是主犯的；（2）被害人谅解的；（3）偷拿家庭成员或者近亲属财物的。

（四）量刑建议的确定

在《量刑指导意见》和各地《实施细则》已经明确规定的情况下，事实上，提出量刑建议所要解决的主要问题就是量刑起点的确定和具体量刑情节调节比例的确定。以下主要根据司法实践的情况具体进行探讨。

法定刑为3年以下有期徒刑、拘役或者管制，并处或者单处罚金这一刑档的量刑起点的确定，在《量刑指导意见》的实行期间，量刑起点为1年以下有期徒刑、拘役。

从司法实践情况来看，一般确定了较高的起点。例如确定为6个月有期徒刑上限的，就有张某某等5人盗窃案中的范某某、熊某某，蒋某某盗窃案，潘某甲、潘某乙盗窃案，梅某某、徐某某盗窃、抢劫案中的徐某某，邓某甲、邓某乙盗窃案中的邓某乙等五个案例，占所有该刑档案例的62.5%。其余量刑起点为拘役5个月的，有李某某盗窃案，曹某某诈骗、盗窃案两例。吴某某盗窃案的量刑起点为拘役4个月。现《量刑指导意见》已经提高了该刑档量刑起点的上限，为1年以下有期徒刑，可能也是考虑到司法实践中的实际情况。

而在3年以上10年以下有期徒刑刑档的盗窃数额巨大或者

有其他严重情节的，在选择量刑起点时，确定《量刑指导意见》3 年至 4 年有期徒刑的中间值 3 年 6 个月的，有许某某、施某某盗窃案、邓某甲、邓某乙盗窃案中的邓某甲；确定下限 3 年有期徒刑为量刑起点的案例有邱某某盗窃案、张某某等 5 人盗窃案中的张某某、左某某、黄某某 3 人。

公诉人在确定量刑建议时，也可以上述情况作为参考。即在确定 3 年以下刑档的量刑起点时，一般可以 6 个月有期徒刑作为量刑起点。当然，也可以综合当地的量刑裁判情况，确定一个较低的量刑起点，4 个月或者 5 个月拘役。

根据《量刑指导意见》的规定，由于盗窃罪主要是以数额作为主要的量刑依据。在《刑法修正案（八）》实施后，两年内多次盗窃，入户盗窃或者扒窃，携带凶器盗窃的，如果达到数额较大的，首先应以盗窃的数额来确定量刑起点。其他影响犯罪构成的事实作为增加刑罚量的事实，增加基准刑。那么，对于其他这些犯罪构成事实如何确定具体增加刑罚量？例如，对于入户盗窃情节。有的以该情节增加基准刑的 10%，如张某某等 5 人盗窃案、李某某盗窃案、吴某某盗窃案。有的增加基准刑 3 个月，如潘某甲、潘某乙盗窃案，有的增加基准刑 2 个月，如邱某某盗窃案。在许某某、施某某盗窃案中，夜间入户盗窃，增加基准刑 15%。

对于盗窃的次数，浙江省《实施细则》规定，2 年内盗窃 3 次以上的，每增加一次盗窃，增加 2 个月至 3 个月刑期。在邱某某盗窃案中，邱某某两次盗窃，对于盗窃的次数，增加刑罚量 2 个月。许某某、施美君盗窃案中，多次盗窃增加基准刑 5%。

三、司法实例：李某盗窃案

（一）基本案情

被告人李某因犯盗窃罪于 2009 年 4 月 24 日被宁波市北仑区人民法院判处有期徒刑 10 个月。因犯盗窃罪于 2010 年 9 月 17

日被四川省巴中市巴州区人民法院判处有期徒刑 2 年，2012 年 7 月 14 日刑满释放。2013 年 4 月的一天下午，被告人李某至宁波市北仑区大碶街道万湫山公园山脚，窃得被害人乐某停放在此的米赛尔牌自行车一辆，价值人民币 2134 元。2013 年 12 月 12 日 19 时许，被告人李某至宁波市北仑区大碶街道王隘村泉康大药房附近，窃得被害人张某停放在此的捷安特 ATX660 型自行车一辆，价值人民币 1232 元。案发后，涉案两辆自行车均已被追回，并发还给被害人。

（二）分析意见

首先，确定量刑起点和基准刑。根据浙江省高级人民法院的规定，本省盗窃罪数额较大的标准为 3000 元。根据司法解释的规定，曾因犯盗窃罪受过刑事处罚的，盗窃罪的数额按照数额较大标准的 50% 确定，因此，李某构罪数额标准为 1500 元。根据浙江省《实施细则》的规定，构成盗窃罪，达到数额较大起点的，可以在 3 个月拘役至 1 年有期徒刑幅度内确定量刑起点。李某两次盗窃数额为 3366 元，情节一般，确定量刑起点为拘役四个月。李某盗窃的数额超出数额较大标准 1866 元，根据本省的规定，盗窃数额较大的，每增加 5000 元，增加 2 个月刑期。经过换算，李某的应增加基准刑 0.75 个月。因此，李某的基准刑为 4.75 个月。

其次，分析量刑情节。李某具有以下量刑情节：

1. 曾因盗窃两次受过刑事处罚（不构成累犯）

被告人李某曾有两次盗窃罪的犯罪记录，本次又因涉嫌盗窃罪被抓获。有因盗窃受过两次刑事处罚的犯罪记录。但根据本案的犯罪事实，被告人李某两次行窃，没有入户盗窃、扒窃、多次盗窃等情节，其两次盗窃数额共计为人民币 3366 元。根据本案的事实和情节，李某不构成累犯。

2. 具有坦白情节

被告人李某到案后如实供述自己的罪行，依法可以从轻处罚。

3. 涉案赃物已被追回并发还给被害人

被告人李某盗窃的两辆自行车均已被追回，并发还给被害人，可以酌情从轻处罚。

最后，确定相应情节的调节比例，最终确定量刑建议。李某曾因犯盗窃罪二次被判处有期徒刑，前两次的罪行较重，因此，根据浙江省《实施细则》的规定，曾因盗窃受过刑事处罚的，可增加基准刑的 40%，因此，确定因该情节增加基准刑 20%。李某具有坦白情节，减少基准刑的 10%。全额退赃，减少基准刑的 10%。因此，李某的基准刑为 4.75 ×（1 + 20% − 10% − 10%）= 4.75 个月。据此，可以预测李某的刑期为拘役 5 个月，并处罚金。

（三）量刑建议及处理结果

1. 量刑建议

承办人根据浙江省的《实施细则》，综合全案的事实和情节，对被告人依法可能会被判处的刑期进行了计算，预测出李某可能被判处 5 个月的刑期。因此，按照"求点"的方法，就作出量刑建议，建议判处被告人李某拘役 6 个月，并处罚金。

2. 处理结果

法院经审理认为，被告人李某以非法占有为目的，秘密窃取他人财物，数额较大，其行为已构成盗窃罪。被告人李某到案后如实供述自己的罪行，依法予以从轻处罚。涉案赃物已被追回并发还被害人，又可酌情从轻处罚。据此，依照《刑法》第 264 条、第 67 条第 3 款，判决被告人李某犯盗窃罪，判处被告人李某拘役 5 个月，并处罚金人民币 1000 元。

（四）小结

本案中，案件承办人根据《量刑指导意见》的规定，准确确定了量刑的起点，依据本省的《实施细则》，综合权衡全案的法定、酌定量刑情节，对各量刑情节也确定了合理的增减基准刑的比例，最终准确预测了法院可能判处的刑期，因而提出了较为适当的量刑建议。

第十节　诈骗罪的量刑建议

一、诈骗罪概述

（一）概念

诈骗罪，是指以非法占有为目的，用虚构事实或者隐瞒真相的方法，骗取公私财物，数额较大的行为。

（二）刑法规定

我国《刑法》第 266 条规定，"诈骗公私财物，数额较大的，处三年以下有期徒刑、拘役或者管制，并处或者单处罚金；数额巨大或者有其他严重情节的，处三年以上十年以下有期徒刑，并处罚金；数额特别巨大或者有其他特别严重情节的，处十年以上有期徒刑或者无期徒刑，并处罚金或者没收财产。本法另有规定的，依照规定"。

（三）犯罪构成要件

诈骗罪的主体为一般主体，即年满 16 周岁具备刑事责任能力的人。诈骗罪侵犯的客体为财产权利。诈骗罪的主观方面为故意，还必须具备以非法占有为目的的主观构成要素。诈骗罪的客观方面为采用虚构事实、隐瞒真相的欺骗方法，使对方产生错误认识，并自愿处分财产。

（四）司法认定：诈骗罪与盗窃罪的界分

诈骗罪与盗窃罪的关键区别在于被害人是否基于错误认识处分财产。而处分财产既要有处分财产的意思，也要有处分财产的行为。被害人处分财产是基于瑕疵的意思，"自愿"地将财产转移为行为人或者第三者占有。如果被害人不具有处分财产的意思，则不构成诈骗罪，而构成盗窃罪。

例如，行为人向被害人拨打电话后，"响一声就断"，被害人害怕错过面试机会，回拨电话，被收取声讯台高额电话费的情形时，被害人对于其回拨电话将被收取高额电话费并不知情，被害人并没有处分其电话费，并将电话费转移给行为人占有的意思。相反，行为人系在被害人对其回拨电话将导致自动转接而被收取高额电话费并不知情的情况下，秘密窃取了被害人的电话费，因而其行为构成盗窃罪，而非诈骗罪。[①]

又如，在行为人欺骗被害人，称其能使用魔术将银行卡中的钱翻倍。被害人将银行卡和密码交给其，之后，行为人用废旧银行卡调换被害人的银行卡，"还"给被害人，让被害人往银行卡内存钱后，取走被害人银行卡内的钱。[②] 在此案中，被害人将自己的银行卡和密码交给行为人，并往卡内存钱的行为，并不是被害人自愿处分财产，转移给行为人占有的行为。被害人只是为了使银行卡内的钱"翻倍"而将银行卡和密码交给行为人，并没有将银行卡及卡内的钱转移给行为人的处分意思。因此，行为人是欺骗被害人交出银行卡和密码，再采用调包的方式，利用骗得的银行卡和密码，以秘密窃取的方式取得了被害人银行卡内的财产，构成盗窃罪。

二、量刑建议的提出

（一）《量刑指导意见》规定

1. 构成诈骗罪的，可以根据下列不同情形在相应的幅度内确定量刑起点：

（1）达到数额较大起点的，可以在1年以下有期徒刑、拘役幅度内确定量刑起点。

[①] 彭洋、乔亚琴：《响一声就断、回拨被收电话费应如何定性》，载《人民法院报》2014年1月9日。

[②] 韩盼盼：《"调包"获取银行卡并在ATM机取款构成盗窃罪》，载《人民法院报》2014年2月7日。

（2）达到数额巨大起点或者有其他严重情节的，可以在3年至4年有期徒刑幅度内确定量刑起点。

（3）达到数额特别巨大的，或者有其他特别严重情节的，可以在10年至12年有期徒刑幅度内确定量刑起点，依法应当判处无期徒刑的除外。

2. 在量刑起点的其他上，可以根据诈骗数额等其他影响犯罪构成的犯罪事实增加刑罚量，确定基准刑。

（二）量刑起点的确定

我国《刑法》第266条规定了诈骗罪的3个法定刑刑档。《量刑指导意见》即根据刑法的3个法定刑的刑档规定了相应的量刑起点。公诉人可根据最高人民法院、最高人民检察院2011年《关于办理诈骗刑事案件具体应用法律若干问题的解释》以及本地区的规定，确定被告人的法定刑及相应的量刑起点。

（三）基准刑的确定

诈骗罪是典型的数额犯，因此应以诈骗数额作为基本犯罪构成之外影响犯罪构成的其他犯罪事实，作为增加刑罚量确定基准刑的依据。诈骗犯罪的其他情节可以作为调节基准刑的酌定情节。

在具体适用时，可根据《关于办理诈骗刑事案件具体应用法律若干问题的解释》对于诈骗罪规定一些常见的酌定量刑情节，作为调整基准刑的依据。

可以酌定增加基准刑的情节有：（1）通过发送短信、拨打电话或者利用互联网、广播电视、报纸杂志等发布虚假信息，对不特定多数人实施诈骗的；（2）诈骗救灾、抢险、防汛、优抚、扶贫、移民、救济、医疗款物的；（3）以赈灾募捐名义实施诈骗的；（4）诈骗残疾人、老年人或者丧失劳动能力人的财物的；（5）造成被害人自杀、精神失常或者其他严重后果的。

可以减少基准刑情形主要有：（1）没有参与分赃或者获赃

较少且不是主犯的；（2）被害人谅解的；（3）诈骗近亲属财物的。

（四）量刑建议的确定

对于多次诈骗的，有的作为增加基准刑的酌定量刑情节。如徐某某诈骗案中，以该情节（短时间内5次）增加基准刑的15%。有的观点认为，既可作为确定量刑起点时从重考虑的因素，或者在确定基准刑后，作为调节基准刑的从重情节考虑。[①]

三、司法实例：冯某某诈骗案

（一）基本案情

2012年11月1日，被告人冯某某从罗某某处租赁了一辆马自达轿车。同年12月15日，被告人冯某某驾车至宁波市北仑区新碶街道，为骗取借款，用假的机动车行驶证和登记证书，将该车质押给被害人赵某某，从被害人赵某某处骗取人民币62000元。案发后，被告人冯某某的家属已退还给被害人赵某某人民币60000元，并取得了被害人的谅解。

（二）分析意见

首先，确定冯某某的量刑起点。本案中，被告人冯某某诈骗的数额为人民币62000元，根据浙江省高级人民法院的有关规定，诈骗数额巨大的标准为50000元人民币。因此，被告人冯某某已构成诈骗罪，且达到数额巨大起点，根据浙江省《实施细则》的规定，可以在3年至4年有期徒刑幅度内确定量刑起点。本案中，被告人的诈骗情节一般，确定量刑起点为3年有期徒刑。

其次，确定冯某某的基准刑。被告人冯某某诈骗数额为62000元，超过诈骗数额巨大标准12000元，根据浙江省的《实施细则》的规定，诈骗数额巨大的，每增加一万元，增加2个

---

① 黄尔梅主编：《量刑规范化案例指导》，法律出版社2012年版，第210页。

月刑期，那么，根据其犯罪数额，可增加的基准刑的刑期为 2.4 个月。被告人冯某某的基准刑为 38.4 个月。

再次，确定相应的量刑情节及调节比例。冯某某具有的量刑情节有：

1. 坦白情节

被告人冯某某到案后如实供述自己的罪行，具有坦白情节，依法可以从轻处罚。

2. 积极赔偿被害人经济损失并取得谅解

案发后，被告人冯某某的家属代为退赔被害人损失，并取得了被害人的谅解，可以酌情从轻处罚。

被告人冯某某具有坦白情节，可以从轻处罚，确定减少基准刑的15%。被告人冯某某的家属已代为赔偿被害人经济损失，被害人绝大部分经济损失得以弥补，且取得了被害人的谅解，可以酌情从轻处罚，确定减少基准刑的30%。因此，被告人冯某某的基准刑为 $38.4 \times （1 - 15\% - 30\%）= 21.12$ 个月。

最后，可以预测法院判决刑期。由于被告人冯某某诈骗数额巨大，其法定刑最低刑为 3 年有期徒刑，且没有法定减轻处罚情节。根据《量刑指导意见》的规定，量刑情节中只有从轻处罚情节，但对基准刑的调节结果在法定最低刑以下的，可以依法确定法定最低刑为宣告刑。因此，可预测被告人冯某某的宣告刑为 3 年有期徒刑。

（三）量刑建议及处理结果

1. 量刑建议

在审查起诉阶段，被告人冯某某的家属仅代为赔偿被害人 30000 元，且尚未取得被害人的谅解。承办人认为，被告人冯某某虽然具有坦白以及部分赔偿被害人损失的从轻处罚情节，但其诈骗数额巨大，又没有法定减轻处罚情节。因此，其宣告刑只能为 3 年有期徒刑。因此，提出 3 年有期徒刑，并处罚金的量刑建议。

2. 处理结果

在案件起诉后，被告人家属又代为赔偿被害人 30000 元人民币，被害人也出具谅解书对被告人冯某某表示谅解。法院经审理认为，被告人冯某某以非法占有为目的，诈骗他人财物，数额巨大，其行为已构成诈骗罪。被告人冯某某到案后，如实供述自己的罪行，并自愿认罪，依法予以从轻处罚。被告人冯某某的家属代为退赔被害人损失，并取得被害人的谅解，又可对被告人酌情从轻处罚。根据被告人冯某某的犯罪情节和悔罪表现，可以对其宣告缓刑。据此根据《刑法》第 266 条，第 67 条第 3 款，第 72 条第 1 款、第 3 款，第 73 条第 2 款、第 3 款之规定，判决被告人冯某某犯诈骗罪，判处有期徒刑 3 年，缓刑 4 年，并处罚金人民币 5000 元。

（四）小结

本案承办人在讯问冯某某时，告知其如果其积极赔偿被害人损失，并取得被害人的谅解，虽然不可能被判处 3 年有期徒刑以下刑罚，但可能会被判处缓刑，希望其能积极退赃，即可取得被害人的谅解，被判处缓刑的概率会很大。后被告人冯某某的家属即在案件起诉后又赔偿被害人人民币 30000 元，并取得了被害人的谅解，法院依法对其宣告缓刑，案件的办理取得了良好的法律效果和社会效果。作为一名公诉人，应对法律和司法解释有着充分的熟悉和了解，同时也要具有责任意识和使命感，才能有所作为。这样在案件的办理过程中，通过自己的作为，实现案件办理的法律效果和社会效果，获得成就感。

第十一节　抢夺罪

一、抢夺罪概述

（一）概念

抢夺罪，是指以非法占有为目的，公然夺取公私财物，数额较大的，或者多次抢夺的行为。

（二）刑法规定

我国《刑法》第 267 条第 1 款规定，"抢夺公私财物，数额较大的，或者多次抢夺的，处三年以下有期徒刑、拘役或者管制，并处或者单处罚金；数额巨大或者有其他严重情节的，处三年以上十年以下有期徒刑，并处罚金；数额特别巨大或者有其他特别严重情节的，处十年以上有期徒刑或者无期徒刑，并处罚金或者没收财产"。

（三）犯罪构成要件

抢夺罪的主体为一般主体，即年满 16 周岁具备刑事责任能力的人。抢夺罪侵犯的客体为财产权利。抢夺罪的主观方面为故意，还必须具备以非法占有为目的的主观构成要素。抢夺罪的客观方面为实施趁人不备，当场直接夺取他人紧密占有数额较大的财物，或者多次抢夺。

（四）司法认定：抢夺罪与盗窃罪的界分

抢夺罪与盗窃罪的关键界分在于行为人不法占有财物的方式不同。抢夺罪系趁人不备公然夺取财物，盗窃罪系秘密窃取财物。抢夺罪的公然夺取，主要是当着财物所有人、占有人的面，利用占有人不能反抗或者来不及反抗之机，夺取财物。

例如，对于行为人趁被害人醉酒无力反抗，将被害人钱包掏出，拿走财物的行为，行为人系当着被害人的面，在被害人对行为人夺取财物的行为有意识，却无力反抗的情况下，而强行夺取被害人的财物，因此构成抢夺罪。① 相反，如果行为人仅利用被害人醉酒之机，在被害人不知情、无意识的情况下，秘密窃取被害人财物的，则应当构成盗窃罪。

又如，行为人在加油站加油后，为逃避支付油费，乘工作人

_____

① 冀天福、李海水：《趁人醉酒无力反抗夺取财物构成抢夺罪》，载《人民法院报》2014 年 1 月 30 日。

员不备，高速驾车驶离加油站的行为，也应构成抢夺罪。① 因为在此种情形下，行为人也是乘被害单位员工来不及反抗之机，当着被害单位员工的面，公然夺取财物，因此应当构成抢夺罪，而非盗窃罪。

二、量刑建议的提出

（一）《量刑指导意见》规定

1. 构成抢夺罪的，可以根据下列不同情形在相应的幅度内确定量刑起点：

（1）达到数额较大起点的，可以在 1 年以下有期徒刑、拘役幅度内确定量刑起点。

（2）达到数额巨大起点或者有其他严重情节的，可以在 3 年至 4 年有期徒刑幅度内确定量刑起点。

（3）达到数额特别巨大起点或者有其他特别严重情节的，可以在 10 年至 12 年有期徒刑幅度内确定量刑起点。依法应当判处无期徒刑的除外。

2. 在量刑起点的基础上，可以根据抢夺数额等其他影响犯罪构成的犯罪事实增加刑罚量，确定基准刑。

（二）量刑起点的确定

我国《刑法》第 267 条第 1 款规定了抢夺罪的 3 个法定刑刑档。《量刑指导意见》即根据刑法的 3 个法定刑的刑档规定了相应的量刑起点。需要注意的是，最高人民法院、最高人民检察院 2013 年 11 月发布的《关于办理抢夺刑事案件适用法律若干问题的解释》规定了抢夺罪数额较大、数额巨大以及数额特别巨大的标准，各地在确定具体的标准之后，即可确定相应的抢夺数额所增加的刑罚量。司法解释明确规定了可以认定为抢夺情节严重

---

① 任素贤、秦现锋：《李培峰抢劫、抢夺案——"加霸王油"的行为如何定性》，载《刑事审判参考》总第 92 辑。

和情节特别严重的标准，在具体案件的办理过程中，也应严格适用。

《刑法修正案（九）》增加了"多次抢夺"构成犯罪，因此，对于多次抢夺，数额达到较大以上的，以抢夺数额确定量刑起点，抢夺次数可作为调节基准刑的量刑情节；数额未达到较大的，以抢夺次数确定量刑起点，超过3次的次数作为增加刑罚量的事实。

（三）基准刑的确定

在具体适用时，根据司法解释的规定，还有一些常见的酌定量刑情节，可以作为调整基准刑的依据。

例如，可以酌定增加基准刑的情节有：（1）曾因抢劫、抢夺或者聚众哄抢受过刑事处罚的；（2）一年内曾因抢夺或者哄抢受过行政处罚的；（3）驾驶机动车、非机动车抢夺的；（4）组织、控制未成年人抢夺的；（5）抢夺老年人、未成年人、孕妇、携带婴幼儿的人、残疾人、丧失劳动能力人的财物的；（6）在医院抢夺病人或者其亲友财物的；（7）抢夺救灾、抢险、防汛、优抚、扶贫、移民、救济款物的；（8）自然灾害、事故灾害、社会安全事件等突发事件期间，在事件发生地抢夺的；（9）导致他人轻伤或者精神失常等严重后果的。

可以酌定减少基准刑的量刑情节有：（1）没有参与分赃或者获赃较少且不是主犯的；（2）被害人谅解的。

（四）量刑建议的确定

首先，关于量刑起点的确定。在涂某某抢夺案中，确定3个月拘役至一年有期徒刑幅度内下限3个月作为量刑起点，可能是基于涂某某系未成年人的考虑。在赖某某抢夺案中，确定量刑起点为有期徒刑8个月。

其次，对于其他抢夺罪常见酌定量刑情节的，一般可考虑根据各地《实施细则》所规定的基准刑幅度的中间值确定。例如，浙江省《实施细则》规定，驾驶机动车抢夺的，增加基准刑的

40%以下。一般情况下，对于有该情节的被告人，确定增加基准刑的20%即可。

三、司法实例：田某某、吴某某抢夺案①

（一）基本案情

被告人田某某，1985年8月9日出生，因犯盗窃罪于2005年9月8日被福建省石狮市人民法院判处有期徒刑10个月，并处罚金人民币2000元，2006年3月7日刑满释放。

被告人吴某某，1991年11月21日出生，因犯抢夺罪于2010年12月6日被湖南省吉首市人民法院判处有期徒刑1年8个月，并处罚金人民币8000元。

2013年8月30日早上，被告人田某某、吴某某经事先预谋，至宁波市北仑区新碶街道贝碶村菜场靠近福泉路的西侧出口附近，由被告人吴某某望风，被告人田某某趁被害人叶某某不备，夺取其戴在脖子上的黄金项链半截，价值人民币2890元。2013年9月2日早上，被告人田某某、吴某某经事先预谋，至宁波市北仑区新碶街道西街附近，由被告人吴某某望风，被告人田某某趁被害人吴某某不备，夺取其戴在脖子上的金镶玉挂件一个（其中外层金片价值约人民币462元）。案发后，该金镶玉挂件外层金片已被追回并发还给被害人。2013年9月5日早上，被告人吴某某、田某某经事先预谋，至宁波市北仑区新碶街道贝碶村菜场靠近福泉路的西侧出口附近，由被告人吴某某望风，被告人田某某抢走被害人吴某甲黄金项链一条，价值人民币4290元。

---

① 该案例发生于《刑法修正案（九）》出台、生效之前，故未根据最新法律分析。

（二）分析意见

1. 量刑起点的确定

本案中，二被告人连续 3 次抢夺，抢夺的时间短、频率高，抢夺的对象均为早晨去菜场买菜的年纪较大的妇女（不构成抢夺老年人财物的酌定从重处罚情节），但造成的社会危害性较大，应确定较高的量刑起点。根据浙江省《实施细则》的规定，构成抢夺罪，达到数额较大起点的，可以在 6 个月至 1 年有期徒刑幅度内确定量刑起点。因此，确定本案的量刑起点为 1 年有期徒刑。

2. 基准刑的确定

根据浙江省的有关规定以及《实施细则》的规定，本省抢夺数额较大的标准为 2000 元，每增加 4000 元，增加 2 个月刑期。本案中，二被告人抢夺的数额为 7642 元，应增加 2.8 个月的刑期，确定本案被告人抢夺罪的基准刑为 14.8 个月。

3. 根据量刑情节调节基准刑

首先，二被告人的共同量刑情节：（1）一年内抢夺 3 次以上。二被告人在短短不到 10 日之日，连续抢夺 3 次而被抓获，反映出二被告人实施犯罪行为社会危害性和人身危险性均较大，应作为酌情从重处罚的情节。（2）二被告人当庭自愿认罪，可酌情从轻处罚。（3）部分赃物已被追回并发还给被害人。二被告人第二笔抢夺的外层金片已被追回，并发还给被害人，可以酌情从轻处罚。

其次，二被告人分别的量刑情节：（1）被告人吴某某曾因犯抢夺罪被判处有期徒刑的刑罚，此次又犯抢夺罪，既构成累犯，应当从重处罚，又具有曾因犯抢夺罪受过刑事处罚的酌定从重处罚情节。应以构成累犯从重处罚，且在确定从重的量刑幅度时应确定更大的从重量刑幅度。（2）被告人田某某有盗窃犯罪的前科，可酌情从重处罚。

最后，确定相应情节的调节比例。本案中，二被告人一年内抢夺 3 次以上，根据浙江省《实施细则》的规定，可增加基准刑的 20% 以下，确定对二被告人增加基准刑 20%。

被告人吴某某具有累犯的从重处罚情节，且前后二罪均为抢夺罪，且两罪前后间隔时间不足两年，人身危险性较大，因此，在从重处罚时应确定较高的从重处罚的幅度，根据《量刑指导意见》的规定，可增加基准刑的 10% ~ 40%，确定增加基准刑的 30%。

被告人田某某具有盗窃罪的犯罪前科，但不构成累犯，根据《量刑指导意见》的规定，可增加基准刑的 10% 以下，确定增加基准刑的 5%。

二被告人当庭自愿认罪，确定减少基准刑的 5%。

部分赃物已被追回并发还给被害人，但追回的赃物数额和比例均较小，可以忽略不计。

被告人吴某某与田某某二人系共同犯罪，但二人共同预谋、分工协作，且本案犯意系由被告人吴某某提出。因此，虽然在具体实施抢夺时由被告人田某某实施，但二人在共同犯罪中作用相当，不足以区分主从犯，对被告人吴某某、田某某均不予从轻。

4. 预测量刑裁判刑期

经过分析，可预测二被告人的刑期。被告人吴某某的刑期为 $14.8 \times (1 + 20\% + 30\% - 5\%) = 21.46$ 个月，根据浙江省《实施细则》的规定，合议庭可对调节结果在 20% 的幅度内进行调节，被告人吴某某的刑期为 2 年左右。被告人田某某的刑期为 $14.8 \times (1 + 20\% + 5\% - 5\%) = 17.76$ 个月，合议庭可在 10% 的幅度内进行调节，被告人吴某某的刑期为 1 年 9 个月左右。

（三）量刑建议及处理结果

1. 量刑建议

本案在办理过程中，承办人经审阅案卷发现，被告人吴某某、田某某曾供述到宁波市北仑区为替吴某某寻仇而来，因此购买了两把匕首。二人在被抓获时，民警在田某某身上查获匕首一把。但公安机关未对该细节详细讯问。承办人在审查起诉阶段，就该细节进行了详细讯问，明确二人购买匕首的理由，且二人均供认在 3 次实施抢夺犯罪时，田某某均携带了匕首，且在田某某被抓获时查获的匕首，就是二人一起在"小夜市"地摊上所购买的匕首，且田某某一直将匕首携带在身上，吴某某的匕首在第二次抢夺之后即未携带，丢弃在公园的草丛里。后承办人即以携带凶器抢夺对二被告人以抢劫罪提起公诉，对二人均以 3 次抢劫予以指控，量刑建议均为 10 年以上有期徒刑。

2. 处理结果

在法院审理阶段，二被告人均翻供，辩称三次抢夺时均未携带匕首。一审法院认为，3 起抢夺犯罪事实中携带匕首抢夺的情节二被告人仅在审查起诉阶段有过供述，但在庭审阶段翻供。匕首虽被扣押在案，但在二被告人系在作案之后 10 余天，而非在抢夺时被当场抓获，匕首也非当场查获，没有其他客观性证据可以印证证明二被告人实施 3 次抢夺行为时携带了匕首，检察机关指控的罪名不当，应予纠正。

一审法院认为，被告人田某某、吴某某以非法占有为目的，结伙多次抢夺他人财物，数额较大，其行为均已构成抢夺罪，且系共同犯罪。被告人吴某某曾因故意犯罪被判处有期徒刑，在该刑罚执行完毕后 5 年以内再犯应当判处有期徒刑以上刑罚之罪，系累犯，依法予以从重处罚。被告人吴某某被抓获后在侦查阶段前两次未如实供认罪行，被告人田某某前两次供述未如实交代同案犯吴某某，均不构成坦白。但被告人田某某、吴某某当庭承认所犯抢夺罪行，且部分涉案赃物已被追回并发还被害人，可酌情从轻处罚。被告人田某某、吴某某事先预谋抢夺，分工协作，不足以区分主从犯。据此，依照《刑法》第 267 条第 1 款、第 25 条第 1 款、第 65 条第 1 款，判决被告人田某某犯抢夺罪，判处有期徒刑 2 年 3 个月，并处罚金人民币 5000 元；被告人吴某某犯抢夺罪，判处有期徒刑 2 年 9 个月，并处罚金人民币 6000 元。

（四）小结

本案在办案过程中，由于庭前承办人仅就携带凶器抢夺的情节对二被告人各制作了一份讯问笔录，虽预料到二被告人可能会翻供，但没有做好充分的准备，导致二被告人在庭审时翻供，也没有好的应对策略，二被告人虽然庭审辩解并不可信，但据此认定二被告人 3 次携带凶器抢夺，并构成多次抢劫，法定刑在 10 年以上有期徒刑，证据仍嫌薄弱。那么在此种情况下，由于起诉指控的定性有误，量刑建议必然相差较远。但从法院判决结果来看，虽然并未支持检察机关指控的携带凶器抢夺的事实和抢劫罪的罪名，但显然也是作了最大限度的从重处罚。那么，具体到本案的办理，应当在审查起诉阶段对二被告人就携带凶器抢夺的事实换人再次进行讯问，必要时可进行讯问同步录音录像，也可退回公安机关补充侦查，让侦查人员再次进行讯问，巩固二被告人对该事实的有罪供述。待口供固定之后，再提起公诉，二被告人就很难否定之前的稳定供述，从而可以最大限度地保证案件起诉的质量。

第十二节　职务侵占罪的量刑建议

一、职务侵占罪概述

（一）概念

职务侵占罪，是指公司、企业或者其他单位的人员，利用职务上的便利，将本单位的财物非法占为己有，数额较大的行为。

（二）刑法规定

我国《刑法》第 271 条第 1 款规定，"公司、企业或者其他单位的人员，利用职务上的便利，将本单位财物非法占为己有，数额较大的，处五年以下有期徒刑或者拘役；数额巨大的，处五年以上有期徒刑，可以并处没收财产"。

（三）犯罪构成要件

职务侵占罪的主体为一般主体，即年满 16 周岁具备刑事责任能力的人，但就其身份而言，必须系公司、企业或者其他单位的人员。认定其身份的关键在于行为人是否实际从事单位员工的事务。职务侵占罪侵犯的客体为财产权利。职务侵占罪的主观方面为故意，还必须具备以非法占有为目的的主观构成要素。职务侵占罪的客观方面表现为实施了利用职务上的便利，将本单位数额较大的财物非法占为己有的行为。

（四）司法认定：主体身份和利用职务上便利的认定

1. 主体身份的认定

要判明职务侵占罪的犯罪主体是否具备单位员工的主体身份，应考虑以下两个特征：一是劳动薪酬是否来源于单位。如果该员工的劳动薪酬来源于单位，该员工与单位就形成了薪酬关系，与单位具有人身依附关系，那么，就符合了属于单位员工的第一个特征。二是业务是否系受单位委派、指派。如果该员工的工作业务系由该单位委派、指派，接受单位的管理而开展工作，接受单位的工作安排和管理，那么，该员工就是履行其单位的工作职责，符合属于单位员工的第二个特征。

2. 利用职务便利的认定

所谓职务上的便利，是指利用自己主管、管理、经营、经手单位财物的便利条件。主要可以从其实际工作的职责范围进行判断，即行为人的工作职责范围是否有管理、经手单位财物的职权，是否对特定的侵占财物具有经手、保管的权限。而利用工作条件的便利则是单位员工利用其容易接近作案目标、熟悉工作环境等的有利条件，其本身并无管理、经手特定财物的职责、权限和职权。

二、量刑建议的提出

（一）《量刑指导意见》规定

1. 构成职务侵占罪的，可以根据下列不同情形在相应的幅度内确定量刑起点：

（1）达到数额较大起点的，可以在 2 年以下有期徒刑、拘役幅度内确定量刑起点。

（2）达到数额巨大起点的，可以在 5 年至 6 年有期徒刑幅度内确定量刑起点。

2. 在量刑起点的基础上，可以根据职务侵占数额等其他影响犯罪构成的犯罪事实增加刑罚量，确定基准刑。

（二）量刑起点的确定

我国《刑法》第 271 条第 1 款规定了职务侵占罪的两个法定刑刑档。《量刑指导意见》即根据刑法的两个法定刑的刑档规定了不同的量刑起点。职务侵占罪是典型的数额型犯罪，各地区即可根据本地的具体情况，确定不同法定刑的量刑起点。

（三）基准刑的确定

各地《实施细则》可考虑本地的具体情况，根据职务侵占数额明确确定相应的数额所应增加的刑罚量，确定基准刑。

在具体适用时，各地可具体规定其他常见的调整基准刑的酌定量刑情节。

例如浙江省的《实施细则》规定：（1）职务侵占行为严重影响生产经营、造成严重损失或者影响恶劣的，增加基准刑的 30% 以下；（2）职务侵占用于预防、控制突发传染病疫情等灾害款物的，增加基准刑的 10% ~ 30%；（3）多次职务侵占的，增加基准刑的 20% 以下；（4）职务侵占的款项用于违法犯罪活动的，增加基准刑的 20% 以下。

（四）量刑建议的确定

首先是确定量刑起点。在傅某某职务侵占案中，傅某某职务侵占达到数额巨大的标准，量刑起点的幅度为 5 年至 6 年有期徒刑，确定量刑起点为 5 年。从司法实践来看，对于加重法定刑刑档的，一般确定其下限作为量刑起点。

其次，从职务侵占罪的常见量刑情节的调节比例来看。对于多次职务侵占的，浙江省《实施细则》规定，可以增加基准刑的 20% 以下。在傅某某职务侵占案中，根据厦门市中级人民法院的量刑实施细则，也增加基准刑的 10%。

公诉人在具体提出量刑建议时，可以作为参考。

三、司法实例：龚某甲职务侵占案①

（一）基本案情

2011 年 10 月至 2012 年 7 月，被告人龚某甲利用槽罐车到宁波市北仑区戚家山街道宁波某某有限公司运废甲苯之际，串通该公司仓库保管员杨某某（已判决），采用在槽罐车上加装暗箱（运货前在暗箱内注水，运货时将水换装成废甲苯），或者直接在称重单上修改槽罐车皮重的方式窃取该公司的废甲苯，并事先联系好宋某某（已判决）经营的镇海区某某收油厂作为销赃地点。期间，被告人龚某甲雇佣龚某乙（已判决）押运槽罐车，并指使龚某乙共同参与盗窃废甲苯。被告人龚某甲通过上述方式，陆续窃得宁波某某有限公司的废甲苯共计约 44.4 吨（价值人民币 150362 元）。案发后，槽罐车车主黄某某向失窃单位退赔 2 万元，宋某某向失窃单位退赔 11 万元。2014 年 5 月 14 日，公安民警根据线索，在福建省宁德市宁德某某公司将化名为彭某的被告人龚某甲抓获归案。

（二）分析意见

1. 量刑起点的确定

本案中，被告人龚某甲以非法占有为目的，串通单位仓库管理班长杨某某，并利用杨某某的职务便利，伙同他人共同实施侵占单位财物的行为，其行为已经构成职务侵占罪。被告人龚某甲职务侵占的数额达 15 万余元，根据浙江省高级人民法院的有关

---

① 该案例发生于最高人民法院、最高人民检察院《关于办理贪污贿赂刑事案件适用法律若干问题的解释》施行之前，故职务侵占罪相应的定罪量刑数额标准未变动，但具体分析原理未变。

规定，职务侵占数额在 10 万元以上的，属于职务侵占"数额巨大"，应处 5 年以上有期徒刑，可以并处没收财产。

《量刑指导意见》规定，职务侵占数额巨大的，量刑起点为 5 年至 6 年有期徒刑。本案属于共同犯罪，同案犯之间认罪悔罪的态度以及其他量刑情节会有所不同，因此，可适当提高量刑起点，为同案犯的区别量刑提供空间，故本案确定量刑起点为有期徒刑 6 年。

2. 基准刑的确定

根据浙江省《实施细则》规定，在量刑起点的基础上，可以根据职务侵占数额等影响犯罪构成的事实增加刑罚量，确定基准刑，其中，职务侵占数额巨大的，每增加 5 万元，增加 6 个月刑期。因此，本案中被告人职务侵占数额达 15 万余元，超过数额巨大 10 万元的数额为 5 万元，可增加 6 个月的刑期，经调节后，基准刑则为 6 年 6 个月。

3. 确定量刑情节及其调节比例

第一，龚某甲具有以下量刑情节：（1）坦白情节。被告人龚某甲到案后，能如实供述自己的基本罪行，具有坦白情节，依法可以从轻处罚。（2）同案犯及车主退赔情节。本案中，被告人龚某甲并未退赃、退赔，但收赃的同案犯宋某某向失窃单位退赔 11 万元，槽罐车车主黄某某也退赔 2 万元。失窃单位绝大部分的损失得以弥补，可酌情对被告人龚某甲从轻处罚。

第二，确定相应情节的调节比例。被告人龚某甲具有坦白情节，但在本案中，属于最后到案，从轻的幅度不应太大，确定减少基准刑的 10%。

同案犯及车主具有退赔情节，酌情减少被告人龚某甲的基准刑 5%。经计算，被告人龚某甲可能被判处的刑期为 78 ×（1 - 10% - 5%）= 66.3 个月，约为有期徒刑 5 年 6 个月。

（三）量刑建议及处理结果

1. 量刑建议

经过上述的分析、计算，可以预测被告人龚某甲的刑期大约为有期徒刑 5 年 6 个月。但由于本案被告人龚某甲的同案犯杨某某已被判刑，且刑期为有期徒刑 5 年 6 个月，而被告人龚某甲在犯罪中的地位和所起的作用显然较同案犯杨某某大，如果对被告人龚某甲判处同样的刑期，明显不能实现同案犯之间量刑的均衡，不能体现刑法罪责刑相适应的基本量刑原则。故对被告人龚某甲在进行量刑建议时，应当比照同案犯杨某某的量刑从高提出量刑建议。故承办人提出有期徒刑 6 年的量刑建议，给法院量刑裁判留下空间。

2. 处理结果

一审法院经审理认为，被告人龚某甲以非法占有为目的，利用杨某某作为宁波某某有限公司仓库管理班长的职务便利，共同侵占本单位财物，数额巨大，其行为已构成职务侵占罪，且系共同犯罪。被告人龚某甲对自己的基本罪行能如实供述，依法予以从轻处罚。据此，依照《刑法》第 271 条第 1 款、第 25 条第 1 款、第 67 条第 3 款之规定，判决如下：被告人龚某甲犯职务侵占罪，判处有期徒刑 5 年 9 个月。

（四）小结

公诉人在提出量刑建议时，在严格参照《量刑指导意见》及各地《实施细则》，规范预测、计算被告人可能判处刑罚的基础上，对于共同犯罪的案件，要特别注意区分同案犯之间罪责的大小，避免提出量刑建议时造成同案犯之间明显不公正的量刑失衡情况。在同案犯已被判决的情况下，更是要尊重法院判决的既判力，保持前后判决的一致，实现同案被告人之间量刑的实质均衡，最终实现量刑的公正。

第十三节　敲诈勒索罪的量刑建议

一、敲诈勒索罪概述

（一）概念

敲诈勒索罪，是指以非法占有为目的，以威胁或者要挟的方法，强索公私财物，数额较大或者多次敲诈勒索的行为。

（二）刑法规定

我国《刑法》第274条规定，"敲诈勒索公私财物，数额较大或者多次敲诈勒索的，处三年以下有期徒刑、拘役或者管制，并处或者单处罚金；数额巨大或者有其他严重情节的，处三年以上十年以下有期徒刑，并处罚金；数额特别巨大或者有其他特别严重情节的，处十年以上有期徒刑，并处罚金"。

（三）犯罪构成要件

敲诈勒索罪的主体为一般主体，即年满16周岁具备刑事责任能力的人。敲诈勒索罪侵犯的客体为财产权利。敲诈勒索罪的主观方面为故意，还必须具备以非法占有为目的的主观构成要素。敲诈勒索罪的客观方面表现为实施了对他人实行威胁、恐吓，索取财物数额较大或者多次索取财物的行为。

（四）司法认定：敲诈勒索罪与抢劫罪的界分

敲诈勒索罪与抢劫罪都以非法占有为目的，且均可能使用暴力方法。抢劫罪必须当场实施暴力或者以暴力相威胁，敲诈勒索罪也可能当场实施暴力、胁迫。但在暴力、胁迫程度上，抢劫罪实施的暴力、胁迫是足以压制被害人反抗程度的暴力、胁迫。敲诈勒索罪的暴力、胁迫的程度较抢劫罪的暴力、胁迫的程度低，只要使被害人产生恐惧心理即可。因此，只有暴力、胁迫程度达到足以压制被害人反抗的，才能构成抢劫罪，否则只能构成敲诈勒索罪。

例如在朱某抢劫案中，[①] 朱某以 7200 元的价格从薛某手中购买摩托车一辆，使用一星期后发现车有毛病，遂找薛某退车，被薛某拒绝。后朱某纠集多人对薛某进行威胁、殴打，薛某无奈退给朱某 800 元。四天后，朱某又以同样手段从薛某处要走 300 元。数日后，朱某等人又以暴力威胁要钱时薛某报警，朱某被抓获。在该案中，朱某采用暴力、威胁的方式，使得被害人薛某不得不"退钱"，朱某等人的暴力、胁迫行为，已经从事实上排除、压制了被害人的反抗，被害人迫于无奈，只能"退钱"。朱某已经完全剥夺了被害人意志自由，使得被害人别无选择，只能"退钱"。因此，朱某的行为构成抢劫罪而非敲诈勒索罪。

二、量刑建议的提出

（一）《量刑指导意见》规定

1. 构成敲诈勒索罪的，可以根据下列不同情形在相应的幅度内确定量刑起点：

（1）达到数额较大起点的，或者两年内 3 次敲诈勒索的，可以在 1 年以下有期徒刑、拘役幅度内确定量刑起点。

（2）达到数额巨大起点或者有其他严重情节的，可以在 3 年至 5 年有期徒刑幅度内确定量刑起点。

（3）达到数额特别巨大起点或者有其他特别严重情节的，可以在 10 年至 12 年有期徒刑幅度内确定量刑起点。

2. 在量刑起点的基础上，可以根据敲诈勒索的数额、次数、犯罪情节严重程度等其他影响犯罪构成的犯罪事实增加刑罚量，确定基准刑。

多次敲诈勒索，数额达到较大以上的，以敲诈勒索数额确定

---

① 郝绍彬、黄淳、芦明玉：《使用暴力索要退款构成何罪》，载《人民法院报》2014 年 8 月 16 日。

量刑起点，敲诈勒索次数可作为调节基准刑的量刑情节；数额未达到较大的，以敲诈勒索次数确定量刑起点，超过 3 次的次数作为增加刑罚量的事实。

（二）量刑起点的确定

我国《刑法》第 274 条根据《刑法修正案（八）》的修订，规定了敲诈勒索罪的 3 个法定刑刑档。《量刑指导意见》即根据刑法的 3 个法定刑的刑档规定了相应的量刑起点。

（三）基准刑的确定

需要注意的是，最高人民法院、最高人民检察院 2013 年 4 月发布的《关于办理敲诈勒索刑事案件适用法律若干问题的解释》规定了敲诈罪数额较大、数额巨大以及数额特别巨大的标准，各地在确定具体的标准之后，即可确定相应的敲诈勒索数额所增加的刑罚量。司法解释明确规定了可以认定为敲诈勒索情节严重和情节特别严重的标准，在具体案件的办理过程中，应严格适用。对于敲诈勒索犯罪，犯罪数额是定罪量刑的主要标准，但由于敲诈勒索侵犯的是双重客体，除了造成被害人心理恐惧、精神受到强制外，还可能会导致被害人身体受到伤害。因此，致人伤害的后果也是衡量敲诈勒索犯罪情节严重程度的重要因素，可根据致被害人伤害的后果来决定增加的刑罚量确定基准刑。

在具体适用时，根据司法解释的规定，还有一些常见的酌定量刑情节，可以作为调整基准刑的依据。

例如，可以酌定增加基准刑的情节有：（1）曾因敲诈勒索受过刑事处罚的；（2）一年内曾因敲诈勒索受过行政处罚的；（3）对未成年人、残疾人、老年人或者丧失劳动能力人敲诈勒索的；（4）以将要实施放火、爆炸等危害公共安全犯罪或者故意杀人、绑架等严重侵犯公民人身权利犯罪相威胁敲诈勒索的；（5）以黑恶势力名义敲诈勒索的；（6）利用或者冒充国家机关工作人员、军人、新闻工作者等特殊身份敲诈勒索的；（7）造成其他严重后果的。

可以酌定减少基准刑的量刑情节有：（1）没有参与分赃或者获赃较少且不是主犯的；（2）敲诈勒索近亲属的财物，获得谅解的；（3）被害人谅解的。

（四）量刑建议的确定

首先，关于量刑起点的确定。对于被害人存在一定精神强制的，量刑起点一般应确定在量刑起点幅度的中间值或者中间值偏上。其他情节一般的，可以确定 3 年至 5 年有期徒刑的量刑起点幅度的下限有期徒刑 3 年作为量刑起点，例如韩某某等 5 人敲诈勒索案。

其次，关于敲诈勒索罪中个别的量刑情节，其中对于民间纠纷引发，且被害人有一定的过错和责任的，可以酌定减少基准刑。例如韩某某等 5 人敲诈勒索案中，因该情节酌定减少基准刑的 20%。

三、司法实例：陈某敲诈勒索案

（一）基本案情

2012 年 2 月 14 日，被告人陈某怀疑伍某某使用报牌器诈赌的方式赢走 30000 多元钱，便于当日 20 时许，纠集袁某、杨某某（均已判决）及"老妖"（另案处理）等人到宁波市北仑区新碶街道高塘村国鑫宾馆，强行将伍某某、王某某带至宁波市北仑区某某村某家某号袁某表哥的暂住房。在暂住房内被告人陈某及"老妖"等人采用殴打、言语威胁手段逼迫伍某某归还 30000 元。伍某某被迫打电话从两个朋友处分别借到 3000 元和 4000 元交给被告人陈某，其中 3000 元由杨某某等人到高塘金色时代溜冰场附近的一家酒吧拿过来，另外 4000 元由被告人陈某与被害人伍某某一起去拿过来。被告人陈某又要求被害人伍某某另写了 15000 元借条后，才准许伍某某、王某某离开。2012 年 2 月 29 日 12 时许，袁某和王某某（已判决）持上述欠条到宁波市北仑区新碶街道高塘兄弟网吧向伍某某拿 3000 元时被民警当场抓获。

案发后，袁某赔偿了被害人伍某某 3500 元。2014 年 7 月 21 日，被告人陈某在绍兴市柯桥区柯岩街道某某村某号被当地公安机关抓获。2014 年 8 月 1 日，被告人陈某之妻孙某某代为赔偿给伍某某损失 45000 元，被害人对陈某的行为表示谅解。

（二）分析意见

首先，确定量刑起点。本案中，被告人陈某以非法占有为目的，伙同他人采用暴力手段强行索取他人财物，数额较大，其行为已构成敲诈勒索罪。被告人陈某等人采用殴打、言语威胁等手段强行索取财物，手段较为恶劣，应从高确定量刑起点，根据浙江省《实施细则》的规定，敲诈勒索达到数额较大起点的，可以在 6 个月至 1 年有期徒刑幅度内确定量刑起点。因此，确定本案被告人的量刑起点为 1 年有期徒刑。

其次，确定基准刑。根据浙江省《实施细则》的规定，在量刑起点的基础上，可以根据敲诈勒索数额等其他影响犯罪构成的犯罪事实增加刑罚量。敲诈勒索数额较大的，每增加 5000 元，增加 2 个月刑期。根据本省的有关规定，敲诈勒索数额较大的标准为 4000 元。因此，被告人敲诈勒索既遂部分为 7000 元，就该部分超出数额较大部分的 3000 元，应增加的刑期为 2×（3000/5000）＝1.2 个月。对于被告人未敲诈得手的 15000 元，作为犯罪未遂的数额，本案属于实施终了的未遂，但未造成损害后果，根据浙江省《实施细则》的规定，可以比照既遂犯减少基准刑的 40％以下，确定减少基准刑的 30％。因此，对于该未遂部分，增加的基准刑为 2×（15000/5000）×（1－30％）＝4.2 个月。那么，综合确定的基准刑为 17.4 个月。

再次，分析量刑情节并确定相应的调节比例。被告人陈某具有如下量刑情节：

1. 部分犯罪未遂

被告人陈某伙同他人实施敲诈勒索犯罪行为，其强行索取的财物中，拿到手的 7000 元属于犯罪既遂，另有 15000 元并仅让被害人写下借条，并未实际取得。同案犯袁某等人持该借条去拿钱时，被民警抓获。因此，被告人陈某索取 15000 元因意志以外的原因而未得逞，系犯罪未遂，对该部分的犯罪数额，可以比照既遂犯从轻处罚。

2. 坦白情节

被告人陈某到案后，能如实供述自己的罪行，具有坦白情节，依法可以从轻处罚。

3. 赔偿被害人损失并取得谅解

案发后，被告人陈某的家属已代为赔偿被害人伍某某损失人民币 45000 元，并取得被害人的谅解，可以酌情从轻处罚。

被告人陈某具有坦白情节，确定减少基准刑的 10%。被告人家属已代为赔偿被害人损失，取得了被害人的谅解，确定减少基准刑的 30%。

最后，预测刑期。经过综合分析、计算，可以预测被告人陈某的刑期为 17.4 × （1 – 10% – 30%） = 10.32 个月，约为有期徒刑 10 个月。

（三）量刑建议及处理结果

1. 量刑建议

经过分析和预测，可见，被告人陈某的刑期为 1 年有期徒刑左右，但由于本案中，被告人陈某在犯罪中起着决定性的主要作用，在同案犯袁某等已被判刑的情况下，对陈某判刑过轻，而对袁某、杨某某（二人分别被判处有期徒刑 1 年 3 个月、有期徒刑 10 个月）等判刑过重，又难以体现同案被告人之间量刑的均衡。被告人陈某因为家属已代为赔偿被害人损失，并取得被害人的谅解，可能被判处缓刑，因此，其刑期可能会较高一些。承办人经过分析，提出有期徒刑 1 年，并处罚金的量刑建议。

2. 处理结果

一审法院经审理认为，被告人陈某以非法占有为目的，结伙以暴力手段强行索取他人财物，数额较大，其行为已构成敲诈勒索罪，且系共同犯罪。被告人陈某部分犯罪因意志以外的原因而未得逞，系犯罪未遂，依法从轻处罚；被告人陈某到案后能如实供述自己的罪行，依法从轻处罚；被告人陈某家属代为赔偿被害人的损失，并取得其谅解，又可酌情从轻处罚。根据本案犯罪事实、情节及被告人的悔罪表现，可对被告人陈某宣告缓刑。据此，依照《刑法》第 274 条，第 23 条，第 25 条第 1 款，第 67 条第 3 款，第 72 条第 1 款、第 3 款，第 73 条第 2 款、第 3 款之规定，判决如下：被告人陈某犯敲诈勒索罪，判处有期徒刑 1 年 6 个月，缓刑 2 年，并处罚金人民币 5000 元。

（四）小结

本案虽然就提出量刑建议，但法院最后判决的刑期仍然较高，但是适用了缓刑，因此，实际的刑罚并不重。因此，公诉人在实际量刑建议时，应充分考虑被告人是否可能被判处缓刑，如果提出判处缓刑的量刑建议时，从高量刑建议的幅度可以更大一些。如果被告人不可能被判处缓刑，则在量刑建议时，就高量刑的幅度小一些，那样才能提出准确的量刑建议。此外，本案中，被告人敲诈勒索的手段确实较为恶劣，如果系当场劫取财物的，甚至可能会以抢劫罪被判刑。法院从高量刑，其原因可能也在于此。

第十四节　妨害公务罪的量刑建议

一、妨害公务罪概述

（一）概念

妨害公务罪，是指以暴力、威胁方法阻碍国家机关工作人员、人大代表依法执行职务，或者在自然灾害和突发事件中，以暴力、威胁方法阻碍红十字会工作人员依法履行职责，以及故意阻碍国家安全机关、公安机关依法执行国家安全工作任务，未使用暴力、威胁方法，但造成严重后果的行为。

（二）刑法规定

我国《刑法》第 277 条规定，"以暴力、威胁方法阻碍国家机关工作人员依法执行职务的，处三年以下有期徒刑、拘役、管制或者罚金。

以暴力、威胁方法阻碍全国人民代表大会和地方各级人民代表大会代表依法执行代表职务的，依照前款的规定处罚。

在自然灾害和突发事件中，以暴力、威胁方法阻碍红十字会工作人员依法履行职责的，依照第一款的规定处罚。

故意阻碍国家安全机关、公安机关依法执行国家安全工作任务，未使用暴力、威胁方法，造成严重后果的，依照第一款的规定处罚。

暴力袭击正在依法执行职务的人民警察的，依照第一款的规定从重处罚"。

我国《刑法》第 242 条第 1 款规定，"以暴力、威胁方法阻碍国家机关工作人员解救被收买的妇女、儿童的，依照本法第二百七十七条的规定定罪处罚"。

（三）犯罪构成要件

妨害公务罪的主体为一般主体，即年满 16 周岁具备刑事责任能力的人。妨害公务罪侵犯的客体为"公务"。妨害公务罪的主观方面为故意。妨害公务罪的客观方面表现为：（1）实施了以暴力、威胁方法阻碍国家机关工作人员依法执行职务的行为；（2）实施了以暴力、威胁方法阻碍全国人民代表大会和地方各级人民代表大会代表依法执行代表职务的行为；（3）在自然灾害和突发事件中，实施了以暴力、威胁方法阻碍红十字会工作人员依法履行职责的行为；（4）实施了故意阻碍国家安全机关、公安机关依法执行国家安全工作任务，造成严重后果的行为；（5）实施了以暴力、威胁方法阻碍国家机关工作人员解救被收买的妇女、儿童的行为。

（四）司法认定：罪数的认定

在司法实践中，可能存在妨害公务罪与其他罪名的竞合问题。需要根据不同情形作不同处理。有的刑法条文明文规定，应当实行数罪并罚。例如，《刑法》第 157 条第 2 款规定，"以暴力、威胁方法抗拒缉私的，以走私罪和本法第二百七十七条规定的阻碍国家机关工作人员依法执行职务罪，依照数罪并罚的规定处罚"。

有的既符合妨害公务罪的构成要件，又符合其他重罪的构成要件，应当依照重罪处罚。例如《刑法》第 291 条规定，"聚众扰乱车站、码头、民用航空站、商场、公园、影剧院、展览会、运动场或者其他公共场所秩序，聚众堵塞交通或者破坏交通秩序，抗拒、阻碍国家治安管理工作人员依法执行职务，情节严重的，对首要分子，处五年以下有期徒刑、拘役或者管制"。因该条所规定的客观行为中抗拒、阻碍国家治安管理工作人员依法执行职务行为与妨害公务罪可能存在竞合，如果行为人的行为既符合聚众扰乱公共场所秩序、交通秩序罪的构成要件，又符合妨害公务罪的构成要件的，因聚众扰乱公共场所秩序、交通秩序罪的法定刑重于妨害公务罪的法定刑，则应以聚众扰乱公共场所秩序、交通秩序罪论处。

又如，我国《刑法》第 347 条第 2 款第 4 项规定，走私、贩卖、运输、制造毒品，具有以暴力抗拒检查、拘留、逮捕，情节严重的情形的，处 15 年有期徒刑、无期徒刑或者死刑，并处没收财产。该条所规定的法定刑显然要远远重于妨害公务罪的法定刑，如果行为人的行为符合该条所规定情形的，则应以该条所明文规定的重罪定罪处罚。

如果行为人既有妨害公务的行为，又有其他犯罪行为，但明显分为先后两个犯罪行为的，则可分别构成妨害公务罪与其他犯罪，应实行数罪并罚。例如在田军祥等以危险方法危害公共安全、妨害公务案①中，田军祥在无驾驶资质和运营资格的情况下，驾驶大型工程车辆严重超载运营，被交通运输管理机关依法查扣车辆后，伙同他人采用暴力威胁手段将被查扣的工程车强行开走，为逃避稽查又置公共安全于不顾，不仅驾车连续撞击警车，而且在车流、人流较为密集的城镇路段强行占道超车，与对向正常行驶的小客车相撞，致3死4伤，其行为构成妨害公务罪和以危险方法危害公共安全罪，且应数罪并罚。

又如在于岗危险驾驶、妨害公务案②中，于岗在酒后驾驶汽车行驶至山北查报站时遇民警检查，但拒不配合，欲弃车逃离，被民警带至查报站内进行检查。后于岗推搡、拉扯民警、阻碍民警对其检查，将民警警服撕破，致民警受轻微伤。经鉴定，于岗血液酒精含量为206毫克/100毫升。于岗的行为明显构成先后不同的两个行为。于岗醉酒驾驶行为和暴力抗拒检查的行为相继发生，在下车后抗拒检查时醉酒驾驶行为已经终结，先后二行为相互之间不存在重合，因此，系两个独立的行为，且符合两个罪的构成要件，应当数罪并罚。

二、量刑建议的提出

（一）《量刑指导意见》规定

1. 构成妨害公务罪的，可以在2年以下有期徒刑、拘役幅度内确定量刑起点。

2. 在量刑起点的基础上，可以根据妨害公务造成的后果、犯罪情节严重程度等其他影响犯罪构成的犯罪事实增加刑罚量，确定基准刑。

（二）量刑起点的确定

我国《刑法》第277条规定了妨害公务罪的法定刑为3年

---

① 最高人民法院公布的指导案例第856号。
② 最高人民法院公布的指导案例第901号。

以下有期徒刑、拘役、管制或者罚金。《量刑指导意见》即根据刑法关于该罪名的法定刑规定了一个较大幅度的量刑起点。因为妨害公务罪是情节犯，各地应根据当地治安形势的需要，具体确定一个较小的量刑幅度区间，便于实现司法尺度的统一。

（三）基准刑的确定

对于妨害公务犯罪，其妨害公务的后果主要包括致人伤害的后果、毁损财物、致使执行救人、救险、追捕等紧急任务无法完成，造成交通堵塞等恶劣社会影响等。

在具体适用时，还有一些常见的酌定量刑情节，可以作为调整基准刑的依据。例如，可以酌定增加基准刑的情节有：致人轻微伤、轻伤；煽动群众阻碍依法执行职务、履行职责；造成财产损失数额较大等。可以酌定减少基准刑的情节主要有：因执行公务行为不规范而引起妨害公务犯罪。

（四）量刑建议的确定

首先，关于量刑起点的确定。有的地方以是否造成较大的社会影响来确定量刑起点的高低，认为造成较大社会影响的，量刑起点确定为 6 个月至 1 年有期徒刑，造成社会影响较小的，量刑起点确定为拘役 3 个月至有期徒刑 6 个月。如上海市高级人民法院《实施细则》的规定。

实践中，对于妨害公务罪确定的量刑起点较低，例如杨某某妨害公务案中，在 3 个月拘役至 1 年有期徒刑的量刑起点幅度范围内确定量刑起点为拘役 4 个月。又如赵某某、董某某妨害公务案①中，认为本案的犯罪情节一般，造成社会影响不大，确定量刑起点为有期徒刑 6 个月。在北京地区，实践中一般对造成民警轻微伤以上伤害后果的妨害公务行为才定罪处罚，量刑起点也掌

---

① 最高人民法院中国应用法学研究所编：《量刑规范化典型案例》，人民法院出版社 2011 年版，第 95～100 页。

握在有期徒刑 10 个月左右。例如在朴某某妨害公务案[①]中，民警受轻微伤，确定量刑起点为有期徒刑 10 个月。

在妨害公务案件中，醉酒闹事，妨害公务的情况也较为多见，而酒后就感到后悔，认罪悔罪的被告人也不在少数。有的认为，虽然刑法规定，醉酒的人犯罪，应当负刑事责任，但被告人在清醒之后一直自愿认罪，对其行为的错误性质有明确的认知，这说明其在妨害公务之时，认识能力和意志能力确实有很大程度的下降，犯罪主观恶性不大，可以对其从轻处罚。例如，在朴某某妨害公务案中，因该情节确定减少基准刑的 10%。[②]

三、司法实例：祁某某妨害公务案

（一）基本案情

2013 年 11 月 14 日 22 时许，宁波市公安局北仑分局小港派出所接群众举报称小港街道某某路某号暂住房内有逃犯。民警接警后赶赴现场，在现场无法查明王某某（系被告人祁某某的丈夫）身份的情况下，准备将其带回小港派出所进一步核实。被告人祁某某明知民警在执行公务，仍将民警詹某某从后方双手抱住后摔倒在地，并将其压制在地上，致使王某某乘机逃走。后经查明，王某某因涉嫌贩卖毒品，于 2011 年 3 月 22 日被河南省驻马店市公安局驿城分局列为网上逃犯。

（二）分析意见

首先是确定量刑起点。本案中，被告人祁某某妨害公务的手段一般，仅使用暴力阻碍民警依法执行公务，但其妨害公务的行为导致涉嫌贩卖毒品罪的王某某逃脱，阻碍民警的抓捕行动，因

---

① 最高人民法院中国应用法学研究所编：《量刑规范化典型案例》，人民法院出版社 2011 年版，第 101~102 页。

② 最高人民法院中国应用法学研究所编：《量刑规范化典型案例》，人民法院出版社 2011 年版，第 101~102 页。

此，其犯罪行为造成的后果较为严重。因此，应选择较高的量刑起点。根据浙江省《实施细则》的规定，构成妨害公务罪的，可以在6个月至1年有期徒刑幅度内确定量刑起点。因此，本案可以确定量刑起点在有期徒刑8个月。

其次，确定基准刑。本案并未造成民警伤害后果等可以增加刑罚量的事实。故基准刑即为有期徒刑8个月。

最后，提取量刑情节，并确定量刑情节对基准刑的调节比例。

本案被告人祁某某到案后如实供述自己的罪行，具有坦白情节，依法可以从轻处罚。确定减少基准刑的15%，因此，可以预测被告人祁某某的刑期为8×（1－15%）＝6.8个月。

（三）量刑建议及处理结果

1. 量刑建议

案件承办人即按照上述分析，预测被告人祁某某的刑期为有期徒刑7个月。于是即依此提出量刑建议，建议判处被告人祁某某有期徒刑7个月。

2. 处理结果

一审法院经审理认为，被告人祁某某以暴力方法阻碍国家机关工作人员依法执行公务，其行为已构成妨害公务罪。被告人祁某某到案后如实供述自己的罪行，依法予以从轻处罚。据此，依照《刑法》第277条第1款、第67条第3款之规定，判决如下：被告人祁某某犯妨害公务罪，判处拘役5个月。

（四）小结

本案中，公诉人提出的量刑建议与法院判决量刑有一定的差距。应该说，法院判决量刑稍轻。分析其原因，可以发现，本地区对于同类妨害公务犯罪之前的判决均较轻。在之前，曾有相类似案例，一名59岁的被告人阻碍交警执法，用塑料凳砸交警致其轻微伤，后赔偿交警的损失，被判单处罚金人民币3000元。说明本地法院对于妨害公务罪的确定了较低的量刑起点。因此，公诉人要提出准确的量刑建议，还要合理地确定量刑起点，适应本地区的特点，要注意对于同一地区同一时期、案情相似的案件，所判处的刑罚应当基本均衡，法院判决量刑较轻，显然也是出于取得与之前的判决大致均衡的考虑。

第十五节　聚众斗殴罪的量刑建议

一、聚众斗殴罪概述

（一）概念

聚众斗殴罪，是指聚集多人进行斗殴的行为。

（二）刑法规定

我国《刑法》第292条规定，"聚众斗殴的，对首要分子和其他积极参加的，处三年以下有期徒刑、拘役或者管制；有下列情形之一的，对首要分子和其他积极参加的，处三年以上十年以下有期徒刑：

（一）多次聚众斗殴的；

（二）聚众斗殴人数多，规模大，社会影响恶劣的；

（三）在公共场所或者交通要道聚众斗殴，造成社会秩序严重混乱的；

（四）持械聚众斗殴的。

聚众斗殴，致人重伤、死亡的，依照本法第二百三十四条、第二百三十二条的规定定罪处罚"。

（三）犯罪构成要件

聚众斗殴罪属于扰乱社会公共秩序罪，其侵犯的犯罪客体为社会公共秩序。因而聚众斗殴的人数、规模、社会影响以及造成社会秩序混乱等均体现了聚众斗殴犯罪扰乱社会公共秩序的本质特征。从客观方面来说，聚众斗殴罪要求行为人纠集多人参与斗殴。所谓"众"即为3人以上，因此，聚众斗殴罪至少要求参与聚众斗殴的一方应为 3 人以上，且对该 3 人以上一方的首要分子和积极参加者应以聚众斗殴罪定罪处罚。从主体来说，本罪的主体为一般主体，即年满 16 周岁且具有刑事责任能力的自然人。因《刑法》第 292 条第 2 款规定了聚众斗殴致人重伤、死亡的，应以故意伤害罪（致人重伤）、故意杀人罪定罪处罚，因此，在该情形下，犯罪主体为符合故意伤害罪（致人重伤）、故意杀人罪主体要件的行为人。本罪的主观要件为故意，即主观上应有斗殴的故意。

（四）司法认定：首要分子和积极参加者界定等三则

1. 罪与非罪的界分

（1）关于本罪的处罚范围。司法实践中，应准确把握本罪的定罪标准，防止把一些情节显著轻微危害不大的行为以犯罪论处。对于因民事纠纷引发的互相斗殴甚至结伙械斗，规模不大，危害不严重的，不宜以聚众斗殴罪处理。①

由于本罪"聚众"的特点，参与人员多，危害性大，打击的重点是涉黑涉恶、护黄护赌护毒引发的双方或者多方斗殴行为。对于因建房、土地权属、用水等民间纠纷引发的双方多人斗殴，中学生或者未成年人之间因为普通矛盾引发的群架，一般不按聚众斗殴对待，但是雇佣打手或者纠集闲散人员斗殴的，应以聚众斗殴论处。②

（2）首要分子和积极参加者的界定与责任承担。本罪仅处罚首要分子和积极参加者，一般参加者不构成犯罪。所谓的首要分子，根据我国《刑法》第 97 条的规定，是指在犯罪集团或者聚众犯罪中起组织、策划、指挥作用的犯罪分子。具体在聚众斗殴犯罪中即为：为主纠集人员，或者在斗殴时负责组织、指挥的

---

① 参见 2009 年 2 月 23 日江苏省高级人民法院、江苏省人民检察院、江苏省公安厅《关于办理聚众斗殴案件适用法律若干问题的意见》。

② 参见 2013 年 10 月 18 日浙江省高级人民法院《关于审理聚众斗殴犯罪案件相关问题的纪要》。

犯罪分子。而积极参加者包括：纠集多人斗殴的；提供斗殴凶器的；接送多人赶赴、离开斗殴现场的；在斗殴时行为积极的。①

聚众斗殴的首要分子，应对其组织、策划、指挥的全部犯罪承担责任；对于积极参加者，应按照其参与实施的犯罪进行处罚。因此，聚众斗殴致人重伤或者死亡的，对加害方的首要分子和直接加害人定故意伤害罪或者故意杀人罪，对其他积极参加者以聚众斗殴罪从重处罚。②

聚众斗殴中，对于积极参加者作用差别明显，能够分清积极参加者的主、次作用的，应当对积极参加者确定主、从犯及应当承担的罪责。聚众斗殴中，部分积极参加者致人重伤、死亡，其他积极参加者对被害人有共同加害行为的，应当认定为共同犯罪中相互配合、支持的行为，对共同加害的其他积极参加者也一并转化定罪，但应根据各共同加害人致人重伤、死亡后果作用及原因力大小等情节，区别适用刑罚。

聚众斗殴中致人重伤、死亡，不能查清直接加害人，但能够查清共同加害人的，对共同加害人均转化定罪。聚众斗殴中致人重伤、死亡，既不能查清直接加害人，又不能够查清共同加害人的，对首要分子应转化定罪，对其他积极参加者以聚众斗殴罪从重处罚。③

（3）参与斗殴不足三人一方的定罪。三人以上参与聚众斗殴的一方，以聚众斗殴罪处理并无争议，但对于另一方不足三人的二人甚或一人，是否应以聚众斗殴罪处理，存在争议。有的认为，要视不足三人一方是否有聚众的行为来区别，有聚众行为的，可以以聚众斗殴罪论处，没有聚众行为的，不以聚众斗殴罪

---

① 参见 2013 年 10 月 18 日浙江省高级人民法院《关于审理聚众斗殴犯罪案件相关问题的纪要》。

② 参见 2013 年 10 月 18 日浙江省高级人民法院《关于审理聚众斗殴犯罪案件相关问题的纪要》。

③ 参见 2009 年 2 月 23 日江苏省高级人民法院、江苏省人民检察院、江苏省公安厅《关于办理聚众斗殴案件适用法律若干问题的意见》。

论处。① 有的则认为，对于不足三人一方，如明确与对方约定斗殴的，应按聚众斗殴处理。② 本书倾向于后一种观点。本罪的实行行为系多人斗殴的行为，聚众斗殴中的聚众行为仅系聚众斗殴罪的预备行为，③ 只要多人聚集在一起互相斗殴，就已经扰乱了社会公共秩序，至于斗殴的参与者是如何聚集起来，由谁纠集，是否并未纠集而系双方临时结伙互相殴斗，对于社会公共秩序的危害并无本质的区别。而且，对于受人纠集的积极参加者而言，其并无聚众的行为，但也同样应以聚众斗殴罪定罪处罚，就说明了聚众、纠集行为并非本罪的客观行为构成要素。

2. 此罪与彼罪的认定：聚众斗殴致人重伤、死亡的转化定罪

对于《刑法》第 292 条第 2 款的性质究竟属于注意规定还是法律拟制，有争议。张明楷教授认为，该条款的性质属于法律拟制。"因为'斗殴'一词明显不包含杀人的情形。既然是'斗殴'，行为人主观上便没有杀人的故意，客观上也不得是杀人行为；如果行为人具有杀人的故意与行为，就理当直接适用刑法第 232 条，刑法第 292 条便完全没有设置第 2 款的必要。第 292 条第 2 款的文言，明显属于法律拟制的表述，即只要聚众斗殴致人重伤、死亡，就应认定为故意伤害罪、故意杀人罪。聚众斗殴致人重伤、死亡的法益侵害性，与故意伤害、故意杀人罪的法益侵害性相同，因而有将其解释为法律拟制的实质根据。"④

但实务界认为，该条款的规定为注意规定。聚众斗殴致人重伤、死亡的，要结合案件具体情况，遵循主客观相一致的原则，

① 参见 2009 年 2 月 23 日江苏省高级人民法院、江苏省人民检察院、江苏省公安厅《关于办理聚众斗殴案件适用法律若干问题的意见》。

② 参见 2013 年 10 月 18 日浙江省高级人民法院《关于审理聚众斗殴犯罪案件相关问题的纪要》。

③ 张明楷：《刑法学》（第四版），法律出版社 2011 年版，第 933 页。

④ 张明楷：《刑法分则的解释原理》，中国人民大学出版社 2011 年版，第 659 页。

对照故意伤害和故意杀人两个罪名的具体犯罪构成来认定，不能简单地以结果定罪。①

从字面上理解，该条款并未规定为严格的——对应关系，即不能理解为聚众斗殴致人重伤的，依照故意伤害罪定罪处罚；致人死亡的，依照故意杀人罪定罪处罚。

从立法本意上讲，刑法本条第2款的规定只是表明聚众斗殴中出现重伤或者死亡后果的，不再成立聚众斗殴犯罪，而应转化定罪，即认定为故意伤害罪或者故意杀人罪，但具体以何罪论处应当根据案件证据结合刑法规定进行确定。

根据犯罪故意的具体内容进行定罪是主客观相一致定罪原则的要求。罪状虽是对具体犯罪构成要件的描述，但并非所有罪状都会把全部构成要件详细列明，分则中就存在大量只规定了行为方式或者罪名的简单罪状。刑法本条第2款的罪状部分虽未明示罪过要素，但这并不意味着模糊了罪过认定。在认定犯罪成立与否的过程中，仍应在满足客观要件的基础上对行为人的主观罪过进行考察，才能将犯罪行为或者危害结果归责于行为人，进行准确定罪。②

本书倾向于认为，《刑法》第292条第2款的规定为注意规定。张明楷教授认为，第292条第2款的文言，明显属于法律拟制的表述。但正如张明楷教授自己所说，"诚然，通过法条用语、表达方式等形式标准得出结论是可能的。但是，单纯根据形式标准得出的结论不一定是妥当的。因为语言总是模糊的，有时难以准确地表述刑法的真实含义。所以，需要进行符合刑法真实含义的实质判断"。③

---

① 参见2009年2月23日江苏省高级人民法院、江苏省人民检察院、江苏省公安厅《关于办理聚众斗殴案件适用法律若干问题的意见》。

② 薛美琴：《张化故意伤害案——聚众斗殴致人死亡的应如何定罪》，载《刑事审判参考》总第69辑，法律出版社2009年版，第35～37页。

③ 张明楷：《刑法分则的解释原理》，中国人民大学出版社2011年版，第498页。

将《刑法》第 292 条第 2 款的规定解释为注意规定，可能的质疑之一是，多次聚众斗殴、持械聚众斗殴等法定刑为 3 年以上 10 年以下有期徒刑，那么，造成重伤后果的，是否会导致其行为的社会危害的严重性无法得到充分的评价。但是即使认为该款是法律拟制的规定，显然也只能认定其为故意伤害罪，法定刑也为 3 年以上 10 年以下有期徒刑，二者并无区别。

将该款解释为注意规定，可能的质疑之二是，如果在聚众斗殴的过程中，过失致人死亡的，只能以过失致人死亡罪论处，最高只能处 7 年以下有期徒刑，与持械斗殴等 3 年以上 10 年以下有期徒刑相比，明显不协调。但在斗殴的过程中，如果过失致人死亡的（当然出现这种情形基本不太可能），如果依照该款系法律拟制的观点，也应以故意杀人罪论处，应处死刑、无期徒刑或者 10 年以上有期徒刑，显然更无法做到主客观相统一，也无法做到罪刑相适应，更令人难以接受。而且在斗殴过程中，也不能完全排除行为人具有杀人的故意，在此种情形下，如果造成死亡结果的，则以故意杀人罪定罪，也不存在疑义。

应该认为，将该条款的规定解释为注意规定，符合刑法的真实含义。因为行为人系聚众斗殴，基本能够肯定行为人具有伤害的故意，如果故意伤害致人死亡的，依照故意伤害罪（致人死亡）定罪能够符合主客观相统一的原则，从而对行为人准确定罪量刑。

从法定刑来看，聚众斗殴致人重伤的，依照故意伤害罪（致人重伤）的法定刑为 3 年以上 10 年以下有期徒刑，故意伤害致人死亡或者以特别残忍手段致人重伤造成严重残疾的法定刑为 10 年以上有期徒刑、无期徒刑或者死刑，当出现死亡结果时，法定最高刑也为死刑，能够做到罪责刑相适应。而聚众斗殴的情节加重犯的法定刑也为 3 年以上 10 年以下有期徒刑，不会导致罪刑不相适应。

3. 加重处罚情节的认定

（1）多次聚众斗殴。多次聚众斗殴是指实施聚众斗殴 3 次以上。如果行为人在一次斗殴中短暂中断后，针对同一对象又继续斗殴的，应认定为一次。①

（2）聚众斗殴人数多，规模大，社会影响恶劣。"人数多，规模大，社会影响恶劣"是指双方参加斗殴的人数达 10 人以上，并且斗殴场所涉及多处，或者斗殴持续时间较长，或者斗殴手段凶残，或者在当地造成恶劣社会影响等严重危害社会治安的情形。②

（3）在公共场所或者交通要道聚众斗殴，造成社会秩序严重混乱。"在公共场所或者交通要道聚众斗殴，造成社会秩序严重混乱"是指在公共场所或者交通要道聚众斗殴，导致社会正常生活、工作学习、教育、科研等秩序遭到破坏，公共秩序严重混乱等情形。③

（4）持械聚众斗殴。"械"一般是指各种枪支、治安管制工具、棍棒等足以致人伤亡的器械。具有"杀伤性"是器械的本质特征，对于一般不用于斗殴，但在特定情形下，行为人"就地取材"用于斗殴的工具，如砖块、酒瓶等，要结合这些工具在斗殴中的实际使用情况及造成的后果等情节，认定是否为"械"。如使用砖块、酒瓶等将对方打成轻伤等，即应认定为"持械"。

当行为人并未持械，但行为人一方部分人员持械的，应根据责任主义的原则来认定行为人是否构成持械聚众斗殴。

首先，对于首要分子来说，由于其系聚众斗殴犯罪的组织者、策划者和指挥者，理应对于其一方行为人的持械斗殴负责。因此，应当认定其系持械聚众斗殴。

---

① 参见 2009 年 2 月 23 日江苏省高级人民法院、江苏省人民检察院、江苏省公安厅《关于办理聚众斗殴案件适用法律若干问题的意见》。

② 参见 2009 年 2 月 23 日江苏省高级人民法院、江苏省人民检察院、江苏省公安厅《关于办理聚众斗殴案件适用法律若干问题的意见》。

③ 参见 2009 年 2 月 23 日江苏省高级人民法院、江苏省人民检察院、江苏省公安厅《关于办理聚众斗殴案件适用法律若干问题的意见》。

其次，对于参与持械共同预谋的行为人来说，由于其对于他人的持械行为有共同的故意，且因其共谋行为而对他人的持械有"加功"、作用力，因此，根据共同犯罪的原理，理应对其他共犯的持械承担责任。

最后，即使行为人自己未持械，但为行为人一方的其他人提供斗殴器械的，也属于持械的帮助行为，同样也应认定其持械情节。当然，作为持械的帮助犯，应以其在共同犯罪中的地位和作用区分认定其为主犯或从犯。

有观点认为，明知本方人员为斗殴而携带器械，即使本人未携带和使用器械的，也构成持械。[①] 本书认为，这种观点显然违反了责任主义的原则，行为人仅应对自己违法且有责的行为承担责任。行为人既未参与持械的预谋，又未对持械提供帮助行为，说明行为人并未对持械情节有任何的"助功"。仅仅因行为人明知他人持械，即对他人的持械行为具有认识，就认定行为人具有持械情节，显然不当地加重了行为人的责任。

二、量刑建议的提出

（一）《量刑指导意见》规定

1. 构成聚众斗殴罪的，可以根据下列不同情形在相应的幅度内确定量刑起点：

（1）犯罪情节一般的，可以在 2 年以下有期徒刑、拘役幅度内确定量刑起点。

（2）有下列情形之一的，可以在 3 年至 5 年有期徒刑幅度内确定量刑起点：聚众斗殴 3 次的；聚众斗殴人数多，规模大，社会影响恶劣的；在公共场所或者交通要道聚众斗殴，造成社会秩序严重混乱的；持械聚众斗殴的。

---

① 熊选国主编：《〈人民法院量刑指导意见〉与"两高三部"〈关于规范量刑程序若干问题的意见〉理解与适用》，法律出版社 2010 年版，第 355 页。

2. 在量刑起点的基础上，可以根据聚众斗殴人数、次数、手段严重程度等其他影响犯罪构成的犯罪事实增加刑罚量，确定基准刑。

（二）量刑起点的确定

我国《刑法》第 292 条第 1 款规定了聚众斗殴罪的 2 个法定刑刑档。《量刑指导意见》即根据刑法所规定的 2 个法定刑的刑档规定了不同的量刑起点。需要注意的是，聚众斗殴致人重伤、死亡的，依照故意伤害罪（致人重伤）、故意杀人罪定罪处罚。

（三）基准刑的确定

1. 根据其他影响犯罪构成事实确定基准刑

在聚众斗殴犯罪中，聚众斗殴的人数、规模、次数以及是否持械、是否造成公私财产损害、人身损害程度均体现了聚众斗殴的危害后果，且均属于基本犯罪构成的事实，可以作为增加刑罚量的依据。

例如浙江省的《实施细则》规定了增加刑罚量的几种情形：（1）每造成一人轻微伤的，增加 2 个月至 3 个月刑期；（2）每造成一人轻伤的，增加 6 个月至 9 个月刑期；（3）聚众斗殴双方人数 5 人以上的，每增加 3 人，增加 1 个月至 2 个月刑期；单方人数 10 人以上的，每增加 3 人，增加 1 个月至 3 个月刑期；（4）每增加《刑法》第 292 条第 1 款规定的情形之一的，增加 1 年至 2 年刑期。

2. 以量刑情节调节基准刑

对于未成年人，国家规定了特殊保护的政策，纠集未成年人聚众斗殴，具有教唆未成年人犯罪的性质，应当酌情从重处罚。例如，浙江省的《实施细则》规定，纠集未成年人聚众斗殴，增加基准刑的 20% 以下。

（四）量刑建议的确定

关于量刑起点的确定。对于聚众斗殴罪，因为属于扰乱公共秩序的犯罪，其量刑起点高低的选择主要取决于罪行的轻重，犯罪行为对于社会影响的大小。社会影响大的，则确定较高的量刑起点。

例如在张某某聚众斗殴案中，张某某在公共场所聚众斗殴，社会影响一般，确定量刑起点为有期徒刑 10 个月。在曹某某等人聚众斗殴案①中，牛某某在人群密集的大型超市内为争夺客户而聚众斗殴，具有欺行霸市性质，情节严重，确定量刑起点为 1 年 6 个月。

对于持械情形聚众斗殴量刑起点的确定。有的从持械情节较轻考虑，确定较低的量刑起点。如在曹某某等人聚众斗殴案中，法院认为曹某某、高某某二人"就地取材"，持械斗殴，但械具系超市临时抓取的，情节较轻，确定量刑起点为有期徒刑 3 年。有的情节一般，不能说情节较轻，也不能说情节严重，则选取该量刑起点幅度的中间值作为量刑起点。对于在交通要道聚众斗殴，社会影响较大的，则确定较高的量刑起点。

三、司法实例：关某某聚众斗殴案

（一）基本案情

2012 年 12 月 7 日 14 时 30 分许，李某某（已判决）在宁波市北仑区小港街道某小区西门二楼棋牌室与沈某某（已判决）发生争执，李某某打电话叫来徐某某（已判决），后徐某某带着李某（已判决）及被告人关某某来到棋牌室；沈某某亦打电话给金某某（已判决），金某某带着金某、刘某某、郑某甲（均已判决）、郑某乙（另案处理）赶至现场。李某又打电话召集陈某（已判决）及多名"光头"。被告人关某某与李某等人及持砍刀、铁管等械具的"光头"与对方发生打斗。在斗殴过程中，沈某某从二楼跳下，金某、刘某某、郑某甲在斗殴中受伤。经鉴定，

---

① 最高人民法院中国应用法学研究所编：《量刑规范化典型案例》，人民法院出版社 2011 年版，第 117 页。

金某、刘某某、沈某某的损伤程度均为轻伤。2014 年 1 月 22 日 13 时 50 分许，被告人关某某主动到宁波市公安局北仑分局小港派出所投案自首。

（二）分析意见

首先是确定量刑起点。本案中，被告人关某某伙同他人积极参与聚众斗殴，严重扰乱社会公共秩序，其行为已经构成聚众斗殴罪。但被告人关某某仅参与一次聚众斗殴行为，本次斗殴行为人数不多、规模一般，斗殴地点在一居民小区二楼棋牌室，不是在交通要道，社会影响一般，未造成社会秩序严重混乱。

关于被告人是否具有持械聚众斗殴的加重情节。本案中被告人关某某本人并未持械，其参与殴斗的一方有人持械，但被告人关某某事先未参与预谋，也不知情，仅系受人纠集而参与殴斗，因此，不能认定被告人关某某的持械聚众斗殴情节，因此，被告人关某某的法定刑为 3 年以下有期徒刑、拘役或者管制。

在确定量刑起点时，因情节一般，根据浙江省《实施细则》的规定，构成聚众斗殴罪，犯罪情节一般的，可以在 1 年至 1 年 6 个月有期徒刑幅度内确定量刑起点。本案犯罪情节一般，确定量刑起点为 1 年有期徒刑。

其次是确定基准刑。先根据影响犯罪构成事实增加刑罚量确定基准刑。本案的聚众斗殴行为造成多人受伤的严重后果，根据浙江省《实施细则》的规定，在量刑起点的基础上，可以根据聚众斗殴的人数、次数、手段、严重程度等其他影响犯罪构成的犯罪事实增加刑罚量，确定基准刑，其中，每造成一人轻伤的，增加 6 个月至 9 个月刑期。本案中共造成 3 人轻伤，确定增加基准刑 24 个月。因此，本案被告人关某某的基准刑为有期徒刑 3 年。

再次是提取量刑情节，并确定量刑情节调节基准刑的比例。被告人关某某案发后主动至公安机关投案，并如实供述自己的罪行，具有自首情节，依法可以从轻或者减轻处罚。

被告人关某某系在被上网追逃之后主动投案，有自首情节，根据浙江省《实施细则》的规定，犯罪嫌疑人已被司法机关发觉，但未被宣布采取调查措或者强制措施时，主动、直接投案的，减少基准刑的 10% ~ 30%，根据本案被告人关某某的投案情况，确定减少基准刑的 20%。

最后预测被告人的可能刑期。经综合分析、计算，被告人关某某可能被判处的刑期为 36 × （1 - 20%）= 28.8 个月，约为有期徒刑 2 年 5 个月。

（三）量刑建议及处理结果

1. 量刑建议

经过上述的分析，可以预测被告人关某某的刑期为有期徒刑 2 年 5 个月左右，承办人根据就高提出量刑建议的原则，提出有期徒刑 2 年 6 个月的量刑建议。

2. 处理结果

一审法院经审理认为，被告人关某某伙同他人聚众斗殴，其行为已构成聚众斗殴罪，且系共同犯罪。被告人关某某犯罪后自动投案，如实供述自己的罪行，系自首，依法予以从轻处罚。据此，依照《刑法》第 292 条第 1 款、第 25 条第 1 款、第 67 条第 1 款的规定，判决如下：被告人关某某犯聚众斗殴罪，判处有期徒刑 2 年 4 个月。

（四）小结

量刑规范化改革的意义在于通过确定合理的量刑步骤和相对确定的量刑幅度区间，保障量刑在一个大致合理的空间范围之内，不至于造成量刑畸轻畸重的不合理现象，从而最终保障量刑的公正。而由于各个量刑情节和各种影响构罪的犯罪事实所能影响的量刑的刑罚量也不可能直接确定到某一个具体的数值，要留下足够的自由裁量的空间，因此，每一个案件的量刑建议都存在一个权衡判断的问题。公诉人应仔细斟酌某一个影响量刑的具体事实和情节，在《量刑指导意见》所规定的幅度内，参考相同、相似案情案例的基础上，对可能的量刑裁判作出准确的预测，这样才能提出适当的量刑建议，取得良好的效果。

第十六节　寻衅滋事罪的量刑建议

一、寻衅滋事罪概述

（一）概念

寻衅滋事罪，是指寻衅滋事，破坏社会秩序的行为。

（二）刑法规定

我国《刑法》第293条规定，"有下列寻衅滋事行为之一，破坏社会秩序的，处五年以下有期徒刑、拘役或者管制：

（一）随意殴打他人，情节恶劣的；

（二）追逐、拦截、辱骂、恐吓他人，情节恶劣的；

（三）强拿硬要或者任意损毁、占用公私财物，情节严重的；

（四）在公共场所起哄闹事，造成公共场所秩序严重混乱的。

纠集他人多次实施前款行为，严重破坏社会秩序的，处五年以上十年以下有期徒刑，可以并处罚金"。

（三）犯罪构成要件

寻衅滋事罪属于扰乱社会公共秩序罪，其侵犯的犯罪客体为社会公共秩序，但又非泛化的公共秩序，而是与公民的人身安全、行动自由、财产权利以及在公共场所从事活动的自由与安全相关的公共秩序。从主体来说，本罪的主体为一般主体，即年满16周岁且具有刑事责任能力的自然人。本罪的主观要件为故意。本罪的客观行为表现为：（1）随意殴打他人，情节恶劣；（2）追逐、拦截、辱骂、恐吓他人，情节恶劣；（3）强拿硬要或者任意损毁、占用公私财物，情节严重；（4）在公共场所起哄闹事，造成公共场所秩序严重混乱。

（四）司法认定：寻衅滋事罪与抢劫罪的区分

寻衅滋事罪可以表现为随意殴打他人、强拿硬要他人财物，既可以实施暴力行为，又可以实施取财行为。而抢劫罪是采取暴力、胁迫的方式，强行劫取他人财物。因而，在客观行为上，二者存在一定的重合和交叉，实践中可能会混淆。在具体区分上，应从暴力行为与取财行为的因果关系，犯罪的动机和目的、主观故意、行为的暴力程度等方面对行为人的行为进行准确的判断。

例如在詹某寻衅滋事案[①]中，詹某醉酒后，见素不相识的陈某年纪轻轻就开着豪车，故意无端对其进行辱骂并殴打。在此过程中，路人吴某前来劝阻。在劝阻无效的情形下，吴某报警。吴某在等待民警的过程中，用手机对詹某殴行为进行拍照。詹某发觉吴某拍照行为后，强行将吴某的手机抢走。

首先，在该案中，詹某暴力殴打行为实施的对象系陈某，取得财物的对象系吴某，暴力行为与劫取财物行为对象指向并不同一，因此，暴力行为与取财行为不具有统一性和一致性。换言之，取得财物的结果并非暴力行为的后果，二者之间因果关系存在断裂。

其次，就主观方面而言，詹某拿取吴某财物时，主观上不具有非法占有的目的，仅是为了阻止吴某拍照，也不符合抢劫罪主观构成要件中的非法占有的目的。相反，詹某的行为系无事生非，强拿吴某的手机，符合寻衅滋事罪的主观和客观构成要件，应以寻衅滋事罪论处。

又如在张某某等寻衅滋事案[②]中，张某某与被害人有过节，之后，为教训被害人，纠集了韩某等人，在指认被害人之后，韩

---

① 吴刚：《醉酒打人并抢走他人拍照手机的行为如何定性》，载《人民法院报》2014年7月9日第6版。

② 最高人民法院公布的指导案例第517号。

某等人对被害人进行殴打。后张某某要求被害人给钱，因被害人钱少，即要走被害人的手机两部，并让被害人第二天拿钱换回手机。后经被害人索要，张某某归还手机一部，另一部手机被张某某卖掉，赃款被张某某和韩某挥霍。

首先，在该案中，张某某等人的主观目的不是非法占有被害人的财物，而是报复、教训被害人。

其次，在客观行为上，张某某等人的暴力、胁迫的强度尚未超出寻衅滋事罪所要求的强度，也未达到抢劫罪所要求的足以压制被害人反抗的暴力程度。被害人有反抗和逃跑的意志选择的自由和现实的可能性，但却没有反抗和逃跑，而是进行辩解、认错和求饶，也没有当即向公安机关报案，而是事后索要手机。因此，张某某等人的行为尚未完全剥夺被害人意志选择的自由，故而不符合抢劫罪客观暴力行为的构成要件。故张某某等人的行为仅构成寻衅滋事罪，不构成抢劫罪。

二、量刑建议的提出

（一）《量刑指导意见》规定

1. 构成寻衅滋事罪的，可以根据下列不同情形在相应的幅度内确定量刑起点：

（1）寻衅滋事一次的，可以在 3 年以下有期徒刑、拘役幅度内确定量刑起点。

（2）纠集他人 3 次寻衅滋事（每次都构成犯罪），严重破坏社会秩序的，可以在 5 年至 7 年有期徒刑幅度内确定量刑起点。

2. 在量刑起点的基础上，可以根据寻衅滋事次数、伤害后果、强拿硬要他人财物或任意损毁、占用公私财物数额等其他影响犯罪构成的犯罪事实增加刑罚量，确定基准刑。

（二）量刑起点的确定

根据《刑法修正案（八）》修订，我国《刑法》第 293 条规定了寻衅滋事罪的两个法定刑刑档。《量刑指导意见》即根据刑法的两个法定刑的刑档规定了不同的量刑起点。在具体适用时，还应注意最高人民法院、最高人民检察院 2013 年发布的《关于办理寻衅滋事刑事案件适用法律若干问题的解释》中对于寻衅滋事罪情节恶劣、情节严重等的具体规定，准确把握定罪标准，合理确定量刑起点。

（三）基准刑的确定

在具体适用时，对于寻衅滋事犯罪，还有一些常见的影响量刑的基本犯罪构成事实，主要有寻衅滋事的次数、伤害后果、强拿硬要他人财物或者任意损毁、占用公私财物的数额等。各地可以根据当地的治安形势，确定相应增加刑罚量的标准。

例如浙江省的《实施细则》就规定：（1）每造成一人轻微伤的，增加 2 个月至 3 个月刑期；（2）每造成一人轻伤的，增加 6 个月至 9 个月刑期；（3）每增加寻衅滋事犯罪一次的，增加 6 个月至 9 个月刑期；（4）强拿硬要公私财物价值 1000 元以上的，每增加 1000 元，增加 1 个月至 2 个月刑期；任意毁损、占用公私财物价值 2000 元以上的，每增加 2000 元，增加 1 个月至 2 个月刑期。

（四）量刑建议的确定

实践中，量刑和量刑建议的难点在于较大量刑起点幅度范围内，如何确定一个合适的量刑起点。本书认为，寻衅滋事犯罪的核心特征是无理取闹、无事生非，作案的动机对于定罪量刑具有重要的影响。故而，作案动机更为卑劣，更让人难以接受，在价值判断上更应予否定评价的，应确定更高的量刑起点。又因为寻衅滋事犯罪属于扰乱公共秩序犯罪，因此，造成社会影响越大、影响越恶劣的，也应确定更高的量刑起点。

三、司法实例：薛某寻衅滋事案

（一）基本案情

2007 年 9 月 20 日 20 时 30 分许，因周某某（已判决）提出其女友被宁波某某公司保安欺负，在周某某的联系和组织下，被告人薛某及罗某某、陈某某、何某某（均已判决）等十几人，携带由兰某（已判决）、周某某准备的数把砍刀来到宁波某某公司门卫室，对正在上班的被害人陆某某、王某某、刘某某3名保安随意殴打、持刀追砍，致使3名保安不同程度受伤。经鉴定，被害人陆某某头部及四肢损伤程度均评定为轻伤，被害人王某某右手、左前臂、胸部损伤程度均评定为轻伤，被害人刘某某的损伤程度评定为轻微伤。

（二）分析意见

首先确定量刑起点。本案中，被告人薛某等十余人，为报复他人，携带砍刀，对公司3名保安随意殴打、持刀追砍，且造成二人5处轻伤、一人轻微伤的严重后果，犯罪情节恶劣，严重危害社会秩序，社会危害性很大，因此，对被告人薛某等人应从高确定量刑起点。根据浙江省《实施细则》的规定，构成寻衅滋事罪，寻衅滋事一次，可以在6个月至2年6个月有期徒刑幅度内确定量刑起点，确定本案的量刑起点为有期徒刑2年6个月。

其次，增加刑罚量确定基准刑。本案中，被告人薛某等人持械寻衅滋事，造成多人受伤的严重后果，根据《量刑指导意见》以及浙江省《实施细则》的规定，在量刑起点的基础上，可以根据寻衅滋事次数、伤害后果、强拿硬要他人财物或者任意损毁、占用公私财物数额等其他影响犯罪构成的犯罪事实增加刑罚量，确定基准刑。其中每造成一人轻微伤的，增加2个月至3个月刑期；每造成一人轻伤的，增加6个月至9个月刑期。本案中，共造成一人轻微伤，确定增加3个月刑期；造成二人轻伤，增加18个月刑期。

综合计算，可以得出，本案被告人薛某的基准刑为30个月+3个月+18个月=51个月。

然后提取量刑情节，并确定调节基准刑的比例。被告人薛某到案后能如实供述自己的罪行，有坦白情节，依法可以从轻处罚，确定减少基准刑的15%。那么可以预测被告人薛某可能的刑期为

51×（1－15%）=43.35 个月，约为有期徒刑 3 年 7 个月。

（三）量刑建议及处理结果

1. 量刑建议

承办人经过上述的分析，认为被告人薛某等犯罪情节较为恶劣，已被判决的同案犯的刑期在有期徒刑 3 年 8 个月至 4 年不等的刑期，且依照量刑指导意见和浙江省《实施细则》的规定，从高计算出的刑期也在有期徒刑 3 年 7 个月。因此，承办人提出判处被告人有期徒刑 3 年 9 个月的量刑建议。

2. 处理结果

一审法院经审理认为，被告人薛某结伙随意殴打他人，情节恶劣，破坏社会秩序，其行为已构成寻衅滋事罪，且系共同犯罪。被告人薛某到案后如实供述自己的罪行，依法予以从轻处罚。据此，依照 1997 年修订的《刑法》第 293 条第 1 项，《刑法》第 12 条第 1 款、第 25 条第 1 款、第 67 条第 3 款之规定，判决如下：被告人薛某犯寻衅滋事罪，判处有期徒刑 3 年 8 个月。

（四）小结

通过对本案案情的分析可见，本案被告人薛某等人结伙寻衅滋事的情节非常恶劣，在具体提出量刑建议时，应充分贯彻宽严相济的刑事政策，从严打击，从严、从重确定量刑起点、每个影响量刑的事实和情节所应增加的刑罚量和调节基准刑的幅度。同时，在审查起诉阶段讯问犯罪嫌疑人时，也可对其进行教育，并告知其同案犯被判处的刑期，让其对可能被判处的刑期有一个大致的预期。在庭审发表公诉意见、进行法庭教育时，可以充分阐明被告人犯罪行为的社会危害性和提出量刑建议的具体理由和依据，对被告人提出一个合适的量刑建议，这既有利于法院作出公正的量刑判决，又有利于被告人的服判息诉，有利于取得社会公众的认可，共同维护司法权威和司法公信力。

第十七节　掩饰、隐瞒犯罪所得、犯罪所得收益罪的量刑建议

一、掩饰、隐瞒犯罪所得、犯罪所得收益罪概述

（一）概念

掩饰、隐瞒犯罪所得、犯罪所得收益罪，是指行为人明知是犯罪所得及其产生的收益而予以窝藏、转移、收购、代为销售或者以其他方法掩饰、隐瞒的行为。

（二）刑法规定

我国《刑法》第312条规定，"明知是犯罪所得及其产生的收益而予以窝藏、转移、收购、代为销售或者以其他方法掩饰、隐瞒的，处三年以下有期徒刑、拘役或者管制，并处或者单处罚金；情节严重的，处三年以上七年以下有期徒刑，并处罚金。

单位犯前款罪的，对单位判处罚金，并对其直接负责的主管人员和其他直接责任人员，依照前款的规定处罚"。

（三）犯罪构成要件

掩饰、隐瞒犯罪所得、犯罪所得收益罪属于妨害司法的犯罪，其侵犯的犯罪客体为司法机关追缴赃物、证明犯罪的正常进行。从主体来说，本罪的主体包括年满16周岁且具有刑事责任能力的自然人和单位。本罪的主观要件为故意，包括直接的故意和间接的故意。即必须明知是赃物或者明知可能是赃物。本罪的客观行为表现为，实施了掩饰、隐瞒犯罪所得、犯罪所得收益的行为。具体的行为方式可以为窝藏、转移、收购、代为销售等。

（四）司法认定：赃物犯罪与本犯的区分

掩饰、隐瞒犯罪所得、犯罪所得收益罪在刑法理论上简称为赃物犯罪，其上游犯罪即为相对应的本犯。赃物犯罪与本犯区分

的关键在于，赃物犯罪的行为人是否构成本犯的共犯，也即赃物犯罪的行为人与本犯是否存在"事先通谋"。如果赃物犯罪的行为人与本犯存在"事先通谋"的，则应当构成本犯的共犯，而非赃物犯罪。根据共同犯罪的原理，如果赃物犯罪的行为人与本犯形成了事先通谋，那么行为人已经就共同犯罪形成了共同的犯罪故意，本犯的实行行为与赃物犯罪的销赃行为只是本犯的犯罪行为的具体分工不同，构成共同故意犯罪。对此，刑法有类似的规定，如我国《刑法》第 347 条规定了，犯包庇毒品犯罪分子罪、窝藏、转移、隐瞒毒品、毒赃罪，事先通谋的，以走私、贩卖运输、制造毒品罪的共犯论处。司法解释也有明确的规定。最高人民法院、最高人民检察院、中华人民共和国公安部、国家工商行政管理局 1998 年 5 月 8 日《关于依法查处盗窃、抢劫机动车案件的规定》中明确规定，行为人事先与盗窃、抢劫机动车辆的犯罪分子通谋的，分别以盗窃、抢劫罪的共犯论处。最高人民法院 2015 年 5 月 29 日公布的《关于审理掩饰、隐瞒犯罪所得、犯罪所得收益刑事案件适用法律若干问题的解释》（以下简称《掩饰、隐瞒犯罪所得、犯罪所得收益案件司法解释》）第 5 条也规定，事前与盗窃、抢劫、诈骗、抢夺等犯罪分子通谋，掩饰、隐瞒犯罪所得及其产生的收益的，以盗窃、抢劫、诈骗、抢夺等犯罪的共犯论处。

"事先通谋"，主要包括两个要素。一是"通谋"必须是"事先"的，也就是说，行为人之间的"通谋"应发生在本犯犯罪行为完成之前。如果在本犯犯罪行为完成之后，则难以称得上是"事先"通谋，行为人只能构成赃物犯罪。二是"通谋"是就本犯的掩饰、隐瞒赃物等形成犯罪意思联络和合意，这种意思联络和沟通既可以是明示的，也可以是默示的。此外，此种犯意的沟通和联络并不需要就本犯犯罪的具体行为的细节都有明确的沟通或者了解。只要行为人双方都明知将共同配合、形成犯罪分工，共同完成犯罪行为即可。例如在陈某某等盗窃、销赃案①中，陈某某在将经某某和王某某窃得的两辆汽车销赃后，又联系、找到经某某等人，提出要"买"车，后经某某等人表示按其要求在当月给陈弄到车。后经某某、王某某二人窃得1辆轿车，并由陈某某销赃。在该案中，陈某某事先已替经某某等人销赃两辆汽车，明知经某某等人只能通过盗窃获取"廉价"轿车，而提出犯意，让经某某等人去盗窃车辆，自己销赃。双方已经形成了盗窃、销赃共同犯罪的事先通谋，因此，应当以盗窃罪的共犯论处。

二、量刑建议的提出

（一）《量刑指导意见》规定

1. 构成掩饰、隐瞒犯罪所得、犯罪所得收益罪的，可以根据下列不同情形在相应的幅度内确定量刑起点：

（1）犯罪情节一般的，可以在1年以下有期徒刑、拘役幅度内确定量刑起点。

（2）情节严重的，可以在3年至4年有期徒刑幅度内确定量刑起点。

2. 在量刑起点的基础上，可以根据犯罪数额等其他影响犯罪构成的犯罪事实增加刑罚量，确定基准刑。

（二）量刑起点的确定

我国《刑法》第312条规定了掩饰、隐瞒犯罪所得、犯罪所得收益罪的2个法定刑刑档。《量刑指导意见》即根据刑法的2个法定刑刑档规定了不同的量刑起点。

《掩饰、隐瞒犯罪所得、犯罪所得收益案件司法解释》第1条规定了掩饰、隐瞒犯罪所得、犯罪所得收益罪的构罪标准。即

---

① 《陈某某等盗窃、销赃案——如何认定事前通谋的盗窃共犯》，载《刑事审判参考》总第22期。

明知是犯罪所得及其产生的收益而予以窝藏、转移、收购、代为销售或者以其他方法掩饰、隐瞒，具有下列情形之一的，应当依照《刑法》第312条第1款的规定，以掩饰、隐瞒犯罪所得、犯罪所得收益罪定罪处罚：（1）掩饰、隐瞒犯罪所得及其产生的收益价值3000元至10000元以上的；（2）一年内曾因掩饰、隐瞒犯罪所得及其产生的收益行为受过行政处罚，又实施掩饰、隐瞒犯罪所得及其产生的收益行为的；（3）掩饰、隐瞒的犯罪所得系电力设备、交通设施、广播电视设施、公用电信设施、军事设施或者救灾、抢险、防汛、优抚、扶贫、移民、救济款物的；（4）掩饰、隐瞒行为致使上游犯罪无法及时查处，并造成公私财物损失无法挽回的；（5）实施其他掩饰、隐瞒犯罪所得及其产生的收益行为，妨害司法机关对上游犯罪进行追究的。

司法解释对掩饰、隐瞒涉及计算机信息系统数据、计算机信息系统控制权的犯罪所得及其产生的收益行为构成犯罪已有规定的，审理此类案件依照该规定。

依照全国人民代表大会常务委员会《关于〈中华人民共和国刑法〉第三百四十一条、第三百一十二条的解释》，明知是非法狩猎的野生动物而收购，数量达到50只以上的，以掩饰、隐瞒犯罪所得罪定罪处罚。

《掩饰、隐瞒犯罪所得、犯罪所得收益案件司法解释》第3条规定了掩饰、隐瞒犯罪所得、犯罪所得收益罪的"情节严重"的标准。即掩饰、隐瞒犯罪所得及其产生的收益，具有下列情形之一的，应当认定为《刑法》第312条第1款规定的"情节严重"：（1）掩饰、隐瞒犯罪所得及其产生的收益价值总额达到10万元以上的；（2）掩饰、隐瞒犯罪所得及其产生的收益10次以上，或者3次以上且价值总额达到5万元以上的；（3）掩饰、隐瞒的犯罪所得系电力设备、交通设施、广播电视设施、公用电信设施、军事设施或者救灾、抢险、防汛、优抚、扶贫、移民、救济款物，价值总额达到5万元以上的；（4）掩饰、隐瞒行为致使上游犯罪无法及时查处，并造成公私财物重大损失无法挽回或其他严重后果的；（5）实施其他掩饰、隐瞒犯罪所得及其产生的收益行为，严重妨害司法机关对上游犯罪予以追究的。

司法解释对掩饰、隐瞒涉及机动车、计算机信息系统数据、计算机信息系统控制权的犯罪所得及其产生的收益行为认定"情节严重"已有规定的，审理此类案件依照该规定。

公诉人在具体确定量刑起点时，应充分注意司法解释的最新规定，同时考虑上游犯罪的性质和相应的犯罪数额等，准确确定量刑起点。

（三）基准刑的确定

在掩饰、隐瞒犯罪所得、犯罪所得收益罪中，最常见的基本犯罪构成事实就是犯罪的数额。根据最高人民法院、最高人民检察院《关于办理与盗窃、抢劫、诈骗、抢夺机动车相关刑事案件具体应用法律若干问题的解释》中的规定，盗窃、抢劫、诈骗、抢夺机动车的数量和价值总额都是认定是否情节严重的标准，属于基本犯罪构成事实。

在确定基准刑时，可以根据不同的犯罪数额，增加相应的刑罚量。例如浙江省的《实施细则》就规定：（1）犯罪情节一般的，犯罪数额每增加 10000 元，增加 2 个月刑期；其中掩饰、隐瞒非法获取计算机信息系统数据、非法控制计算机信息系统犯罪所得、犯罪所得收益，违法所得每增加 3000 元，增加 2 个月刑期；（2）犯罪情节严重的，犯罪数额每增加 20000 元，增加 2 个月刑期；其中掩饰、隐瞒非法获取计算机信息系统数据、非法控制计算机信息系统犯罪所得、犯罪所得收益，违法所得每增加 6000 元，增加 2 个月刑期；（3）掩饰、隐瞒盗窃、抢劫、诈骗、抢夺的机动车的，每增加一辆或者价值每增加 100000 元，增加 3 个月至 6 个月刑期。

对于多次掩饰、隐瞒犯罪所得、犯罪所得收益的情节是作为基本犯罪构成事实还是量刑情节存在争议。各地可以根据各地区《实施细则》的规定，予以适用，或者作为增加刑罚量的事实，或者作为增加一定幅度基准刑的依据。

（四）量刑建议的确定

关于量刑起点的确定。司法实践中，对于掩饰、隐瞒犯罪所得、犯罪所得收益犯罪，一般以犯罪的数额来认定是否属于情节严重。对于情节一般的，在 3 个月拘役至 6 个月有期徒刑的量刑起点范围内，通常选择较高的量刑起点。如金某某掩饰、隐瞒犯罪所得案，金某某掩饰、隐瞒犯罪所得数额达 108186 元，未构成情节严重，[①] 上游犯罪为抢劫犯罪，确定量刑起点为有期徒刑 6 个月。又如蒋某某、张某某等盗窃和掩饰、隐瞒犯罪所得案[②]中，张某某、史某某收购价值 18856.4 元的赃物，刘某某收购价值 43792 元的赃物，均确定量刑起点为有期徒刑 6 个月。公诉人在提出量刑建议时，可以参考。

三、司法实例：徐某某掩饰、隐瞒犯罪所得案

（一）基本案情

2013 年 7 月至 10 月，被告人徐某某明知是犯罪所得赃物，先后 10 次在其经营的宁波市北仑区人民北路某号金店内，收购杨某某、张某某（已判决）驾驶摩托车在北仑区小港、新碶、大碶街道从被害人丁某某等人处夺得的黄金项链 10 条（价值共计人民币 121890 元）。

（二）分析意见

首先是确定量刑起点。本案中，被告人徐某某掩饰、隐瞒犯罪所得的数额为 12 万余元。根据浙江省高级人民法院的有关规定，掩饰、隐瞒犯罪所得涉案赃物价值 10 万元以上的，属于"情节严重"，应处 3 年以上 7 年以下有期徒刑，并处罚金。根据《量刑指导意见》及浙江省《实施细则》的规定，构成掩饰、

---

①　此案判决在 2015 年司法解释未出台之前，在当地尚不构成情节严重。
②　最高人民法院中国应用法学研究所编：《量刑规范化典型案例（1）》，人民法院出版社 2011 年版，第 127～134 页。

隐瞒犯罪所得、犯罪所得收益罪，情节严重的，可以在 3 年至 4 年有期徒刑幅度内确定量刑起点。根据本案的案情，被告人徐某某上游犯罪系抢夺罪，杨某某、张某某二人分别被判处有期徒刑 8 年 6 个月、有期徒刑 7 年，上游犯罪较为严重，确定量刑起点为 3 年 6 个月有期徒刑。

其次是确定基准刑。本案中被告人徐某某掩饰、隐瞒犯罪所得的赃物价值达 12 万余元，根据浙江省《实施细则》的规定，在量刑起点的基础上，可以根据犯罪数额等其他影响犯罪构成的犯罪事实增加刑罚量，确定基准刑。其中，犯罪情节严重的，犯罪数额每增加 2 万元，增加 2 个月刑期。因此，本案中被告人徐某某的基准刑为有期徒刑 3 年 8 个月。

最后是提取量刑情节，并确定量刑情节调节基准刑的比例。

在掩饰、隐瞒犯罪所得、犯罪所得收益罪中，犯罪的次数越多，反映行为人的主观恶性、人身危险性以及犯罪行为的社会危害性越大，可以作为酌情从重处罚的量刑情节。本案中，被告人徐某某先后十次收购杨某某、张某某所夺得的赃物，可酌情从重处罚。根据浙江省《实施细则》的规定，为同一犯罪分子多次掩饰、隐瞒同样或者类似犯罪所得的，增加基准刑的 20% 以下，确定增加被告人徐某某基准刑的 10%。

被告人徐某某到案后如实供述自己的罪行，具有坦白情节，依法可以从轻处罚，确定减少基准刑的 15%。

综上，可以计算出被告人徐某某可能被判处的刑期：44 ×（1 + 10% − 15%）＝41.8 个月，约为有期徒刑 3 年 6 个月。

（三）量刑建议及处理结果

1. 量刑建议

根据上述分析结果，承办人提出判处被告人徐某某有期徒刑 3 年 6 个月，并处罚金的量刑建议。

2. 处理结果

一审法院经审理认为，被告人徐某某明知是犯罪所得赃物而予以收购，其行为已构成掩饰、隐瞒犯罪所得罪，且属情节严重。被告人徐某某到案后如实供述自己的罪行，依法可以从轻处罚。据此，依照《刑法》第 312 条第 1 款、第 67 条第 3 款之规定，判决如下：被告人徐某某犯掩饰、隐瞒犯罪所得罪，判处有期徒刑 3 年，并处罚金人民币 5000 元。

（四）小结

追求量刑的均衡、公正是量刑规范化改革的目的。但由于不同的司法人员，包括公诉人和法官，即使对于相同的案件，各人的理解和把握不同，在具体量刑时，对于根据各种量刑情节所应从轻、从重的幅度的认识也不同，很难说孰对孰错，谁是谁非。但这恰恰是检察机关提出量刑建议的意义和价值所在。因为，真理越辩越明，虽然，对于某一量刑情节所应从重、从轻的具体幅度、具体所应确定到某个点难以把握，但是，对于某一量刑情节是否存在，是否应从重或者从轻是可以很容易达成共识的，这也是量刑均衡、公正的前提和基础，是检察机关提出量刑建议，法院作出量刑裁判的共同基础。所以，公诉人在法庭上，对被告人提出量刑建议，并就量刑问题展开法庭辩论时，要充分阐明自己提出量刑建议的具体依据和理由。这样一方面可以提高量刑建议提出的权威性，另一方面也可以帮助法庭查明相关的量刑事实，提请法庭注意。最终为法庭作出正确量刑裁判提供参考，实现对被告人的量刑公正。

第十八节 走私、贩卖、运输、制造毒品罪的量刑建议

一、走私、贩卖、运输、制造毒品罪概述

（一）概念

走私、贩卖、运输、制造毒品罪，是指违反国家毒品管制法规，走私、贩卖、运输、制造毒品的行为。

（二）刑法规定

我国《刑法》第 347 条规定，"走私、贩卖、运输、制造毒品，无论数量多少，都应当追究刑事责任，予以刑事处罚。

走私、贩卖、运输、制造毒品，有下列情形之一的，处十五年有期徒刑、无期徒刑或者死刑，并处没收财产：

（一）走私、贩卖、运输、制造鸦片一千克以上、海洛因或者甲基苯丙胺五十克以上或者其他毒品数量大的；

（二）走私、贩卖、运输、制造毒品集团的首要分子；

（三）武装掩护走私、贩卖、运输、制造毒品的；

（四）以暴力抗拒检查、拘留、逮捕，情节严重的；

（五）参与有组织的国际贩毒活动的。

走私、贩卖、运输、制造鸦片二百克以上不满一千克、海洛因或者甲基苯丙胺十克以上不满五十克或者其他毒品数量较大的，处七年以上有期徒刑，并处罚金。

走私、贩卖、运输、制造鸦片不满二百克、海洛因或者甲基苯丙胺不满十克或者其他少量毒品的，处三年以下有期徒刑、拘役或者管制，并处罚金；情节严重的，处三年以上七年以下有期徒刑，并处罚金。

单位犯第二款、第三款、第四款罪的，对单位判处罚金，并对其直接负责的主管人员和其他直接责任人员，依照各该款的规定处罚。

利用、教唆未成年人走私、贩卖、运输、制造毒品，或者向未成年人出售毒品的，从重处罚。

对多次走私、贩卖、运输、制造毒品，未经处理的，毒品数量累计计算"。

（三）犯罪构成要件

走私、贩卖、运输、制造毒品罪的立法保护目的是通过对毒品的管制，来保护公众的身体健康。本罪的犯罪主体包括自然人和单位。其中年满 14 周岁具有责任能力的人即可符合贩卖毒品罪的犯罪主体构成要件。年满 16 周岁具有责任能力的人可以构成走私、运输、制造毒品罪的主体构成要件。本罪的主观要件为故意，即明知是毒品而走私、贩卖、运输、制造。本罪的客观行为表现为，实施了走私、贩卖、运输、制造毒品的行为。

（四）司法认定：运输毒品罪的认定

1. 对于将毒品从甲地运往乙地，并贩卖给他人的行为应如何定性？

有人认为，对于该行为，因行为人是为了贩卖毒品而运输毒品，贩卖毒品和运输毒品构成手段行为和目的行为的牵连关系，根据刑法牵连犯的处罚原则，应从一重处，即应以贩卖毒品罪定罪处罚。本书认为，这种观点是不正确的。

首先，根据牵连犯的法理，只有具有类型化的手段与目的、原因与结果的关系时，才存在牵连关系。[①] 而运输毒品很难说是贩卖毒品的通常手段，因而不能构成牵连关系。而且即便认为二者可以构成牵连关系，从刑罚处罚上来说，运输毒品罪与贩卖毒品罪的法定刑及量刑标准都是一样的，很难说两个罪名孰轻孰重。因此，认为上述情形构成牵连犯，应以贩卖毒品罪定罪处罚的观点难以成立。

其次，运输毒品罪本身就需要与走私、贩卖、制造毒品具有关联性才能成立，而在许多情况下，走私、贩卖、制造毒品的重要环节就是运输毒品。运输毒品对于毒品的转移、扩散和泛滥具有重要的作用，所以刑法将运输毒品行为作为与走私、贩卖、制造毒品并列为刑法中的独立罪名。如果认为上述行为只能认定为贩卖毒品的行为，事实上将使运输毒品罪丧失存在的可能和必要。

最后，《刑法》第 347 条规定的"走私、贩卖、运输、制造毒品罪"是选择性罪名。如果行为人既实施了贩卖毒品的行为，

①　张明楷：《刑法学》（第四版），法律出版社 2011 年版，第 439 页。

又实施了运输毒品的行为，行为人的行为符合《刑法》第 347 条两种毒品犯罪行为构成要件，当然应当以该并列的罪名定罪处罚。但对于毒品犯罪的对象是同一宗毒品的，不实行并罚。对此，最高人民法院 2000 年《全国法院审理毒品犯罪案件工作座谈会纪要》（以下简称 2000 年《毒品案件纪要》）也明确规定，如对同一宗毒品，既制造又走私的则以"走私、制造毒品罪"定罪，但不实行并罚。事实上，如果仅对该行为以贩卖毒品罪定性，则对行为人运输毒品的行为没有进行刑法上的评价，这显然有悖于刑法上对该罪名的明确规定，司法实践中，对上述行为也以并列的罪名予以认定，即行为人构成"贩卖、运输毒品罪"。

2. 吸毒者运输毒品行为的定性

对于吸毒者运输毒品行为的性质，2000 年《毒品案件纪要》规定，非法持有毒品达到《刑法》第 348 条规定的构成犯罪的数量标准，没有证据证明实施了走私、贩卖、运输、制造毒品等犯罪行为的，以非法持有毒品罪定罪。吸毒者在购买、运输、存储毒品过程中被抓获的，如没有证据证明被告人实施了其他毒品犯罪行为的，一般不应定罪处罚，但查获的毒品数量大的，应当以非法持有毒品罪定罪；毒品数量未超过《刑法》第 348 条规定的数量最低标准的，不定罪处罚。该《毒品案件纪要》的规定，主要是考虑到，如果行为人单纯以吸毒为目的而运输毒品的，难以以运输毒品罪定罪处罚。最高人民法院 2015 年 5 月 18 日公布的《全国法院毒品犯罪审判工作座谈会纪要》（以下简称《座谈会纪要》）对此作了修改，明确规定，吸毒者在购买、存储毒品过程中被查获，没有证据证明其是为了实施贩卖毒品等其他犯罪，毒品数量达到《刑法》第 348 条规定的最低数量标准的，以非法持有毒品罪定罪处罚。吸毒者在运输毒品过程中被查获，没有证据证明其是为了实施贩卖毒品等其他犯罪，毒品数量达到较大以上的，以运输毒品罪定罪处罚。该《座谈会纪要》的修改，主要是考虑到，可以把毒品数量较大作为吸毒者毒品的合理吸食量，如果超过数量较大的标准，应视为超出了合理的毒品吸食量。此时，应根据其具体的行为状态定罪，处于购买、存储状态的认定为非法持有毒品罪，处于运输状态的认定为运输毒品罪。如果购买、存储或者运输的毒品均未达到数量较大的合理毒品吸食量的，可认为是为了吸食毒品而持有或者运输，不认定为是犯罪。

二、量刑建议的提出

（一）《量刑指导意见》规定

1. 构成走私、贩卖、运输、制造毒品罪的，可以根据下列不同情形在相应的幅度内确定量刑起点：

（1）走私、贩卖、运输、制造鸦片 1000 克，海洛因、甲基苯丙胺 50 克或者其他毒品数量达到数量大起点的，量刑起点为 15 年有期徒刑。依法应当判处无期徒刑以上刑罚的除外。

（2）走私、贩卖、运输：制造鸦片 200 克，海洛因、甲基苯丙胺 10 克或者其他毒品数量达到数量较大起点的，可以在 7 年至 8 年有期徒刑幅度内确定量刑起点。

（3）走私、贩卖、运输、制造鸦片不满 200 克，海洛因、甲基苯丙胺不满 10 克或者其他少量毒品的，可以在 3 年以下有期徒刑、拘役幅度内确定量刑起点；情节严重的，可以在 3 年至 4 年有期徒刑幅度内确定量刑起点。

2. 在量刑起点的基础上，可以根据毒品犯罪次数、人次、毒品数量等其他影响犯罪构成的犯罪事实增加刑罚量，确定基准刑。

3. 有下列情节之一的，可以增加基准刑的 10% ~ 30%：

（1）利用、教唆未成年人走私、贩卖、运输、制造毒品的；

（2）向未成年人出售毒品的；

（3）毒品再犯。

4. 有下列情节之一的，可以减少基准刑的 30% 以下：

（1）受雇运输毒品的；

（2）毒品含量明显偏低的；

（3）存在数量引诱情形的。

（二）量刑起点的确定

我国《刑法》第 347 条规定了走私、贩卖、运输、制造毒品罪的四个法定刑刑档。《量刑指导意见》即根据刑法的四个法定刑刑档规定了不同的量刑起点。最高人民法院 2016 年《关于审理毒品犯罪案件适用法律若干问题的解释》规定了《刑法》第 347 条第 4 款所规定的"情节严重"的几种情形：（1）向多人贩卖毒品或者多次走私、贩卖、运输、制造毒品的；（2）在戒毒场所、监管场所贩卖毒品的；（3）向在校学生贩卖毒品的；（4）组织、利用残疾人、严重疾病患者、怀孕或者正在哺乳自己婴儿的妇女走私、贩卖、运输、制造毒品的；（5）其他情节严重的情形。因此，这几种情形的事实也是影响犯罪构成的犯罪事实。

对于走私、贩卖、运输、制造毒品犯罪，毒品的数量是反映毒品犯罪社会危害性大小的重要因素。在具体适用时，可以毒品的数量作为确定量刑起点、增加刑罚量的重要依据。对于其他非常见或新型毒品，可根据最高人民法院、最高人民检察院、公安部 2007 年《办理毒品案件适用法律若干问题的意见》中的规定，将相应的新型毒品的数量与常见的毒品数量进行对比换算，确定不同毒品数量的法定刑标准。

（三）基准刑的确定

在毒品犯罪中，贩卖毒品的次数、人次均反映了毒品犯罪的社会危害程度。司法解释也明确了"向多人贩毒或者多次走私、贩卖、运输、制造毒品"是走私、贩卖、运输、制造少量毒品构成"情节严重"的情形之一，可见，该情节属于加重处罚的情节，系 3 年至 7 年有期徒刑法定刑的基本犯罪构成事实，可以作为增加刑罚量所考虑的因素。

在毒品犯罪中，利用、教唆未成年人走私、贩卖、运输、制造毒品或者向未成年人出售毒品的，予以从重处罚，既符合我国刑法对未成年人特殊保护的政策，又符合《刑法》总则第29条所规定的"教唆不满十八周岁的人犯罪的，应当从重处罚"的原则精神。

对于毒品再犯，我国《刑法》第356条明确规定，应当从重处罚。因此，《量刑指导意见》也明确规定，应增加基准刑的10%～30%。需注意的是，根据最高人民法院2015年5月18日公布的《座谈会纪要》的相关规定，对于因同一毒品犯罪前科同时构成累犯和毒品再犯的被告人，在裁判文书中应当同时引用刑法关于累犯和毒品再犯的条款，但在量刑时不得重复予以从重处罚。对于因不同犯罪前科同时构成累犯和毒品再犯的被告人，量刑时的从重处罚幅度一般应大于前述情形。

在毒品犯罪中，受雇佣运输毒品的行为人受人指使、雇佣为他人运输毒品，一般不宜认定为从犯，但其在犯罪中的地位和所起的作用较低，因此，《量刑指导意见》规定该种情形下，减少基准刑的30%以下。

由于毒品含量的高低表明毒品流入社会后所造成的社会危害性大小不同，因此，虽然毒品的含量并不影响毒品犯罪的定性及法定刑，但在同一法定刑刑档中，应当在量刑上予以体现。因此，《量刑指导意见》规定毒品含量明显偏低的，减少基准刑的30%以下。

对于毒品犯罪中存在数量引诱情形的，根据相关司法解释的规定，虽不影响毒品犯罪的定性及法定刑，但也应酌情从轻处罚。故《量刑指导意见》规定该种情形下，减少基准刑的30%以下。

（四）量刑建议的确定

关于量刑起点的确定。对于走私、贩卖、运输、制造毒品罪最低法定刑档的，各地的《实施细则》一般会细化规定。

例如，浙江省的《实施细则》规定，走私、贩卖、运输、制造鸦片40克以下，海洛因、甲基苯丙胺2克以下或者其他毒品达到相当数量的，可以在 6 个月至 1 年有期徒刑幅度内确定量刑起点。一般可以在该量刑起点幅度的中间值确定。

对于其他法定刑档的，一般在该量刑起点幅度范围的下限确定量刑起点。即走私、贩卖、运输、制造毒品"情节严重"的，确定量刑起点为 3 年有期徒刑。走私、贩卖、运输、制造毒品鸦片 200 克，海洛因、甲基苯丙胺 10 克或者其他毒品数量达到较大起点的，确定量刑起点为 7 年有期徒刑。走私、贩卖、运输、制造毒品鸦片 1000 克，海洛因、甲基苯丙胺 50 克或者其他毒品数量达到大起点的，除依法应当判处无期徒刑以上的刑罚的以外，确定量刑起点为 15 年有期徒刑。

例如胡某某、吴某某贩卖、运输毒品案中，胡某某、吴某某共同贩卖、运输毒品海洛因 24.3 克，确定二被告人的量刑起点为 7 年有期徒刑。又如马某某贩卖毒品案中，马某某贩卖毒品海洛因一次，净重 16.51 克，确定被告人的量刑起点为有期徒刑 7 年。唐某某、李某某运输毒品案中，二被告人以邮寄方式共同运输毒品甲基苯丙胺 27.21 克，确定二被告人的量刑起点为有期徒刑 7 年。

三、司法实例：周某某贩卖毒品案

（一）基本案情

2013 年 11 月 26 日 20 时许，被告人周某某在宁波市北仑区新碶街道某某小区某幢某室将一小包毒品甲基苯丙胺（冰毒，重约 0.8 克）以人民币 600 元的价格贩卖给黄某某。

2013 年 11 月 27 日 24 时左右，被告人周某某在宁波市北仑区新碶街道银星苑某幢某室将共重 1.7517 克的二小包毒品甲基苯丙胺和 1 粒毒品甲基苯丙胺（麻黄素），以人民币 600 元的价格贩卖给黄某某，后被民警当场抓获。民警从黄某某处查获二小包毒品甲基苯丙胺和 1 粒毒品甲基苯丙胺，从被告人周某某处查获毒资人民币 600 元。民警还对被告人周某某居住的宁波市北仑区新碶街道某某小区某幢某室进行搜查，并当场查获可疑晶体35包、可疑药丸5粒、可疑物等（共重31.6037克）。经鉴定，从上述物品中均检出甲基苯丙胺成分。

（二）分析意见

首先确定量刑起点。本案被告人周某某违反国家关于毒品管制的规定，非法贩卖毒品甲基苯丙胺，根据最高人民法院相关《座谈会纪要》的规定，贩毒人员被抓获后，对于从其住所、车辆等处查获的毒品，一般均应认定为其贩卖的毒品。因此，从周某某住处查获的毒品甲基苯丙胺30余克，都应当认定为其贩卖毒品的数量，周某某的行为已经构成贩卖毒品罪，且依照刑法第347条第3款的规定，法定刑为7年以上有期徒刑，并处罚金。

根据《量刑指导意见》的规定，走私、贩卖、运输、制造毒品甲基苯丙胺10克，量刑起点为7年至8年有期徒刑，结合本地的量刑经验，可确定本案的量刑起点为7年有期徒刑。

其次是确定基准刑。对于贩卖毒品犯罪，可根据贩卖毒品的数量这一影响犯罪构成的犯罪事实增加刑罚量。本案中，被告人周某某贩卖毒品甲基苯丙胺的数量约为34.2克，根据浙江省《实施细则》的规定，贩卖甲基苯丙胺10克以上，不满50克的，甲基苯丙胺每增加5克，增加9个月至1年刑期。结合本案的具体情况，需要增加的刑罚量为43.56个月。

最后，提取量刑情节，并确定调节基准刑的比例。本案存在的量刑情节有：

1. 存在数量引诱情形

本案系因黄某某吸毒被抓之后，为能获得从轻处理，而充当公安民警的特情，主动向被告人周某某提出购买一定数量的毒品，存在一定的数量引诱情形，因此，可以对第二笔贩卖1.7517克毒品甲基苯丙胺的事实酌情从轻处罚。

2. 以贩养吸

《座谈会纪要》指出，对于以贩养吸的被告人，其被查获的毒品数量应认定为其犯罪的数量，但量刑时应考虑被告人吸食毒品的情节，酌情处理。本案被告人周某某本身系吸毒人员，其购买的毒品既包括其用于自己吸食的部分，也包括其用于贩卖的部分。虽然从其住处查获的毒品均应当计入其贩卖毒品的数量，但是应考虑其吸食毒品的情节，酌情从轻处罚。

综合本案中存在的数量引诱情形、以贩养吸情节以及大部分毒品未流入社会的情节，确定减少基准刑的15%。

综上，可预测被告人周某某的刑期为 (84 + 43.56) × (1 - 15%) = 108.426 个月，即9年有期徒刑。

（三）量刑建议及处理结果

1. 量刑建议

本案承办人在提出量刑建议时，未考虑特情引诱、以贩养吸以及大部分毒品未流入社会的情节，按照被告人周某某贩卖毒品甲基苯丙胺的数量，提出有期徒刑10年6个月，并处罚金的量刑建议。

2. 处理结果

一审法院经审理认为，被告人周某某违反国家毒品管理法规，贩卖毒品甲基苯丙胺30余克，其行为已构成贩卖毒品罪。在案证据可以证明被告人周某某具有向黄某某贩卖毒品的故意和行为，依法应认定为贩卖毒品，且从其住处查获的毒品均应计入贩毒的数量。被告人周某某本人吸食毒品的情节可在量刑时予以考虑。本案第二笔贩毒事实中存在犯罪引诱情形，可以酌情从轻处罚。由于涉案的绝大部分毒品尚未流入社会，可以酌情从轻处罚。被告人周某某的犯罪所得，应予追缴；被查获的毒品系违禁品，应予没收。综上，依照《刑法》第347条第1款、第3款、第64条之规定，判决被告人周某某犯贩卖毒品罪，判处有期徒刑9年，并处罚金人民币10000元。被告人周某某违法所得人民币600元，予以追缴；被查获的毒品33.3554克，予以没收。

（四）小结

如何看待量刑建议与量刑裁判的差异？在何种情况下，可以认为量刑裁判畸轻畸重，从而可以提出抗诉？前文曾论及，量刑建议与量刑裁判存在一定的差异是一种正常的情况，甚至有时，还需要特意"制造"差异。毕竟每个司法人员对于案件的各个量刑事实、量刑情节的认识不同，对于这些量刑事实、量刑情节对于量刑影响的程度也存在不同的理解，这样在具体选择从重、从轻的刑罚量以及相应的量刑幅度时，必然会有不同的看法和判断，最终会导致量刑存在差异，而不可能都是像计算机一样，简单地按照四则运算精确到某个确定的数值。而不同的人所计算出的数值也未必都正确或都错误。关键在于，不能超过《量刑指导意见》以及各地《实施细则》所规定的幅度，否则，出台《量刑指导意见》也就没有意义，量刑规范化改革的目的也就无法实现。正所谓，没有规矩则不成方圆。事实上，《量刑指导意见》已经给予了独任审判员和合议庭足够的自由裁量空间。《量刑指导意见》规定，综合考虑全案情况，独任审判员或合议庭可以在 20% 的幅度内对调节结果进行调整，确定宣告刑。当调节后的结果仍不符合罪责刑相适应原则的，应提交审判委员会讨论，依法确定宣告刑。而对于各种量刑情节的调节幅度，《量刑指导意见》也规定了一个相当大的幅度范围，足以适应审判的需要。如对于累犯，《量刑指导意见》就规定，对于累犯，综合考虑前后罪的性质、刑罚执行完毕或者赦免以后至再犯罪时间的长短以及前后罪罪行轻重等情况，增加基准刑的 10% ~ 40%，一般不应少于 3 个月。那么，这是否意味着，对法院的量刑裁判不存在抗诉成功的可能性？我们认为，如果法院的量刑裁判无视《量刑指导意见》以及各地的《实施细则》的规定，超出了《量刑指导意见》及各地的《实施细则》所允许的最大的自由裁量幅度范围，或者将一些难以作为量刑情节考虑的情节作为量刑情节，或者遗漏《量刑指导意见》及各地的《实施细则》所明文规定的量刑情节，对于这样的量刑裁判是可以以量刑畸轻畸重为由提出抗诉的。此外，当法院的量刑裁判造成了明显地在同一地区同一时期、案情相似的案件，所判处的刑罚存在明显差异，却没有明显合理的理由，而没有实现量刑的均衡时，显然是量刑明显不当，此时也可提出抗诉。但不论是量刑建议也好，量刑抗诉也罢，其最终的目的都是实现量刑的均衡、公正。检察机关应牢牢把握检察机关作为法律监督机关的法律定位，充分履行自身的职责，保障法律的统一正确实施，维护司法的公平正义。

参考文献

一、著作类

1. 高铭暄、马克昌主编：《刑法学》，北京大学出版社 2014 年版。

2. 马克昌主编：《刑罚通论》，武汉大学出版社 2006 年版。

3. 林山田：《刑法各罪论》，北京大学出版社 2012 年版。

4. 卞建林译：《美国联邦刑事诉讼规则和证据规则》，中国政法大学出版社 1996 年版。

5. 张明楷：《刑法学》（第四版），法律出版社 2011 年版。

6. 张明楷：《刑法分则的解释原理》（第二版），中国人民大学出版社 2011 年版。

7. 陈瑞华：《比较刑事诉讼法》，中国人民大学出版社 2010 年版。

8. 龙宗智：《刑事庭审制度研究》，中国政法大学出版社 2001 年版。

9. 陈卫东主编：《量刑程序改革理论研究》，中国法制出版社 2011 年版。

10. 宋英辉、孙长永、刘新魁等：《外国刑事诉讼法》，法律出版社 2006 年版。

11. 赵廷光：《中国量刑改革之路》，武汉大学出版社 2014 年版。

12. 陈岚：《量刑建议制度研究》，武汉大学出版社 2009 年版。

13. 马秀娟：《量刑程序研究》，法律出版社 2012 年版。

14. 赵志梅：《量刑程序规范化改革研究》，知识产权出版社

2011 年版。

15. 叶旺春：《量刑监督体系构建》，法律出版社 2012 年版。

16. 韩光军：《量刑基准研究》，法律出版社 2010 年版

17. 张明：《量刑基准的适用》，法律出版社 2008 年版。

18. 郝川：《中国量刑指导制度研究——以量刑指导意见为切入点》，人民出版社 2013 年版。

19. 安永强：《量刑偏差的心理分析——量刑规范化的心理基础》，人民法院出版社 2010 年版。

20. 南英主编：《量刑规范化实务手册》，法律出版社 2014 年版。

21. 黄尔梅主编：《量刑规范化案例指导》，法律出版社 2012 年版。

22. 胡云腾主编：《中美量刑改革国际研讨会文集》，中国法制出版社 2009 年版。

23. 熊选国主编：《量刑规范化办案指南》，法律出版社 2011 年版。

24. 熊选国主编：《〈人民法院量刑指导意见〉与"两高三部"〈关于规范量刑程序若干问题的意见〉理解与适用》，法律出版社 2010 年版。

25. 张鸿巍：《美国检察制度研究》（第二版），人民出版社 2009 年版。

26. 张智辉：《辩诉交易制度比较研究》，中国方正出版社 2009 年版。

27. 江礼华、杨诚主编：《外国刑事诉讼制度探微》，法律出版社 2000 年版。

28. 金邦贵：《法国司法制度》，法律出版社 2008 年版。

29. 李玉萍：《程序正义视野中的量刑活动研究》，中国法制出版社 2010 年版。

30. 卢永红：《国外刑事诉讼法通论》，中国人民公安大学出版社 2004 年版。

31. 杨志斌：《中英量刑问题比较研究》，知识产权出版社2009年版。

32. 孙春雨：《中美定罪量刑机制比较研究》，中国人民公安大学出版社2007年版。

33. 宋冰：《英国与德国的司法制度及司法程序》，中国政法大学出版社1998年版。

34. 宋冰主编：《读本：美国与德国的司法制度及司法程序》，中国政法大学出版社1999年版。

35. 万毅：《台湾地区检察制度》，中国检察出版社2011年版。

36. 王兆鹏：《美国刑事诉讼法》，北京大学出版社2005年版。

37. 林俊益：《程序正义与诉讼经济》，台北月旦出版社2000年版。

38. 中国人民大学刑事法律科学研究中心编：《明德刑法学名家讲演录（第一卷）》，北京大学出版社2009年版。

39. 最高人民法院刑事审判庭主办：《刑事审判参考》（1999～2015年各卷），法律出版社。

40. 最高人民法院中国应用法学研究所编：《量刑规范化典型案例》，人民法院出版社2011年版。

41. ［德］托马斯·魏根特：《德国刑事诉讼程序》，岳礼玲、温小洁译，中国政法大学出版社2004年版。

42. ［德］克劳斯·罗科信：《刑事诉讼法》，吴丽琪译，法律出版社2003年版。

43. ［德］黑格尔：《法哲学原理》，范杨、张企泰译，商务印书馆1982年版。

44. ［美］弗洛伊德·菲尼、［德］约阿希姆·赫尔曼、岳礼玲：《一个案例的两种制度：美德刑事司法比较》，中国法制出版社2006年版。

45. ［美］艾伦·豪切斯泰勒·斯黛丽、南希·弗兰克：《美国刑事法院诉讼程序》，陈卫东、徐美君译，中国人民大学出版社2002年版。

46. 〔美〕伯纳德·施瓦茨：《美国法律史》，王军等译，中国政法大学出版社 1989 年版。

47. 〔美〕拉菲弗等：《刑事诉讼法》，卞建林等译，中国政法大学出版社 2003 年版。

48. 〔美〕庞德：《通过法律的社会控制——法律的任务》，沈宗灵译，商务印书馆 1984 年版。

49. 〔美〕E. 博登海默：《法理学——法哲学及其方法》，华夏出版社 1987 年版。

50. 〔法〕卡斯东·斯特法尼等：《法国刑事诉讼法精义》，罗结珍译，中国政法大学出版社 1999 年版。

51. 〔意〕贝卡利亚：《论犯罪与刑罚》，黄风译，中国大百科全书出版社 1993 年版。

52. 〔日〕西原春夫主编：《日本刑事法的形成与特色》，李海东等译，法律出版社、日本成文堂联合出版 1997 年版。

53. 〔日〕中山研一：《刑法的基本思想》，姜伟、毕英达译，国际文化出版公司 1988 年版。

54. 〔日〕大谷实：《刑法讲义总论》（新版第 2 版），黎宏译，中国人民大学出版社 2008 年版。

55. Martin Wasik, *Rules of Evidence in the Sentencing Process*, in Martin Wasik ed., The Sentencing Process, Dartmouth Publishing Company Limited, 1997.

二、论文类

56. 朱孝清：《论量刑建议》，载《中国法学》2010 年第 3 期。

57. 陈瑞华：《论量刑建议》，载《政法论坛》2011 年第 2 期。

58. 陈卫东、张佳华：《量刑程序改革语境中的量刑证据初探》，载《证据科学》2009 年第 1 期。

59. 王守安：《以审判为中心的诉讼制度改革带来深刻影响》，载《检察日报》2014 年 11 月 10 日。

60. 林钰雄：《检察官在诉讼法上之任务与义务》，载我国台湾地区《法令月刊》1998 年第 10 期。

61. 蔡墩铭：《刑庭推事之量刑行为》，载我国台湾地区《公大法学论集》第 14 卷第 1、2 期。

62. 潘申明：《论量刑建议的模式选择》，载《华东政法大学学报》2013 年第 6 期。

63. 潘申明：《论量刑建议运行机制的建构》，载《浙江检察》2011 年 11 月。

64. 潘申明、周静：《量刑建议的运行机制》，载《华东政法大学学报》2009 年第 5 期。

65. 北京市人民检察院第一分院课题组：《量刑监督存在的问题及完善》，载《中国刑事法杂志》2011 年第 3 期。

66. 高一飞：《论量刑调查制度》，载《中国刑事法杂志》2008 年第 5 期。

67. 陈革、谢军：《浅议量刑建议探索中的几个问题》，载《人民检察》2003 年第 8 期。

68. 李和仁：《量刑建议：摸索中的理论与实践——量刑建议制度研讨会综述》，载《人民检察》2001 年第 11 期。

69. 孟熙敏：《量刑建议具体操作探析》，载《人民检察》2004 年第 4 期。

70. 陈岚：《西方国家的量刑建议制度及比较》，载《法学评论》2008 年第 1 期。

71. 廖明：《辩诉交易：美国经验与中国借鉴》，载《法治论坛》2009 年第 4 期。

72. 林喜芬：《论量刑建议的运行原理与实践疑难破解：基于公诉精密化的本土考察》，载《法律科学》2011 年第 1 期。

73. 李仞夫、陆凌：《〈联邦量刑指南〉之于美国确定型改革》，载《中南民族大学学报》第 34 卷第 2 期。

74. 卢映洁：《犯罪被害人保护在德国法中的发展——以犯罪被害人在刑事诉讼程序中的地位以及“犯罪人与被害人均衡协商暨再复原”制度为探讨中心》，载《台大法学论丛》第 34

卷第 3 期。

　　75. 张苏：《德日刑法中的责任理论对我国量刑的启示》，载《河北法学》第 32 卷第 9 期。

　　76. 肖波：《量刑建议权与刑罚裁量权关系之澄清——一个刑事诉权角度的检视》，载《法律适用》2011 年第 1 期。

　　77. 郑伟：《法定刑的基准点与量刑的精雕细琢——〈美国量刑指南〉给我们的启示》，载《人民司法》2003 年第 7 期。

　　78. 赵丹：《荷兰检察官的自由裁量权》，载《国家检察官学院学报》第 15 卷第 3 期。

　　79. 彭海青：《英国量刑证明标准模式及理论解析》，载《环球法律评论》2014 年第 5 期。

　　80. 皮勇、刘胜超：《海峡两岸量刑规定比较研究》，载《武汉大学学报》第 67 卷第 4 期。

　　81. 黄智平、左天伟：《中国量刑建议制度研究现状及意义》，载《经济研究导刊》2011 年第 7 期。

　　82. 李玉萍：《量刑与社会调查报告》，载《法制资讯》2008 年第 6 期。

　　83. 毛劲、曾发贵：《建议裁判文书公开量刑要素比例》，载《检察日报》2011 年 5 月 11 日。

　　84. 杨春雷：《深化层级负责制 确保公诉权准确行使》，载《检察日报》2010 年 8 月 2 日。

　　85. 赵萍：《量刑建议权初探》，载《法制论丛》2005 年 9 月第 20 卷第 5 期。

　　86. 赵廷光：《克服量刑偏差为什么会成为世界难题》，载《检察日报》2004 年 10 月 20 日。

　　87. 张雪姐：《国外量刑建议制度比较》，载《法制日报》2001 年 8 月 5 日。

　　88. 刘静坤：《被告人认罪认罚可探索适用速裁程序》，载《人民法院报》2015 年 1 月 21 日。

　　89. 聂慧萍：《英国"有罪答辩"的量刑指南》，载《人民法院报》2014 年 11 月 28 日。

90. 李玉萍：《英国量刑委员会和量刑指南》，载《人民法院报》2012 年 8 月 17 日。

91. 张德友：《韩国大法院的附属机构》，载《人民法院报》2014 年 4 月 18 日。

92. 吴刚：《醉酒打人并抢走他人拍照手机的行为如何定性》，载《人民法院报》2014 年 7 月 9 日。

93. 周芳洁：《追赶被非法拘禁人致溺水死亡如何定性》，载《人民法院报》2014 年 3 月 20 日。

94. 韩盼盼：《"调包"获取银行卡并在 ATM 机取款构成盗窃罪》，载《人民法院报》2014 年 2 月 7 日。

95. 彭洋、乔亚琴：《响一声就断、回拨被收电话费应如何定性》，载《人民法院报》2014 年 1 月 9 日。

96. 杨阳：《构建检察机关量刑建议制度研究》，苏州大学2010 年硕士学位论文。

97. 何挺：《量刑程序初探——以独立量刑程序为中心》，中国政法大学 2005 年硕士学位论文。

98. 潘怀香：《检察机关量刑建议权研究》，安徽大学 2007年硕士学位论文。

三、其他类

99. 张朝霞、冯英菊：《从〈所有人的正义〉看英国的刑事司法改革》，载 http://service. law - star. com/cacnew/201007/385060616. html，访问日期：2015 年 4 月 3 日。

100. 浙江省宁波市北仑区人民检察院 2003 年以来量刑建议实证分析报告。

101. 浙江省宁波市人民检察院 2013 年针对全市检察机关所作的调研问卷。

102. 对江西省部分地区检察机关量刑规范化实证问卷。

103. 附录中的相关法律法规等规范性文件。

后　记

　　2014 年 7 月，本人牵头的《量刑规范化研究》课题获得最高人民检察院检察理论研究所正式立项，同月，检察出版社编辑室主任跟我约稿，围绕刑事诉讼法和民事诉讼法施行以后，对于一些新增职能的运行情况进行回顾总结，并提出操作方面的指导和立法完善建议，其中选题就包括了量刑建议制度。我硬着头皮接下了这个任务，希望把撰写书稿和完成最高检的课题组合成一件事情来做。事实上，撰写公开出版的检察理论专著与不需要全部公开发表的课题研究还是存在很大区别的。自此，本来就不丰富的业余生活变得更加简单明确，抓紧时间收集资料、形成书稿、修改书稿成了我工作之余、周末乃至法定假日的主要内容。完成书稿历时近一年，期间在宁波市检察院挂职研究室负责人，后又于 2015 年 3 月正式转任法律政策研究室主任。

　　考虑到个人工作实在太忙，即便放弃所有的业余时间，也很难在时间和精力上保证。再加上出于检察理论研究传帮带的考虑，我专门为此项目组建了刘浪和周耀凤同志参加的写作团队，尽量做到优势互补。团队成立之初，年轻人都是踌躇满志的，确立了大纲，明确了任务和时间表。但是事实证明，在日常工作如此繁忙，加班加点是常态的情况下，要在业余时间写出一部书稿是何等不易。为此，我又专门建立了一个"量刑建议前沿问题与实战技能"的三人微信群，相互交流写作进展情况等，在成稿的时候，坐在宁波天一广场的咖啡馆，两位年轻人还打趣：领导天天给我们升群旗。因为要完成这个项目，我们放弃了大部分的休息时间，每天晚上坚持能写上一两个小时，每天早上总在 5 点多就开工、在群里相互鼓励。写作的过程是辛苦的，但是，成稿后，收获的绝不仅仅是一本合著。我曾经不止一次跟他们讲，如果纯粹从写作质量和统一性来说，也许我一个人反倒更快，因为管理自己要比带动他人容易得多，尤其是写作者不在一个单位并且全部利用业余时间完成的情况。但是，团队合作一则可以提高写作效率，二则可以增强团队合力，有的时候相互信念的支持也是最关键的，我既然在法律政策研究室负责人的位置上，对年轻人的传帮带，是我作为一名"老革命"的义务。所幸的是，我们的刘浪同志总是非常励志，在书稿快成之时，以审查报告第一、实务答辩第一、总分第一的好成绩获得了"宁波市优秀公诉人"称号，在经过几年的努力积淀之后，终于"破茧成蝶"，开始收获。刘浪先后被评为"浙江省优秀公诉人"、"首批全国检察机关调研骨干人才"。作为他参加工作以后，一直带着的前辈，我为他的努力和成长感到高兴，因为他为众多脚踏实地、锐意进取的年轻检察官指明了一条更加务实的发展道路，因为他在以他的人生经历诠释一个"付出总有回报"的因果定律。周耀凤同志虽然刚走上工作岗位不久，但是曾经的宁波高考文科状元，北京大学法学院本硕连读，其身上所具有的积极向上的拼劲、扎实的文字和法学基本功，在我直接指导下负责完成域外经验实证研究部分的撰写还是没有任何问题。

就本书而言，潘申明同志负责确定写作思路，全书统稿，并具体执笔第一章（第一、二节）、第二章、第三章（第一、四节）、第四章，刘浪同志执笔第五章、周耀凤同志执笔第一章第三节、第三章第二、三节。所有稿件均经过统稿人校阅。

感谢宁波市人民检察院戎雪海检察长，戎检一直强调检察理论研究一定既要有高度，又要接地气，要服务检察实务，这本书从书名到内容很好地体现了这一精神。感谢宁波市人民检察院陈贺评副检察长，陈检对检察理论研究的重视程度是出乎我的意料之外的，也一直鞭策我和周围的同行不断自我加压，挑战极限。感谢宁波市北仑区院的李钟检察长、周静、虞振威、李贞等当年一起进行量刑建议实证研究，一起进行量刑规范化改革的一帮同事。感谢江西省院教育处处长杨桂生，在我作为最高人民检察院教育培训讲师团在江西巡讲时，没有杨桂生处长的大力支持下，根本无法完成对 31 个检察机关进行量刑规范化的实证研究。感谢章国田、王志胜，本书宁波市检察机关 2010 年 10 月 1 日至 2011 年底的实证是通过当时法律政策研究室章国田（现为宁波奉化市院党组书记、代检察长）、王志胜（现为宁波市院政治部组织人事处副处长）向全市征集的数据材料。同时也感谢本团队的两位青年才俊，因为你们的加入，使我们形成了老中青的学术梯队，因为你们的加入，使我切身感觉到，我们虽然存在年龄上的差异，但是，我们拥有共同的热爱生活、热爱学术、热爱检察事业的火热的心，我们愿意为了实现一个共同的目标，克服懈怠，忍受常人所不能忍受的寂寞。本书的合作成功，我想既是我们共同对量刑规范化改革，对检察机关量刑建议制度的推行所作的一份贡献，也是我们提升人生价值追求的很好见证。在本书即将付梓出版之际，我们的《量刑规范化研究》课题也将马上申请结项。

在司法改革全面铺开，不断强调检察队伍建设正规化、专业化、职业化建设的今天，浙江省院汪瀚检察长在宁波市检察院调研时提出在检察机关内部要形成浓浓的研究氛围，本书也算是我们为营造检察系统浓浓研究氛围所做的一份努力吧！

最后，感谢中国检察出版社给我创造的这个机会，并不断激发和鼓励，让我总是感觉到人生苦短，应该有所追求，促使我带着合著本书的团队，"披星戴月""衣带渐宽终不悔"，不断挑战自己的极限。感谢我们的责任编辑，不辞辛劳，为本书的出版加班加点，使得本书能早日面世。

2016 年 7 月 30 日